유아교사론

장 원 동 · 홍 인 혜
공저

청목출판사

머리말

21세기 인류는 눈부신 과학의 발달로 정보화시대를 맞이하게 되었다. 그러나 이 지구상에서 인간에게 가장 중요한 과업은 최선의 인간을 만드는 일이다. 이러한 과업을 이루기 위해 가정에서는 부모가, 유치원 및 어린이집에서는, 유아교사가 유아들에게 전인아동을 목표로 교육을 담당하고 있다.

인간의 뇌세포 형성, 지능형성, 인격형성, 감정형성 등의 80%는 6세 이전에 이루어진다. 뿐만 아니라 한 사람의 인생관, 가치관, 신앙의 바탕도 이 시기에 무의식적으로 형성된다. 그러므로 한 인간의 첫 출발 교육을 담당하는 유치원 및 어린이집 유아 교사들이 우리 사회의 미래를 이끌어 갈 2세들을 대상으로 그들과의 인격적인 상호작용을 통하여 인간교육을 추구하는 대단히 중요한 직무활동을 수행하고 있다.

또한 '교육의 질은 교사의 질을 넘을 수 없다'는 말이 있듯이 훌륭한 교육을 행하는 것은 교사가 얼마나 자신의 열정을 교육에 헌신하느냐에 달려 있다고 볼 수 있다.

따라서 교사의 역할과 자질을 구비하기 위해서는 첫째로, 유아교사는 새로운 지식과 기술을 배우고, 체험하고, 경험하는 평생교육을 실천하여야 한다. 둘째로, 유아교사는 유아들에게 항상 사랑과 섬김, 인내, 희생정신을 몸소 보여주어야 한다.

본서는 유아교사론을 이해하기 위해서 제1장, 교사의 의미, 제2장, 교사와 교육철학, 제3장, 유아교사의 역할과 자질, 제4장, 유아교사제도의 역사, 제5장, 유아교사의 자격과 임용, 제6장 유아교사의 교육실습, 제7장 유아교사의 직무, 제8장 유아교사와 장학, 제9장 유아교사와 인간관계, 제10장 교원과 교원단체 등으로 구성되어 있다. 장원동 교수가 1장, 2장, 3장, 4장, 5장, 9장, 10장을 집필하였고, 홍인혜교수가 6장, 7장, 8

장을 나눠 집필하였다.

이 책은 대학생들은 물론 예비 유아교사들, 그리고 부모와 교사 등 모든 사람들에게 꼭 필요한 내용들로 저술하였다. 아무쪼록 이 책이 오늘을 살아가는 현대인에게 유아교육을 위한 참된 지침서가 되어 훌륭한 교사가 될 자격을 누릴 수 있게 되기를 기원한다. 그리고 이 책을 집필하는 데 불비한 점이 허다한 것을 자인하며, 이제 여러분의 아낌없는 충고와 질책을 바라면서 계속 노력할 것을 다짐한다. 이 책을 기꺼이 출판을 맡아 주신 청목출판사 유성렬 사장님과 편집부 직원 여러분들께 심심한 감사의 말씀을 드린다. 또한 원고정리를 맡아 수고한 나의 제자인 강세영 양에게도 고마운 뜻을 전한다.

2009. 8

아현동 서재에서

저자 씀

차 례

제 1 장

교사의 의미

'가르치고 배우는 것'이 교육이라고 할 때, 교육이 이루어지려면 '가르치는 자'와 '배우는 자'가 있어야 한다. 이 때 우리는 '가르치는 자'를 교사라 말하고, '배우는 자'를 학생이라고 하며, 가령 학생이 국어를 배우면 교육의 매개체를 교육내용이라 한다. 여기에서 교육의 질을 결정하는 가장 중요한 요인은 교사이다. 교사는 교육을 담당하는 전문인으로서 인간의 성장과 발전, 또는 개인의 자아실현을 돕고 바람직한 사회 구성원으로 적응할 수 있는 인간의 형성을 돕기 위하여 실제로 학생들을 가르치는 교육활동에 직접 참여하여 고귀한 임무를 수행하는 사람들이다.

이러한 교사들이 몸담아 일하는 직종이 바로 교직이다. 즉, 교육현장에서 학생들을 가르치는 임무를 수행하는 직종이 교직이다. 그러므로 교육의 과정에 있어 결정적인 직업으로서의 교사의 본질을 이해하기 위해 본장에서는 교사의 개념, 교직의 특성, 교사의 역할과 자질 그리고 교직과 교사 등을 살펴보고자 한다.

1. 교사의 개념

교사라는 용어가 언제부터 우리나라에서 사용되었는지는 문헌상 명확하지가 않다. 다만 개화기에 우리나라에 새로운 학제가 도입되어 근대학교가 설립되면서 가르치는 사람을 일반적으로 교사라고 부르기 시작했을 것으로 짐작된다. 오늘날 교사의 개념은 학교라는 조직을 전제로 이해되고 있다. 교사(敎師)라는 말의 뜻은 '교(敎)'는 본받을, 가르칠, 알릴, 훈계할, 학문의 뜻을 지니고 있고, '사(師)'는 스승, 선생님, 본받을 어른, 벼슬이름 등의 뜻을 지니고 있다. 그러므로 '교사'는 본을 보임으로써 가르치는 어른이라고 해석될 수 있다(정우현, 1992).

일반적으로 학교에서 학생들을 가르치는 교사를 높여서 선생이라 부르고, 스승은 인격적으로 감화를 주는 사람, 즉 사부(師父)라는 뜻으로 사용한다. 스승·선생으로서 교사 개념 안에는 단순한 학술이나 기예의 전수관계를 넘어서 인격적인 감화라는 측면이 강하게 내재되어 있다. 예로부터 경서(經書)를 가르치는 경사(經師)보다는 인격을 갖춘 인사(人師)를 참스승으로 여겼던 것도 이와 관련된다고 볼 수 있다. 즉, 스승은 사람됨의 길인 도(道)를 가르치는 사람이지 글을 가르치는 사람의 의미는 아니었던 것이다.

국어대사전에서 교사란 유치원·초등·중등학교 등에서 일정한 자격증을 가지고 학생을 가르치는 사람으로 정의되어 잇다. 교사는 일정한 양성과정을 거쳐서 자격증을 받고 유치원·초등·중등 등의 공공교육기관인 학교에서 공적으로 채용되어 교육의 임무를 수행하는 사람이라고 할 수 있다.

이렇게 볼 때 일반적으로 이해되고 있는 오늘날의 교사 개념은 학교라는 조직을 전제로 이해될 수 있으며, 교육이 공교육의 형태로서 시행되기 시작한 국민교육제도 수립 이후에 형성된 것으로 추론할 수 있다.

전문직업인으로서의 교사개념은 근대적 학교교육이 일본과 서구를 통해 들어오면서 서구의 'teacher'를 선생 혹은 교사로 번역하여 사용하면서 일반화되었다고 본다(이희승, 1992).

현재의 교육법상 교원은 각 학교에서 원아, 학생을 직접 지도 교육하는 자를 가리키며, 교원에는 학교의 장이 포함된다. 그리고 각 학교에는 교원 외에 학교운영에 필요한 행정직원 등 직원을 두고 있으며, 대학에는 그 밖에 조교를 두고 있다. 따라서 교원은 각급 학교에서 근무하는 교사를 포함하여 교장 · 교감 · 총장 · 학장 · 교수 · 부교수 · 조교수 · 전임강사 · 유치원장 · 원감 등을 포괄하여 지칭하는 말이다. 여기서 대학교수는 교사라고 부르지 않지만 교원에는 포함된다. 또한 교원은 교원양성 · 교원자격 · 교원연수 · 교원단체 · 교원인사 · 교원지위 등의 표현에서 알 수 있듯이 교육법 용어로 상용되고 있다(서울대학교 교육연구소편, 1994).

교직이 점차 분화되어 감에 따라 교사는 인생에 모범을 보이는 인격자라는 의미에서 점차 전문적 지식이나 기능의 교수자로서 국가 공인기관에 의해 자격을 인정받고 학교에서 가르치는 전문직업인으로 의미가 변화되는 경향을 띠게 되었지만, 교사에 대한 일반적인 개념 안에는 근대 공교육 이전의 스승 · 선생으로서의 교사 개념이 잔존하고 있다(정영수 외, 1998).

2. 교직의 특성

교사들이 종사하는 직무를 교직이라고 한다. 교직은 일반직 업종과 달리 전문적 성격을 띠고 있다. 교직의 전문적 성격은 교육의 의미를 어떻게 규정하느냐에 따라 다양하게 정의할 수 있다. 요컨대, 교직 역시 개인적인 차원에서는 생계유지의 수단으로 혹은 자아실현의 과정으로 또는 사회 구성원으로서 져야 할 일종의 사회적 책무가 있다. 그리고 계속적인 과정 속에서 연속되는 일정의 노동성을 수반하는 일반적인 직업의 특성을 지니고 있다(안창선 · 남경현 · 이욱범, 2001). 그러나 교직은 이러한 직업의 특성을 공통적으로 가지고 있으며, 일반 직업과는 달리 다음과 같은 몇 가지 전문적 특성을 지니고 있다(김봉수, 1990).

(1) 교직은 인간을 대상으로 하는 직업이다. 인간을 대상으로 하는 직업이 교직만이라고 할 수는 없다. 법률가나 의사 등도 인간을 대상으로 하는 직업이지만 법률가는 인간 그 자체를 대상으로 하기보다는 법률을, 그리고 의사는 치료라는 명목으로 인체의 어느 일부분만을 다룬다. 이에 비하여 교육에서는 전인으로서의 한 인간을 대상으로 다룬다. 이와 같이 인간을 전민적인 측면에서 육성 및 조장하는 직업은 교직만이 갖는 특수성이다. 따라서 교직은 지식이나 기술만을 전수하는 직업이 아니라 전인으로서의 조화로운 인간을 육성하는 직업이다.

(2) 교직은 주로 미성숙자를 대상으로 하는 직업이다. 교직은 미성숙자를 대상으로 하여 지적 · 신체적 · 정의적 성숙을 위해 계획된 교육내용을 지도하여 적응력을 양성할 뿐만 아니라 미래지향적인 창의성을 발휘하도록 지도하여 미래사회의 유능한 인간을 육성하고자 한다. 이와 같이 교직은 미성숙한 피교육자로 하여금 바람직하고, 이상적인 인간으로 성장 및 발달하도록 교육하는 것이 주 업무로서, 결국 미성숙자를 대상으로 하여 이상적인 인간이 되도록 육성하는 특수한 직업이라 할 수 있다.

(3) 교직은 주로 인간의 정신생활을 대상으로 하는 직업이다.

(4) 교직은 봉사직이다. 교직은 다른 전문직에 비해 봉사적 사명을 더욱 필요로 하는 전문직이다. 결코 영리나 물질적 보수를 얻는 데 목

적을 둘 수 없는 직업이다. 물론 교직도 생활의 수단으로 그 경제적 조건을 무시할 수는 없지만 교직의 주목적이 경제적 생활의 방편으로 간주되어서는 안 된다. 교직에서 얻어진 보수는 노동의 대가가 아니라 봉사에 대한 공공으로부터의 답례에 불과하다고 할 수 있다. 따라서 교직은 봉사와 희생을 감수하는 소명의 성직으로 보고 있다.

(5) 교직은 국가와 민족의 발전을 위해 지대한 영향을 주는 공공적 사업이다. 교육은 흔히 국가의 백년대계라고 한다. 이것은 교육이 한 국가나 민족의 미래를 위한 발전에 기본이 된다는 중요성을 나타낸 말이다. 따라서 교직은 국가와 민족의 운명과 밀접한 관계를 가지는 전문직이라는 것이다. 물론 어떤 직업이든지 직·간접적으로 국가나 민족의 운명과 관계를 갖는 것이라고 할 수 있으나 교직만큼 국가나 민족의 정신적 교화의 측면에서나 국가·민족의 현재 및 미래에 요청되는 문제들의 해결을 위한 원동력이 되는 직업은 없다. 이와 같이 교육은 공공적 사업이며, 국가·민족의 흥망성쇠와 깊은 관계가 있기 때문에 국가는 방대한 교육투자를 통해서 의무교육의 확대·강화는 물론 교육발전을 위해 국력을 쏟고 있다.

(6) 교직은 사회발전을 위해 중대한 역할을 담당해야 할 직업이다. 교직은 문화유산을 유지 및 존속하는 현실 유지에 머무는 보수적 성격이나 소극적인 것이 아니라, 문화유산을 보다 바람직하게 개선 및 창조하는 진취적이며 적극적인 자세를 갖추어서 더욱 행복한 미래사회의 건설을 위한 선도적 역할을 해야 한다.

(7) 교직은 끊임없이 자기 갱신을 통해 자기 향상을 도모하는 데 유리하는 직업이다. 이는 직업이나 최고의 경지에 이르면, 자기의 능력을 발휘하고 사회의 발전에 기여하며 스스로 보람을 느끼게 되지만, 특히 교직에 적성이 맞는다면, 교사는 자기 향상으로 직결될 수 있는 여건이

충분히 갖추어진 직업이라 할 수 있다. 즉 학생을 지도하는 과정은 교사 자신의 창의와 노력을 필요로 하며, 동시에 자기 수양과 자기 발전의 계기가 된다.

결국 교직이란 미성숙한 피교육자로 하여금 이상적인 바람직한 인간으로 성장 및 발달할 수 있도록 지도 및 조언할 뿐만 아니라, 국가나 민족의 발전은 물론이며, 더 나아가 인류사회의 발전을 위해 헌신적으로 봉사하여야 하며, 한편 자기 갱신을 도모하는 윤리성이 요구되는 공공적인 직업으로 볼 수 있다.

1) 교직관의 변천

교직에 대한 사회적 지위나 관념은 옛날부터 일정한 것이 아니었고 시대적 변천이나 국가체제의 변화에 따라 변천되어 왔다. 따라서 교직관의 변천은 제2차 세계대전을 분기점으로 그 이전의 관점을 전통적 교직관이라 하고, 그 이후의 관점은 근대적 교직관으로 구분한다(김봉수, 1990).

제2차 세계대전 이전까지의 교직관은 전통적 지배로 교육이 특권층의 전유물로 발달해온 까닭에 교육자를 신성시하고 교직을 성직으로 보고 군사부일체(君師父一體)라는 말과 같이 존경을 받았고, 모든 사람의 사표로서 추앙을 받았다. 그러나 제2차 세계대전 후로는 교직을 평범한 한 가지 직능적 직업으로 인식하게 되었다. 즉, 근대적 교직관에서는 교원들의 교권, 신분, 사회·경제적 지위, 학문의 자유 등을 강조하고 교직의 전문성을 주장하게 되면서 전통적인 교직관과는 사뭇 다른 양상으로 발전하였다. 또한 교직이 성직이 아니라 생활인의 한 직업으로 교육이 특권층만의 전유물이 아닌 민주시민 모두를 위한 평등의식이 강하게 나타났다.

(1) 전통적 교직관과 근대적 교직관

전통적 교직관에서는 첫째, 교직을 신성시하여 성직 또는 천직이라고 인정하였다. 그러나 전통적 교직관에서는 교직을 신성시하고 교사를 성자시 하는 데에서 교사들은 정신위생적 측면에서 많은 어려움을 겪었다. 그들은 갈등과 이중인격의 소유자가 되기 쉬웠고, 교직자로서 청빈한 생활을 강요받아 생활에 많은 제약을 받았다.

둘째, 전통적 교직관에서는 교사의 사회성을 부정, 그들의 정치적, 사회적, 경제적 생활을 금기시하고 부정적으로 바라보게 되어 교사는 지역사회에서 이방인이나 다름없는 존재로서 사회적으로나 인간적으로 완전히 소외된 상태에서 언제나 고독한 생활을 감수할 수밖에 없었다.

셋째, 전통적 교직관에서는 교사를 지식의 전달자로 보고 교사의 전문성을 부정하였다. 전통적인 교직관에서는 약간의 학식만 있으면 누구나 교사가 될 수 있다는 생각으로, 교육을 단순하게 지식이나 학문을 전수하는 것으로 보았으며, 교육은 곧 교수라는 관점에서 교직의 전문성을 부정하였다. 그래서 교사의 창의성이나 연구심과 자주성은 중요하게 다루어지지 않아 자연히 교직에 대한 전문적인 지식, 다양한 교수-학습방법, 생활지도 등의 발달은 이루어지지 못했다.

이에 대해 근대적 교직관은 첫째, 국가와 국민의 봉사자로서의 사명감을 강조한다. 근대사회에서의 교직은 교육을 통해 국가사회와 국민에게 봉사하는 역할을 하며, 교사는 교육에 대한 전문성을 갖춘 직업인으로서 인정한다. 근대적 교직관에서는 교직도 인간사회에 있는 각종 직업 중의 하나로 보아, 다 같은 인간, 다 같은 사회인으로서 교사의 사회적, 직업적, 경제적 지위를 높이기 위하여 교사의 권리의식을 강조하고 있다.

둘째, 근대적 교직관에서는 교사를 하나의 민주적 지도자로 인정, 교사도 평범한 시민의 한 사람으로서 인간성을 회복시켜 완전한 하나의 인간으로 사회생활에 임하게 하고, 더 나아가 민주적 지도자로서의 사명의식을 강조하며, 그들의 사회적 지위를 높이려고 하였다.

셋째, 근대적 교직관에서는 교직을 하나의 직업으로 간주할 뿐 아니라 전문직으로 보고 있다. 전통적 교직관의 경우 교직에 종사할 교원의 양성도 일반 교육기관과 불리하지 않았으며, 교원양성제도 자체에 대해서도 특별한 관심이 없었다. 그러나 근대적인 교직관에서는 교사의 직능과 역할 및 직무로 보아 교직을 엄연한 하나의 전문직으로 간주하고, 보다 전문화된 교원을 양성하기 위하여 일반교육기관과는 다른 전문적인 교원양성기관을 별도로 설치하고 있으며, 교원으로 임용된 이후에도 지속적으로 전문성을 향상시킬 수 있도록 현직교육에도 많은 관심을 기울이고 있다.

2) 교직관의 유형

교직관의 유형은 교육의 본질과 성격을 어떻게 보느냐에 따라 성직관, 노동직관, 전문직관으로 구분된다. 성직관은 교직을 단순한 지식과 기술을 가르치는 직업이 아니라 주로 인간의 인격형성을 돕는 고도의 정신적 봉사활동으로 세속적 직업과는 분명하게 구분되는 직업이라고 보는 입장이고, 노동직관은 교직을 노동직이라고 보는 입장으로 교사 역시 일정한 직장에서 일정한 보수를 받고 정신적·육체적 노동을 통해 교육활동에 임하고 있으므로 결국 노동자라고 주장한다. 전문직관은 교직이란 엄격하고도 계속적인 교육과 연구를 통하여 습득되고 유지되는 전문적 지식과 기술을 필요로 하는 공공적 직무라고 보는 입장이다. 이 세 가지 유형은 각기 다른 사회인식과 철학적 관점을 반영하고 있다. 따라서 교직에 대한 성직관, 노동적관, 전문직관에 대해 고찰하기로 한다(신재흡, 2004).

(1) 성직관

성직으로서의 교직은 세속적인 직업과는 달리 신부, 목사, 승려와 같은 성직으로서 정신적 봉사활동을 강조하는 직업관이다. 따라서 교직은 주로 인간의 인격형성을 돕는 일이며, 단순한 지식과 기술의 전수보다는 참다운 사람을 만들어야 한다는 생각이 예로부터 전래된 전통이었다. 이러한 까닭에 교직은 일반적인 직업과 구분되어 목사나 승려같이 성스러운 직업으로 인식되어 왔다.

현대사회와 같이 물질만능주의 사조 속에서도 비교적 물질적 세계보다는 정신적 세계에 보다 많은 관심을 집중시켜야 한다는 것이 교직자에 대한 일반적 인식의 기초가 되어 왔다.

이것은 교직이 고도의 정신적 봉사활동으로서 세속적인 가치인 돈, 명예, 권력 따위와는 거리가 먼 직업이라는 인식을 나타내는 것이라고 할 수 있다. 그리고 교직자는 미래지향적인 활동을 하기 때문에 현실사회보다는 다가오는 이상사회를 위하여, 그리고 그 실현을 위하여 학생들의 마음을 감화시켜야 한다는 것이 성직관인 것이다. 그것은 교육의 본질이 인간의 영혼과 정신을 다루며 정신적 자세로써 교직에 종사한 사람이 많이 있었기 때문에 그와 같은 교직관이 형성되어 왔다고 할 수 있다.

성직관을 신봉하는 교직자는 물질, 명예, 권력, 승진보다는 오히려 한없는 사랑과 헌신, 희생과 봉사, 정신적 활동이 근간을 이루는 것을 바람직한 교사의 상으로 보고 성직시하는 경향이 짙다. 하나의 사도로서 본받을 만한 진정한 교사는 교육애와 교육적 사랑을 가지고 참다운 인간교육을 하겠다는 커다란 목표를 향하여 자신의 내면적인 면을 닦으며, 또한 이러한 교육적 정열을 몸소 실천하는 사람이다. 따라서 성직관은 교사가 옛날과 같이 외곬 사범형으로 되돌아가는 것이 바람직한 일이요, 교사상으로서 성직자다운 자세를 요구하고 있어 정신 지향성과 이상 지향성이 당연하게 강조되는 것이다.

전통적으로 우리나라는 광복 이전에, 그리고 서양에서는 근대사회 이전에 사회의 질서와 체계를 유지하는 윤리적 가치관과 세계관을 학생들에게 주도적으로 전달할 수 있었다는 의미에서 교사는 군사부일체

(君師父一體)라고 하는 성직과 같은 높은 지위에 두었다. 후기 산업사회의 도래와 더불어 생활양식의 다양화, 직업의 전문화 경향, 그리고 사회의 민주화 추세에 따른 인간의 자유와 평등에 대한 의식의 저변 확대가 이루어지고 있는 시점에서 성직으로서의 교직의 의미가 약화되고 있다. 단지 이것은 교육적인 관계의 측면에서 교육의 기초가 되는 학습자에 대한 교사의 열정이나, 추상적인 의미로서 교사의 윤리적 측면으로만 중요시되고 있다.

(2) 노동직관

교직에 대한 견해 가운데 성직관과는 대조적인 입장을 취하는 것으로서 교직도 하나의 노동직이며 본질적으로 다른 직업과 차이가 없다는 것이다. 따라서 노동의 대가로서 보수를 받고 보수와 근무조건의 개선을 위하여 노동조합을 결성한다거나 단체행동으로 권익을 쟁취하자는 것이다. 즉 노동의 대가로서 보수를 받고 그들의 권익을 위하여 노동 3권(단체결성권, 단체교섭권, 단체행동권)을 갖춘 노동조합을 결성하여, 조합을 통한 집단적 행동으로 정부나 경영자와 맞서 투쟁하여야 한다고 주장한다. 오늘날 미국의 교원조합(AFT)이나 일본의 교원노동조합의 존재하고 있듯이 이러한 교직관을 가지고 있는 교직자도 상당수 있다는 것을 인정하지 않을 수 없다. 즉 교직은 교사의 상대적인 가치 추구의 대상으로서 보편적인 노동행위와 다를 바가 없다. 교사의 교육적 행위는 결국 교육적 노동이며, 교육행위의 주체인 교사는 노동의 대가로 임금을 받고 그에게 수임된 일을 지속적으로 행하는 노동자임에 분명하다는 것이다.

현실적으로 교사는 피고용자이며, 또한 교육 자체가 국가 임무의 일부이기 때문에 교사의 교육노동이 고용자인 국가나 사학재단의 의사와 결정에 종속될 수밖에 없다. 근본적으로 교사의 교육노동은 전문직으로서의 자율노동의 문제와 피고용자로서의 종속노동이라는 이율배반적인 모순을 내포하고 있음을 알 수 있다.

(3) 전문직관

교직의 본질을 단순하게 성직이나 노동직으로 보려는 견해를 초월하여 하나의 전문직으로 인식하려는 견해는 오늘날 광범위하게 받아들여지고 있는 추세이다. 그것은 앞에서 설명한 양자의 변증법적 통합이요, 그 장점을 살리려는 관점이고 입장이다. 교직을 단순한 노동직이 아니고 지성적·정신적 활동으로 보아 이기적인 활동이 아닌 애타적인 동기에서 출발한 봉사활동으로 규정짓는 점, 고도의 자율성과 윤리성의 강조 등에 있어서는 성직관에 접근한다. 그러나 전문직관에 있어서는 교원의 자질 향상과 교권 확립이 강조되고 있지만, 사회적·경제적 지위 향상을 위하여 교직단체를 구성하고 보다 적극적이고 진취적인 교원의 지위 향상을 쟁취해야 한다고 주장하는 점에 있어서는 일부 노동직관과 상통한다.

전문직관에서 교사에 대한 역할기대는 노동직관의 경우와 같이 현실적이고 기술적인 특성을 강조하면서 또한 성직관의 경우와 같이 교직의 규범성을 강조한다(정영수, 2007). 오늘날 보편적인 학생중심교육에서 교사의 역할이 학생을 안내하거나 조력하는 수준에 머물러 학생에게 모범을 보이는 것에 이르지 않더라도 교사의 규범성은 비형식적 교육과정에서 여전히 필요하다고 할 수 있다. 또한 학생중심교육에서는 학습자를 고려한 다양하고 현실적인 교수·학습방법이 필요하다고 할 수 있다.

따라서 전문직관의 교사는 교과내용에 관한 지식과 함께 교과를 가르치는 방법에도 정통해야 하며, 개별 학생에 대한 이해를 바탕으로 교육활동에 사명감을 갖고 노력할 수 있어야 한다. 교사의 수업활동과 학생지도에 필요한 기술과 능력은 해당분야에 대한 최신의 연구결과에 대한 식견과 정보뿐 아니라 인격의 성장과 발달·행동심리·정신건강과 위생·학생의 욕구에 관한 고도의 지식을 필요로 하는 정신활동이다. 따라서 교사는 학생들에게 적합한 교육내용의 선정과 교육내용에 따른 다양한 교수법을 구사해야 하고 학생에 대한 이해를 깊이 할 수 있는 지식을 갖추어야 한다. 아울러 규범성을 갖춤으로써 학생들에게 모범이 되어야 한다.

3. 교사의 자질과 역할

좋은 교육이 이루어지기 위해서는 훌륭한 교사가 필요하다. 가령 교사는 훌륭한데 시설이 보잘것없는 학교와, 시설은 좋은데 교사가 그렇지 못한 하나를 고르라면 좋은 교육을 위해서는 전자를 선택할 수밖에 없다. 왜냐하면 교육에 있어서의 핵심은 교사이기 때문이다. 교사에 의해 교수·학습지도의 방법과 능률이 결정될 뿐만 아니라 학교의 풍토와 학생들의 인지적·정의적·운동기능적 발달을 촉진하는 여러 가지 환경조건이 좌우된다.

그러면 좋은 교사는 어떤 자질을 구비해야 하는가? 교사가 수행하는 역할은 무엇이며 어떤 사람이 그와 같은 역할을 훌륭하게 수행할 수 있는가? 이러한 의무에 대해서 가능한 해답을 찾아보기로 한다.

1) 교사의 자질

오늘날 현대사회가 요청하는 교사는 지식이나 기능만을 가르치는 것이 아니라, 학생들로 하여금 전인으로서 성장·발달하게 하는 사람이어야 한다. 이런 의미에서 교사는 인간성을 형성시키는 종합예술가라고 할 수 있다. 따라서 교사에게 여러 가지 자질이 요청되는 것은 지극히 당연한 일이라 할 것이다.

첫째, 교직으로부터 부름을 받았다는 이른바 소명의식이 필요하다. 이 점에 대하여 오천석은 다음과 같이 서술하고 있다.

"교사의 임무는 단순한 직업이나 노동이 아니라 그에게 소명감을 주는 비전(vision)과 헌신(commitment)에 의하여 인식되어야 한다. 비전과 헌신을 속성으로 하영 소명감에서 비롯되지 않은 교육은 산교육이라 할 수 없다. 소명감이 있으면 교사는 산 스승이 될 수 있고, 어린이의 성장을 돕는 참된 교육자가 될 수 있는 것이다."

이 글에서 볼 수 있듯이 교사에게 기본적으로 요청되는 것은 소명의식이며, 그 소명감이란 내일의 생명을 키운다는 비전 · 정열 · 충성을 다하는 헌신에 의해서 가능한 것이다.

오천석은 계속하여 교사의 마음으로부터의 사랑 · 겸허 · 개방을 교사의 기본적인 자질로 제시하고 있다. 그가 말한 교사의 사랑은 가르침을 받는 자에 대한 사랑, 가르치는 일 자체에 대한 사랑, 진리에 대한 사랑이다. 교사는 영원한 진리의 추구자요 세계가 숨기고 있는 비밀의 발견자이다. 또 오천석은 교사는 사람 앞에 겸허하고 역사의 증언 앞에 겸허하며 진리 앞에 겸허한 사람이어야 하며, 참다운 겸허는 정신적 가치에 대한 겸허라고 강조한다. 한편 개방성에 대해서는 다음과 같이 서술하고 있다.

"교사의 마음은 열려 있는 문이다."

우리가 동경하는 교사는 아집의 포로나 편견의 숭배자가 아니다. 마음의 문을 시원히 열되 새것을 두려워하지 않고 받아들일 것은 받아들이고, 버릴 것은 버릴 줄 아는 독자적인 비판정신에 투철한 가치의 심판자이다. 그는 우물 안 개구리 같은 존재가 아니라 세상에 나와 인류의 문명을 조망하고 자기의 갈 길을 스스로 결정하는 개척자인 것이다.

둘째, 교사는 깊은 이해심과 사랑과 봉사의 정신을 가져야 한다. 교사는 필연적으로 어떤 복잡한 인간관계 속에 들어가게 된다. 교사는 학생들을 사랑과 이해와 친절과 따뜻함으로 대해야 한다. 받는 사랑이 아니라 주는 사랑을, 한 없이 베푸는 사랑을 해야 한다. 똑똑한 학생들을 칭찬하는 대신 지진아·문제아에 대한 동정과 책임감이 교사가 갖추어야 할 성품이며, 성서에서 말한 대로 잃어버린 한 마리 양을 찾아 헤매는 목자와 같은 성품을 지녀야 한다.

선생은 많아도 스승은 적다. 교사와 교수는 많아도 교육자는 부족하다. 이러한 비판의 소리를 들은 지 이미 오래다. 이러한 비판의 소리를 듣게 된 이면에는 우리나라 교육이 여러 가지 어려운 상황에 처해있기 때문이라고도 할 수 있다.

사마광은 『자치통감』에서 경사는 만나기 쉬워도 인사는 만나기 어렵다고 하였다. 경사란 경서를 강의하는 선생이고, 인사란 언어, 행동, 사고가 사표가 될 만하고 학생에게 인격적인 감화와 영향을 줄 수 있는 선생을 말한다. 교수를 잘하는 선생은 많아도 인격적 감화를 주는 선생은 적다는 말이다. 이것은 예나 지금이나 마찬가지다. 더욱이 현재와 같은 물질문명이 고도로 발달하고 배금사상이 팽배한 시대에 있어서 인사를 만나기란 더욱 힘든 일이다.

페스탈로치는 "우리에게는 작문학교·문답학교만 있을 뿐이다. 우리에게는 인간학교가 필요하다."라고 했다. 그 당시의 학교가 인간 형성의 학교에서 언어의 학교로 전락한 것을 개탄하는 말이라 하겠다. 루소도 교육의 목적은 "기계를 만드는 데 있지 않고 인간을 만드는 데 있다"고 갈파하였다. 우리는 지식과 기술 이전에 인간 형성에 그 목표를 두어야 되겠다.

셋째, 교사는 인간을 존중하는 태도를 지녀야 한다. 교육은 인간을 존중하고 그 존엄성을 믿는 것으로부터 시작되어야 한다. 학생들이 아직 어리고 작다고 하여 경솔한 판단과 결정을 해서는 안된다. 인간은 인간이기 때문에 존중해야 하고 또 사랑해야 한다. 니일(A. S. Neill)은 교사에게 필요한 소양은 『문제교사』(The Problem Teacher, 1939)에서 다음과 같이 들고 있다.

① 어린이들을 이해하기 위한 아동심리학과 자기 자신을 알기 위한 성인의 행동에 관한 연구를 한다.
② 모든 종류의 창작활동은 학생을 위해서가 아니라 자기자신을 위하여 계속한다.
③ 인간연구를 위하여 한층 가치있는 것으로 학교라는 것과는 관계없는 내면의 실제문제를 공부한다.
④ 과학보다는 인문과학, 창조적인 활동에 비중을 둔다.
⑤ 유희에 대해서 계속 연구한다.
⑥ 유머의 감각을 익힌다.
⑦ 자유교육에 대한 신념이 투철해야 한다.

그리고 이상적으로 생각한 교사는 사랑의 교사로서 인간 특히 아동에 대한 풍부한 지식을 가지고 예술을 이해하며 창조적인 사람, 넓은 세계관을 갖고 사회와 인간활동의 제현상을 정확히 이해하고 분별할 줄 알며 편견에 사로잡히지 않는 사람, 어린이들에게 있어서 과학보다도 유희가 더 중요함을 인정하고 유머가 풍부한 사람, 올바른 교육은 출석 같은 것을 강제하지 않는 자유 속에 이루어진다고 믿는 자유교육의 신봉자이어야 한다고 하였다.

넷째, 교사는 넓고 신성한 교육관을 가져야 한다. 직업을 생계의 수단으로 생각하는 사람도 있고, 자신의 직업을 즐기며 인생을 보내는 사람도 있다. 그러나 교직을 사회개혁 및 향상을 위한 최고의 수단으로 생각할 때 바른 교육관이 확립된다. 올바른 교육관은 교육환경과 직업에 헌신함으로써 생의 즐거움을 얻고 인생의 참뜻을 발견하게 된다. 교사는 학생을 가르치는 일에서 헌신의 기쁨과 만족을 얻을 수 있어야 한다.

교사는 몸은 비록 과거에서부터 살아 왔으나 교사의 번득이는 눈과 뜨거운 가슴은 언제나 현재와 미래를 응시해야 한다. 매일매일 학구적인 연구열은 곧 학생들에게 영향을 미치게 되고 나아가 교사 자신에게 신선한 지식을 더해 준다.

다섯째, 교사는 행동으로 옮기는 사람이 되어야 한다. 학행일치란 말이 있듯이 소양과 인간애를 갖추었으면 그것을 실제로 실천해야 한다. 안병욱은 이 점을 다음과 같이 강조한다.

> "남을 움직이려면 내가 먼저 움직여야 하고 남을 감동시키려면 내가 먼저 감격해야 한다. 마음 속에서 우러나오는 말만이 정말 사람을 감동시킬 수 있다. 나의 정성은 학생들의 정성을 불러일으키고, 나의 정열은 학생들의 정열에 전파된다. 인간은 부르면 대답하는 존재다. 진정한 교육은 열과 성에서 이루어진다. 교육은 혼과 혼의 대화요, 인격과 인격의 부딪힘이요, 정열과 정열의 만남이다."

이와 같이 교육의 목적은 현재 모르고 있는 것을 가르치는 것이 아니라, 현재 행할 수 없는 것을 행할 수 있도록 지도하는 데에 있다. 교사의 언행이 얼마나 중요한가를 보여주기 위해서 한 예를 들겠다. 미국의 한 유명한 외과의사에게 한 친구가 어떻게 하여 의사가 되었느냐고 물었다. 그는 이렇게 대답했다.

> "내가 고등학교에 다닐 무렵, 나는 구제되기 곤란할 정도로 난폭한 문제아였다. 언제나 꾸지람의 대상이었고, 선생님과 동료들에게 골치석리였다. 내가 4학년이었을 때, 나의 품행이 나빴고 성적이 불량하여 퇴학 일보 직전에 있었다. 그 때 내가 낙제하고 있었던 과목을 담당하고 있던 선생님이 우연히 내 손을 보고 이렇게 말했다. '네 손은 참으로 훌륭하고 민감해 보인다. 그 손으로 너는 값있는 일을 할 수 있을 것이다.' 이 한마디 말은 내 귀에 낭랑하게 울려오는 나팔 소리와 같았다. 나는 학교를 졸업하고 외과의사가 되기로 결심하였다. 그 선생님의 마지막 말은 나에게 하나의 비전이었고, 내가 곤경에 빠져 있을 때마다 내 머리에 되살아났다. 이것이 내가 외과의사가 된 동기요, 나를 쓸모 있는 사람으로 만든 원인이다."

2) 교사의 역할

교육의 과정에서 교사와 학생과의 상호작용은 무엇보다도 중요하며 가장 핵심적인 부분을 이룬다. 그러므로 교사의 역할은 그가 원하든 원하지 않든 간에 교육의 과정에서 뺄 수 없는 부분으로써 대단히 중요하다. 따라서 여러 학자들이 교사의 역할에 대해서 연구했는데 여기서는 리들(E. Reedle)과 바텐버그(W. Wattenberg)의 견해를 살펴보겠다. 그들은 교사의 역할을 학생과의 심리적 관계를 중심으로 하여 14개 항목으로 나누어 제시하고 있다.

(1) 사회대표자로서의 교사

학생이 사회화되어 가는 과정에서 교사는 사회의 가치와 규범 그리고 생활양식을 대표하는 위치에 서게 된다. 학생의 여러 가지 행동에 대하여 인정할 것은 인정해 주고 경우에 따라서는 질책도 하며 격려해 주는 일을 통하여 사회와 문화가 기대하는 바가 무엇인가를 보여주고 교사 자신이 태도와 행동을 통하여 문화적 가치를 표현하게 된다. 따라서 교사가 무의식중에 하는 말과 행동 하나하나가 학생들의 사회화의 방향을 결정하는 데 중요한 영향을 미치게 된다.

(2) 판단자로서의 교사

교사가 학교상황에서 수행하는 많은 일 가운데 학생에 관한 올바른 판단을 요구하는 일이 상당히 많다. 학생들이 성적을 매기는 일, 행동발달을 평가해서 기록하는 일, 급제와 낙제를 결정하는 일, 수상대상자를 결정하는 일, 처벌대상자에게 처벌규정을 적용하는 일 등에 있어서 교사는 판단자의 역할을 수행한다.

이러한 교사의 판단이 과연 적절한 것이냐 그렇지 못한 것이냐는 교사의 윤리에 관한 문제이다. 교사의 판단 그 자체는 학생의 자아개념

형성에 큰 영향을 주고 또 학생에 대한 강화체제의 중요한 부분이 되며 교수·학습과정에도 직접적인 영향을 미치게 된다.

(3) 지식자원으로서의 교사

학생들에게 필요한 지식을 가르친다는 것은 교사의 제일 중요한 임무이다. 따라서 교사에게는 살아 있는 교과서의 역할이 기대되고 있다. 교사가 가지는 지식의 이해 정도가 학생들의 학업성취도와 밀접한 관련이 있는 점으로 보아 지식의 공급처로써 교사의 역할은 중요하다.

(4) 학습조력자로서의 교사

교사의 역할은 단순한 지식의 전달에 그쳐서는 안 된다. 교수·학습과정에서 학생들이 스스로 중요한 지식을 이해하고 새로운 지식을 찾아내며 배운 지식을 적용하여 새로운 문제를 해결할 수 있도록 교사는 유능한 조력자의 역할을 해야 한다. 특정 개념이나 원리를 학습자의 발달단계에 맞도록 설명하는 일, 학생의 학습방식에 맞는 학습과정을 마련해 주는 일, 학습에 있어서 개인이나 집단이 당면하게 되는 어려움을 극복하도록 도와주는 일 등 전문적 능력을 필요로 하는 일들이다.

(5) 심판자로서의 교사

학급 내에서 의견이 일치하지 않거나 갈등·대립하는 현상은 흔히 있게 마련이다. 이 때 공정하게 시시비비를 가려낼 수 있는 유일한 권위자는 교사이다. 이 때 교사의 공정성과 타당성 여하에 따라서 학생들에게 비치는 교사의 권위는 크게 좌우된다고 볼 수 있다.

(6) 훈육자로서의 교사

학생집단의 질서를 유지하기 위해서는 적절한 훈육이 필요하다. 이는 행정지도나 학부모, 심지어 학생 자신들의 요청이기도 하다. 교사의 훈육역할의 적부는 학교의 질서 유지뿐만 아니라 학생들의 학업성취에도 적지 않은 영향을 준다.

(7) 동일시 대상으로서의 교사

갈등이나 난관에 부딪쳤을 때, 학생들이 쉽게 취하는 행동으로 동일시의 현상을 들 수 있다. 학교에서 학생들의 중요한 동일시 대상은 교사이다. 따라서 교사의 여러 가지 행동특성은 학생들에 의해서 잘 모방된다. 교사의 말투 · 걸음걸이 · 필체 · 태도 · 가치관까지도 동일시의 대상이 될 수 있다.

(8) 불안 제거자로서의 교사

성장과정에서 학생들은 여러 가지 불안을 경험하게 된다. 현실에 대한 이해부족과 자신의 능력부족에서 오는 불안은 자연 성인의 도움을 필요로 하게 된다. 현실상황에 대한 적절한 설명, 학생들에게 불필요한 불안을 주지 않도록 상황을 통제하는 일 등은 교사가 수행해야 할 역할이다.

(9) 자아옹호자로서의 교사

성장과정에 있는 아동 · 학생들이 당면하게 되는 문제 중에는 자신감을 잃는 일, 능력부족을 느끼는 일, 열등감에 빠지는 일 등이 있다. 이때 교사는 학생들로 하여금 성취감을 맛보게 하고 주위로부터 성공에 대한 인정을 받도록 해줌으로써 학생들의 자아를 옹호해 주고 자신감을 갖도록 하는 역할을 담당해야 한다.

(10) 집단지도자로서의 교사

학교교육은 개별적 접촉과 지도를 통해서도 이루어지지만, 대부분의 경우 집단적 상황에서 이루어진다. 그러므로 교사는 그것이 학급집단이든 그 밖의 소집단이든 집단의 사기를 높이고 응집력을 향상시키기 위한 지도자로서의 역할을 담당하게 된다.

(11) 부모대행인으로서의 교사

초등학교 저학년 아동은 특히 교사의 행동과 부모의 행동을 마찬가지로 여기는 경향이 있다. 어머니에게서 구해야 할 조언을 교사에게서 찾으려는 일도 있거니와 동서고금을 막론하고 교사들은 학생들을 대할 때 부모의 감정으로 대하는 경향이 짙다. 어린이 중에는 부모에게서 받을 수 없었던 만족을 교사에게서 구하는 경우가 많다. 이 때 교사는 부모대행인의 역할을 하게 된다.

(12) 적대감정의 표적으로서의 교사

성장과정에 있는 학생들은 일상생활에서 적지 않은 좌절감을 경험하게 된다. 성인문화의 표준을 학생들에게 제시하고 이해 순응할 것을 요구하는 사람이 성인이고 보면, 좌절감에서 폭발되는 적대감정의 대상은 자연 성인일 수밖에 없다. 따라서 학교상황에서는 그 화살이 서인인 교사에게 향하게 된다. 이 때 그들의 표적이 되어 주는 것은 그들의 정신건강을 위해서 대단히 유익한 일이다.

(13) 친구로서의 교사

학생들 중에는 교사를 하나의 다정한 친구로 대하기를 원하는 학생들이 있다. 학생들의 개인적 기쁨과 감정을 같이 나눈다는 것은 매우 바람직한 일이다. 교사는 학생과의 관계에 있어서 교권을 내세우는 형식적 관계만이 아니라 친구로서 언제나 마음속을 털어놓을 수 있는 비형식적 관계를 유지해야 한다.

(14) 애정상대자로서의 교사

교사에게 자기가 아끼는 물건을 선물하는 초등학교 1학년 어린이의 교사에 대한 애정으로부터 남교사에게 연정을 품고 고민하는 고등학교 여학생의 애정에 이르기까지 교사들은 학생의 애정 상대자가 되는 경우가 많다.

오늘날 사제관계를 정서적 친밀감이 결여된 단순한 역할관계로 지적하면서, 대량교육으로 인한 직업적 교사로서의 위치를 탓하는 사람들도 있다. 그러나 교육현장에는 '우리 선생님'으로 기억될 만큼 학생들로 하여금 존경과 친화감을 느끼게 하는 교사들이 얼마든지 있으며, 선생님에게 애틋한 정을 가지고 있는 학생들도 많다. 이러한 사제간의 정서적 유대관계는 교사의 동정적인 태도에 기인한다기보다 교사의 역할수행 과정에서 비롯된 인간적인 감정인 것이다.

교사의 효율성 또는 훌륭한 교사의 교수행동 특성이나 인성특징을 연구한 예는 허다하다. 도대체 어떠한 교사가 훌륭한 교사인가? 어떻게 가르치는 것이 성공적으로 가르치는 것이고, 아니면 어떻게 가르칠 때 교사는 실패할 수밖에 없는가를 조사하기 위하여 거리의 시민들과의 대화를 통하여 그들로 하여금 학창시절을 회고하게 하여서 가장 좋았던 교사와 가장 싫어했던 곳의 교수행동특징을 찾아내었다. 그리하여 D. G. Ryans는 〈표 1-1〉과 같은 효율적 교사의 25가지의 대표적인 행동특성을 제시하였다.

〈표 1-1〉 교사의 행동 특성

효율적인 행동	비효율적인 행동
1. 정열적으로 가르친다.	1. 냉담하고 싫증난 듯이 가르친다.
2. 학생에게 관심이 많다.	2. 학생에게 관심이 없다.
3. 언제나 즐겁고 낙천적이다.	3. 침울해 보이고 염세적이다.
4. 교실에서 쉽게 화내지 않는다.	4. 교실에서 쉽게 화낸다.
5. 학생과 함께 놀이를 즐기고, 유머를 발휘한다.	5. 지나치게 심각하고 진지하다.
6. 자신의 잘못을 학생들 앞에서 인정한다.	6. 자신의 잘못을 모르거나 인정하지 않는다.
7. 학생들에게 공정하고 객관적이다.	7. 학생들에게 불공정하고 편애한다.
8. 인내심이 있다.	8. 인내심이 약하다.
9. 학생들을 이해하고 노력한다.	9. 학생들을 이해하지 못하고 때때로 조롱한다.
10. 학생들을 다정하게, 따뜻하게 대한다.	10. 학생들과 간격을 두고 대한다.
11. 교육적인 문제뿐만 아니라, 학생들 개	11. 학생들 개인의 신상문제에는 관

인의 신상문제도 도와준다.	심이 없다.
12. 잘한 일에 대해서는 칭찬을 아끼지 않는다.	12. 학생들을 칭찬하는 경우가 없다.
13. 공부를 못하는 학생이라도 그의 성실한 노력을 인정한다.	13. 공부를 못하면 그의 성실성까지 의심한다.
14. 타인의 반응을 거부한다.	14. 언제나 타인의 반응을 받아들인다.
15. 학생들이 항상 최선을 다하도록 격려한다.	15. 학생들을 제대로 격려하지 못한다.
16. 수업준비를 철저히 한다.	16. 수업준비에 불성실하다.
17. 수업은 전체계획 속에서 항상 융통적이다.	17. 수업을 계획대로 철저히 실시해 나간다.
18. 개개 학생으 요구가 다름을 인정한다.	18. 개인차를 인정하지 않는다.
19. 흥미롭고 새로운 수업자료, 방법을 연구한다.	19. 수업자료와 방법에 관심이 없다.
20. 시범과 설명은 분명하고 구체적이다.	20. 설명이 모호하고 시범이 불분명하다.
21. 방향제시가 분명하고 철저하다.	21. 방향제시가 불완전하고 모호하다.
22. 학생 스스로 공부하고 스스로 평가 하도록 고취한다.	22. 학생 개개인의 자율적인 학습을 인정하지 않는다.
23. 야단을 쳐도 조용히 위엄있게 긍정적으로 친다.	23. 야단을 칠 때, 잔소리가 많고 조롱한다.
24. 기꺼이 도와준다.	24. 도와주는 데 인색하다.
25. 잠재적 어려움을 예측하고 사전에 막으려 한다.	25. 잠재적 어려움을 내다볼 줄 모른다.

4. 교직과 교사

1) 전문직으로서의 교직

교사라는 직업이 어떠한 것인가를 규명하기 전에 우선 직업이란 무엇인가를 살펴볼 필요가 있다. 일반적으로 직업이란 단순 노동직이든 전문직이든 생계를 유지하기 위한 수단임에는 틀림없다. 그러나 직업은 생계수단 이외에도 직업에 종사하는 활동자체가 중요한 삶의 과정으로서, 거기에서 자아를 발견하고 자아를 실현 할 수 있는 것이다.

또한 직업에는 어떤 직종이든 간에 그 나름대로의 사회적 책임이 있다. 그리고 직업은 일시적인 것이 아니고 계속적으로 수행하는 경제 및 사회활동으로서 육체적 혹은 정신적 노동을 수반한다. 이와 같이 직업은 생계수단·자아실현·사회적 책임·계속성·노동 등 다양한 속성을 지니고 있다(이형행, 1998).

모든 직업은 위와 같은 속성을 공통적으로 지녔음에도 불구하고 직업의 종류와 사회적 지위 또는 전문적 정도에 따라 다양하게 분류된다.

한 직업의 사회적 지위는 사회와 시대의 상황에 따라 각기 달라질 수 있다. 흔히 직업을 전문직(profession)과 범속직(occupation)으로 구분한다. 전문직으로는 의사나 법관을 들 수 있고, 범속직에는 청소부나 단순노동자를 생각할 수 있다. 그러나 모든 직업이 전문직 아니면 범속직으로 양분되는 것은 아니다. 도리어 전문-범속의 연속선상에서 어떤 점을 차지하는가에 관한 상대적 평가의 결과로 그 위치가 결정되는 것이다. 전문직과 범속직을 구분하는 척도는 다음과 같다.

① 이론 배경 : 전문직은 그 직무 수행에 고도의 이론적 배경을 필요로 함.

② 장기 훈련 : 전문직은 이론적 배경을 필요로 하기 때문에 직전과 직후에 장기적으로 계속적인 교육과 훈련을 필요로 함.

③ 엄격한 표준 : 전문직은 초임자에게 엄격한 표준이 적용됨. 즉 면허증, 자격증, 일정한 학위 등이 요구됨. 이 표준은 전문직 단체에 의하여 내적으로 통제·보장·육성됨.

④ 표준의 신장 : 전문직에서는 표준 이상의 능력신장을 주로 계속적인 이론 규명에 의하나 범속직에서는 주로 경험에 의한 숙달에 의존.

⑤ 전문직 단체 : 전문직은 강력한 자율적인 전문적 단체를 가짐. 전문직 단체는 주로 그 전문직의 표준을 유지하고 향상하기 위한 자체 통제와 자체 육성에 힘씀.

⑥ 직업윤리 : 전문직은 그 자체의 직능을 수행하는 데 준수할 직업

윤리를 갖고 있다.

이런 기준에 비추어 볼 때, 교직은 대체로 전문직의 특성을 지니고 있음을 알 수 있다. 현실적으로 교직이 전문직으로 인정받기에는 미흡한 점이 많으나 교직을 범속직으로 보기에는 더더욱 문제가 많다. 교사는 가르치는 일을 하는 사람이지만 가르쳐야 할 것을 가르쳐야 하며 가르치되 아무나 할 수 없는 특수한 전문적 이론과 지식에 기초를 두고 가르쳐야 하기 때문이다.

직업은 영어로 'occupation'과 'vocation'으로 구분하기도 한다. 전자는 '사람이 보수를 받기 위해 정해 놓고 하는 일'이라 볼 수 있고, 후자는 독일어의 Beruf(소명)라는 말로 '하느님으로부터 소명을 받아 하는 일', 즉 부르심을 받는 일(calling)이라고 할 수 있다.

그러나 어떤 직업이든지 그것이 단순한 노동이 될 수도 있고 소명이 될 수도 있다. 일하는 사람이 자기가 하는 일에 대하여 어떠한 태도를 지니고 있는가가 중요하다. 노동과 소명을 구별하는 기준 가운데 가장 중요한 것은 비전(vision)이다.

한 그루의 나무를 심는 사람이 그 일을 함으로써 소정의 임금을 받는 것만을 목적으로 한다면, 그것은 단순한 노동에 지나지 않는다. 그러나 만일 그가 나무를 심음으로써 벌거벗은 산을 녹화하여 우리 강토를 아름답게 하는 동시에 홍수의 피해를 막고 인명과 재산을 보호하겠다고 생각한다면, 비록 그 일이 언뜻보면 하찮은 것 같지만 확실히 비전을 가진 애국운동이라고 할 수 있다.

마찬가지로 교직은 단순히 금전적 보수만을 위한 것으로 생각한다면 단순한 노동에 불과한 고역이 될 것이다. 의무감에 못 이겨 맡겨진 하루의 일을 기계적으로 반복함으로써 생계의 수단을 삼는 데 그친다면 교직은 분명히 고역이며 교직생활은 봉급날만 기다리는 짜증난 일과의 연속이 될 것이다.

오천석은 이렇게 말하고 있다. "교사가 고귀한 비전을 높이 들고, 우리가 맡은 어린 생명의 성장을 도움으로써 그의 잠재적 가능성을 개발하여 풍요한 생활을 영위하게 하고, 이를 통하여 나라와 겨레와 인류의 발전을 돕는 일이라는 신념을 가진다면, 분명 그의 일은 노동의 영역을 뛰어넘어 희열의 원천이 될 것이고 이 경우 그의 일과는 부담이 아니라 보람있는 성직이 될 것이다."

교직을 성직으로 보는 이러한 견해에 의하면, 전문적 자질에 앞서 교사에게 기본적으로 요구되는 것은 교직으로 부름을 받았다는 소명의식이다. 단순한 노동이 아니라 소명이 되려면 종사하고 있는 일에 대한 헌신이 필요하다. 소명이 요구하는 것은 기계적·형식적 동작이 아니며 시간 보내기가 아니다. 거기에는 일에 대한 정열과 성의가 있어야 하고 자기의 몸과 마음을 쏟아놓는 공헌이 있어야 한다. 사람의 마음에 공명을 일으키는 감흥이 있어야 한다. 이러한 영감이 없을 때 우리는 상대방의 심금을 울릴 수 없다.

교직은 단순한 직업이나 노동이 아니다. 그에게 소명감을 주는 것은 비전과 헌신을 속성으로 하는 소명감에 움직이지 않는 교육은 산교육이라고 할 수 없다. 소명감이 있으면 교사는 산 스승이 될 수 있고, 어린이의 영의 성장을 돕는 참된 교육자가 될 수 있는 것이다. 따라서, 교직은 전문직이기 이전에 소명의식이 요구되는 직업이라는 점에서 일반직과는 물론 다른 전문직과도 구별되는 특수 전문직임을 알 수 있다. 그러므로 교직은 인간을 가르치고 기르는 성스러운 직업으로서 특별한 자질과 사명감을 가진 사람만이 종사해야 하는 전문직이다.

2) 교직의 자율성

교직은 전문직으로서 자율적인 선택과 결단에 의하여 그 직무를 수행하므로 다른 어떤 직업보다도 자율성이 보장되고 유지될 때 교권이 확립되는 것이다. 자율성이란 외부적 환경이나 권위에 의한 간섭을 받지 않고 자유롭게 자기의 행위를 결정하는 과정을 뜻한다. 교직의 자율성은 교사가 교직 수행에 있어서 외부의 환경이나 권위에 의한 강요나 지식에 얽매이지 않고 자유로이 의사결정을 할 수 있는 교권을 의미한다.

무엇보다도 전문직은 고도의 지적인 배경을 필요로 하기 때문에 자율 없이는 그 직무를 수행할 수 없다. 이를테면 학생의 질문처리 방법은 학생의 개성이나 질문의 내용에 따라 달려져야 하며, 어떤 일정한 규칙에 의존할 수가 없다. 어디까지나 교사의 전문적 식견이 바탕이 되어 그 권리의 자율성이 교사에게 맡겨지는 것이 전제가 되어야 한다.

어떤 의미에서 보면 교사는 교실 내에서는 그 직무 수행에 있어서 무한한 자유를 누리고 있는 셈이다. 무엇을 어떻게 가르칠 것인지를 정하는 사람은 교육과학기술부 장관·교육감·교장이 아니라 학생들을 직접 가르치는 교사이다. 따라서 전문직으로서의 교직의 자율성이 얼마나 중요한지를 알 수 있다.

그런데 여기에서 문제되는 것은 교실 내에서 교사에게 부여된 자율적 행사의 한계이다. 교실 내에서 교사의 행동은 그 누구도 통제할 수 없고 또한 통제해서도 안된다고 생각하는 것이 과연 교사의 자율성인지는 검토할 필요가 있다. 예를 들면, 공립학교의 교사가 자기가 옳다고 생각하는 신념을 자율적으로 가르친다고 가정하자.

모르몬(Mormon)교 신자나 안식교도가 아무런 규제 없이 소신껏 특정 종교의 교리를 가르친다고 해보자. 교사편에서 보면 자율성을 향유한다고 볼 수 있지만 그 영향을 받는 학생편에서 보면 일방적으로 주입된 신념이나 교리에 조건화됨으로써 다른 보편적 종교의 진리를 대할 기회를 잃게 된다.

결과적으로 학생은 자율적으로 교리를 선택할 수 있는 기회를 박탈당하게 되는 것이다. 이와 같은 사실은 가르치는 자유가 오히려 배우는 자유를 빼앗을 수 있다는 역리를 제기하는 것이다. 이렇게 볼 때 교사의 자율권의 정도와 한계는 항상 그것이 학생의 자유와 복지의 증진에 공헌할 것인가 하는 상대적 관계에서 고려되어야 한다.

다음으로 생각해야 할 문제는 교사에 대한 국가와 사회의 통제에 관한 것이다. 즉, 학생의 자유와 복지의 증진에 관계된 것이면 무엇이든지 교실 내에서 가르쳐도 좋으냐 하는 문제이다. 국가와 사회에서 학생에게 가르쳐 주기를 바라는 것은 하나의 참고자료이고 실제로 무엇을 가르칠 것인지는 교사의 자율에 속하는가를 생각해 볼 필요가 있다.

이에 대하여 한마디로 말하면 국가나 사회의 요구와 반대되는 내용을 가르치는 것은 어떤 국가나 사회에서도 허용되지 않는다는 것이다. 왜냐하면 교육의 중요한 기능은 사회화기능이기 때문에 그 내용은 항상 국가나 사회의 보편적 가치나 신념에 위배됨이 없어야 하는 것이다. 교직의 자율성이 최대한도로 확보되어야만 교사가 창의적으로 학생지도에 임할 수 있지만 여기에서 적어도 위에서 언급한 두 가지의 전제조건을 감안해야 한다.

여기에 덧붙여 교직의 자율성에서 또 생각해야 할 문제는 교직과 자율성과의 관계이다 .학교도 하나의 사회조직이기 때문에 그 속에는 위계질서가 있다. 그러나 다른 사회체제와는 달리 교사라는 집단과 학생집단 간에는 현격한 거리가 있는 특수한 위계성이 있다. 흔히 '군사부일체(君師父一體)'라고 하는 말로 교사집단과 학생집단 간의 현격한 위계차를 나타내기도 한다.

이와 같은 위계차는 여러 측면에서 볼 수 있다. 우선 신체적인 성숙면에서 차이가 있으며, 지적인 넓이와 깊이에 있어서 차가 있고, 도덕적 표준이나 행동에 있어서도 차가 있다. 따라서 교사는 학생에게 절대적인 영향을 미치는 존재이다. 교권의 문제는 이와 같은 위계성에서 발생한다.

교사와 학생이 신체적·인지적·사회적·정서적 측면의 차가 큰 초등학교일수록 교권은 강하고, 상급학교로 올라갈수록 점차로 교권이 상대적으로 약화되는 것을 보아도 교사와 학생 간의 위계성에서 발생하고 있음을 알 수 있다. 이와 같은 교사와 학생 간의 위계성은 현실적으로 또는 묵시적으로 학부모와 지역사회에도 전달된다. 즉, 교사와 학생

간의 위계성의 차가 크면 클수록 교권은 확립되고, 교사는 학부모와 지역사회인의 존경의 대상이 된다.

그런데 최근에 이르러 교권의 실추를 개탄하는 소리가 높아지고 있다. 이것은 교사와 학생 간의 위계적 격차가 작아졌음을 뜻한다. 신체적 측면의 격차는 예나 지금이나 다를 바 없으나 다른 측면, 이를테면 지적·도덕적 측면에 있어서는 그 격차가 줄어든 것을 부인할 수 없다.

무엇보다도 교직은 자율성이 최대한으로 보장되어야 한다. 만일 교권이 떨어지면 교사를 불신하게 되고 외부의 권위와 압력에 의하여 자율성을 제한받게 된다. 따라서 교직의 자율성 없이는 교육의 효과를 기대하기 어렵다.

3) 교직의 윤리와 교권

(1) 교직의 윤리

교직의 전문성을 논의하는 데 있어서 반드시 제기되는 것이 윤리문제이다. 그것은 교직에서만이 아니라 다른 모든 전문직에서도 요구되는 기본조건의 하나이다. 전문적 종사자는 다른 직업종사자보다 높은 직업윤리와 도덕수준을 사회로부터 요구받고 있다. 교직도 그러한 기대에서 예외일 수 없으며 사실 오늘의 교사에 대한 사회적 비판의 대부분이 교직윤리에 관련된 문제들이다. '사도가 땅에 떨어졌다', '교사는 있어도 스승은 없다'는 등의 비판이 그 좋은 예라고 할 수 있다.

교사의 사회적 지위, 경제적 지위, 지적 수월성 등은 모두 중요하고 어느 하나도 소홀히 생각할 수 없는 것이지만, 이것들보다도 먼저 생각해야 할 것은 교사의 윤리문제이다. 왜냐하면 교사는 가르치는 사람이며, 가르친다는 것은 지식을 가르친다는 의미만이 아니라 사회적·도덕적인 면에서 모범을 보여야 한다는 의미를 포함하고 있기 때문이다.

단적으로 말하여 교사에게 윤리와 도덕의 개념을 제외한다면 그것은 이미 교사라고 할 수 없다. 그것은 마치 종교가에게서 윤리나 도덕의 개념을 뺄 수 없는 것과 같다. 이렇게 볼 때 교사의 윤리가 얼마나 중요한가를 알 수 있다.

교직윤리의 확립을 위하여 대한교육연합회에서는 교사의 윤리에 관련되는 강령을 두 차례에 걸쳐서 제정한 바 있다. 첫 번째는 1958에 제정된 교원윤리강령이며, 두 번째는 1982년에 선포된 사도의장과 사도강령이다. 이러한 윤리강령에서 일관하여 강조되고 있는 것은 교사와 학생과의 관계에서 교사는 애정을 가지고 공평하게 개성을 존중하며 성심껏 학생을 지도해야 한다는 점이다. 이미 사도강령에서 강조하고 있는 바와 같이 교직윤리에서 가장 강조되어야 할 것은 스승으로서 제자를 사랑하고 차별하지 않는 일이다.

(2) 교권

교권과 교직의 전문성도 밀접하게 관련되어 있다. 그러므로 교권을 확립하기 위하여 전문성의 신장이 필요하게 된다. 이 경우의 교권을 확립하기 위하여 전문성의 신장이 필요하게 된다. 이 경우의 교권이라는 말이 주는 의미는 교육의 권위라는 개념으로 대변될 수 있다. 그러나 교권을 교육의 자율성이라는 관점에서 해석하면 교육의 권리·교사의 권리라는 의미로 이해된다. 이처럼 교권의 의미에는 두 가지의 뜻이 통합되어 있는 것을 알 수 있다.

사람에 따라서는 교권의 의미를 권리에 강조점을 두어 해석하는가 하면 또 다른 사람들은 권위라는 점을 부각시키기도 한다. 그러나 좀더 깊이 생각하면 권위와 서로 연관이 있는 개념이므로 교권은 권위적인 면과 권리적인 면을 모두 포괄한다고 해야 할 것이다.

교사가 그들에게 부여된 책임을 다하고자 할 때 가장 중요한 조건 중의 하나는 교권이 확립되어 있어야 한다는 것이다. 교사가 권위와 권리를 인정받지 못할 때 교육이 제대로 이루어질 수 없다는 것은 너무나 분명한 사실이다. 의사의 권위가 환자에게 인정받지 못할 때 병의 치료가 어려운 것처럼 학생과 학부모가 교사의 권위를 인정하지 않는다면 교육이 제대로의 효과를 발휘할 수 없다. 이 점은 특히 지식교육보다 인간교육에서 더욱 두드러진다.

인간교육은 단순한 지식의 전달이 아니라 인격적인 접촉에 의해서 이루어지며 교사가 학생들의 동일시 대상이 될 수 있을 때 가능한 것이다. 이 경우 교사의 권위는 필수적인 조건이 된다. 학생들이 교사의 권위를 인정하고 동일시의 대상으로 삼아야 태도와 가치관에 영향을 미칠 수 있는 것이다.

또한 교사는 국가와 사회로부터 응분의 권리를 인정받아야 하며 그러한 권리 중에서는 자율권·생활권·신분보유권 등이 포함된다. 이러한 권리 또는 권한 못지않게 중요한 여건이 된다. 교사의 자율권에 대해서는 앞서 교직의 자율성에 설명하였거니와 그와 같은 자율성을 인정받지 못하고 침해당하면 교사는 한낱 근로자로 전락하게 된다.

교사의 생활권과 신분보유권 또한 소홀히 생각할 수 없는 것이다. 물론 동서고금을 막론하고 교사의 생활은 그들의 품위를 유지하는데 적절하느냐가 문제시 되었을 뿐 부를 탐하는 것과 거리가 멀다고 생각되어 왔다. 사실 대부분의 교사는 청빈을 당연한 것으로 받아들여 조금도 흐트러짐이 없는 삶을 영위해 온 것도 사실이다.

그렇다고 해서 교사의 경제적 지위가 소홀히 되어도 좋다는 뜻은 아니다. 특히 오늘날에는 경제적 지위의 향상이 사회적 존경과 위신의 유지에 큰 영향을 미친다는 점을 감안한다면 교사의 처우개선과 경제적 지위향상은 꾸준히 추구되어야 할 과제이다. 교사의 생활권 유지는 결과적으로 교권을 신장하는 길이 된다.

교사의 신분보장 역시 교권확립에 있어서 중요한 하나의 조건이 된다. 우리나라의 국·공립 초·중등학교 교사는 국가공무원으로서 신분을 보장받고 있다. 사학의 경우도 국·공립학교의 교원에 관한 규정을 준용하고 있기 때문에 제도상으로는 교사의 신분이 보장되어 있다고 할 수 있다. 그러나 일부 사학에서는 실제적으로 신분보장이 되어있지 않아서 교권이 침해당하는 경우가 있으므로 앞으로 이에 대한 보완책이 확립되어야 할 것이다.

무명교사 예찬사

나는 무명교사를 예찬하는 노래를 부르노라. 전투를 이기는 것은 위대한 장군이로되, 전쟁에 승리를 가져오는 것은 무명의 병사로다. 새로운 교육제도를 만드는 것은 이름 높은 교육자로되, 젊은이를 올바르게 이끄는 것은 무명의 교사로다.

그가 사는 곳은 어두운 그늘, 가난을 당하되 달게 받도다. 그를 위하여 부는 나팔 없고, 그를 태우고자 기다리는 황금마차 없으며, 금빛 찬란한 훈장이 그 가슴을 장식하지 않는 도다. 묵묵히 어둠의 전선을 지키는 그 무지와 우매의 참호를 향하여 돌진하는 그이어니, 날마다 날마다 쉴 줄도 모르고 청년의 적인 악의 세력을 정복하고자 싸우며, 잠자고 있는 영혼을 일깨우도다.

게으른 자에게 생기를 불어 넣어 주고, 하고자 하는 자를 고무하며 방황하는 자에게 안정을 주도다. 그 젊은이들과 더불어 나누도다. 그가 켜는 수많은 촛불, 그 빛은 후일 그에게 되돌아와 그를 기쁘게 하노니, 이것이야말로 그가 받은 보상이로다.

지식은 책에서 배울 수 있으되, 지식을 사랑하는 마음은 오직 따뜻한 인간적 접촉으로써만 얻을 수 있는 것이로다. 공화국을 두루 살피되, 무명의 교사보다 예찬을 받아 마땅할 사람이 어디 있으랴. 민주 사회의 귀족적 반렬에 오를 자, 그 밖에 누구일 것인고, "자신의 임금이요, 인류의 머슴인저"

헨리 · 반 · 다이크 지음
오천석 옮김

교사는 교사만이 지녀야 할 전문적 · 본질적 전제조건, 즉 교사의 본질에 필요한 독자적인 자질과 능력을 지녀야 할 것이다. 그리고 교육상황 특유의 요구와 관련된 교사 자신의 인간적 · 도덕적 · 감성적 · 지각적 능력과 같은 내적인 조건도 요구된다. 학교의 수업이 단지 지식 · 기예 · 능력의 전달만으로서가 아니라 인격으로서의 학생의 발달을 목적으로 삼고자 한다면 교사의 인격적 성숙이 없이는 불가능하기 때문이다.

따라서 교사 본질의 전제조건이 되는 인격적 요인으로는 교육애, 교육적 판단력, 신뢰, 인내 등이 교사가 전문적인 교직수행을 위해서 반드시 지녀야 할 것들이다(정영수 외, 1998).

사례 1 : 영화(홀랜드 오퍼스) 속의 스승과 제자

음악교사인 홀랜드가 J. F. 케네디 고등학교에서 30여년 동안 재직하면서 감동적인 제자 교육사랑을 그린 서사시 같은 영화이다. 위대한 교향곡을 작곡하는 것이 꿈은 글렌 홀랜드는 자신의 소망을 실현시키기 위한 J. F. 케네디 고등학교에 음악교사의 길을 들어서게 된다.

학교에서 수업이 끝나면 즉시 집으로 돌아가 작곡에 매달리려는 교사 홀랜드에게 여교장 제이콥스는 교사란 지식만을 전달하는 사람이 아니라 학생들의 인생에 방향을 제시하는 나침반의 역할도 해야 하는 사람이라고 질책한다. 교육은 정해진 교과내용의 전달로 끝나지 않으며, 수업에서는 겨우 교육을 시작하는 계기를 얻게 될 뿐이라고 말이다. 무수한 고민 끝에 그는 수업방식을 바꿔 학생들에게 접근하게 된다. 학생들에게 친숙할 뿐만 아니라 그들이 좋아하는 음악을 통해 수업을 진행함으로써 학생들의 반응이 달라지고 홀랜드 자신은 가르치는 일의 즐거움을 발견한다.

- 그는 자신감을 잃어 클라리넷 연주를 포기하려는 여학생 거추트 랭을 따로 개인지도 하면서 그 학생이 자신의 문제를 극복할 수 있도록 도와주는 일
- 학생들이 음악을 사랑할 수 있도록 하는 일이라면 무엇이든지 하겠다는 신념에서 밴드부를 신설하여 지도한다. 그 과정에서 박자 감각이 전혀 없는 흑인 학생 하나를 가능한 모든 수단을 동원하여 정성껏 지도한 끝에 밴드부의 일원으로서 자기 몫을 다하도록 변화시키는 일
- 청각장애인인 아들 콜에게 아버지로써 자신의 사랑을 전할 기회를

마련하고자 청각장애인을 위한 음악회를 기획하고 거기에서 존레논의 Beautiful Boy를 수화로 부른다. 따라서 아들은 아버지의 사랑을 알게 되어 그는 인생의 교사가 된다.

· 학생들의 관심 밖에 있는 바하(bach)의 고전음악을 있는 그대로 가르치기 보다는 대중음악과 연결하여 흥미를 유발하고, 음악을 학생들이 사랑할 수 있도록 훌륭한 교육방법을 구사한다.

· 뮤지컬 배우를 꿈꾸는 제자 로위나 모건을 위해 꿈을 펼칠 수 있도록 조언하고 격려하는 일

· 홀랜드는 지난 30여 년간 음악교육을 통해 학생들의 삶에 의미있는 영향을 줄 수 있었음을 확인하게 된다. 졸업생들이(제자) 조기퇴임을 애석해 하면서 강당에 모여 그가 작곡한 심포니를 연주하게 된다. 제자인 주지사가 된 거추트 랭이 송별사를 통해 “선생님은 부와 명성을 초월한 성취를 이루셨습니다. 여기에 모인 학생들을 보십시오. 선생님 덕택에 더 나은 사람이 되었습니다. 선생님의 손길이 닿지 않은 곳은 없습니다. 우리가 바로 당신의 교향곡 멜로디입니다.”(정영근, 2001)라고 스승을 위해 존경을 표한다.

사례 2 : 다산 정약용의 제자사랑

조선시대의 실학교육사상가인 다산 정약용(1762~1836)이 강진유배시절 수 십명의 제자들을 가르쳤는데, 그 중에서 양성한 제자 황상(1788~1870)과의 인격적인 관계를 독특히 하였다. 황상은 다산의 집안과도 가족처럼 지냈으며, 스승과 제자, 스승의 아들과 제자 사이에 맺어진 가슴 뭉클한 사연이 적지 않았다.

오늘날 무엇보다 시선을 집중시키는 것은 다산 정약용이 제자인 황상을 1802년 임술년 10월 17일 강진의 한 주막에서 서로 만난 지 얼마 되지 않은 때에 써준 면학문이다.

“공부는 자들이 갖고 있는 세 가지 병통(나쁜 습관)을 너는 하나도 가지고 있지 않다. 첫째, 기억력이 뛰어난 병통은 공부를 소홀히 하는 폐단을 낳고, 둘째, 글 짓는 재주가 좋은 병통은 허황한데 흐르는 폐단을 낳으며, 셋째, 이해력이 빠른 병통은 거친데 흐르는 폐단을 낳는다. 둔하지만 공부에 파고드는 자는 식견이 넓어지고, 막혔지만 잘 뚫는 자

는 흐름이 거세지며, 미욱하지만 잘 닦는 자는 빛이 난다. 파고드는 방법은 무엇이냐, 근면함이다. 그렇다면 근면함을 어떻게 지속하느냐, 마음가짐을 확고히 갖는 데 있다."

자신감이 없는 학생을 공부로 이끌어주는 이 문장은 짧지만 감동적이다. 다산의 격려는 지금 들어도 공부하는 자의 용기를 북돋워 주는 따뜻하면서도 준엄한 스승의 마음이 느껴진다. 황상은 이 말을 마음에 새기고 뼈에 새기며 한 평생 학문의 길을 걸었다. 스승의 글을 받은 날로부터 꼭 60년이 되는 임술년 70 노인이 된 그는 스승의 말을 다시 되새기고 그다지 벗어나지 않은 삶을 살게 되었다며 감사하는 글 '임술기'를 썼는데 거기에도 이번에 본 면학문에는 한결 가슴 뭉클하게 하는 것이 있다.

다산이 아니라 맏아들 정학연이 쓴 글씨였기 때문이다. 그는 아버지의 글을 다시 쓰고 "오른쪽 한편의 글은 열수선생(다산)이 쓰신 면학문으로 쓴 때는 임술년 10월 17일이요, 황산의 나이 15세였다. 본래의 종이가 해지고 찢어져 다시 기록하여 첫머리에 싣는다."라는 발문을 뒤에 붙였다.

다산 친필이 닳고 닳아서 할 수 없이 아들인 자기가 써서 황산에게 다시 준다는 내용이다. 정학연(다산 아들)이 다산의 글을 다시 쓴 때는 1854년 정학연의 나이 72세요, 황산의 나이 67세였다. 다산의 묘에 참배하러 세 번이나 찾아온 황상에게 감사의 뜻을 표시하기 위해 써준 것이다.

스승이 써 준 면학문이 닳고 헤어질 정도로 간직한 정성이나 아버지의 제자에게 아버지의 글을 대신 써준 일이 그들 사이의 인간적 유대감을 잘 드러낸다. 그처럼 다산의 아들들이 황상과 죽을 때까지 가족같은 우정을 나누어, 정씨와 황상씨의 변치 않을 교우를 유지하려고 정황계를 만들어서 첩을 만든 것은 유명한 이야기다.

여러 서첩에는 그 같은 우정의 실상을 확인시켜 주는 서와 글이 함께 묶여져 있다. 강진으로 돌아가는 황산을 보내며 써준 정학연의 시와 문장, 선물로 주는 '규장전운' 한 권과 부채, 담배통 등의 목록 등도 그 중의 하나다. 100~200년 전 강진에서 맺어진 스승과 제자의 대를 이은 깊은 인연은 그들이 친필로 남긴 서첩을 통해 지금 우리에게도 뭉클한 감동을 전한다(안대희, 조선일보, 2005년 7월 30일자).

제 2 장

교사와 교육철학

교사는 교육철학이 무엇인지 왜 연구해야 하는지를 알아야 하고 지식도 갖추어야 한다. 그 이유는 현실에서 나타나는 모든 교육의 문제들에 대하여 명확하게 분석하고 비판적으로 평가할 수 있어야 한다. 또한 단편적이고 부분적인 접근이 아니라 포괄적이며 보편적인 바탕 위에서 원리를 찾아 낼 수 있어야 한다. 이러한 교사의 능력은 철학적 지식을 갖추었을 때에만 가능하다.

따라서 교사는 철학과 교육철학의 흐름을 알고 현장에 적용할 수 있는 능력을 키워 학생들을 실험대상으로 간주하지 말고 자기의 교육철학을 바탕으로 소신 있게 교육을 해야 한다. 본장에서는 교사로서 갖추어야 할 교육철학을 알아야 하는 이유, 교육사조에 따른 교사의 자질 그리고 위대한 교사들의 교육사상 등을 살펴보고자 한다.

1. 교육철학을 알아야 하는 이유

교사가 왜 교육철학을 알아야 하는지를 살펴보면 다음과 같다(조성일 외, 2006). 교사가 교육철학이 왜 필요한지 명확하게 알아야 현장에서 학생을 지도하거나 현실의 교육문제를 정확하게 진단할 수 있기 때문이다.

첫째, 교육철학은 인간생활과 사회 전체에 있어서의 교육의 위치와 그들과의 관계를 파악하는 데 도움이 되기 때문이다. 교육은 자칫 인간생활 전반 혹은 사회 전체에 대한 이해로부터 고립된 상태에서 진행될 위험이 있다. 즉, 교사는 교실에서 주어진 교과서를 충실하게 전달하고 학생들에게 내면화시킴으로써 그 임무와 역할을 다했다고 생각할 수 있다. 그러나 교사가 인간생활 전체에 대한 교육적 전망을 갖고 그 임무와 역할을 수행할 때 진정한 생명력과 실천성을 견지할 수 있다. 이 인간생활 전체에 대한 교육적 전망은 바로 교육철학의 연구를 통해 얻을 수 있는 것이다.

둘째, 교육철학은 잡다한 교육이론을 비판적으로 검토하고, 종합함으로써 교육에 대한 신념을 확정하고 원리를 수립하는 데 기여하기 때문이다 .사회의 다원화에 따라 교육학에서도 매우 다양한 이론과 주장들이 쏟아져 나오고 있다. 그 중에는 서로 모순되는 이론도 있을 수 있다. 철학이 개별 과학에서 밝혀놓은 제반사실과 이론을 종합하고 정리하듯이, 교육철학 또한 교육학의 각 연구영역에서 밝혀놓은 사실 및 이론들을 서로 종합하고 정리하며 중재해야 한다.

셋째, 교육철학은 교사의 지성과 비판정신을 자극하여 교육의 새로운 경지를 개척하는 데 중요한 구실을 하기 때문이다. 교육철학의 기능은 현존하는 문제를 해결하기 위한 근본적인 준거와 지침을 제시해 주는 것이기도 하지만, 동시에 새로운 문제를 제기하기도 한다.

넷째, 교직이 단순히 생계를 유지하기 위한 수단이 아니라, 바람직한 인간의 형성에 주도적인 역할을 수행하고 인간사회의 개선에 기여하는 중요한 활동이라면, 교사는 마땅히 그가 종사하고 있는 교육이 내포하고 있는 중요한 문제에 대한 올바른 이해가 필요하기 때문이다.

교육을 통해서 우리는 무엇을 성취하려고 하는가, 교육의 과정에서 야기되는 문제는 무엇인가, 그 문제들은 어떤 신념과 방향에 기초하여 해결되어야 하는가 등 이러한 문제들을 해결하기 위해서는 교사는 교육철학을 알고 연구해야 가능하다는 것을 깨달아야 한다.

2. 교육사조에 따른 교사의 자질

교육사조는 서로 다른 세계관·인간관·사회관을 바탕으로 구성되므로 교육의 목적이나 방법에 대한 시각이 서로 다르고, 교사의 역할이나 자질에 대한 기대도 다르다. 또한 각각의 철학적 관점에서 강조되는 교사의 자질들이 서로 상이하게 대비되기보다는 많은 경우에 공통적인 부분을 가지고 있다. 예컨대, 본질주의 교육은 진보주의 교육에 대하여 대립되는 경우보다는 문제점을 보완하는 성격이 강하다고 할 수 있다. 여기에서 교육사조들에서 강조되는 교사의 자질을 중심으로 살펴보고자 한다(송광용, 2007).

1) 본질주의 관점

본질주의에서는 학생들에게 우리 사회의 근간을 이루는 지식·정보·기술 등을 다음 세대로 전달하는 것을 중요하게 여긴다. 그러므로 본질주의자들은 학생들에게 학문적 지식의 본질(essentials)을 가르치고, 애국심을 갖게 하고, 인성을 발달시키는 것을 중요하게 여긴다. 그리고 기본적인 것들의 교육을 강조함으로써 학생의 마음을 단련하고 이성을 계발하며 공동체 의식을 함양시키고자 노력한다. 따라서 교사에게는 다음과 같은 자질이 특히 강조된다.

첫째, 지식 또는 문화의 전달자로서의 자질이다. 교과서는 모든 학생이 배워야 할 중요한 지식으로 구성되어야 하고, 교사는 그러한 지식들을 논리적으로 체계화한 교과에 깊은 안목을 갖추어야 한다. 또한 그 전달을 위한 수업기술을 갖추고 있어야 한다.

둘째, 학생에 대한 사랑과 교육에 대한 책임감이다. 교과 성적이 낮은 학생에게는 보충수업 등으로 기본개념을 학습할 수 있도록 노력해야 한다. 그리고 교사는 학생들을 유능한 사회인으로 기르기 위하여 필요한 지식학습을 강조해야 한다.

셋째, 학생에게 규율을 지도할 수 있어야 하고 스스로 권위를 지켜야 한다. 학생이 올바르게 성장하기 위해서는 사회에서 요구하는 태도·가치관·신념 등을 내면화해야 한다. 따라서 교사는 학생들이 학교의 규율을 지키며 열심히 공부하도록 지도할 수 있어야 한다.

끝으로 교사는 나라를 사랑해야 하고, 학생에게 나라 사랑하는 마음을 기르기 위하여 필요한 것들을 가르쳐야 한다. 역사 속에서 위인들의 삶이나 역사적 사건 등을 의의 있게 학생들에게 가르칠 수 있어야 한다.

2) 항존주의 관점

항존주의는 본질주의와 많은 공통점을 갖는다. 교사중심의 교육이며, 교육과정에 유연성이 적고 엄격한 성취기준을 적용하고, 지적인 발달과 도덕적 발달을 강조한다는 점에서 유사하다. 그러나 항존주의자들은 실존주의 교육이 현재의 사회문화의 이해를 위해 필요한 실제적인 정보들을 교육하는 것에 대하여 비판하고, 교육은 현재의 사회문화가 아니라 여러 세대의 문화를 관통하는 더욱 본질적인 것, 즉 항존(everlasting)하는 것들을 가르쳐야 한다고 본다. 그리고 교육의 목적은 이성을 계발하고 정밀하게 생각할 수 있도록 마음을 훈련하는 것이라고 한다. 그러므로 본질주의와 비교하여 교사에게 강조되는 자질은 다음과 같다.

첫째, 교사는 고전(Great Ideas)의 내용을 알고 학생을 가르칠 수 있어야 한다. 학생들이 미래에 마주치게 될 많은 문제들을 이해하고 해결하는 데 중심이 되는 중요한 능력들은 고전에서 찾아질 수 있기 때문이다.

둘째, 교사는 학생들이 깊이 있고, 분석적이며 창의적인 사고를 할 수 있는 능력을 계발할 수 있어야 한다. 이를 위하여 교사는 고전에 관한 내용과 함께 교육방법에도 정통해야 한다.

셋째, 교사는 독서와 토론을 지도할 수 있는 기능을 갖추어야 한다. 교육은 본질적으로 직업인을 기르거나 돈을 벌기 위한 것이 아니라고 본다. 따라서 현실적 필요가 아닌 지적 호기심에 기초하여 학생들이 읽기를 즐겨하게 하고, 지적인 호기심을 자극하는 주제를 찾아 배우고 토론할 수 있도록 해야 한다.

3) 진보주의 관점

진보주의 교육에서는 학습자 중심교육을 주장하고 학습자의 자유를 최대한으로 보장하는 것을 주장한다. 즉, 진보주의는 학생들의 관심·흥미·생활 속에서의 경험을 중심으로 교육내용을 구성한다. 그러므로 교육에서는 학습자의 개성을 존중하고 그들의 흥미와 욕구를 존중할 것을 주장한다. 따라서 다음과 같은 자질이 교사에게 요구된다(김윤태·서정화·노종희, 1984:110).

첫째, 학생의 욕구와 흥미를 찾아내어 이것을 학습활동의 동기로 활용하는 능력이 필요하다. 교사는 학생들의 특성과 욕구 그리고 그들이 가지고 있는 흥미와 생활상의 문제점들을 파악하고, 그 결과를 토대로 하여 아동의 자연스러운 성장을 도울 수 있어야 한다.

둘째, 사회생활의 계속적인 변화에 성공적으로 적응할 수 있도록 교육내용과 방법을 수정하고 보완하는 노력이 필요하다. 미래란 변화하는 현재에 연결된 것이기에 '현재 그리고 여기'(here and now)의 문제를 가장 효과적으로 해결함으로써 얻어지는 문제해결력으로 미래의 문제에 대비할 수 있기 때문이다.

셋째, 학생이 스스로 학습하는 것을 도와주는 조언자 · 협조자, 그리고 민주적인 지도자로서의 자질이 필요하다. 진보주의는, 교육이란 아동의 성장을 도와주기 위한 것이고, 아동의 성장이란 경험의 계속적인 재구성에 의해서 이루어진다고 본다. 따라서 학생들이 스스로 자신의 활동성과를 반성적 사고를 통하여 검토하고, 자기의 생각을 재구성함으로써 새롭고 확충된 개념을 형성할 수 있도록 도와주는 역할이 필요하다.

넷째, 학급을 민주적 문제해결집단으로 조직 · 운영하는 능력이 필요하다. 민주주의와 성장과 교육은 서로 떨어질 수 없게 연관되어 상호작용을 한다. 다른 사람들과의 조화로운 관계 속에서 인간은 큰 만족을 체험할 수 있으므로 민주적 학급운영이 매우 중요하다. 학급조직은 사랑과 협력이 경쟁과 개인적 이득보다 더 교육에 합당하다고 생각하기 때문이다.

4) 재건주의 관점

재건주의 교육에서는 학생들이 사회의 불공정한 것들에 문제의식을 갖도록 해야 하며, 이를 해결하기 위하여 노력해야 한다고 본다. 인종차별, 성차별 또는 남성우월주의, 환경오염, 무주택 부랑자, 빈곤, 물질의 남용, 동성애 혐오증, 후천성면역결핍증(AIDS) 그리고 성폭력 등의 사회적 문제들은 잘못된 정보에 기인하거나 무지에서 비롯된다고 보고, 학교는 학생에게 사회의 불공정한 것들을 바르게 가르침으로써 공정한 사회질서를 형성할 수 있어야 한다고 본다. 그러므로 재건주의 교사에게는 다음과 같은 능력이 필요하다.

첫째, 교사는 교육을 통하여 학생들이 사회에서 마주치게 될 문제들을 분석하고 해결할 수 있도록 준비시킬 수 있어야 한다. 사회의 불공정한 것들에 문제의식을 갖도록 해야 하며, 또한 그것을 바로잡을 수 있도록 해야 한다.

둘째, 교사는 서로 인종이나 종교가 다른 집단 사이에 긍정적 · 협조적 관계를 증진시킬 수 있어야 한다. 이를 위하여 교사 스스로 인종이나 문화가 다른 집단을 이해할 수 있어야 하며, 학생들에게 가르칠 수 있어야 한다.

셋째, 교사는 정치에 관심을 갖고 참여할 수 있어야 한다. 학생들이 정치를 이해하고 참여할 수 있는 방법을 가르쳐야 하며, 정치를 통하여 모든 사람들의 행복을 증진시키는 방법을 가르쳐야 한다.

넷째, 교사는 독서지도를 강조한다. 지식기반사회에 적합한 고전으로 도서목록을 작성하고 독서를 많이 하도록 강조한다. 그리고 고전을 비판적으로 이해한다.

5) 인간중심교육의 관점

인간중심교육의 필요성은 지식기반사회의 도래와 관련이 깊다. 지식기반사회는 과학기술의 발전이라는 긍정적인 측면뿐 아니라 인간소외와 물질만능의 풍조를 가져오고 있다. 따라서 학생과 공감대를 형성하고 인격적 감화를 줄 수 있는 인간주의적 교사가 요구된다. 인간중심교육은 실존주의 교육철학이 교육에 적용된 모습이라 할 수 있다. 인간중심주의 교육에서 요구되는 교사의 자질을 Patterson은 진실된 교사, 한 개인으로서 아동에 대한 존중, 공감적 이해, 애정을 제시하고 있다(한국교원단체총연합회 편, 1997:121).

첫째, 진실한 교사란 진솔하게 자신을 드러내고, 선입관에서 자유로운 교사를 의미한다. 진실한 교사는 감정을 있는 그대로 시인하고 그것을 감추려 하지 않는다. 감정과 태도가 표리부동하지 않고, 진실한 감정을 숨기지 않아야 한다는 것이다.

둘째, 교사는 각 학생을 하나의 고유한 인간, 가치가 있는 개인으로서 깊이 존중해야 한다. 존중은 각 학생을 그의 현존 상태 그대로 수용하는 것을 포함한다. 존중한다는 것은 그가 남과 달라야 한다는 요구를 하지 않는다는 것이다.

셋째, 공감적 이해란 교사가 자신을 학생의 입장으로 바꾸어 놓고 거기서 진행되는 사실에 대해 민감하게 지각하고 느끼게 되는 것을 말한다.

넷째, 훌륭한 교사에게 기본적으로 요구되는 것은 애정이다. 진정한 애정은 학생을 존중하고, 학생이 그 나름의 방식으로 성장하기를 바라며, 허용적인 환경을 제공할 때 비로소 그렇게 될 것이라는 자신을 갖는 것을 말한다.

3. 위대한 교사들의 교육사상

위대한 교육자들인 코메니우스, 루소, 프뢰벨, 페스탈로치, 방정환, 최현배, 니일, 몬테소리, 듀이 등의 교육사상을 살펴보고자 한다.

1) 코메니우스의 교육사상

(1) 생애 및 교육활동

코메니우스(J. A. Comenius, 1592~1670)는 체코슬로바키아의 모라비아(Moravia) 지방에서 태어난 보헤미아 동포교단(프로테스탄트)에 속하는 기독교 가정에서 독실한 신앙을 가지고 자랐다. 네 명의 여자 형제와 함께 행복하게 살았으나 12세에 부모 및 두 명의 누이가 죽자 아주머니의 손에서 양육 및 교육을 받게 되었다. 코메니우스는 어렸을 때 다닌 학교생활이 대단히 공포스러운 분위기 속에서 이루어졌다고 회고하고 있다.

어렸을 때의 이러한 경험 및 성장한 후의 학식에 근거하여 코메니우스는 교육에 의한 사회개혁이 가능하다고 믿게 되었으며, 교육에 관한 많은 저서를 펴내게 되었다. 전 세계적으로 알려진 교육에 관한 저서로는 대교수학(Didactida Magna)인데, 여기에서 그는 교육의 단계를 다음과 같이 넷으로 나누었다.

① 0~6세 : 어머니 학교(The School of Mother)
② 6~12세 : 국어학교(The Vernacular School)
③ 12~18세 : 라틴학교(The Latin School of Gymnasium)
④ 18세 이후 : 대학 및 여행(The University and Travel)

『대교수학』에서 그는 0~6세까지의 교육을 잠깐 다루었으나 그 중요성을 감안하여 따로 책을 저술하였다. 『대교수학』에서는 0~6세까지의 교육은 어머니에 의해 이루어져야 한다는 뜻에서 『어머니 학교』(The School of Mother)라고 이름지었으나 1633년 이에 대한 지침서를 저술할 때에는 『유아학교』(The Schola Infantice of The School of Infancy) 라고 하였다. 『유아학교』(The School of Infancy) 또는 『어머니 학교』(모친학교라고 번역한 경우도 있음)라는 말은 같은 개념에 근거한 것이다.

『유아학교』 어머니의 무릎이 최초의 가장 중요한 학교라는 개념에 근거하고 있으며, 6세 까지의 어린 자녀들은 어머니에 의해 교육을 받아야 한다고 강조하고 있다. 유아교육의 중요성, 이에 공헌하는 부모의 영향 등이 크게 강조되는 요즈음 코메니우스의 이론은 당연한 것으로 들리겠지만 그 당시로서는 혁신적인 것이었으며 받아들이기 힘든 이론이었다.

플라톤(Plato)는 그의 저서 『공화국』(Republic)에서 “어린이는 그들의 안녕을 위하여 부모로부터 떼어서, 어린이들을 기르는 기술을 습득한 보모의 손에서 키워져야 한다”고 강조하고 있었다. 플라톤 시대부터 코메니우스 시대에 이르기까지 가정에서의 교육은 효과가 없는 것으로 사상가들은 보았었다. 그러한 사회적 분위기에서 어린이들의 교육은 어머니에 의해 가장 효과적으로 이루어질 수 있다고 주장한 점은 용감한 이론이었다.

(2) 교육이론

『유아학교』(Comenius, 1956)는 어머니들을 위한 양육 지침서였으며 전 12장으로 구성되어 있는 조그만 책자이다. 이 책은 1633년 독일어로 처음 출판되었으며 20년 후에는 유럽 전역의 사람들을 교육시킨다는 목적으로 라틴어로 번역이 되었다. 이 책에 인용된 『유아학교』의 내용은 1858년 벤함(Benham)이 현대 영어로 번역한 것이며 다음과 같다.

유아학교의 서문에 코메니우스는 다음과 같이 쓰고 있는데 그의 양육이론을 집약하기에 밝혀둔다.

> 하나님을 믿는 기독교인 부모들, 교사들, 후원인과 어린이들을 돌보는 책임을 맡은 모든 사람들에게
>
> 사랑하는 이들이여,
> 당신들의 맡은 바 의무에 대해 여러분 모두에게 말하고자 하는 것이 나의 목적이기에 나로서는 다음의
> 세 가지를 밝힐 수밖에 없습니다.
>
> Ⅰ. 하나님께서는 당신이 보물처럼 귀중히 여기는 어린이들을 그대들에게 위탁하셨다.
> Ⅱ. 하나님께서는 어린이의 교육이 바르게 이루어져야 한다는 목적을

갖고 계시며, 이를 그대들에게
(책임으로) 부여하셨다.

Ⅲ. 젊은 세대는 좋은 교육을 너무나 갈망하기 때문에 만일 이를 성취하지 못한다면 필연적인 것을 잃는 것이다.

이러한 원칙을 설정하고 나는 당신들이 맡고 있는 어린 시기의 양육에 관한 여러 영역을 순서대로 설명하므로 나의 목적을 달성하고자 한다. 그대들의 지도 아래, 오 아버지시여~ 하늘과 땅의 모든 세대들이 결정되어진다.

존 아모스 코메니우스

위의 서문에 코메니우스의 양육목적이 나타나 있으나 각 장별로 간단히 요약하면 다음과 같다.

제1장 : 어린이는 하나님이 주신 가장 귀한 선물이며 보물이다.

코메니우스는 네 가지 이유를 들어 어린이는 귀중한 존재임을 밝히고 있다.

첫째, 어린이는 원죄가 있고 하나님의 형상을 아직 이루지는 못했고 선악을 구별할 수 없으며, 오른손과 왼손을 구별할 줄 모르지만 죄는 없기 때문이다.

둘째, 어린이들은 믿지 않는 자와 뉘우칠 줄 모르는 자만 빼고 우리 모두를 구원한 예수 그리스도의 소유이며 가장 정결한 자들이기 때문이다.

셋째, 하나님은 어린이들을 무한한 사랑으로 감싸시므로 하나님의 영광을 나타내는 특별한 악기와 같기 때문이다.

넷째, 금과 은은 땅에서 비롯되고 이 사람 저 사람에게로 옮겨지는 소유여서 아무의 것도 아닌 것이지만, 어린이는 부모의 살에서 비롯되었으며 그들에게 속한 특별한 소유물이기 때문이다. 하나님께서는 금과 은을 천사로 하여금 지키게 하지 않지만 어린이들은 천사로 하여금 보호하게 하신다. 그러므로 집에 어린이를 키우는 자는 천사와 함께 있는 것이다.

제 2 장 : 어린이의 교육은 어떤 방향에서 이루어져야 하는가?

하나님께서 주신 자녀로부터 기쁨만을 느낄 것이 아니라 어린이들을 바로 교육하고 훈련함으로써 진수를 맛보아야 한다. 어린이들을 미완성되게 하신 이유는 우리들을 그의 조력자로 만들기 위함에서였다.

부모들이 어린 자녀를 먹이고, 마시게 하고, 함께 걷고, 말하며 입히는 것만으로는 충분치 못하다. 이러한 일들은 신체만을 돌보는 것이지 인간의 본성인 영혼을 키우는 일은 못된다. 언제나 어린이의 영혼을 먼저 돌보아야 한다. 영혼을 키우기 위해 하나님을 경외하는 신앙을 가지도록 해야 하며, 도덕, 교양과목(예컨대 철학, 역사, 어학 따위 : 저자주) 등을 가르치도록 해야 한다. 그렇게 함으로써 어린이들은 성장에서 삶의 여러 측면, 즉 종교인, 정치인, 시민, 사회인으로서 현명하게 행동할 수 있을 것이다.

제 3 장 : 어린아이들은 올바르게 교육받고자 훈련과 인내를 요구한다.

어린이들은 스스로 자신을 훈련하지 못한다. 어른들의 끊임없는 노력에 의하여 형성될 뿐이다. 나무가 되기 위해 어린 묘목을 심고, 물주고 보호해주어야 하는 것과 마찬가지이다.

인간은 먹고, 마시고, 뛰고, 말하면 손으로 짚거나, 노동하는 등의 신체적인 활동으로 훈련되어야만 한다. 따라서 신체보다 높은 차원의 신앙 · 독 · 지혜 · 지식이 저절로 생기지 않는다는 것은 자명한 일이 아니겠는가.

제 4 장 : 어린이들은 6세 이전에 무엇을 배워야만 하는가?

어릴 때 굽은 나무를 곧게 펴는 일은 힘이 든다. 따라서 부모들은 선생이나 목사에게만 미룰 것이 아니라 6세가 될 때까지 잘 가르쳐야 한다. 가르쳐야 할 내용은 경건성(piety), 도덕(morals), 건전한 학습(sound learning), 건강(health)이며 세부내용은 다음과 같다.

• 경건(piety)

① 마음을 닦는 일이다. 이 마음은 늘 하나님을 향해 있어야 한다. 말하고, 행하고, 생각할 때 하나님을 찾아야 한다.

② 존경 · 사랑 · 복종의 마음으로 하나님을 항상 따라야 한다.

③ 하나님과 늘 대화하므로 평화 · 위안 · 기쁨을 느껴야 한다.

• 도덕(moral)

음식과 마실 것을 욕심내거나 지나치게 과식하지 않고 절도 있게 먹는 절제력, 의복 · 신체를 깨끗이 하고 단정하게 하는 일, 자기보다 우월한 이들을 존경하고 따르기, 진실만을 이야기하기, 나의 물건을 만지거나 훔치지 않는 공정성을 배우기, 친절하기, 노동하여 게으름을 없애기, 말할 때와 침묵할 때를 알기, 인내하기, 어른을 대접하기. 이 모든 것을 몸에 익히면 어린이들은 예의바르게 될 것이다.

• 건전한 학습(sound learning)

건전한 학습이란 사물을 알기 행하기, 말하기의 세 요소로 구분되어 있다.

① 사물을 알기

자연에 있는 사물의 이름 알기, 예를 들면, 불, 공기, 물, 땅, 비, 눈, 얼음, 납, 철, 식물의 종류, 동물들의 차이점 · 유사점 알기, 자신의 신체 알기

• 시 각 : 어둠과 빛이 무엇인지 알기, 보통 쓰는 색깔의 차이 알기
• 천문 : 해, 달, 별을 구분할 줄 알기
• 지리 : 태어난 곳, 자기가 살고 있는 곳(마을, 도시, 읍 등) 알기,

들, 산, 숲, 목장, 강이 무엇인지 알기
- 시간알기 : 한 시간, 일일, 주간, 한 달, 일 년, 계절의 이름 익히기
- 역사 : 어제 무슨 일이 일어났는가, 최근에 무슨 일이 일어났는가, 일 년 저에 무엇이 일어났는가?
- 가정에서 일어나는 일 : 가족 구성원에 대해 알기
- 정치 : 통치자, 법관, 목자가 있음을 알게 하기

② 행하기

어떤 사람들은 마음과 혀와 관련된 활동을 하는 반면 마음과 손을 쓰며 활동하는 이들도 있다. 전자에는 대화하기(dialectic), 산수하기, 기하풀기, 음악이 속하며 후자에는 노동과 신체적 활동이 속한다.

- 논리적 대화 : 질문과 답을 알기
- 산수 : 많고 적음 알기, 20까지 셀 줄 알기(60까지 셀 수도 있음), 3은 2보다 많음을 이해하기, 3더하기1은 4임을 알게 하기, 그 밖의 간단한 것들
- 기하 : 작다 · 크다 알기, 짧다 · 길다 알기, 좁다 · 넓다 알기, 가늘다 · 굵다 알기, 이 밖의 간단한 공간, 수심 알아보기
- 음악 : 시편이나 찬송가의 구절을 외워서 노래해보기
- 노동, 신체적 활동 : 자르기, 찢어 나누기, 파보기, 꽃씨 뿌리기, 배열하기, 매어보고 풀어보기, 말아보기, 말았던 것을 펴보기 등

③ 말하기

말하기는 문법, 시로 구성된다. 생후 6년간의 문법은 불완전하다. 어린이들은 자신이 아는 정도만큼만 말할 수 있다. 어린이의 자연스럽게 하는 행동에 사용될 것이며 말의 수식적 표현이나 형태를 이해하게 된다. 시의 기본은 동시나 어떤 구절을 암송함으로 된다.

- 건강(health)

삶과 건강은 인간의 모든 일의 기본이 된다.

제3장까지 코메니우스는 교육목적을 밝혔고 제4장에서는 교육내용을 진술하였다. 제5장부터는 어떻게 교육해야 하는지에 대한 교수방법을 진술하고 있다. 교수방법을 진술하기 전 코메니우스는 6세 이전의 유아를 교육할 때 몇 가지 고려해야 할 사항을 말하고 있다.

① 어린이들을 교육할 때 몇 년 몇 개월에 무엇을 배워야 한다고 확정짓지 말 것이다. 일반적인 것만은 가르칠 것이다.

② 어린이의 교육은 고정된 양식을 따라서는 안 된다.

③ 유아기의 어린이들은 같은 속도로 발달하지 않는다. 어떤 아이들은 한 살에 말하기 시작하는가 하면 어떤 아이는 두 살 또는 세 살에 말하기 시작한다.

제 5 장 : 건강과 체력

① 과식하지 않게 하기, 서두르지 않게 하기, 변비 · 피 흐르기 · 추위로 좌절감 느끼게 하지 않기

② 비틀거리거나, 걸려 넘어지는 등 조심성 없이 걸어서 다치게 하지 않기

③ 임신한 여인은 공포 · 분노 · 슬픔 등을 느껴 마음을 산란하게 하지 말아야 할 것이다. 임신한 여인들이 쉽게 마음의 평형을 잃으면 자녀도 공포를 느끼고 쉽게 화를 내며, 걱정이 많고 기분이 울적해지는 성향을 갖게 된다.

④ 임신한 여인은 지나치게 자거나, 게으름 피거나, 활동하지 않거나 하지 말고 일상의 일을 신속히, 즐겁게 하도록 하라.

⑤ 어린이들이 태어난 후에는 모유로 키울 것

⑥ 안거나, 들어 올리거나, 포대기로 쌀 때, 앉을 때 조심하게 다루자. 어린이들은 금보다 귀하나 유리보다는 쉽게 깨진다.

⑦ 계절에 따라 적절하게 옷을 입히자.

⑧ 규칙적인 생활을 하게 하자.

⑨ 매일 운동과 재미있는 일을 하게 하자.

⑩ 어린이들이 자라면 부모들이 안전하게 돌보는 가운데 마음대로 뛰고 놀게 하라.

⑪ 마지막으로 "기쁜 마음을 갖는 것은 건강의 반이나 차지한다"는 말도 있듯이 어린이들이 늘 기쁜 마음을 갖도록 하자.

제6장 : 학습(보는 것과 듣는 것에 의해서)

자연의 사물 · 천문 · 지리 등의 학습내용은 주로 시각적 경험(optical exercise)을 통해서, 시간 · 역사 · 경제 · 정치 등의 것은 듣는 경험을 통해서 가르치되 보고 듣는 경험은 서로 밀접하게 관계되어 있다.

따라서 어린이를 가르치는 이는 보고 듣는 경험을 해주는 것이 필요하다. 예를 들어, 어린이가 어렸을 때에는 어린이를 안고 "저기 봐라, 말이 있네, 새가 있네, 고양이가 있네" 하며 보고 듣는 경험을 한 번에 제공할 수 있다. 교수방법은,

① 어린이들이 배우는 것을 돕기 위해 부모 또는 아이 보는 이는 아이들에게 사물을 보여주면서 질무을 던져야 한다. 예를 들어, 귀를 가리키며 "이건 뭐지?", "귀", "귀로 무얼하지?", "들어요"

② 사물은 간단한 것에서 복잡한 것으로, 쉬운 것에서 어려운 것으로 친숙한 것에서 친숙하지 않은 것으로 그 다음은 자기의 방, 그 다음은 집단의 집안(식당, 응접실 등), 이웃, 친척집, 등의 순서로 가르칠 것이다.

③ 어린이들이 보거나 듣는 것은 기억 속에 고정되게 마련이다. 따라서 선하고 덕스러우며 하나님을 두려워할 수 있는 마음을 일으킬 수 있는 것만을 보여주고 들려주어야 한다.

④ 어린이들은 농담은 농담으로, 진지한 대화는 진지하게 할 수 있어야 한다. 어린이들이 농담을 할 때 상을 찡그리거나 때려서는 안 된다. 어른들이 이러한 행동을 보이면 어린이들은 혼돈을 느끼게 된다.

⑤ 어린이가 사물을 이해할 기회를 주라. 기회도 주지 않고 바보라느니 어리석다고 하지 말 것이다.

⑥ 우화나 이야기로 가르치라.

⑦ 연령이 비슷한 어린이들끼리 놀게 하면 서로 사랑하고 솔직하며, 자유롭게 토론하면서 효과적으로 배운다.

제7장 : 행하면서 배우기(learning by doing)

남자아이들은 가만히 있지 못하고 무엇인가를 할 때 기쁨을 느낀다. 이런 활동성을 막을 것이 아니라 무엇인가 하도록 마련해 주어야 한다. 어린이들은 어른들처럼 실제 일은 할 수 없으므로 놀이하는 것을 통해 배우도록 도와주어야 한다. 어린이들은 진흙, 나무토막, 돌 등으로 쌓기를 좋아하므로 해가 되지 않는 한 자료를 마련해 주어야 한다. 그리고 어린이들은 만들고 쓰는 활동을 끊임없이 해야 한다.

제8장 : 말하면서 배우기(learning by speech)

인간을 동물과 구분 짓는 것은 이성과 언어이며, 모든 것은 유연한 시기(tender age)에 시작된다. 따라서 언어습득을 돕는 일은 중요하다. 언어습득을 돕는 길은 다음과 같다.

① 어린 아기들이 마마, 파파, 나나 등 「아기말」을 쓰는 것은 적합하므로 그대로 둔다. 그러나 어린 아기들의 혀가 보다 연해지면 아기 말을 계속 쓰게 해서는 안 된다.

② 게임을 통해서 글자, 음절을 분명하게 가르친다.

③ 어린이가 성장하고 지식이 증가하면 어린이들이 보는 것마다 하는 것마다 말로 표현하는 습관을 길러준다. 예를 들면, 이건 무엇이지? 너는 무엇을 하고 있니? 이것은 무엇이라고 불리우지?

④ 몸짓이나 행동을 수반하면서 지식을 가르친다. 몸짓을 이해하게 되면 어린이들은 질문을 하게 될 것이고 표현도 하게 될 것이다.

⑤ 어린이들이 좀더 자라면, 시・동시・노래 등을 들려주도록 한다.

제9장 : 성격

① 어린이의 좋은 성격이 형성되려면 좋은 본보기가 있어야 한다. 어린이들은 모방하려는 성격이 있기 때문이다.

② 좋은 본을 보이는 일이 충분치 못할 때 또는 실패할 때는 말로 가르친다. 말로 할 때는 길게 하지 말고 짧게 하도록 한다.

③ 응징으로 가르친다. 버릇은 두 단계로 가르칠 수 있다. 아이가 잘 못하면 처음에는 두려움과 후회를 느끼도록 따로 떼어 놓는다. 때로는 수치심을 느끼게 해도 좋다. 그러나 개선의 여지가 있으면 칭찬을 해 준다. 처음의 방법으로 실패하면 막대기로 또는 손으로 때려서 깨닫게 한다.

④ 음식이나 마실 것을 지나치게 먹지 않게 하며 깨끗하고 단정하게 하게 한다. 음식을 흘리거나 손으로 먹거나 욕심을 내지 않도록 한다.

⑤ 어린이에게 부모의 정을 과하게 나타내는 것보다는 버릇을 들이기 위해 두려움을 갖게끔 가르치는 것이 좋다.

⑥ 좋지 않은 버릇이 나타날 때에는 잡초를 뽑아내듯이 그 즉시 고쳐야 한다. 그러나 무엇보다도 잘못된 행동의 원인을 제거하고 그 대신 어린이가 할 수 있는 것으로 바쁘게 해 줄 것이다.

⑦ 우는 것에 대해 신경을 쓰지 말 것이다. 실컷 울고 난 후에 그칠 것이고 다음에는 그런 행동을 안 할 것이다.

⑧ 간단한 심부름을 하게 해서 책임감을 길러 주어야 한다.

⑨ 좋은 예법을 갖고 겸손하고 정중하게 대하는 태도를 기른다.

제10장 : 영혼

임신한 것을 아는 순간부터 어머니는 열심히 기도하여 축복해 주실 것을 간구 할 것이다. 큰 아이들이 기도할 때 조용히 앉아 있기로부터 시작하여 조금씩 기도문을 배우게 하고 기도문도 점점 쉬운 것에서 어려운 것으로 가르친다. 연령마다 배워야 할 기도문을 따로 가르친다.

제11장 : 어린이는 어머니의 학교(유아학교와 같은 의미임)에 얼마나 오래 다녀야 하나?

묘목이 어느 정도 자라면 정원이나 과수원에 옮겨 심어 더 잘 자라게 하듯이 어린이들은 교사의 손으로 옮겨져 가르침을 받아야 한다. 그러나 6세가 될 때까지는 어머니에게서 가르침을 받아야 한다. 교사는 여러 아이들을 돌봐야 하므로 어머니만큼 잘 돌볼 수가 없고, 5세에서 6세에 적절하게 성장하기 때문에 집에서 놀며 스스로 배우는 것으로 충분하기 때문이다.

식물마다 꽃이 피는 시기가 다르듯이 어린이들도 학교에 갈 수 있는 시기가 다르다. 빠른 어린이는 4세, 어떤 어린이는 5세 또는 6세, 늦은 어린이는 7세에도 갈 수 있다. 학교에 보낼 수 있다고 판단할 수 있는 조건은 다음과 같다.

① 어머니의 학교에서 배워야 할 것을 다 배웠다고 본다.
② 질문을 잘 듣고 합리적으로 답하며 판단력이 있다.
③ 더 배우고 싶은 욕구를 보인다.

제12장 : 공립학교에 보낼 준비는 어떻게 하는가?

① 어린이들 앞에서 "너 잘못하면 학교에 보낸다", "선생님들이 막대기로 때릴 것이다"라는 말을 해서 공포, 무서움을 느끼게 하지 말아야 한다. 기쁨으로 학교에 갈 수 있게 마음을 준비하도록 한다.

② 학교에 가는 것은 노동이 아니며, 책과 펜을 사용하면 느끼게 되는 기쁨을 꿀보다도 더 달다고 이야기 해준다.

③ 앞으로 만나게 될 교사를 선택하고 신뢰하고 사랑하게끔 유도한다. 좋은 분, 아버지의 친구 또는 어머니의 친구라는 말을 들려주기도 하고 학식 · 지혜 · 덕 · 선행이 좋다는 것을 이야기해 준다.

2) 루소의 교육사상

(1) 생애 및 교육활동

루소(J. J. Roussau, 1712~1778)는 1712년 6월 28일 스위스의 제네바에서 프랑스인 시계공 및 무도(춤)교사인 아들로 태어났다. 어머니는 그를 출산하고 사망했기 때문에 결국 아버지와 이모의 손에 의해서 양육되었다.

그는 그의 『참회록』에서 이 세상에 태어나서 당한 불행 중에 일찍 어머니가 돌아가신 것이 가장 큰 것이었다고 술회했다. 루소의 어린 시절은 어머니의 사랑을 받지 못하고 자란, 그러나 책을 읽어주던 아버지의 사랑을 듬뿍 받고 자란 것으로 특징지어진다.

루소는 12세 때까지는 참으로 행복한 유년기를 보냈다. 매일 밤마다 잠들기 전에 침대 머리맡에서 소설을 읽어주신 아버지, 그리하여 소년이 되었을 때, 이미 루소의 머리 속에는 온갖 신화와 영웅의 이야기들이 가득 차 있었으며, 정상적으로 교육을 받고 자라지 못하였기 때문에 몽상에 잠기기를 즐겼던 루소였다.

1722년 아버지와 헤어져 한 때 백부의 신세를 졌고, 그 뒤에 공증인 사무소와 인쇄소에서 일했으나 주인의 가혹한 대우에 견디다 못해 그곳을 떠나 방랑도 하였다. 그 후 가톨릭교 승려의 도움을 받아, 그의 소개로 안네시의 와랑 부인(Madame Francoise-Louise de Waren)의 후원을 받았다.

이후 젊고 아름답고 우아한 미망인인 와랑부인은 그의 생애를 통해서 신뢰와 존경과 연애와 원망의 상대가 되었다. 와랑 부인의 권고에 따라 이탈리아의 가톨릭 승려원에 들어간 루소는 규칙적인 생활을 못하고, 속박에 복종하지 못하는 성질이었기 때문에 승려원을 떠나 약 3년간 이탈리아에서 방랑생활을 했다. 이후 8년간 학술연구에 전념하여 볼테르 · 몽테스키외 · 데카르트 · 라이프니츠 · 로크 · 마르브랑슈 등의 철학을 연구했다. 수학 · 물리학 · 화학은 물론 미숙했던 라틴어 공부도 그 기회에 충분히 했다.

1740년에 와랑 부인과 헤어지고 다음해에 파리로 갔다. 파리에 진출한 루소는 음악 및 가극계에 공헌하려는 뜻을 갖기도 하였다. 또한 디드로를 중심으로 한 『백과전서』의 편찬에도 참여했다. 1749년에 그는 「디숑학사원」의 현상논문 제목인 '예술 및 과학의 부흥은 도덕적 부패에 공헌

했는가, 혹은 정화에 공헌 했는가'라는 광고를 보고 「과학예술론(1750)」이라는 논제로 응모하여 우수한 성적으로 수상함으로써 갑자기 명성을 얻게 되었다.

그 후, 1762년에 사회계약론을 저술하여 프랑스 민주정치의 원칙을 제시한 경전이 되었고, 미국의 독립을 촉진시킨 원천적 계기가 되었다. 그런 의미에서 만일 '루소가 없었던들 프랑스 혁명은 일어나지 않았을 것이다'라고 한 나폴레옹(B. Napoleon, 1769~1821)의 판단은 옳은 것인지도 모른다.

같은 해(1762년) 루소는 교육소설인 『에밀(Emile)』을 발간했다. 『에밀』은 한 어린이의 성장과정을 취급한 교육소설인 바, 그 가운데에 루소의 교육적 사상이 실감나게 표현되어 있다. 즉, 『에밀』을 통하여 그는 전통적인 교육관이나 교육방법을 부정하고, 새로운 사회에 알맞은 인간형성에 관해서 참신하고 탁월한 교육사상을 풍부하게 해설함으로써 근대교육의 개척자요, 공로자가 되었다.

『에밀』의 제1권 첫 페이지에서 "모든 것은 조물주의 손으로 나왔을 때, 선했으나 사람의 손에 넘겨지면서 악하게 된다(All in good as it comeston the hand of the creater, all degenerates under the hands of man)(E. P. Cubberley, 1922)"라고 함으로써 그의 사상을 단적으로 잘 표현하고 있다.

그와 같은 전제로부터 출발하기 때문에 루소는 교육을 소극적인 것으로만 보고 적극적으로 사람의 발육에 간섭하는 것은 부당하다고 했다. 따라서 최초의 교육은 완전히 소극적이어야 한다. 교육은 도덕이나 진리를 가르쳐 주는 것이 아니다. 어린이의 마음이 악덕이나 옳지 못한 정신에 침해되지 않도록 보호해 주는 것이어야 한다고 말하고 있다. 그가 말하는 소극적 교육이란 자연성의 내적 발전을 방해하는 모든 것을 저지하고 인위적 영향을 가하는 것을 피하는 교육을 뜻한다.

요컨대, 루소의 중심사상은 성선설이며, 자연존중의 사상이라고 할 수 있다. 그는 자연인을 육성하는 개인적 · 가정적인 교육과 시민, 즉 사회인을 육성하는 사회적인 교육과는 상반하는 것으로서 양립할 수 없다. 사회적인 교육은 인간의 자연성을 압살하는 것으로써 그것은 부정되어야 한다. 따라서 어린이를 서민 또는 사회인으로 보지 않고, 하나의 추상적인 인간으로 보고 참다운 자연성으로 육성하는 것만이 참다운 인간교육이라고 생각했다.

루소는 자연적인 교육방법을 강조했다. "우리는 어린이를 조금도 이해하고 있지 않다. 언제나 어른들이 배워야 할 것만 생각하고 있을 뿐, 어린이들이 무엇을 배워야 할 것인가에 대해서는 전혀 생각하고 있지 않다"고 비판한바 있다.

그는 어린이들로 하여금 그들의 생리상 필요한 모든 것을 충족시켜주는 반면 모든 간섭을 제거해야 한다. 운동은 자유롭게 시키고 자발적으로 활동하도록 하는 자연적인 교육방법이 필요하다고 생각했다. "에밀은 현자의 오성과 운동가의 체력을 구비해야 한다"고 한 루소의 말은 '자체의 강장은 악에 대한 최상의 보장이며, 건전한 정신을 위한 방책'이라고 보았다. 그리고 그것은 역시 자연스러운 방법에 따라야 하다고 설명했다.

그는 어른들의 명령에 의하여 어린이를 순종시키는 방법은 완전히 폐지되어야하며, 어린이의 부당한 행위에 대해서는 인위적인 제한을 피하고 사물에 의한 제한을 경험시키는 것이 가장 유효하다고 생각했다. 죄는 벌로써 어린이에게 과하는 것은 옳지 못하며, 나쁜 행위에 따라 응보되는 자연의 결과가 나쁘게 나타나도록 해야 한다는 것이다.

이와 같이 루소의 자연주의 교육사상에 큰 영향을 받은 교육사상가는 바제도(J B. Basedow), 페스탈로치(J. H. Pestalozzi), 헤르바르트(J. F. Herbart), 프뢰벨(F. W. Fröbel) 등이 대표적이다(남궁용권, 1995).

(2) 『에밀』의 교육단계

루소의 『에밀』에 나타난 내용을 간단히 요약하면 다음과 같다(손인수, 1995).

제1기(출생~5세)

첫째, 유아의 운동을 구속하지 아니하고, 방임함으로써 신체적인 발달을 할 수 있게 해야 한다.

둘째, 주위의 나쁜 영향으로부터 유아를 보호하는 것은 어머니의 책임이다.

셋째, 유아에게 가능한 한 의사를 부르거나 약을 먹여서는 아니 된다고 했다.

제2기(5세~12세)

12세까지의 교육은 인간의 자연성이 자유로이 발휘되도록 하는 것이 중요하다고 하였다.

첫째, 5~12세까지는 언어의 습득과 오관의 연습이 주목적이어야 한다.

둘째, 사물은 경험을 통하여 배우게 한다.

셋째, 명령 · 복종 · 의무 등의 외부적인 권위는 일체 없애는 것이 좋다.

넷째, 서적은 자주 줄 필요가 없다. 오히려 피하는 것이 좋다.

제3기(12세~15세)

첫째, 천문학 · 물리 · 지리 등의 자연과학 이외에 수공을 중시해서 가르친다.

둘째, 과학은 교사가 가르치는 것이 아니고, 아동 자신이 발견해야 한다.

셋째, 학행이 일치하는 교육을 해야 한다.

제4기(15세~20세)

에밀은 15세에 비로소 실사회에 접근하기 시작한다. 그리하여 이때부터 인간관계와 사회제도에 관한 지식을 배운다.

첫째, 에밀로 하여금 발달된 이성으로 성의 충동을 억제한다.

둘째, 복잡한 사회관계를 바로 이해하기 위하여 사회학 · 심리학 · 윤리학 · 정치학을 연구하게 해야 한다.

셋째, 이때는 도덕교육과 종교교육의 시기이다. 그러므로 내적 정신생활의 충실을 위해 도덕 · 미술 · 종교 · 철학 등의 세계를 알도록 해야 한다.

제5기(여자교육론)

에밀은 25세에 이르러서 자연에 따라 그의 이상의 여성인 소피와 결혼한다. 이에 루소는 『에밀』 제5편에서 여자교육론을 설명하고 있다. 루소는 "아동 초기의 교육은 가장 중요한 것이며, 그것이 부인의 할 일이란 것은 의심할 여지가 없다. 만약 자연을 만든 신이 이것을 남자에게 시키려고 하였더라면, 신은 유아를 기르는 젖을 남자에게 주었을 것이다"라는 말로 자녀교육에 관한 어머니의 역할을 강조하였으며, 이를 자연의 법칙이라고 하였다. 또한 "아동의 건강은 첫째로 어머니의 건강에 의존한다. 그리고 남자의 유아기의 교육도 역시 여자의 손에 달려 있다"고 하였다.

(3) 가정교육론

루소는 신생아의 탄생과 함께 시작되는 교육에 있어서 가정교육을 중시하였을 뿐만 아니라, 그 중핵을 이루는 부모의 역할을 강조하였다. 그러나 그는 부득이한 경우에는 유모나 가정교사에게 위탁하는 것이라고 하였다. 그는 심신이 모두 건전한 유모와 가정교사를 선택하는 방법과 그들의 역할 등에 대해서도 상세하게 논술하였다. 우리는 여기에서 루소가 교육환경을 중시하는 것을 알 수 있다. 즉, 그는 아동을 둘러싸고 있는 자연적인 환경과 인적인 환경을 중시했던 것이다.

모친의 역할

루소는 부모 중에서도 특히 아동의 초기 교육에 있어서 어머니의 임무는 신성한 것이라고 하였다. 그는 모친에 의한 수유의 중요성을 다음과 같이 역설하였다.

"최초의 교육은 중요한 것이다. 그리고 이론의 여지가 없이 이 최초는 여성의 일이다. 만약 창조주가 이것을 남성의 일로 하려고 하였다면 남성에게 아이를 키우는 젖을 주었을 것이다."(에밀)

따라서 그는 "인생의 최초의 스승은 우리들에게 젖을 주고 양육해 주는 사람이다"고 하였다. 교육을 의미하는 프랑스어 'education'이 고대에는 '수유'라는 의미를 지니고 있었던 것에서도 이러한 점을 알 수 있다고 하였다. 즉, 자기 아이를 자기 젖으로 양육하는 것은 모친이 인류에 대해 가지는 제일의 의무라는 것이다.

그가 이것을 역설했던 까닭은 당시의 프랑스 상류사회에서는 유아를 출산해도 자기 젖으로 양육하지 않고 유모에게 맡기는 풍조가 일반적이었기 때문이다. 그래서 그는 그것에서 파생되는 비교육성을 비판하였다. 그리고 유아의 교육에서 중요한 것은 사지와 모든 기관을 부자연스러울 정도까지 속박하지 않고 자연 그대로 자유롭게 움직이도록 하는 것이다. 루소는 이를 위해서는 자연적인 사랑으로 결합되어 있는 모친이 직접 양육을 맡는 것이 필요하다고 하였다.

루소는 "모친이 모친이 아니면 아동은 아동이 아니다. 모자간의 의무는 상호적인 것이다. 그렇기 때문에 어느 한쪽이 의무를 수행하지 않으면 다른 쪽도 게을리하게 된다"고 하였다. 따라서 모친이 먼저 모친으로서 자식에 대한 의무를 충분히 수행하면 아동은 모친에 대한 의무를 자각함과 동시에 모-자 모두 자연적인 애정에 의해 결합되게 된다. 모자간의 자연적인 의무와 애정은 인간으로서의 생활의 제일보이고, 이 속에서 장차 모든 미덕과 인정의 씨앗이 숨어 있는 것이다. 루소는 다음과 같이 말했다.

"사람들을 제일의 의무로 되돌아가게 하고 싶다면 먼저 모친들에서부터 시작하는 것이 좋다. 그렇게 하면 당신들은 거리에서부터 일어나는 커다란 변화에 놀랄 것이다. 만사 최초의 타락에서부터 연속적으로 일어나고 있다. 일체의 도덕적인 질서를 잃었다. 만인의 마음 속으로부터 자연적인 감정이 소멸된다. 가정의 내부가 생기를 잃게 된다. 그리하여 이미 새로운 가정의 감동적인 정경이 부친들의 마음을 움직이는 것이 아니라 오히려 타인들에게는 관심조차 가지지 않게 된다."

모친의 의무가 미치는 영향은 이와 같이 매우 크다. 모친이 모친으로서 자식에 대한 의무를 수행하는 것은 인간의 모든 미덕의 근원이다. 따라서 가정에서 모친의 역할은 가정을 통한 인간 교육 전반에 대한 근원적인 것이라고 할 수 있다.

루소에 의하면 모친이 진실한 애정을 가지고 자기 손으로 아이를 양육하며 풍속마저도 저절로 고쳐지기도 하며 모든 인간의 마음에 자연적인 감정을 깨우쳐 준다는 것이다. 그리하여 그는 다음과 같이 가정생활의 의의를 강조하였다"

"단란한 가정의 매력이야말로 부패한 풍속의 가장 좋은 해독제이다. 성가시다고 생각되는 아동들을 보살피는 일도 즐거운 것이 되어간다. 또, 그것이 부친과 모친을 서로 없어서는 안 되는 존재로 만들어 준다. 가정에 생기가 넘쳐 흐르면 가정의 일은 아내에게 있어서 무엇보다 큰 관심사가 되고, 남편에게 있어서도 무엇보다 유쾌하고 즐거운 일이 된다. 이처럼 단 한 가지의 결점이 나타나는 것만으로 마침내 그 결과는 전반에 걸친 개혁이 되고 자연은 모든 권리를 되찾게 되는 것이다. 여성들이 일단 모친으로 되돌아가면 남성들도 부친과 남편으로 되돌아가게 된다."

부친의 역할

루소는 가정에서 모친의 역할의 중대함을 강조함과 함께 다음과 같이 부친의 역할의 중대함에 대하여도 잊어서는 안 된다고 하였다.

"참된 수유자가 모친인 것과 같이 참된 교사는 부친이다. 부모는 그들의 일의 순서에서도 또 그들의 교육 방식에서도 완전히 일치하지 않으면 안 된다. 아동은 모친의 손으로부터 부친의 손으로 넘겨져야 한다. 아이들은 세계에서 가장 유능한 교사에 의해서보다는 지식이나 기능이 열등해도 사려부별이 있는 부친에 의해서야 말로 보다 잘 교육되는 것이다. 왜냐하면 재능이 열의의 부족을 보충하는 이상의 열의는 재능의

부족을 보충하기 때문이다."(에밀)

즉, 루소는 참된 수유자가 모친이고 참된 교사는 부친이며, 이 양자가 완전히 일치하여 협력하여야만 참된 아동교육이 이루어진다고 하였던 것이다. 그러나 세상의 부친들은 바쁘다는 구실로 부친으로서의 의무인 아동의 교육을 소홀히 하는 것이 보통이었다. 그래서 루소는 이러한 부친들에게 다음과 같이 말하였다.

"부친이 아동을 만들고 키워도 그것만으로는 그의 의무의 3분의 1밖에 수행한 것에 지나지 않는다. 부친은 인류에 대해서는 인간을 만들 의무를, 사회에 대해서는 사회인을 만들 의무를, 국가에 대해서는 시민을 만들 의무를 지고 있다. 이 삼중의 부채를 지불할 수 있음에도 불구하고 그것을 지키지 않는 자는 모두 죄인이다. 더구나 중도에 반만 지불하는 방식을 취할 때에는 더욱더 악질적인 죄인이라고 해야 할 것이다. 부친으로서의 의무를 수행할 수 없는 자는 부친이 될 권리를 전혀 지니고 있지 않다. 절대로 빈곤하다든가, 일이 있다든가, 체면상이라는 등의 이유로 자기 아이를 자기 손으로 키울 수 없다는 변명을 해서는 안 된다."(에밀)

루소는 모친이 참된 애정이 있는 수유자가 되고 부친이 사려 깊은 참된 교사가 되어 이 양자가 완전히 협력하여 자연의 길에 따라 자유롭고 엄격하게 그 역할을 완수하면 아동은 참된 교육을 향유할 수 있게 될 것이라고 생각하였다. 그래서 그는 자연적인 고삐로 결합된 부친과 모친과 아동이 자연적인 결합을 회복할 수 있는 인간 교육의 모태는 가정에 있다는 뜻에서 다음과 같이 말하였다.

"단란 가정의 정경보다 더 나은 아름다운 그림은 없다."

가정교육의 중요성을 주장했던 루소는 아동을 자연의 길에 따른 참된 가정교육에 의하여 자율적인 주체로서 행복한 '참된 자연인'으로 형성하는 것을 목표로 하였다. 루소의 가정 교육에 대한 이러한 중시는 모든 교육의 기초는 가정에 있다고 본 페스탈로치에게로 더욱 발전되었다.

3) 프뢰벨의 교육사상

(1) 생애 및 교육활동

프뢰벨(Fröbel, 1782~1852)은 1782년 4월 21일 독일의 Thuringian 숲 속의 Oberweissbach에서 목사인 아버지의 다섯째로 태어났다. 유치원(Kindergarten)이라는 유아교육기관을 창설한 것으로 잘 알려져 있는 프뢰벨은 이론을 전개함에 있어 코메니우스와 유사한 점이 있다. 차이점이라면 코메니우스는 자신의 이론을 교육현장에 적용해 볼 기회를 갖지 못했던 반면, 프뢰벨은 실제로 이론을 실험해 볼 수 있었다(Lawrence, 1952)는 점이다.

프뢰벨은 어린 시절의 어머니의 역할은 대단히 중요하다고 여겼다. 이러한 사고의 바탕은 루소나 페스탈로치에게로까지 거슬러 올라간다. 특히 페스탈로치는 1801년 『게르트루드는 자녀를 어떻게 가르쳤는가?』라는 양육 지침서(Raymont, 1937)와 1803년에는 『어머니를 위한 지침서(Manual for Mothers』(Lilley, 1967)를 동료와 함께 펴내었다.

페스탈로치가 교육을 하고 있던 이붸르덴(Yverdun)에 2년간 가서 실제경험을 한 프뢰벨이 어머니 역할의 중요성을 강조하였을 것임은 의심의 여지가 없다. 그러나 프뢰벨이 교육목적 및 교육방법에 있어서 페스탈로치와 다른 입장을 취하였다.

페스탈로치는 도덕적 품성의 도야를 중요하게 다루었고 주위 세상이 어린이에게 주는 인상(impression)이 중요하다고 보았던 반면 프뢰벨은 어린이들은 태어나는 순간부터 자유로이 활동하는 내면적 특성이 있으며 표현하고자 하는 욕구가 있음을 인정하고 표현(expression)을 강조하였다.

이러한 아동관은 그의 논문 『생후 초기 아동발달의 요약』(Summary of the Story of a Child's Development during the first Period of Life), 『어린이 활동의 중요성』(The Small Child, of the Importance of a Baby's Activities), 『인간의 교육』(Menschen-Erziehung : The Education of Man in Childhood)에 쓰여 있다.

(2) 교육이론

프뢰벨의 글에 나타난 어머니의 양육태도를 요약하면 다음과 같다. 태어나는 순간 어린아기의 표정은 유쾌하고 미소마저 머금지만 곧 심각하게 된다. 태어나서 몇 시간 내에 아기들은 자유로운 활동을 보인다. 어린 아기들에게 물건을 보여주면 주위를 살필 줄 안다. 어린 아기들의 시각적 능력을 발달시켜 주기 위해서 적절한 자극을 주어야 하지만 지나친 자극이나 자극이 없는 것은 좋지 않다.

인간은 근본적으로 영원하고, 영적·신적인 존재이며 이러한 영원한 존재를 어린이들은 확인시켜 준다. 따라서 인간이 영원한 재생을 위해 어린이를 잘 양육하는 일은 여자의 일이다.

어머니는 어린이로 하여금 자기의 생각을 발전시키도록 그 방법을 잘 모색하고 도움을 주어야 한다. 어린이들은 가장 연약한 식물보다도 더 민감하고 역동적이며 사고의 능력을 가지고 있다. 부모는 어린이의 사고가 어떻게 발달하는지, 또 아기의 행동이 주위 상태에 의해 어떻게 영향 받고 변했는지를 기록하는 것이 좋다. 이런 기록을 하는 동안 부모들은 자녀의 성격과 특징을 더 잘 알게 될 것이고, 어린 자녀들은 성장해서 자기 자신의 개인적 자아를 위해 부모가 애썼다는 것을 알고 애정과 신뢰감을 갖게 될 것이다. 부모와 자녀와의 관계가 좋아질 것이다.

부모나 어른들은 어린이들에게 경박하게 또는 조심성 없이 이야기하지 말아야 한다("너는 그걸 절대로 못해낼 꺼야. 네가 전혀 할 수 없는 일을 왜 갖고 그래"라는 식으로). 부모들은 어린이들이 무엇인가를 성취하지 못할 때에는 "만일 네가 열심히 꾸준히 하면 될 꺼야"라고 격려하는 말을 해 줄 것이며 만약 능력이 있는데도 열심히 하지 않으면 "만일 네가 조심성 없이 주의하지 않으면 네가 갖고 태어난 재질을 발휘하지 못하기 쉽다"하여 경고를 줄 것이다.

인간의 발달단계에 우열의 순서는 없다. 각자가 처한 시간과 장소에 따라 똑같이 중요하다. 그러나 아동기에 일어야 할 중요한 것은 자기의 주위환경과 자신이 관계를 맺어가는 것(connection)이다. 이러한 관계를 처음으로 맺어갈 때 자연 그 자체의 본성을 지적으로 해석하고 이해할 수 있도록 만들어 주어야 한다. 그러므로 어린이의 주위 환경은 바르게 지적으로 제시되어야만 하고 자연 그 자체의 본질과 특성을 알아 볼 수 있고 관찰할 수 있어야만 한다.

어린 시기 동안 자연 및 자연현상은 계속 생활의 중심이 되어야 하며 그것은 놀이를 통해서 이루어져야 한다. 놀이는 아동발달을 최고수준으로 이르게 한다. 왜냐하면 놀이를 하는 동안 어린이들은 자기들의 생각과 느낌을 자발적으로 표현할 수 있기 때문이다. 어린이의 내면적인 삶은 표현을 요구한다. 놀이는 기쁨・만족・평온함을 느끼게 해주며 어린이에게 도움을 주는 모든 요인을 가지고 있다. 놀이를 자기 나름대로 잘 처리할 줄 아는 아이들은 효율적이고 의지가 있는 사람으로 성장하며 자기 자신이나 타인을 위해 좋은 일을 할 줄 알게 된다. 놀이는 결코 쓸데없는 일이 아니다. 놀이는 심각하고 깊은 의미가 있다. 따라서 부모들은 어린이들이 놀이를 하도록 마련해 주고 격려해 주어야 한다.

부모가 가정에서 자녀를 양육하는 목적은 어린이가 가지고 태어난 모든 능력과 자연적 은사를 자극하여 전반적으로 발달하도록 하는 것이다. 이러한 전반적인 발달은 어머니가 어린이와 긍정적이고 생동적인 관계를 맺음으로써 이루어진다. 어머니는 이런 일을 잔소리 없이 자연적이고 자발적으로 해내야 한다. 그러나 이것만으로는 충분치 못하다. 어머니는 어린아이의 성장하는 인식에 영향을 주어야 하고 어린이 발달의 계속성을 신장시켜야 한다. 이런 일은 긍정적이고 살아있는 관계를 맺음으로써 이룰 수 있다. 이러한 부모의 지적인 사랑(intelligent parental love)을 가지고 어린이들이 스스로 표현을 하도록 해주는 양육

태도를 알리는 것이 우리들의 관심사이다.

어머니는 어린이의 모든 감각과 신체들이 활동하도록 최선의 노력을 다해야 한다. 불행히도 대부분의 어른들은 너무 똑똑해서 이것이 인간 발달의 시발점임을 알지 못한다. 바른 방향을 잃으면 무기력해진다. 그러나 인간은 하나님과 자연을 거역하고 인간의 천재성에 의지한다. 우리는 자연이 거할 곳이 없고 신이 영향력을 발휘할 여지가 없는 집을 짓는다. 이 집은 어린이의 진정한 요구와 충동이 조금만 건드려도 무너진다. 만일 집이 (하느님과 자연을 존중하여) 굳세게 서 있으면 어린이들의 마음과 신체는 잘 형성될 것이다. 훌륭한 어머니란 어린이의 내면에서 일어나고 있는 삶을 따라가면서 그 마음에 잠자고 있는 것들이 전반적으로 일깨워지도록 하는 사람이다.

성장하면서 어린이들은 자기가 발견하는 모든 물건들의 특징이 무엇이며 어떻게 사용하는가를 알고 싶어서 우리에게 말을 하지만 우리는 어린 아기 짓이라고 그의 행동을 무시한다. 이는 우리들이 어린이들이 하는 일을 보고, 듣고 느끼지 못하며 이해하지 못하기 때문이다. 어린이들은 자기의 시야에 들어오는 모든 것을 사랑하며, 이렇게 함으로써 자기의 좁은 세계를 확장시킨다. 어린이들에게는 가장 작은 일도 발견이다. 그러나 이러한 발견이 어린이에게 삶의 의미를 주지 않는 한, 보는 것에 지나지 않는다. 그런 의미에서 우리 어른들은 어린이들에게 이유·이해를 주고 대화를 해야 한다.

어린 시기에 올바르게 인도되고 양육된 어린이의 생활에서 우리는 신선함과 풍요로움을 본다. 사고·느낌·지식·능력이 어린 시절에 깊이 뿌리박지 않은 사람이 있을까? 어린이들에게 언어와 자연의 세계는 열려져 있다. 어린이는 형태·수·크기·공간에 대한 지식, 자연의 힘, 각각 다른 물질에 대한 반응 등을 발견해 나가기 시작한다. 어린이는 색깔·리듬·소리·형태를 이해하게 된다. 어머니, 아버지, 형제자매와 맺었던 관계에서 이제는 보다 넓은 외부의 세계를 발견하게 된다. 부모들은 자신들이 하는 일에 어린이를 참여시킴으로써 무엇인가 배우게 해야 한다. 그러나 모든 것을 다 보여주기는 힘들다.

시골이건 도시건 자연과 인간이 하는 일, 인간이 하는 모든 종류의 직업에서 어린이는 자기 아버지를 자연스럽게 인식하고, 아버지는 마음과 신체를 써서 무엇인가 계속 알아내려는 자녀를 인식한다. 누구든지 자기 자신이 알고 있는 것과 다른 사람이 알고 있는 지식을 연결시킬 수 있다. 이렇게 서로 나누고 직업을 수행하는 일은 인간이 갖고 있는 지식을 획득해 가는 시발점이 된다. 농부의 아이가 아버지의 마차나 쟁기질을 보면서 얼마나 많이 배울 수 있는지, 또 상인의 아들이 아버지의 장사를 보면서 얼마나 많고 다양한 사물을 배울 수 있는지를 보라. 이것이야말로 순수한 지식 및 통찰력의 형태이다.

어린이는 이와 같이 사실을 잘 알고 아버지가 가는 곳마다 하는 일마다 따라다니려고 한다. 아버지는 아이가 끊임없이 질문을 할 때 쫓아버리거나 인내심 없이 대하지 말 것이다. 한 마디 한 마디의 거친 말로 아버지는 자녀의 삶에 있어서 성장하는 순간들을 파괴해서는 안 된다. 아버지는 어린이 스스로 발견할 수 없는 것만을 말해 주어야 한다. 물론 누군가가 답을 말해주면 어린이에게는 쉽다. 그러나 자기 자신이 의문을 풀어나가는 것이 어린이에게는 더 가치 있고 자극적이다. 그러므로 아버지는 어린아이의 모든 질문에 곧장 대답해 주지 말고 어린이의 능력과 경험정도에 따라 대답을 발견할 수 있도록 해주어야 한다.

부모들은 자신의 의무를 수행하는 것으로부터 기쁨을 느껴야 한다. 특히 아버지들은 더 큰 기쁨을 느껴야 하는데, 왜냐하면 후에 어린이들의 교육에 가장 많이 직접적으로 관여할 사람이기 때문이다. 자녀를 가르치고 그들과 함께 사는 일보다 더 기쁨을 주는 일은 없다. 우리 자녀들과 함께 어울릴 때보다 더 큰 만족을 기대할 수 있으며, 우리 자신에게 큰 기쁨을 주는 가족들에게서 느낄 수 있는 것보다 편안함을 주는 곳은 없다.

위에서 이야기 했듯이, 아버지가 자신의 가정에서 잔잔한 행복을 느끼는 것을 볼 수 있다면 이 말의 진실성에 깊은 인상을 받아야 마땅하다. 그런 아버지는 "어린 시기의 어린이들을 교육함에 있어 우선적으로 중요한 것은, 되도록 일찍부터 집중해서 생각하는 습관을 갖도록 해 줄 것이다."고 말할 것이다. 생각하는 것을 배운 어린이는 일도 열심히 할 것이다. 어린이들은 목적이 없고 활동적이지 못하다고 생각하는 어린일수록 이러한 생각을 떠올려야만 한다. 현재 우리 어른들이 어린이들과 맺는 관계를 보면, 생명이 없음을 알 수 있다. 이렇게 말하는 것이 어렵지만 진실이다. 우리의 주위환경은 생명이 없으며, 우리가 지식은 가졌으나 우리 자녀들을 위해서는 비어 있는 것과 다름없다. 우리들이 지껄이는 일은 생명이 없이 공허하다. 드문 일이지만 생과 자연에 대해 통찰력을 가진 사람만이 현실에서 기쁨을 느낄 수 있다. 그러므로 우리는 우리 자신과 자녀들에게 급히 생명을 주어야만 할 것이다. 어린이들을 통해서 우리가 하는 말에, 우리의 주위에 의미를 부여한다. 우리는 진정으로 어린 자녀들과 함께 살아야하고, 그들은 우리들과 살아야 한다. 우리와 자녀와의 관계에서 일어나는 말들이 죽어 있고 의미가 없다면 그것은 열매 없는 껍질과 같고 생이 없는 인형이며 금이 없는 계산자일 뿐이다.

우리 어른들에게 결여되어 있는 것을 우리 자녀들을 위해 찾아보아야 한다. 우리들은 잃어버렸지만 어린이들이 가지고 있는 생동하는 창조적 에너지를 우리의 삶과 연결시켜 보도록 한다. 어른들은 어린이들에게서 배우고, 어린이들의 삶이 우리에게 부드럽게 가르쳐 주는 지식에 유의하고 그들의 마음이 소리 없이 이야기하는 것에 귀를 기울여야 한다. 그리고 그들을 위해서 살아야 한다. 그리하면 그들의 삶이 우리에게 기쁨과 평화를 가져다 줄 것이고, 우리 자신의 지혜도 자락 될 것이다.

앞서 밝힌 바와 같이 프뢰벨은 어린이 교육에서 부모의 역할이 큼을 강조하였다. 그리고 어린이들의 교육을 구체적인 물건을 가지고 해야 한다고 생각해서 1837년부터는 사물(gifts)과 작업(occupation) 시리즈를 만들었으며, 이 교육적 놀잇감을 부모들에게 알려주기 위해 독일 전역을 돌아다니며 순회강연 및 전시를 하였다. 프뢰벨이 만든 사물과 작업은 전 세계로 알려져 있으며, 그 덕을 본 사람 중의 하나는 미국의 유명한 건축가 라이트(Frank Lloyd Wright)였다.

그는 그의 자서전에서 어릴 때, 어머니가 사온 프뢰벨의 사물을 가지고 노느라면 신비한 모양이 나타났으며 건축설계에 대한 아이디어의 기본이 사물을 가지고 노는 동안 이루어졌다고 회고하고 있다.

프뢰벨은 유치원에서의 교육내용은 사물·작업·게임 등으로 구성된다고 하였는데 가정에서 어머니가 아이들에게 들려줄 수 있는 노래와 손 유희를 담은 책을 1843년 출판하였다. 책이름은 『어머니와 아기의 노래(Mutter and Kose lieder)』이다.

이 책은 『인간의 교육(education of Man)』과 함께 프뢰벨의 주요 저서이며, 전세계의 유아 교육계에 새로운 장을 열었다. 사람들은 이 책으로 인하여 유아에게 필요한 것은 호기심이라는 것을 깨닫게 되었다(이원영, 1985).

4) 페스탈로치의 교육사상

(1) 생애 및 교육사상

페스탈로치(Pestalozzi, 1746~1827)는 1746년 스위스의 취리히에서 태어났다. 그는 본래 목사가 되려고 쥬리히대학에 입학하여 신학을 공부하였으나, 실패할 것을 예감하여 포기하고 루소의 자연주의 사상에 공명하여 대중의 편에 서서 일하는 법률가가 되고자 하였다. 그러나 건강이 좋지 못하여 노이호프에서 농장을 경영하기도 하였다.

여기에서 시작된 그의 교육은 「자연으로 돌아가라」는 루소주의 신념에 따라 전개된다. 그는 에밀을 읽고 루소의 자연주의 원칙에 맞도록 수정이 필요하다는 확신을 그에게 주었다. 그는 농사짓는 틈을 타서 빈아를 위한 〈빈아교육소〉를 운영하고, 농사와 방직의 일에 종사하면서 교육을 실시하였다. 그의 교성으로서의 일생은 이렇게 하여 출발이 된다. "나는 몇 년 동안 50명 이상의 어린 거지들과 더불어 생활했다. 가난하고 고통스러운 가운데서도 그들에게 나의 빵을 나누어주었고, 거지를 사람답게 생활시키는 방법을 배우기 위해서 나 스스로 거지같은 생활을 하였다"고 말하면서 이때의 경험으로 교육적으로 성공하고 사업으로는 실패하여 가산을 탕진하였으나, 빈자와 아동을 위한 그의 교육열은 더욱 지칠 줄 몰랐다.

프랑스와 스위스의 전쟁으로 많은 고아가 생겼던 1827년에 정부는 슈탄츠에 고아원을 설립하고 페스탈로치를 관리자로 임명하였다. 그는 이곳에서 헌신적인 고아의 교육자 겸 그들의 아버지가 되었다. 사실 그의 교육사상도 이 시기에 완성을 보게 되었다. 페스탈로치는 슈탄츠에서 고아원 교육자로서의 6개월간의 경험을 다음과 같이 술회하고 있다. "우리는 같이 울고 같이 웃었다. 그들은 세계와 슈탄츠를 잊었던 것이다. 그들은 단지 나와 함께 있고, 나는 그들과 함께 있는 것을 알 따름이었다. 우리는 빵과 국을 나누어 먹었다. 나는 가족과 친구의 시종꾼이 없었으나 오직 그들만이 있었다. 나는 그들이 아플 때나, 그들이 건강할 때나, 그들이 잘 때까지도 함께 더불어 있었다. ... 나는 침상에서도 기원했고, 그들이 잠들 때에도 그들 자신이 원한다면 나는 그들을 가르쳤다"고.

그는 부르크도르프에서 한 초등학교의 평교사로서 아동교육에 열심이었는가 하면 다시 자기 학교를 세우니, 그는 교장 겸 교사 겸 사환이었다. 그는 그 때를 그의 생에서 가장 즐거운 때였다고 한다.

이퀘르덴시대에 그는 교수법을 개발하고 명성이 높아져서 프뢰벨 등 각국의 교육 관심자들이 그의 문하로 모였으나, 동료교사의 배신을 받아 학교가 비운에 처하여 쓰라린 고통을 받았다. 그는 그 충격으로 병상에 눕게 되어 결국 1827년 그의 파란 많은 생애를 마치는 순간까지도 배신한 동료교사를 용서하는 교성의 큰 뜻을 후세에 전해 주었다. 그의 대표적 저서만 하여도 『은자의 황혼(1780)』, 『린하르트와 게르트루트(1781)』, 『게르트루드는 그의 자녀를 어떻게 가르치는가(1801)』, 『기초도야의 이념에 관한 견해와 경험(1807)』 등이 있다.

페스탈로치의 교육이론은 교육의 실천 현장에서 철저한 관찰력으로 아동의 내부에 깊이 자리잡고 있는 인간성을 직관하고 그것을 사랑하며, 믿고 길러 계발하는 것을 원칙으로 하고 있다. 따라서 페스탈로치 교육이론의 핵심을 이루고 있는 부분은 인간성이다. 즉, 인간성은 모든 사람에게 선천적으로 주어진 것이며, 이것은 환경의 자극을 받아서 개발되는 특성을 가지고 있다. 교육의 이상은 바로 그러한 인간성을 개개의 어린이에게서 개발하는 데에 있다고 믿는다.

따라서 그의 교육목적은 첫째로 인간정신의 근본력을 조화 있게 개발하는 데 있다. 즉, 페스탈로치는 인간에게는 보이지 않는 정신적 내면의 근본력이 있다고 보고 그것을 정신력·심정력·기술력의 세 가지로 규정하였다. 그것은 지와 의와 행에 해당하는 것이다. 이것은 Head·Heart·hand로도 표현되는가 하면 보통 3H로 간단히 표현된다.

페스탈로치 교육목적의 둘째는, 사회의 계속적 개혁의 실천에 있다. 그는 인간이 개발되지 못하고 비참한 상처를 유지하고 있다면 그것은 정치·경제에 앞서서 교육의 책임으로 보았다. 따라서 인간사회의 바람직한 개선을 위해서는 정치·경제의 개혁에 기대하기보다 교육이라는 작용에 호소해야 한다는 입장을 취하였다.

그는 『린하르트와 게르트루트』에서 가정생활의 개량과 학교교육의 진보가 민중의 사회적·도덕적 관계를 향상시키는 데 필요한 것이고, 하층계급의 부패는 사회의 위험한 암흑적인 면이므로 양민의 보호와 사회의 개발이 필요하다고 했다. 그는 현재의 궁핍과 고뇌를 완화시키기 위해서 교육이 필요한 것이며, 하층민의 생활상태를 개량시키는 유일한 방법이 교육이라고 믿어 사회개혁의 수단으로서의 교육사업에 그의 생애를 바쳤던 것이다.

(2) 교육사상

페스탈로치의 교육사상은 다섯 가지 측면에서 고찰할 수 있다.

첫째, 삼육론이다.

교육이란 무엇인가? 그것은 하느님이 각자에게 고루 부여한 인간적인 여러 능력을 조화롭게 발전시키는 작용(die harmonische Evtwicklung der inneren Menschennatur)이라면서 페스탈로치는 이렇게 간결하게 말한다.

"사고하기 위하여 머리를 도야합시다. 이웃에 선을 베푸는 일을 할 수 있게 가슴을 도야합시다. 몸과 손, 발을 도야함으로써 기술을 지닙시다."

교육이란 학문을 하는 것도 아니요, 특정 교리를 익히는 것만도 아니요, 특정 기술을 익히는 것도 아니다. 그러면 무엇인가, 머리·가슴·몸을 고루 도야하여 하나의 인격으로 키워내는 것이다. 이것에 페스탈로치가 생각한 교육의 본질이다. 그래서 '삼육'이라면 페스탈로치, 페스탈로치라면 삼육을 연상할 정도로 그의 이 교육본질관은 교육사에 참으로 귀한 것을 공헌했다. 우리의 표현으로는 지육·덕육·체육의 조화적 발전을 기하는 인격도야의 과정, 그것이 교육인 것이다. 이 생각은 뒤에 좀더 다듬어져 '기초도야의 이념'으로 발전한다. 세 가지 삼위일체론이 그것이다.

세 가지 삼위일체 중의 하나는 위에 든 머리·가슴·몸의 삼위일체다. 그 다음은 수·형·어의 삼위일체다. 이것은 교육내용 중에 가장 기본이 되는 것을 논리력·사고력을 익히는 수의 교수, 직관력과 공간에 대한 감각을 키워주는 도형(기하 등)의 교수, 사고하고 느낀 것을 올바르게 표현하는 언어의 교수, 이렇게 셋으로 보고 이 셋을 고루 배워야 한다는 논리다. 셋째는, 직관·언어·사고의 삼위일체다. 이것은 우리의 인식의 과정을 자연스럽게 도입한 교수의 방법이다. 우선 직관적으로 사물을 파악하고, 다음에는 이렇게 파악된 사물을 언어로 정확하게 표현하고, 끝으로 이 다듬어진 언어적 표현을 통해서 사고력을 함양시켜야 한다는 논리다.

교육의 이념, 교육의 내용, 교육의 과정에 가각 대응하는 세 삼위일체론은 그의 교육실천의 과정에서 우러나온 것인데, 시기적으로 보면 이념, 내용, 과정 이런 순서로 다듬어졌다. 그러나 만년에 가서 그는 '생활이 도야한다(Das Leben bildet)'는 언리, 즉 교육은 어린이의 생활 안에서 생활문제를 소재로 전개되어야 한다는 원리를 제창하면서, 이 세 삼위일체론을 이 원리로 통일해서 다듬었다.

둘째, 가정교육론이다.

페스탈로치는 어머니와 자녀 사이의 사랑의 대화를 통한 교육을 교육 중에서 가장 중요한 단계의 교육으로 보았다. 이런 가정교육론이 오늘날 표현으로는 유아교육론이 되는데, 한 가지 다른 점은 이 유아교육은 전문적인 교사에 의해서가 아니고 어디까지나 어머니에 의해 진행되어야 한다는 것이다.

이 유아교육론은 그의 저작 곳곳에 다루어지고 있지만 이것을 가장 조직적으로 다룬 것은, 그의 영국인 제자 그리브스(J. P. Greaves, 1778~1842)에게 보낸 34통의 유아교사서한(Leters on Early Education, 1818~1819)이다. 이 서한의 독일어 원본은 유실되고 그 영어 번역판만 몇 차례 간행되어 오다가 그 후 이 영어 번역판을 다시 독어로 옮긴 연역의 세 종류로 나오게 되었다.

플라톤은 부모에 의해 가정교육이 어린이를 국가만 바라보게 키우는 데는 부정적으로 작용한다고 보았다. 그래서 이를 될 수 있는 대로 배제하고 어린이를 일찍부터 탁아소라는 공공교육기관에 수용하여 전문적 교사가 지도해야 한다고 그는 논했다. 그러나 페스탈로치는 이와는 정반대로 어머니야말로 천성적인 교사이며, 이 어머니를 통한 교육이 인격형성의 터전이 되어야 한다고 생각했다. 이런 페스탈로치의 논리를 이 서한을 통해 체계적으로 볼 수 있다. 그의 유아교육의 체계를 개념, 목표, 내용, 방법, 체제를 포괄하는 일련의 교육체계가 유아교육이다.

① **개념** : 유아교육은 모성에 의한 가정과 생활권을 중심으로 하는 교육으로서, 유아에 내재하고 있는 여러 소질과 능력을 조기에 발견하

고, 이것을 조화적으로 발전시키는 교육이다. 이로써 인간교육의 기초를 다지는 교육의 이념, 내용, 방법, 체제를 포괄하는 일련의 교육체계가 유아교육이다.

② **목표** : 유아교육의 목표는 전인적 인간발달의 조성이다. 이를 위해 정서, 지성, 신체의 조화적 발전을 꾀해야 한다. 정서의 발달을 위해서는 믿음, 사랑, 감사, 순종 등의 덕목들을, 지성의 발달을 위해서는 인식과 지식의 기본적 요소인 수, 형, 어의 기본개념을, 신체의 발달을 위해서는 체조를 통해 강건한 육체의 성장을 도모함은 물론이요, 훈련을 통해 사기의 고양, 근면성, 개방성, 용기, 인내심을 길러야 한다.

③ **내용** : 유아교육의 내용은 인간교육의 기초가 되는 모든 교육의 기본을 담되, 정서교육이 가장 중시되어야 한다.

④ **방법** : 유아교육의 방법은 일상생활을 소재로 한 가족공동체 안에서의 대화가 주가 되어야 한다. 그러나 이 때 유의해야 할 점은, 회심의 미소와 동정의 눈물로 상징되는 수용성, 공포보다 친절을 위주로 하는 고무성, 시종일관하게 진행시키는 확고성, 스스로 생각하고 탐구케 하는 창조성, 가장 기본적인 것을 완전히 몸에 배이게 하는 습관성, 실물에 의한 개념의 내면화를 기하는 실물 교육성, 아동의 주체적 활동을 기하는 자기활동성, 그리고 작업을 통해 개념을 익힘과 아울러 거꾸로 익힌 개념을 작업을 통해 더욱 심화시키는 노작성이다.

⑤ **체제** : 유아교육의 체제는 국민교육의 일환이다. 더욱 이것은 고유하며, 독특한 뜻을 지니는 교육단계로 존중되어야 한다. 그러기 위해서는 유아의 복지증진을 위한 국책적 지원, 가정교육의 중요성 인식, 천성적 교사로서의 모성의 각성을 촉구하는 여성교육의 진흥, 그리고 여성 교육학(모성교육학과 유아교육학)의 체계화 등이 조직적 제도적으로 작용되어야 한다.

셋째, 인간성 삼단층론이다.

교육사상의 기초는 인간관이다. 인간을 어떻게 보느냐에 따라 교육사상이 달라지기 때문이다. 페스탈로치의 교육사상으로서 앞에서 교육본질론과 가정교육론을 보았다. 이제 이런 이론을 자아낸 그의 인간관을 보아야 할 차례다.

페스탈로치의 교육사상이 체계적으로 전개된 저작으로 보통 『인류의 발전에 있어서의 자연 과정의 탐구(1797)』를 든다. 이 저작의 서두에서 그는 "나는 무엇이며, 인류는 무엇인가?", "나는 무엇을 해왔으며, 인류는 어떻게 발전하여 왔는가?"라는 큰 물음을 제기한다. 그리하여 그는 인간의 본성을 자연적 상태, 사회적 상태, 그리고 도덕적·종교적 상태라는 세 상태의 단층으로 이루어진 복합체임을 밝혀내고 있다. 인간은 자연적 상태에서 사회적 상태로, 사회적 상태에서 도덕적·종교적 상태로 층을 이루면서 질적인 도약을 거듭해야 할 존재라는 것이다. 그러면 이 세 상태의 특징은 무엇인가.

① **자연적 상태** : 이는 인간성의 가장 낮은 단계의 존재상으로 아직 동물과 근본적으로는 다르지 않는 상태다. 거칠기도 하지만 선한 충동도 지니고 있다. 동물에서나 인간에서나 충동에는 자기 보존만 노리는 이기적인 방향과 사육본능처럼 호의적인 방향도 있다. 생존에는 이 두 방향의 충동이 같이 작용되어야 하는데 , 이것들이 올바른 관계에 놓일 때, 즉 슬기로운 자연 질서에 놓일 때, 그것은 선이 된다. 그러나 이런 슬기로운 자연질서에 놓이는 상태는 인간의 경우 아주 짧으며, 인간은 곧 과도한 이기심에 사로잡혀 자연을 파괴하거나 자연에서 일탈하여 타락한다.

② **사회적 상태** : 이는 이기심으로 자극된 폭력적 행위를 법으로 규제하는 상태를 말한다. 즉, 자연적 욕구를 멋대로 충족시키려는 데서 오는 무질서를 막기 위해 협약(Konvention)으로 법을 만들고, 이를 모든 성원에게 준수시키는 상태를 말한ㄷ. 그러므로 협약에 의해 이루어지는 사회적 행위는 그것이 제아무리 최대다수의 최대행복을 위한 것

일지라도 그것만으로는 인간의 내면적 욕구 까지도 충족시켜 주는 도덕적인 것은 되지 못한다. 그러기에 사회적 상태에서의 정의, 즉 사회적 정의는 도덕적 정의와 무관한 것이며, 그것은 동물적 정의(자연적 욕구의 본능적 충족상태)의 변형에 지나지 않는다. 이 사회적 상태의 '협약'은 강자에게 유리하게 맺어지기 쉽고, 이것은 법으로 허울 좋게 체계화되어 강자가 약자를 지배하는 수단인 국가 체제로까지 발전한다.

③ **도덕적 상태** : 이는 철두철미 개인의 내면에서 솟구치는 영혼의 갈구를 충족키 위하여, 사회적 타락 상태의 수렁을 헤치고 나오는 상태다. 즉, 독자의 결단에 의한 개인적 행위를 결행할 뿐 아니라, 그것에 대해 개인적으로 책임을 지는 상태를 말한다. 그가 말하는 이 도덕성은 영국의 윤리학에서와 같은 최대다수의 최대행복을 위한 공동생활의 성과가 아니고, 칸트의 윤리학에서와 같이 양심의 울부짖음과 깊은 고독에서 나오는 주체적인 것이다. 다른 말로 표현하면, 그것은 인간과 인간 사이의 수평적 관계에서 나오는 것이 아니고, 각 개인 과 하느님과 직접적인 관계정립에서 나오는 수직적인 것이다. 종교 개혁자 마틴 루터의 로마 교황청에 대한 "Nein(No, 아니오)"란 외침, 칸트의 양심에 관한 법칙에 대한 경외심, 이 같은 차원의 도덕이 바로 이 단계의 도덕이다.

페스탈로치의 이 같은 3단층적 인간존재상의 해명은 교육철학에 무엇을 기여했는가. 그것은 기본적인 욕구 충족을 위한 교육들, 원만한 사회생활을 하게 도와주는 사회성 계발의 교육보다 더욱 중요한 것은 한 인간으로서의 인격, 양심, 주체성, 영혼의 세계를 열어 주는 진정한 의미의 도덕·종교교육임을 인식시키는데 기여했다고 보는 것이다.

넷째, 사회교육론이다.

페스탈로치의 교육학 체계는 사회 교육적 지향성이 크게 작용하고 있다. 그것은 그가 필생의 사명으로 여긴 빈민의 구원과 깊은 관련이 있다. 그가 활동하던 시기는 초기 산업혁명시대로서, 도시는 도시대로 농촌은 농촌대로, 새 기술혁명과 그것이 가져다 준 새로운 생산양식 때문에 전통적 생활양식과 사고방식이 흔들려 인간성을 잃어 가는 민중들이 대거 발생하던 시대였다.

바로 이런 민중들이 그가 특히 관심을 가졌던 교육의 대상이었다. 그으 대표작의 하나인 『린하르트와 게르트루트(제1권, 1801)』도 이런 민중의 교육을 논한 농민소설임을 우리는 주목해야 한다.

그러면 그의 민중 교육의 이념은 무엇이었던가, 이것이 가장 잘 담겨져 있는 저작이 『민중교육과 산업(ber Volksbildung und Industries, 1806)』이다. 여기에서 그는 이렇게 말하고 있다.

① 빈민들이 그의 인간성을 잃지 않고 경제적으로 구원받으며 내면적인 여러 능력을 개발하여 어떤 처지 안에서도 자활할 수 있게 하고,

② 그러기 위해서는 아동들이 지니는 여러 능력이 기업의 영리성에 의해 저해됨이 없이, 큰 뜻에서 자신의 발전과 국가의 번영에 공헌토록 하고,

③ 그러기에 이런 경제적 자립을 기하는 능력의 훈련을 높은 정신교육과 심정교육에 결부시켜야 한다.

빈민의 인간성을 계발하면서 그들의 경제적 자립을 기하고, 그리하여 그들이 개인적으로 행복하고 사회적으로 보람된 인간이 되게 도와주는 교육, 이것이 그가 생각하는 민중교육의 이념, 오늘날 용어로는 사회교육의 이념이다. 이 같은 그의 사회교육의 이념은 여러 방식으로 전개되는데 그것을 넷으로 크게 요약하면 다음과 같다.

① **전인교육** : 그는 말한다. "정신적 · 도덕적 · 시민적으로 타락한 유럽을 구하는 교육은 인간성 지향의 교육, 인간의 전인적 도야 외에는 없다." 민중교육에서도 전인교육이 이렇게 강조된다.

② **직업교육** : 농민에게는 농지와 농업에 대한 지식을, 상인에게는 경제와 상업에 대한 지식을 큰 비중으로 가르치되, 그것은 어디까지나 일반적 기초도야, 즉 전인교육 위에서 전개되어야 한다.

③ **민중의 역사의식 함양** : 각 계층의 국민들이 자신들의 문제를 깊이 인식하고, 이것을 역사적·사회적 전망에서 해결하는 자세를 지니게 일깨워 준다.

④ **지역간·계층간의 화해** : 각 지역간의 이해의 조정, 각 계층간의 화해, 관리와 민중간의 상호신뢰의 회복, 그리고 군주와 신하간의 부자관계의 정립 등 사회구성원간의 화해·신뢰감의 조성에 힘쓴다.

다섯째, 체벌론이다.

교육방법의 하나로 체벌을 인정할 수 있는가, 과연 체벌은 효과가 있는가, 한 인간이 다른 인간에게 폭행을 가하는 것이 인권적 차원에서 용인될 수 있는가, ... 이렇게 체벌교육은 문제가 많다. 그러나 교육의 현장에서는 많이 사용되고 있고, 이것이 불법화되어 있는 나라에서도 체벌로 문제가 생겼을 경우에는 체벌을 가할 당시의 교사의 교육에 대한 열성을 참작하여 긍정적, 동정적으로 보는 판례가 많다.

위대한 교육사상가들 중에 체벌을 찬양한 사람(플라톤 등)도 있고 그것을 피해야 할 것으로 본 사람(퀸틸리아누스 등)도 있다. 그러나 체벌에 관한 절대찬성론자도 없고, 절대반대론자도 없음을 우리는 주목하자. 그것이 큰 효과를 나타낼 경우가 많기 때문이다. 그러면 페스탈로치는 어느 편에 드는 사람이었던가.

페스탈로치라면 우선 사랑의 교사라는 인상 때문에 체벌에는 절대 반대했을 것이라고 생각하기 쉽다. 그러나 실은 그는 체벌 찬성론자였다. 그의 저작이나 편지, 특히 그 중에서도 학부모와 주고받은 편지 속에 이 체벌에 관한 논의가 많이 발견된다.

그 대표적인 것의 하나가 「스케이트와 체벌에 관하여(1808)」라는 논설조의 편지다. 페스탈로치가 이베르당학원의 원장이었을 때, 그 학원의 교사 하나가 어린이의 신체훈련의 방법으로 스케이트를 가르쳤다. 그런데 어느 아이 하나가 한사코 스케이트 배우기를 거부해서 교사는 체벌을 가했다. 그랬더니, 그의 아버지가 교사에게 항의를 해와 이에 대해 페스탈로치는 이 교사를 옹호하면서 체벌의 필요성을 논한 편지이다. 그 논지를 요약하면 다음과 같다.

체벌은 결코 일반적으로 좋은 방법은 아니고, 그러기에 되도록 억제해야 하겠지만 그것이 꼭 필요하고 효과적인 경우도 있다.

첫째는, 강한 훈련과정에서다. 예를 들어, 정신훈련의 일환으로 겨울철 스케이트를 타게 하는데 이를 거부하는 아이를 방관하면 되겠는가.

둘째는, 부모를 대신한 사랑의 발동이다. 부모는 아이를 위해 사랑의 매를 들 수가 있다. 그런데 그 부모를 대신하는 교사는 매를 들 수 없어서야 되겠는가.

셋째는, 아이의 그릇된 행동을 교정하기 위해서다. 안하무인격으로 교사에 대들고 힘이 약한 친구를 짓궂게 놀리는 아이의 그릇된 행동은 매로라도 다스려져야 하지 않겠는가.

넷째는, 잘못한 자기 행동에 대한 보상이다. 거짓말을 했기에 그것이 마음에 부담이 되어 있는 아이가 있다하자. 이 아이는 매를 한 대 맞음으로 해서 자기 행동의 죄책감에서 오는 마음의 부담을 떨쳐버릴 수 있지 않겠는가.

끝으로 아이를 고무해 주기 위해서이다. 팽이는 쳐야 돌아간다. 잘 도는 팽이도 안치면 쓰러지고, 쓰러지는 팽이도 치면 돌아간다. 잘하는 아이는 더 잘하라고 고무해 주고, 못하는 아이는 좀더 잘하라고 꾸짖어 주어야 하지 않겠는가.

페스탈로치의 교육사상 중에서 교수법의 획일화 내지 기계화를 예상한 것이라든지, 직관의 원리를 강조한 나머지 교과를 「언어 · 형 · 수」의 3요인으로 국한한 점, 그래서 사회적 · 문화적 관점이 오히려 무시된 결과를 낳는 등 비판의 여지가 없는 것은 아니지만, 그의 인간중심 교육사상 · 사회중심 교육사상 · 평등교육사상 · 실천적 교육사상 등은 후세 교육사상의 발달에 영향을 주고 있다.

5) 소파 방정환

(1) 생애와 활동(1899~1931)

소파 방정환은 작가(동화작가, 번안작가), 운동가(사회운동가, 문화운동가, 동화구연가, 연설웅변가), 언론인, 교육자 그리고 우국지사였다.

방정환은 어려서 그 당시 일반적으로 행해지던 것처럼 집에서 한학을 배우며 성장했다. 일곱 살 때 2살 위인 아저씨를 따라 천도교에서 설립한 보성소학교에 놀러갔다가, 교장이 학교에 다니려면 머리를 깎아야 한다는 말에 댕기머리를 깎이고 할아버지에게 피가 나게 종아리를 맞았다. 그가 입학한 당시의 보성소학교 역시 서당과 다를 것은 없었다. 유치반은 천자문을 배우고 그 다음 반년 반은 계몽편을, 다음 1년간의 초등과에서는 동몽선습을 배우고 초등과 2년급, 3년급, 그리고 또 고등과 3년을 마쳐야 졸업하여 보성전문학교로 진학하는 것이었다.

그는 아버지의 갑작스런 사업 실패로 굶주리는 생활을 하면서도 10살이 되던 해에 소년입지회를 만들어 토론과 이야기 모임을 열었다. 1914년에는 선린상업학교에 입학하였으나 적성에 맞지 않았고 가정형편상 중퇴를 하게 된다. 그러면서도 책읽기도 글쓰기는 그치지 않았다. 1917년 손병희의 셋째 딸과 결혼하였고 1918년 보성전문학교에 입학했다.

그 후 그는 전격적으로 천도교 문화운동에 뛰어들면서 영화잡지 『녹성』, 청년잡지 『신청년』, 그리고 『어린이』, 『별건곤』, 『신여자』, 『혜성』 등의 잡지를 점차 발행하게 된다. 1919년 3·1 운동 당시 독립선언서를 천도교 소유의 인쇄소인 보성사에서 찍었는데, 독립선언서 배부시 독립신문 1호도 인쇄하여 같이 배부하였다. 당시 책임자였던 보성전문학교장 윤익선의 체포로 신문이 중단되자 방정환이 지하 독립신문을 계속 발행하다 체포·수감된다.

방정환은 석방된 후 어린이 운동을 결심하고 일본으로 건너가 동양

대학 문화학과에 청강생으로 있으면서 〈아동예술〉과 〈아동문제〉에 전념하게 된다. 이 때 그는 세계명작동화를 틈틈이 읽으면서 〈사랑의 선물〉이라는 번안동화를 펴내게 되는 계기를 갖는다. 1921년 〈천도교소년회〉를 조직하고 1922년 4월에 조선 최초로 어린이날을 5월 1일로 제정하였다. 이 해 겨울 김기진과 함께 박영희의 추천을 받아 『백조』 동인으로 가입한다. 1923년 3월에는 동경에서 색동회를, 동년 4월에는 조선소년운동협회를 조직하였다. 이어 소년운동의 선언문을 다음과 같이 발표했다.

"어린이를 재래의 윤리적 압박으로부터 해방하여 그들에 대한 완전한 인격의 예우를 허하자. 어린이를 재래의 경제적 압박으로부터 해방하여 만 14세 이하의 어린이들에게 노동을 폐하게 한다. 어린이 그들이 고요히 배우고 즐거이 놀기에 족할 각양의 가정 또는 사회적 시설을 행하게 한다."

또한 1928년에는 전 세계 20여 개국 어린이가 참가한 〈세계아동전람회〉를 개최하였고 1930년에는 그가 창간한 잡지 「어린이」발행부수가 10만에 이르게 된다. 1931년 그는 과로로 쓰러져 혼신을 다했던 33세의 짧은 생을 마감하게 된다.

우리의 교육이 두 번의 단절을 겪는데, 전통적 교육에서 근대 교육으로 넘어올 때의 단절, 일제하의 광복 후로 넘어올 때의 단절이다. 해방 이후 우리의 교육은 미국의 영향을 가장 많이 받았고, 흔히 민주시민 양성을 목표로 삼고 있는 오늘날의 교육에서 듀이 교육이론의 중요성은 그 누구도 부정할 수 없다. 그러므로 방정환의 교육사상을 우리의 자생적 아동 중심 교육으로 보고 서양의 교육계보가 아닌 소파 방정환에게서 우리의 계승을 찾아야 한다(안경식, 1999:16).

(2) 아동교육사상

방정환의 유가전통에 대한 비판과 아동해방

방정환은 소년운동을 시작하면서 재래의 전통적 유교윤리의 압박으로부터 아동을 해방시키고자 했다. 조선의 가장 커다란 인륜적 규범은 효에 있다. 부모에 대한 효가 절대시 되고 자식은 부모의 명령에 복종하고 가문을 영속시키는 도구적 존재였다. 전통적으로 조선의 가정은 예외없이 모두 노인 중심으로 생활을 끌고 간다.

이는 어린 새 사람을 끌어당겨 뒤로 가게 하는 격으로, 가장 늙은이가 호주가 되어 전 가족을 데리고 무덤으로 가는 격이라 방정환은 말한다. 만약 무덤으로 가기 싫어서 돌아가는 사람이 있으면 부명을 거역하는 불효자라 하여 온 동네가 결속해 가지고 박해를 가하는데, 명일의 주인을 조선 사람처럼 냉대, 학대하는 사람도 없다는 것이다.

따라서 방정환은 어린이에 대한 완전한 인격적 예우를 부르짖으면서 어린이를 내려다볼 것이 아니라 쳐다볼 것과 어린이에게 경어를 쓰되 항상 부드럽게 대할 것을 말했다.

전통적 유교 윤리에서는 군신, 남녀, 장유, 친자, 노소, 현우, 귀천 등을 설정하여 군, 남, 장, 친, 노, 현, 귀가 신, 여, 유, 자, 소, 우, 천에 대하여 권리를 행사하게 하였고 삼강오륜에 절대위력을 부여한 즉 이를 악용한 독소가 세상을 병들게 하였다.

또한 조선에 있어서 다수를 차지하는 농촌어린이는 아무 일을 못하기에 식충이라 하여 학대받고, 아이를 놀리면 게을러진다고 하여 일을 시키며, 궁색한 농촌가정의 경제적 압박으로 인하여 노동을 강요당했다. 어린이가 소박한 정서와 쾌활한 기상을 함양하기 위해서는 조혼 및 과로의 방지가 필요하고, 문자 교양과 평이한 과학 지식의 보급, 그리고 자연과 예술교육이 요구된다고 방정환은 말하면서 서구 사회는 아동중심 교육에 전력을 기울이고 있는 반면 조선은 아동을 질곡 속으로 몰아넣는 현실임을 대조시킨다.

방정환의 수운주의적 아동관

방정환은 천도교소년회(1921) 강령을 만들면서 "소년 대중의 수운주의적 교양과 사회생활의 훈련을 기함"이라고 선언했다. 그에 있어서 소년운동은 수운주의적 인내천관에 따른 아동이해와 훈련을 구산한 것에서 시작된다. 그가 바라보는 아동은 사인여천에 입각한 것으로 곧 '인내천의 천사'요, '지상천국을 건설할 어린동무'이며, '자연의 시인'이다(방정환(1921), 「동화를 쓰기 전에 어린애를 기르는 부형과 교사에게, 천도교회월보).

서구 근대가 인간의 사유기능 즉 이성에서 신의 형상을 찾고 이에 절대적 우위를 두었다면 방정환에 있어서 한울님은 곧 어린이이고 어린이에게 한울님을 보는 것이며 이들을 통하여 지상천국을 건설하는 것에 목적을 두는 것이었다.

산을 좋아하고, 바다를 사랑하고, 큰 자연의 모든 것을 골고루 좋아하고 진정으로 친해하는 이가 어린이요, 태양과 함께 춤추며 사는 이가 어린이다. 그들에게는 모든 것이 기쁨이요, 모든 것이 사랑이요, 또 모든 것이 친한 동무이다. 이러한 어린이 삶 자체 그대로가 "한울의 뜻이고 우리에게 주는 한울의 계시라고 방정환은 말한다(어린이찬미, 1924: 2-6).

이는 소박한 감상적 동심주의에서 비롯되는 것이 아니라 그의 종교적 신념에 입각한 아동관의 표현이다. 아동에게서 한울의 뜻과 한울의 계시와 인내천의 천사, 한울의 그림자, 한울님의 나라를 보는 것이기 때문이다.

어린이가 잠을 잔다. .... 얼굴을 들여다보라! ... 우리가 전부터 생각해 오던 한울님의 얼굴을 여기서 발견하게 된다. 어느 구석에서 먼지만큼이나 더러운 티가 있느냐? 죄 많은 세상에 나서 죄를 모르고 더러운 세상에 나서 더러움을 모르고 부처보다도 예수보다도 한울 뜻 그대로의 산 한울님이 아니고 무엇이랴. 더할 수 없는 참됨과, 더할 수 없는 착함과, 더할 수 없는 아름다움을 갖추고, 게다가 또 위대한 창조의 힘까지의 갖추어 가진 어린 한울님이 편안하게도 고요한 잠을 잔다. 나는 지금 성당에 들어간 이상의 경건한 마음으로 모든 것을 잊어버리고 사랑스런 한울님, 위엄뿐만의 무서운 한울님이 아니고, 자는 그 얼굴에 예배하고 있다(『어린이찬미』, 방정환, 1924:2-6).

'어린이는 곧 산 한울님'이기에 그는 어린 한울님에게 예배한다. 이때까지 모든 사람들은 한울님이 우리에게 복을 준다고 믿어 왔다. 그러나 실제로 그 복을 가져오는 이가 어린이라고 그는 말한다.

아동의 심신성장과 자연교육

천도교 소년교육에서 전반적으로 나타나는 공통점은 아동이 지니는 생명의 힘을 중시하고 자신의 한울님 됨을 기르는 것에 있다. 모든 생명의 목적은 성장이기에 생명 자체의 활동에 의해서 성장은 이루어진다. 김병제도 어린이들의 교육은 생명의 원리에 입각하여야 한다고 하면서 "일분일초라도 생명의 성장을 더디게 하지 말라."(『어린이교육의 진제』, 추강(1941), 신인간 5월호)고 하였다.

그러나 생명은 오직 바른 길로 신장시키는 것이 필요하기에 바른 궤도로 인도해 주는 것이 교육이다. 슬기로운 어린이 있어서 늘 보살피고 인도하고 가르치지 아니하면 장래에 좋은 인물이 되기가 어려운 것은 나무의 이치와 똑같은 것이다. 따라서 궁핍한 조선 소년들에게 "큰일을 한 사람은 여러분 어린이 같이 구차하고 세력 없는 사람 중에서 더 많이 났다(방정환)"고 격려하면서 어린이들이 자유롭게 활동할 수 있도록 생명과 기운을 지켜 주고자 했다.

방정환 역시 어린이들이 자유롭고 재미로운 가운데, 저희끼리 기운껏 활활 뛰면서 자라는데 항상 새 세상의 창조가 있다고 말한다. 아동이 갖는 생명의 힘, 성장의 힘을 돌보아 주고 복돋아 주는 것이 우선이다. 따라서 그는 "우리 조선의 학생 기질은 다른 무엇보다도 먼저 '앞으로 뻗는 원기가 있어 씩씩하다'는 점에 있어야 하겠습니다."라고 학생들에게 호소한다(『조선의 학생기질은 무엇인가』, 방정환, 1929:1-3). 어린 자체가 성장의 힘으로 새로움의 요인이다.

또한 방정환은 어린이 성장에 제일 필요한 것으로 기쁨을 꼽는다. "생명은 기쁨이다. 어린이 아이들이 마음껏 움직일 때, 조금도 방해 없이 자유롭게 활동할 수 있을 때, 그들에게 제일 큰 기쁨이 되고, 그 기쁨으로 몸과 생각과 기운이 동시에 커 나간다"고 했다.

어린이에게 있어 움직인다는 것 자체가 그들의 생명이요, 생활의 전부인 까닭이다. 여기서 우리가 주의 깊게 보아야 할 것은 몸과 생각과 기운이 동시에 커나간다는 점이다. 흔히 우리는 인지적, 도덕적, 신체적 발달을 독립적으로 분리하여 단계마다 특성을 구분하고 있는데 방정환은 동시적이라고 말한다. 아이들이 달음질을 하고 씨름을 하고 방문을 두드리고 공을 차는 모든 육체의 성장활동과 아이들이 주위 환경에 대해 물음을 갖는 모든 속생각의 성장활동은 함께 가는 것이다. 몸과 마음은 하나이고 마음과 몸이 상호 연결 속에서 함께 성장한다.

특히 이러한 심신결합의 성장을 가장 올바르게 잘 키우는 것이 자연이다. 자연은 곧 한울님이기 때문이다. 자연을 대하는 아이들의 의식 속에는 시각적, 청각적, 직관적 영상이 인식된다. 어린이는 자연 속에서 자연과 자신을 일치시킨다. 이 때 어린이는 참생활과 참 지혜를 배우며 그러는 중에 몸과 마음이 자란다.

아동이 자연을 통해 심신이 커나갈 수 있는 것은 자연과 하나가 되는 전일성의 체험에 잇다. 새가 노래하면 어린이도 노래하고 모든 존재가 나와 일체가 될 때에 환희와 흥미가 깊은 맘속으로부터 온몸 머리 끝까지 솟아 나와 흐른다. 그 하나된 전일성의 경험에서 기쁨과 흥미가 땀으로 배어 나오면서 참생활과 참 지혜를 얻게 되고 심신이 자란다는 것이다.

자연으로부터 커 나온 사람이라야 심신이 완전한 사람이 될 수 있다. 그러한 사람이라야 빈한한 사람, 부한 사람, 귀한 사람, 천한 사람을 차별하지 않고 사람이면 다 같은 사람으로 존경하고 사랑하며 새, 짐승, 풀, 나무들이라도 다 같이 사랑하여 같은 세상에서 즐겁고, 기쁘게 살 수 있음이다.

아동의 정신성장과 예술교육

방정환은 전통적 윤리의 억압과 일본 식민교육을 반대하여 윤리와 수신과목을 모두 지양하고 '동화'와 '동요' 그리고 '그림'을 통한 예술교육을 제시하였다. 앞에서 말한 바와 같이 방정환은 인내천의 영원한 천사가 되게 하기 위해 예술을 만들고 예술의 교육을 하겠다고 선언했다. 자연교육이 자연과 일체되는 경험에서 한울님의 성장을 지향하듯이 예술교육 또한 한울님의 경험을 직관적으로 경험하고 표현한다.

특히 아동예술 가운데 〈동화〉는 정신생활의 중요한 일부이고 긴요한 식물이다. 현대의 아동에게는 그 인간적 생활의 요소로 동화가 요구된다. 〈동화〉는 결코 교훈만이 목적은 아니다. 아동 자신이 동화를 구하는 것은 지식을 얻거나 수양을 구하기 위함이 아니라 본능적인 자연의 욕구이다. 영아가 모유를 원하는 것과 같이 아동은 동화를 원한다. 모유가 영아의 생명을 기르는 유일한 먹이인 것과 똑같이 동화는 아동에게 가장 귀중한 정신적인 먹이인 것이다. 인간은 누구나 한울님과 같은 영원한 아동성을 아동의 세계에서 보전해 가고 또 나아가 세련시켜 가지 않으면 안 된다. 동화는 이러한 아동성을 잃지 않은 예술가가 다시 아동의 마음으로 돌아와서 감격과 이상을 독특한 표현방식을 빌어 독자에게 호소하는 것이다.

또한 방정환은 〈동요〉를 통해 아동의 세계를 키워나가고자 한다. 어린이는 모두 시인이다. 시와 음악이 담긴 동요에는 진실과 세계가 담겨 있다. 아이들이 이러한 고운 노래를 기꺼운 마음으로 소리 높여 부를 때 그들의 고운 넋이 아름답게 자라난다. 이 시기에 만들어졌던 동요는 오늘날도 초등학교 교과서에 실리고 있다. 아동은 자신의 세계를 형성하고 질서지으며 옳음을 선택하고 스스로 확신해 나간다. 노래에 스며진 어린이의 생각, 어린이의 살림, 어린이의 넋을 볼 수 있다.

또한 어린이는 그림을 좋아한다. 그리고 또 그리기를 좋아한다. 아이들은 그림을 통해 조금의 기교가 없는 순진한 예술을 낳는다. 아이들이 한 포기 풀을 그릴 때, 어린 예술가는 연필을 잡고 거리낌 없이 쭉쭉 풀포기를 그린다. 그러나 그 한번에 쭉 내리 그은 그 줄이 얼마나 복잡하고 묘하게 자상한 설명을 주는지 모른다고 방정환은 말한다.

여기에는 한울님을 표현하고 진리를 경험하게 하는 내면의 힘이 숨겨져 있다. 방정환이 강조한 동화·동요 그림과 같은 아동예술은 자연과 마찬가지로 아이들의 인간내면을 형성하고 감정이입력을 확대시켜 줌으로써 타인과 나의 동일감을 확대시키고 진리를 체험하는 통로가 된다.

조선혼의 교육

방정환이 소년운동에 착수한 것은 지상천국의 건설자로서 조선과 세계를 위해 자신의 일을 찾아가도록 하기 위함이었다. 이를 위해 조선공부는 밥과 같은 것으로 조선아동으로 하여금 조선 혼을 자라게 하는 것이었다. 조선공부는 곧 자기 정신적 성장이요 방향이다.

이에 그는 잡지 「어린이」, 동요와 전설에서부터 지리와 역사, 언어, 자랑거리, 발명품 등 전체를 망라하여 조선을 알려주고 조선을 깨닫게 하여 그들이 조선인을 위해 살아갈 수 있도록 하였다. 어린이에게 있어 조선공부란 조선을 공부하여 조선을 보다 발전적으로 변화시키는 것인데 이는 곧 자신의 삶을 보다 크게 만들고 참된 인물로 만드는 것이 된다.

조선인이 조선어로 하나를 배우면 열을 알고 그 언어에는 쏴하는 바람소리와 끼룩하는 학의 울음 등 조선의 정서와 사유가 놀아들어 있다. 그리고 조선민족으로 산다는 것은 조선사회의 연대책임을 진다는 것이다.

여기에는 전통의 억압적 윤리교육과 일제의 식민교육 양자를 모두 부인하고 조선독립의 일꾼으로 키워야 한다는 교육적 전망이 들어 있다. 그리고 이는 조선만을 관계짓는 것이 아니라 세계일가적 전망 아래서 어린이의 역사의식을 고취하는 것이었다.

조선공부는 궁극적으로 민족의 이상과 맞닿게 되고 인류로 나가는 하나의 신념으로 포착되게 된다. 이 신념은 한 인간의 삶을 형성하는데 준거가 되고 힘이 된다. 그리고 그 신념은 인내천으로 모아진다. 조기간은 어린이들에게 "여러분이 만일에 생명이 있고 보람이 있는 길을 끝까지 잘 가려거든 제각기 제 스스로 속에서 전 인류의 위대한 전 우주의 힘을 찾아내는 그러한 주의요, 그러한 사상인〈사람이 곧 한울〉이라는 그 줄을 붙잡기를 무엇보다도 더 간절히 빈다"(『어쩌면 좋을까』, 조기간, 1928)고 하였다.

(3) 존 듀이(John Dewey)와의 비교

자아의 문제

방정환에게 있어 자아란 한울님을 표현하고 한울님을 성장시키는 가운데 얻어지는 산물이다. 인간의 본래적 존재는 한울아로서 지칭되는 것이고 개체아를 끊임없이 한울아에 일치시켜 자기중심성을 초월해야 한다. 듀이에게 있어 자아라는 것 역시 이미 만들어져 있는 것이 아니라 행동의 선택에 의하여 끊임없이 형성되는 것이다. 한 사물에 대하여 능동적으로 표시하는 관심의 종류와 양이 곧 그 사람이 자아의 질을 나타내며 그것을 가늠하는 척도가 된다(『민주주의와 교육』, 존 듀이, 1987).

그리고 듀이에게 있어 무사심(Unselfshness)으로서 이기심이 없다는 것은 무자아 즉, 자기가 없는 상태를 가리키는 것이 아니다. 이는 생기와 인격이 없는 상태가 되기 때문이다. 듀이식 무사심이란 너그러운 마음을 가지고 그 활동 범위 속에 들어 있는 모든 관계들을 자기 자신과 동일시한다는 것, 그리고 자아가 그 자신의 과거의 아이디어를 재조정하고 확장하여 거기서 새롭게 드러나는 결과들을 받아들인다는 것으로 정의된다.

자아가 자신과 거리가 먼 또는 무관한 고려 사항들과 담을 쌓고 그것들을 몰아내는 것은 무사심과 반대가 된다. 따라서 듀이에게 있어 모든 행동은 잠재적인 도덕적 행동이다. 왜냐하면 행동 하나하나가 모두 습관의 원리에 의하여 성향에 수정을 가하기 때문이다.

심신의 성장과 자연

방정환은 어린이의 어림은 "크게 자라날 어림이요, 새로운 큰 것을 지어낼 어림"이라고 말한다. 어른보다 더 새로운 세상을 지어낼 새 밑천을 가졌을망정 결단코 어른들의 주머니 속 물건만 될 까닭이 없다는 것이다.

듀이는 일찍이 '성장의 으뜸가는 조건은 미성숙'이라 하였다. 그러나 방정환이 의미하는 성장의 어림과 듀이가 말하는 미성숙의 성장은 그 놓여지는 맥락이 다르다. 방정환의 어림은 한울님 자체로서 마음대로 움직이는 기쁨과 자연과의 일체감 속에서 형성되는 성장을 의미한다.

방정환에 있어서 자연은 인간과 같은 한울님의 존재이다. 원래 동학에서 인간과 자연의 차이는 자연은 인식하지 못하지만 인간은 자신이 한울님이라는 것을 안다는 데 있다. 따라서 그의 자연은 듀이처럼 교변작용을 통해 개조되는 정복과 수단적 대상이 아니라 함께 한울님의 전일성을 공유하는 한 몸이다. 방정환은 아동이 자연과 일체감을 갖을 때 한울님의 성장, 즉 심신의 성장이 일어나는 것으로 묘사했다.

한편 듀이의 미성숙은 자연과 사회환경으로부터 새로운 습관을 형성하고 효율적 행동을 정착시켜 자연과 사회를 능동적으로 통제하는 성장을 의미한다. 듀이에게 있어 습관은 성장의 표현이다. 능동적 습관에는 새로운 목적에 능력을 적용하는 사고, 창의성, 자발성 등이 수반된다.

그리고 듀이에게 있어 성장이란 유기체의 행동이 주위환경과 균형을 취하거나, 새로운 조건에 맞추어 활동을 재조정하는 능동적 능력의 형태를 취함에 따라 이루어지는 것이다. 그러나 방정환과 듀이 모두 심신일원의 성장을 말하고 있다. 방정환은 아동이 마음대로 움직일 수 있는 기쁨과 자연과의 일체에서 심신이 자란다고 했고 듀이는 "신체 근육을 단련함으로써 마음을 발달시킨다"는 입장을 지지하고 있다.

또한 듀이는 사고가 경험에서 오고 그것이 다시 행동에 영향을 주는 심신일원을 말한다. 물론 방정환에게 있어서는 듀이와 같이 경험과 사고의 관계가 방대하게 설명되는 것은 아니지만 경험에서 지식이 따라져 나옴과 그 축적을 언급하고 있다.

그러나 방정환은 단서를 단다. 경험과 지식이 무익한 것은 아니지만 그것만이 늘어간다는 것은 결코 아름다운 인생으로서 자랑할 만한 것은 못 된다는 것이다. 경험과 지식이 느는 동안에 형편으로 그 순결한, 그 깨끗한 감정이 소멸되었다 하면 그 사람은 냉랭하고 마른 지식의 소유자일망정 인생으로서는 역시 퇴락한 자이다. 따라서 그는 아동의 세계와 같은 마음의 순결을 강조했다. 참고로 당시 같이 활동했던 천도교 백중빈은 다음과 같이 말한다.

사람의 본능이 맨 처음엔 오직 자기보존 본능과 본능만으로 자연계와 기화를 시작하였지만 거기서 어떤 경험을 얻고 그 경험을 반복하는 데서 경험은 다시 본능이 되고 본능은 또다시 경험을 낳으며 일면 사람성은 여러 가지 경험을 통일하는 작용을 가지고 자기의 여러 가지 경험을 통일하는 동시에 타인의 경험가지 모방하여 통일하며 사람성 자연을 시간적 공간적으로 성장시킨다.

사람의 본능이 자연계와 기화를 시작하여 경험을 얻고 그 경험을 반복하는 데서 경험은 다시 본능이 되고 본능은 또다시 경험을 낳는 가운데 여러 가지 경험을 통일한다. 그리고 동시에 타인의 경험까지 통일하여 사람성 자연을 시간적 공간적으로 성장시킨다는 위의 말은 듀이와 상통하는 맥락이 있다.

종교 · 예술교육

방정환에게 있어 아동은 한울님 자체이다. 그의 종교교육은 아동 모두가 자신의 한울님을 자연과 예술 속에서 보존해 가는 것에 목적을 둔다. 동화나 그림, 동요와 같은 아동예술을 통해 한울님과 같은 영원한 아동성이 아동의 마음 속에 호소되고 표현되는 것이다. 자연은 심신의 성장을 가져오고 예술경험은 특히 정신적 성장을 가져온다. 그리고 생활과 결합된 실제경험 모두가 자신의 한울님을 성장시키고 변화를 가한다.

한편 듀이는 근대 이전의 초자연적 '종교'와 구분하여 인간경험의 변호를 가져오는 것으로서 '종교적'이라는 말을 사용한다. 경험의 종교적 특성은 생활 속에서의 보다 나은 판단과 조건이 생산되는 효율성에 있다. 종교적 경험을 만드는 것은 자아와 세계 우주, 양자의 관련 속에서 경험결과를 포함시키는 것이고 모든 자연적 행동은 종교적 특성을 포함하며, 종교는 인간이 살아온 모든 사회적 문화 조건과 관련된다. 천문학, 지리학, 생물학, 인류학, 심리학, 문학비평 등의 커다란 진보는 종교가 우주적 · 역사적 그리고 신학적 믿음을 버려 온 결과로 이루어졌다.

그러므로 진리에 다가서는 확실한 길은 관찰, 실험, 기록 그리고 통제된 반여에 있다. 듀이는 그의 저서 『공동신앙(Common Faith)』에서도 주장했듯이 공동신앙이란 과학적인 세계관, 생활원리에 일치하는 인도주의적 종교라고 규정했다. 박봉목도 듀이의 종교적 경험은 생활에 대한 사회적, 지적 가치의 인식이라 말한다. 듀이의 종교는 교리나 의식이 아니고, 세계에 대한 해석, 사회적 · 도덕적 생활의 반영이다.

따라서 그의 종교적 경험은 현대의 민주주의나 과학과도 일치한다. 그러므로 과학적, 사회적 지성에 의하여 개인의 전인격을 통일하는 것이 그의 종교적 교육이다(임한영, 1968:166).

듀이에게 있어 인간의 모든 행동은 이미 무한한 뜻을 가지고 있다. 사건의 체계 중에 인간의 노력으로 개변할 수 있는 작은 부분은 세계의 나머지 부분과 연속하고 있다. 이렇게 무한과의 연결을 포괄하는 의식이 곧 듀이에게 있어 '이상(Ideal)'이라는 것이다. 이상의 의식은 이지적으로 언표될 수 없지만, 그것을 기꺼이 생각하고자하는 사람들은 이상을 정서적으로 감상할 수 있다.

이러한 감상과 암시를 일깨우고, 그것을 높이고 굳게 해서, 마침내 우리의 생활조직에까지 작용하도록 하는 것, 이것이 바로 듀이에게 있어 예술과 종교의 임무이다(존 듀이, 1988:289-301).

듀이에게 있어 신이란 행동과 욕구를 불러일으키는 모든 목적과 이상의 통합으로 표현된다. 이상의 힘은 초자연적인 힘을 필요로 하지 않는 행동에로 자극한다. 신은 이상과 실제 사이의 행동적 관련에서 말해질 수 있고 더 나아가 이상과 실제의 일치를 뜻하며, 사고와 행동 속에서 작용하는 일관된 통일을 뜻한다.

그러므로 듀이의 종교적 경험은 세 가지로 특징지을 수 있다. 첫째, 실제 경험에서 일어나는 자연주의 입장, 둘째, 사회적·역사적 문화에 의해 조건지어지는 공동성, 셋째, 이상에 대한 감상과 결부된 지속적인 통일성에 특징을 둘 수 있다.

또한 듀이의 예술 경험 역시 종교적 경험과 마찬가지로 인간의 일상 경험과 자연에 기초한다. 인간 경험의 역사는 예술 발달의 역사이고, 과학의 진보이기도 하다. 종교적이고 제례적이며 시적인 예술 속에서 출현한 과학의 역사 역시 예술과 분리될 수 없다. 만약 예술이 어떤 행동이나 그 결과와 관련이 없다면 그것은 물리적이고 사회적인 대상과도 관련이 없게 된다(John Dewey, 1988:290-291).

경험은 인간 자신의 감각 내에 은둔하는 것이 아니라 외부 대상과의 활발한 교섭을 한다. 그러므로 모든 경험은 유기체의 완성과 세상 내에서의 성취이기 때문에 본질적으로 예술이다. 흔히 일상생활과 예술창작의 즐거움 사이에는 어떤 대립이 있을 것이라는 견해를 갖는데, 심미적 경험의 적은 실제적 혹은 지적 경험이 아니라 관습과 지적 절차에 항복하는 지루한 경험들이다. 엄격한 절제, 강요된 복종, 긴장감, 산만함, 비일관성, 목적 없는 탐닉 등은 경험의 통일성, 즉 예술과 반대가 된다.

듀이에게 있어 예술적 특성이란 경험이 완전함과 감정적인 것으로서의 통일성을 지향하여 발전해 가는 것에 있다. 그러므로 예술에 의해서 경험의 본질과 의미가 표현된다.

아동의 사회화 교육과 사회창조

방정환에게 있어 사회화 교육은 자가 교습의 실제 교육과 같이 실사회와 유리되지 않고 자신이 몸 담겨져 있는 민족과 사회에 대한 조선혼 공부가 강조되고 있다. 어린이에게 있어 조선공부란 조선을 공부하여 조선을 보다 발전적으로 변화시키는 것인데 이는 곧 자신의 삶을 보다 크게 만들고 참된 인물로 만드는 것이었다.

다시 말해서 아동의 성장은 곧 새 세상의 창조로 이어지는 것인데 아동이 갖는 한울님의 진실성에서 조선의 현실을 인식하고 기존 사회를 벗어나 새로운 조선을 위한 주체적 행동을 기대하는 것이었다. 그리고 한울님 자체는 사회와 자연, 세계가 모두 포함된 전일체의 개념을 전제한다.

듀이에게 있어 개인 역시 사회와 분리되지 않는다. 정보와 전문적인 지적 기능의 습득은 아동의 사회적 성향을 형성하는 것이고, 의사소통은 경험의 공동소유를 가져오며 동시에 쌍방에 수정을 가한다.

듀이에게 있어 사회의 진보는 아동의 경험에 의한 습관이 단순히 반복되는 것이 아니라 더 좋은 습관이 형성되어 보다 더 좋은 사회가 되도록 하는 데 있다. 그러므로 교육은 사회적 의식을 공유하게 되는 과정을 조정하는 일이며, 이 사회적 의식을 기초로 하여 개인의 활동을 조절하는 것이야말로 유일하게 확실한 사회재건의 방법이 된다.

듀이가 지향하는 이상적 사회는 민주주의 사회로서 공동 관심의 범위가 확장되고 개인의 다양한 능력들이 충분히 발휘되는 것에 있다. 그리고 이는 생산양식의 발달과 과학의 힘으로 자연에너지를 정복한 결과로서 나타난 상업, 교통, 이주, 통신의 발달로 가능하다. 사회 진보는 결국 과학에 의존한다.

이렇게 볼 때 방정환이 지향하는 이상적 사회는 지상천국으로서 개인과 사회 모두가 한울의 전일성으로 개벽되어 가는 것에 목적이 있다면, 듀이가 지향하는 것은 개인과 사회의 공동 경험이 과학적 방법에 의해 무한히 갱신·확장되는 자유민주주의 사회에 있다.

6) 외솔 최현배(1894~1970)

(1) 생애

최현배는 1894년 10월 19일 경남 상면 동리에서 아버지 최병수와 어머니 박순화의 사이에서 그 맏아들로 태어났다. 외솔은 그의 아호이다. 그는 선천적으로 퍽 약하게 태어났다. 외솔이 7세 되던 해 아버지가 돌아가시매, 그가 홀어머니 슬하에서 서당을 다니며 한학을 공부한 것은

6세부터 14세까지의 일이었다. 그 후 그는 신식학교인 일신학교에 입학하여 1910년 3월, 17세 되던 해에 학교를 졸업하였다.

이어서 그는 어머니의 허락을 얻어 서울 유학의 길에 올라 한성 고등보통학교(현 경기중고등학교 전신)에 입학하였다. 외솔은 그가 한성고보에서 수학하던 시절을 회상하면서 "서울로 올라와서 '산성고등보통학교'에 다니는 동안에는, 나라를 잃어 버리고, 한없는 울분을 안고서 사사로 주시경 스승을 좇아 국어 공부하며, 신채호의 「충무공전」을 열심히 읽었다"라고 말하였다(홍이섭, 1971). 이 때 외솔은 국어와 국사의 정신적인 기틀을 잡게 되었다.

이미 한말에 싹트기 시작한 민족의 자각의식은 나라를 빼앗긴 일제하에서도 계속되었는데, 당시의 지식층들의 민족의 독립을 위한 사상적 근거를 국어의 연구에 두었다. 이는 민족주체에 대한 의식을 잃지 않아야겠다는 생각에서이다. 그렇기 때문에, 박은식은 우리의 민족혼이 일본과 조화될 수 없다는 것을, 신채호는 민족 고유문화에 절대적 가치를, 최남선은 조선주의 혹은 조선정신이라는 신앙을 찾아보려고 하였던 것이다.

바로 이 때 외솔은 단제의 저작을 접함으로써, 이와 같은 민족주의사가들의 민족의식을 학습했던 것이다. 특히 『나라 건지는 교육』에서 외솔은 "나는 당시 경성고등보통학교의 학생으로, 박동의 조선어강습원에 나가서 일요일마다 스승의 가르침을 받았다"고 말하고는 이어서 "스승의 입으로부터 나오는 것은 우리나라의 지리와 국어에 대한 뜨거운 강설이었다. 지리, 역사, 국어 이 어느 것이 나라를 사랑하고 겨레를 사랑하는 가르침거리 아닌 게 있는가. 그는 겨우 쉴 수 있는 하루의 일요일을 온전히 이 국어교육에 바치었다. 그때 배우는 사람들이 청강료를 내지 아니하였으니, 스승의 수고가 순전히 겨레를 사랑하고 겨레의 문화, 겨레의 말과 글을 사랑함에 있었음은 물론이다. 스승은 젊은이들에게 국어, 국문을 가르치기에 최대의 즐거움을 느끼셨던 것이다. 슬픔이 나라에 있고, 근심은 겨레에 있고, 정성은 배달말의 연구에 있고 즐거움은 오직 청년의 교육에 있었다. 스승의 한글에 열렬한 사랑의 마음과 국어에 대한 알뜰한 두호의 정신은 수 백 명의 제자들에게 깊이 새겨졌다"고 당시를 회상하고 있다.

1915년 외솔이 22세 되던 봄에 그는 일본 광도고등사범학교 문과에 한국 학생으로는 처음 입학하였다. 그 때 일본문학, 한문, 교육학 3과목 중에서 한문을 전공하고 강권을 받았으나, 이를 거절하고 교육학을 전공의 분야로 삼았는지에 대하여 외솔은 나는 왜정 밑의 우리 사회의 무기력과 침체를 타게 하여 겨레 갱생의 기틀을 짓고자 하는 생각에서, 처음에는 사회학에 뜻을 돌리어 페스탈로치의 생애와 사상을 연구하여 「페스탈로치의 교육학」을 하나 차리어 보고자 하여 대학(일본 경도제국대학) 졸업논문으로서 여기 뒤친 논문을 썼던 것이다(최현배, 1963).

그 뒤 학문의 방향을 바꾼 까닭에 배달의 페스탈로치의 생애와 사상에서 받은바 영향이 "그의 생애에 있어, 한 가지 등불이 되었다"라고 말하였다.

외솔이 27세(1920)년 때 경남 사립 동래 고등보통학교 교원으로 만 2년간 교사 생활을 하였다. 그러나 세상을 바로잡고, 나라 광복에 큰 뜻을 품은 외솔은 교원생활에 만족하지 않고 다시 일본으로 건너가 경도제국대학을 마치고 이어서 동대원에서 연구를 계속하였다. 그 동안 그는 나라 천리대학 조선어학과에 교수로 있었다. 외솔은 바로 여기서 「조선민족 갱생의 도」(1926)라는 논문을 썼다.

1926년 일본에서 귀국 후 연희전문학교에서 교편을 잡았다. 외솔이 굳이 사립학교인 연희전문학교의 교수생활을 택한 것은 전통적 근거지가 바로 사학이 되었기 때문이라 보아 틀림없을 것이다. 이 때 외솔은 독일의 피히테가 쓴 「독일국민에게 고한다」의 책자에서 크게 영향을 받았다. 이에 그는 「조선 갱생의 도」를 '동아일보'에 66회에 걸쳐 연재하여 우리 동포를 감복케 하여, 겨레의 생기를 진작시키고 갱생의 희망을 품게 하였다.

외솔은 그가 연희전문학교에서 교편을 잡는 동안 주로 철학개론, 서

양철학사, 논리학, 심리학, 윤리학, 조선어를 강의하는 한편, 틈틈이 동래에서 초를 잡은 『우리말본』을 집필 완성하였다. 이 때 조선어를 제외한 모든 교과서는 대개 일본책을 사용하였지만, 강의를 할 때, 그는 결코 일본어는 사용치 않고 우리말로 설명하였다. 학과 시간은 물론이요, 특히 날마다 예배시간을 통하여 배달 말과 배달 정신을 젊은 마음에 심어 애국동지 기르기에 온 정력을 바치었다. 그러다가 외솔이 연희전문학교에서 갈치기 13년 째 되는 1938년 여름에 「흥업구락부사건」으로 일제의 고문을 받고 학교에서 쫓겨나게 되었다.

이 동안에 외솔은 『한글갈』을 서술하였다. 그 후 1942년 10월 1일에는 이른바 '조선어학회사건'으로 일본경찰에 검거되어 3년 동안 함흥 감옥에서 옥살이를 하고서 해방을 맞았다. 1945년 9월 미 군정하에서, 해방된 조국의 국어교육과 국민교육의 올바른 터전을 위해 힘쓰는 한편, 두 차례에 걸쳐 문교부편수국장을 지내며, 교과서 편찬에 심혈을 기울였다.

이로부터 임종시까지는 연세대학교 교수, 문과대학장, 부총장으로 있으면서 서울대, 이화여대, 부산대, 동아대에서 강의를 하는 등 후진교육에 크게 공헌하였다. 또 한편으로는 한글학회 이사장직에 세 번 피선되었고, 학술회 종신회원, 한글전용 촉진회위원장, 이사 등의 직책을 역임했으며 연세대학교에서는 명예문학박사 학위를 받고, 국가로부터는 건국공로훈장 및 5·16 민족상과 그가 1970년 3월 23일 77세로 세상을 떠난 뒤에는 국민훈장 무궁화장이 추서되었다. 이와 같이 외솔은 교육자로서 언제나 나라와 겨레를 걱정하였고 민족교육의 선구자적인 역할을 하였다.

(2) 교육사상

외솔은 선각적인 민족교육자이자 한글학자이다. 그런데 그의 한글 연구는 그가 주로 교육구국투쟁에 뜻을 두면서부터 펼쳐왔던 교육사상이 그 의식적 추진력으로 작용한 데서 비롯된 것이다. 그의 사상은 신교육론과 민족교육론으로 나눌 수 있겠는데, 외솔이 재세하던 1894년부터 1970년에 이르는 시기는 우리 민족사상이 실로 민족의 수난이 중첩되어 왔던 때이다.

특히 그가 수학하던 시기는 조국이 일제에게 국권을 박탈당하고 여러 가지 형태로 독립투쟁을 전개하던 때다. 이에 그는 우선 조국의 운명을 몸소 체험으로 실감하였다. 그러다가 한성고등보통학교에 다니던 중에, 그의 일생을 가름해 준 주시경 스승과 사제의 인연을 맺은 것(1910~1914)과 신채호의 저서를 통해서 박은식, 신채호, 정인보로 그 맥락이 이어지는 이른바 민족주의 사가들의 민족의식에 접하게 된 것은 의식면에 있어서 그의 일생을 좌우하는 중요한 계기가 되었다. 따라서 뒤에 그가 한글 연구에 투신한 것이나 그의 교육사상을 일관해서 꿰뚫고 있는 조선중심사상은 모두 이로부터 그 의식이 싹텄던 것이라 보아야 할 것이다.

또한 그의 사상이 성숙되어 가는 과정에서 그의 사학이 그 주류를 이루면서 전개되었던 당시의 구국교육투쟁이 그에게 크게 영향을 주었던 것이다. 다음엔 그가 경도제국대학에서 교육학을 전공하던 중 「페스탈로치의 교육사상」을 그의 졸업논문으로 썼다는 점이다. 이로부터 페스탈로치의 교육사상이 외솔의 사상에 커다란 영향을 주었을 뿐만 아니라, 그의 영향을 많이 받은 이로 독일의 구국교육에 앞장섰던 피히테의 영향 또한 직접 또는 간접으로 외솔의 사상형성에 영향을 주었던 것이다.

(3) 신교육론

당시의 구국교육투쟁의 방향이 대부분 그러했듯이 외솔도 민족을 갱생함에 있어서 독립과 개화를 주된 문제의식으로 삼았다. 조선중심사상을 주장함으로써 독립을, 우리가 망국의 설움을 당하게 된 원인을 찾기 위하여 민족의 질병을 진단해 내고 그 치료처방을 제시하고 새 시대에 적응할 수 있는 창의적 인간을 기르는 것으로써 개화를 추구하였던 것이다.

여기서 외솔은 「신교육」이라는 말을 "우리 민족의 갱생에 필요한 교육을 신교육이라 부르고자 하오니 이는 이 이름으로써 저 우리를 쇄망에 이끌던 구 교육에 대립시키고자 함이다"(최현배, 1962) 하고, 또 "요컨대, 신교육은 피교육자를 사람답게 만들기에 그 근본 의의가 있는 것이다"고 했다. 다시 그는 「신교육의 정신」을 이렇게 말하고 있다.

"완전한 사람다움! 이것이 인류의 모든 바른 노력이 최고 목적이라고도 볼 수가 있는 것이다. 신교육은 사람을 사람답게 만들기 위하여 그 모든 천부의 성능을 자유로 충분히 발달하게 되며, 자기의 살음을 붙인 민족, 사회를 위하여 노력하겠다는 강렬한 의지를 고취하며, 다시 나아가 세계 전 인류의 합리적 생활과 공존공영을 위해서 활동하겠다는 넓은 국량을 기르며, 자기의 인격이라는 것에 절대의 존엄을 지키어서 아무 다른 것 때문에 그 인격을 수단화하며, 그 인격을 존엄을 헐바리지 아니하게 하여야 한다"고 하며, 다시 신교육의 근본적 정신 몇 가지를 열거하고 있는데, 여기에는 인간본위와 조선본위, 그리고 아동중심주의 교육사상이 구체적으로 표현되고 있다.

물론 신교육정신의 배후에 페스탈로치의 사상이 반영되어 있음은 흥미로운 일이다.

① 신교육은 교육자나 피교육자 두 쪽이 다 조선인인 것을 깊이 자각하여야 한다.

② 신교육은 아동으로 하여금, 조선을 이해하는 지가 투철하게 하며, 조선을 사랑하는 정이 열렬하게 하며, 조선을 위하여 헌신적 활동을 하겠다는 호불발의 의지를 함양함으로써, 그 근본적 정신을 삼을 것이다.

③ 신교육은 피교육자로 하여금 자기 개인의 생명이 모같이 경함을 깨닫게 하는 동시에, 자기 일개의 생명이 우주와 더불어 무한대, 무한중함을 깨닫게 하는 것이 신교육의 신비한 양면적 작용이다.

④ 신교육은 아동의 천성을 자유로 발휘케 하여, 경건한 신체와 쾌활

한 심정과 용감한 기상을 가지게 하여야 한다.

⑤ 신교육은 아동을 본위로 한 교육이니, 아도의 자발적 활동이 항상 교육적 무대에서 중요한 구실을 하여야 할 것이다. 그리하여 아동의 장래발전이란 것이 항상 고려의 중심점이 되어야 할 것이다.

⑥ 신교육은 인격의 독립성을 고창하여, 노동의 의무심을 강조하여서 개개인의 정신적 독립과 경제적 자활을 도득하게 하여야 한다.

⑦ 신교육은 노동을 친하며 산업을 사랑하는 기풍을 양성하여야 한다.

⑧ 신교육은 세계의 일반적 평화를 유지하며, 인류의 공통적 복지를 증진하게 함으로써 그 최후의 요의를 삼아야 할 것이다.

⑨ 신교육은 피교육자로 하여금 진리에 대한 열렬한 사랑을 가지게 하며, 선에 대한 순수한 쾌감을 느끼게 하여 샘솟는 듯한 그림과 불타는듯한 사랑으로 평생 여일히 진리를 탐구하며, 선을 행하기에 노력하여 마지 아니하도록 하여야 한다.

위에서 신교육의 정신으로 외솔이 제기 ④항에서 ⑨항까지는 페스탈로치의 교육사상과 일치한다. ④항은 페스탈로치가 인간성 또는 인간정신의 근본력으로서 지능, 심정, 기능의 힘을 생각한 것이다. 페스탈로치의 교육의 주목적은 아동의 이 세 개의 힘을 조화적으로 발전시키는데 있다. ⑤항은 페스탈로치가 말한 아동의 자유, 자발성, 발전의 원리를, ⑥항과 ⑦항은 외솔의 교육사상에서 특히 두드러진 것으로, 이는 페스탈로치의 노작교육과 상통한다. 노작의 원리는 참된 교육을 통하여, 진실된 인간이 되고 진실한 생산을 한다는 것이다.

노작활동의 중요성은 듀이에 의해서도 강조되었다. 그리고 ⑧항과 ⑨항은 페스탈로치가 교육을 통해서 인류의 이상을 실현하고자 한 사상과 서로 통한다. 또한 외솔은 민족구성의 요건으로서, 정신적인 두 개의 지주, 흔히 외솔이 "국어학자로서 언어의 중요성을 말한 것은 당연한 것처럼 생각하기 쉬우나, 그러한 것이 아님은 길게 말할 나위도 없는 것이다. 그리고 오늘날의 우리의 교육에서 나라 말을 얼마나 소홀하게 다루고 있는가를 생각할 때에 그러한 외솔의 외침을 결코 가볍게 받아들여서는 아니될 것이다"(홍웅선, 1974)라고 하였다.

또 외솔은 "언어란 것은 정신적 산물이다. 민족의 정신생활은 그 특유의 언어를 낳고, 그 언어는 그 민족의 정신을 도야하며, 민족감을 공고히 결합하는 것이다"라고 하여 언어와 국민정신과의 밀접한 관계를 말하였다. 그것은 외솔이 학문의 방향을 국어학으로 전환하기 전에 한 말이었다. 한 겨레의 말에는 뜻과 마음이 담기어 있는 것으로, 그것은 그 민족의 풍토와 역사를 배경으로 하여 이루어진 것이다.

그런 뜻에서 일찍이 피히테는 "말은 사람이 만들었다느니 보다 오히려 사람이 말로 말미암아 만들어지는 수가 많다"고 하였고, 나폴레옹에게 짓밟힌 독일 국가의 존망이 위급하던 때에 "언어가 없어지지 않는 한, 국민정신은 사라지지 않는다"는 말로서 당시의 독일국민의 용기를 북돋아주었던 것이다. 외솔이 "빼앗긴 나라를 찾으려고 언어의 중요성을 강조한 것은 피히테의 생각과 통하는 것이다"라고 하였다.

결국 외솔이나 피히테는 모두 페스탈로치의 교육사상에서 크게 영향을 받은 터이고 보면, 이들의 교육관에 일치하는 바가 많음을 알 수 있다. 결론적으로 그의 교육을 크게 인간교육, 주체성교육, 노작교육으로 요약할 수 있다고 하겠다. 결국 인간중심교육과 조선중심교육으로 그의 교육정신을 집약할 수 있다는 것이다.

먼저 외솔의 조선중심교육사상은 당시 그 자신이 몸소 조국의 처지를 뼈저리게 체험하고, 그가 수학과정에서 한글학자인 주시경 스승이나, 또는 신채호와 같은 민족주의 사가의 영향을 크게 받은 데서 그 싹이 텄다고 할 것이다. 또한 이는 김정환이 지적하듯이 안창호 등의 교육구국정신을 이어 받은 것이라 하겠다.

특히 외솔의 조선중심교육은 그의 「조선민족 갱생의 도」에서 핵심적으로 다루어지는데, 이는 피히테가 1807년 프랑스군 점령하의 백림에서 「독일국민에게 고한다」는 제목으로 공개강연을 결행하여 독일의 교육재건을 부르짖은 그 정신과 일치된다. 결국 외솔이 이 저서를 낸 것은 피히테의 공개강연(1807) 뒤 꼭 119년의 일로, 피히테나 최현배가 모두 페스탈로치의 교육사상에 크게 영향을 받은 것을 고려한다면 결코 우연한 일만은 아닌 것이다(장원동, 1974).

또한 외솔이 의와 정을 지에 강조한 점은 도산이 덕을 제일가는 우위개념으로 내세운 것과도 통하는 바가 있다. 당시의 유행어인 '지·덕·체' 또는 '덕·지·체'의 순서를 바꾸어 도산은 반드시 '덕·체·지'라고 사용하였다. 곧 체육의 지위를 올려 지육의 위에 둔 것이며, 교육이라 하면 지육을 연상하는 지능만능적 사상을 타파하기 위하여 지를 최저위로 내린 것이다. 그리고 덕육을 제일 위로 생각한 것은 물론이다.

이와 같이 도산 안창호가 역할을 위하여 지·덕·체의 순서를 바꾸어, 덕·체·지의 순으로 세운 것과 같이 외솔도 「조선민족 갱생의 도」에서 의·정·지의 순으로 이를 체계화하였다. 더군다나 외솔에 있어서는 지는 단순한 기능적 지나 백과사전적 지가 아니라, 의식을 구성하는 인식을 그 전제로 한 지가 위주로 되어 있음은 그대로 간과할 수 없는 문제라 하겠다.

결국 그가 내세우는 교육이란 가치의 구현을 위한 과정적 방편으로서의 교육이며 가치의 인식을 위한 지적 탐구과정으로서의 교육이라 할 것이다. 지적 탐구를 통하여 가치를 바로 인식하고 이를 의식화하며, 이것이 정적인 자기 강화를 통하여 행동화하는 교육이라는 것이다. 그러니까 어떤 가치가 인식하고 의식화하여 행동하는 과정을 페스탈로치의 이지, 감정, 행동의 조화로운 발달이 교육이라는 교육론에 힘입어, 체계화한 것이라고 할 수 있다는 말이다.

특히 이는 교육이라 하면 으레 기능적인 지만을 연상하고 교육학이라 하면 이런 지를 가르치는 방법론만을 연상하게 하는 요즈음의 지능만능의 경박한 풍조에 대한 일대경종이라 아니할 수 없다. 결론적으로 그의 신교육론은 조선중심 사상이 일관성있게 그 핵심을 이루는 것으로 보아, 그의 민족교육론의 이론적 체계라고 보아야 할 것이다.

(4) 민족교육론

그의 민족교육론은 주로 그의 저서 「조선민족 갱생의 도」와 「나라사랑의 길」에서 다루어지고 있다. 전자가 나라를 잃고 겨레가 다시 살아날 길을 찾기 위해 쓰여진 겨레사랑론이라고 후자는 도로 찾은 나라의 무궁한 발전을 염원하는 뜻으로 쓰여진 나라사랑론이다.

그가 겨레를 어머니로, 나라를 아버지로 비유했듯이 겨레와 나라는 모두 나를 이루는 바탕이다. 겨레는 주체요 나라는 그 주체를 살리는 조직이기 때문이다. 이로써 보면 결국 그의 겨레사랑은 곧 나라살이요, 그의 나라사랑이 곧 겨레사랑이 되는 것이라 하겠다. 먼저 그는 민족을 일제의 쇠사슬에서 풀어내어 갱생시키기 위하여 쓰여진 「조선민족 갱생의 도」에서 우리가 망국의 설움을 당하게 된 원인을 찾기 위해 민족의 질병을 진단해 내고 아울러 민주적 건강회복의 처방을 제시하였다.

그런데 이는 어디까지나 우리의 민족정신에 입각하여 애정을 가지고 민족의 질병을 진단한 것이므로 이와 함께 우리 민족이 민족적 이상을 추구할 가능성이 역사적 사실로 설명해 줌으로써 민족의 나아갈 진도를 밝게 열어 주었다. 따라서 이는 이광수가 그의 「민족개조론」에서 이른바 단순히 민족의 단점을 나열하여 비관적인 민족의 전도를 시사함으로써, 자신도 모르는 사이에 일본의 우리나라에 대한 소위 보호를 합리화시키는 경향을 띤 것과는 뚜렷이 그 성격이 구별되는 것이라 하겠다.

그의 신교육론이 그러하듯이 그의 저서를 꿰뚫어 흐르는 정신은 조선중심 사상이다. 따라서 그는 민족의 생기를 진작시킴으로써 우리민족 모두가 확고한 신념을 갖도록 한 데 관하여 줄곧 강조하고 있다. 결국 이는 민족의 갱생도 나라의 흥융도 외적세계의 수동적 변화에 기대하는 것이 아니요, 차라리 외적세계의 변화에 대한 능동적 분투, 창조적 활동에 말미암은 것이라 굳게 믿는 까닭이다.

그리고 이러한 민족의 갱생도 나라의 흥융도 모두 교육을 통해서만 그 실현이 가능하다고 생각하고, 이에 그가 교육사상을 가다듬고 이를 실천에 옮기는 데 심혈을 기울였던 것이다. 그는 그의 저서 『나라 건지는 교육』에서 구체적으로 나라 사랑과 교육을 연결시켜 교육의 목적을 추구해 나가고 있는데, 여기서 그가 가장 강조하고 있는 교육은 도덕교육이다. 그러한 까닭은 한 국민의 도덕적 실행력이 그 나라의 흥망과 쇠망을 좌우하기 때문이라고 하였다.

그리고 외솔은 "교육은 단순한 지적인 천재를 기르는 것이 아니라, 정직하고 충실하며 부지런하고 건강한 국민을 기르는 데 그 목적을 두어야 한다"고 하였다. 또한 그는 이처럼 전체로서의 인간 교육을 생각하면서도 특히 느끼기에 더 무게를 두었다. 그런데 그는 이러한 교육조차도 겨레와 나라에 대한 사랑을 떠나서는 존재할 수 없다"고 하였다.

그는 「조선민족 갱생의 도」에서 "자기를 구하려거든 먼저 자기가 소속한 민족을 구하라, 세계를 구하려거든 청년은 모름지기 먼저 조선을 구하라, 조선을 구함으로 말미암아 세계에 진출하라"고 설파함으로써, 모든 삶의 이념과 가치의 실현이 겨레와 나라를 근본으로 삼고서야 비로소 가능하다는 것을 역설하였다.

결론적으로 그는 모든 교육의 으뜸이 되어야 할 것은 도덕교육이요, 겨레와 나라에 대한 신앙을 우리나라 사람의 도덕적 이상의 최고 정점이요, 최고 통일의 경지로 보았던 것이다. 그리하여 외솔은 교육의 정의를 첫째로 개인의 손발을 움직여서 정당한 방법으로써 의 · 식 · 주를 구득하는 길을 배우는 것이며, 둘째로 개인의 이익과 명예와 일치하는 것임을 깨닫기 위한 것이다.

그러나 그러한 개인 위주의 교육이 '얻으려는' 교육으로만 그친다면 그것은 진정한 의미에서 인생교육(인간교육)이 될 수 없는 것으로, 여기에 또한 '주려는' 교육이 따라야 할 것이다. 그것은 사랑의 사람, 섬김의 사람, 희생의 사람이 되게 하는 것이다.

그러므로 이러한 사랑의 교육은 그 시작은 학교교육에서 하지만, 그 완전한 달성은 각 개인이 종신토록 끊임없이 정진하는 자기교육으로만 가능할 것이다. 그것은 페스탈로치의 교육의 원리에서도 엿볼 수 있는 것으로 사람이 자연적인 상태에서 사회적은 상태를 거쳐 도덕적인 상태에 도달하려는 노력은 끝이 없는 것으로, 교육이란 영원한 자기갱신의 과정이며 인성은 그러한 자율성을 가진 것이다. 그러므로 부단한 자기갱신을 강조하는 외솔의 생각은 '오늘날 교육학에서 새로운 관심거리가 된 평생교육(long-life education)'을 미리 내다본 것이다.

7) 니일의 교육사항

(1) 생애

니일(A. S. Neil, 1883~1973)은 1883년 영국 스코틀랜드의 에든버리시 북방 동해안 지방인 포오파(Forfar)읍에서 광부 집안의 아들로 태어났다. 할아버지는 오랫동안 탄광에서 일하다가 니일이 철들 무렵 에든버러로 와서 생선가게를 차렸다. 니일은 할아버지를 퍽 두려워했다고 한다. 니일의 삼촌들은 모두 광부가 되었으나, 아버지는 몸이 약하고 공부도 잘 해 결국 교사가 되었다.

아버지는 누구와도 이야기를 잘 안 했고 술, 담배도 하지 않았으며 지극히 검약하는 사람이었다. 그러나, 아이들을 좋아하지 않아서 야단을 치거나 때리는 일도 있었다. 니일은 이런 아버지를 역시 무서워하였으며, 이는 후일 니일의 인간형성과 부모관에 대해 결정적인 영향을 준 것으로 보인다.

니일의 어머니는 학교에서 아버지와 함께 근무한 것이 인연이 되어 결혼하게 되었다. 니일의 외할아버지는 부두 노동자로 일하다가 사고로 익사하였으나, 외할머니가 어려운 형편 속에서도 외동딸인 어머니를 교육시켜 교사가 되게 하였다. 이러한 환경에서 자란 어머니는 결혼 후 집안이 사회적으로 높은 지위에 있는 것으로 보이기를 간절히 바랐고 체면이 강하여 자녀에게도 아주 엄격히 대했다.

니일은 많은 형제 자매와 함께 자랐는데 12명 중 4명은 니일이 어릴 때 죽고, 4남 4녀 가운데 3남으로 두 형은 후에 목사와 의사가 되었다. 5세 때부터 니일은 아버지와 함께 아버지가 근무하는 초등학교에 다니기 시작하였다. 그러나 두 형과는 달리 공부에 흥미가 없고 외우기를 잘하지 못하기 때문에 교장 겸 담임인 아버지로부터 다른 아이보다도 더 많이 매를 맞아야 했다.

두 형은 공부를 잘하여 아카데미(중등학교)를 다녔으나 니일은 공부를 못하여 이곳에 입학을 하지 못하였다. 열등생으로 공부로 출세할 가망성이 전혀 없는 니일에 대해 그의 아버지는 아주 못마땅해 했으며 그의 어머니 역시 그렇게 생각하였다. 14세에 초등학교를 졸업하고 가스계량기공장에 취직하여 소년 서기로 일했다. 그러나 7개월 만에 공장에서 일하는 것이 고된 것을 알고 그만두었다. 그 후, 아버지의 권유로 공무원시험을 준비하였으나, 역시 그의 주의력 부족으로 실패하였다.

결국 어머니의 권유로 아버지 밑에서 견습교사를 하게 된 니일은 4년 후 교원 검정시험에 합격하게 되어 정식교사의 길을 걷게 되었다. 그는 몇 군데 학교를 전임하면서 학교의 엄격한 교육 실태를 보고 교육이 아이들을 얼마나 해치는가를 절감하고 진정한 교육이 무엇인가를 모색하기 시작했다. 또한 자신의 학력부족을 절실히 느껴 열심히 공부한 결과 25세인 1908년 에든버러 대학에 입학하여 처음에는 농학을 나중에는 영문학을 카네기재단의 장학금을 받으면서 공부하였다.

대학을 졸업 후 다시 교사가 될 생각은 전혀 없어서 저널리즘에 종사해 보고자 출판사에 들어갔다. 그 후 출판사를 따라 런던으로 왔는데 도시생활은 그에게 다리의 정맥염과 고독만을 안겨주었다.

이 무렵 스코틀랜드의 그레트나 그린학교의 교장으로 초빙을 받고 부임하여 그동안 구상해 온 새로운 교육을 실천해 옮겼다. 이 무렵의 생활을 적은 것이 그의 처녀출판물 『교사의 수기』(A Dominie's Log)로, 이 책은 그를 일약 유명하게 만들었으며 그의 교육과 사상은 선각적인 사람들로부터 공명과 환영을 받았다. 그러나 일반 지역주민들로부터는 환영을 받지 못해 1년 만에 이곳도 물어나고 말았다.

제1차 세계대전이 치열하던 1917년 34세에 니일은 군대에 입대하였다. 이 군복무 기간에 호머 레인을 알게 되었고 레인이 경영하던 불량아들을 위한 교화시설인 'The Little Commonwealth'를 자주 찾아가 자유와 자치, 어린이 편이 되어주는 것이야말로 불량행위를 고치는 최선의 길이라는 그의 사상과 실제를 배우게 되었다.

1918년 전쟁이 끝난 후, 니일은 독일의 노이슈태너 박사 부처 등의 도움으로 1921년 독일 드레스덴의 교외 헬레라우에 국제학교를 설립하고 자신의 교육관을 실천하였다. 그러나 외국인에게 까다로운 독일 법률과 독일인의 사고방식을 바꾸기가 어려웠고 더욱이 얼마 후 작센 지방에 혁명이 일어나 학교를 오스트리아의 산꼭대기로 옮겼으나 은행이 파산하는 바람에 니일의 예금전액이 없어져 부득이 문을 닫아 아이들을 각국의 부모들에게 돌려보내고 영국의 어린이 5명 만을 데리고 영국으로 귀국하였다.

1924년 이 아이들로 영국의 도오세트(Dorset)의 라임 레지스(Lyme Regis)에다 집 한 채를 빌려 학교를 다시 시작하였다. 이 집은 언덕 위에 서 있어 썸머힐(Summerhill : 여름동산이란 뜻)이라 불리었다. 니일은 두 번 결혼하였는데 첫 부인은 1927년 노이슈태너 박사의 전부인으로 당시 이혼해 있던 릴(Lill)이었다.

릴은 독일의 국제학교 시절부터 보모로 일해 왔으며, 아이를 지도하는데 있어서나 학교운영에 있어서나 니일의 이상적인 협력자였다. 그러나 1940년에 제2차 세계대전으로 인해 북부 웨일즈의 황폐한 집으로 잠시 학교를 옮겼을 당시 이곳에서의 혹독한 생활로 인해 릴은 과로로 병을 얻어 세상을 떠났다.

그 후 니일은 역시 썸머힐에서 보모로 일해 온 간호원 출신인 이이나(Ena) 부인과 재혼하여 1945년 다시 리이스턴의 썸머힐로 돌아온 후 조우이라는 딸을 낳았다. 처음으로 자기 자신의 아이를 갖게 된 그는 그동안에 못했던 만 5세 이하의 어린이에 대한 교육도 실제 관찰을 토대로 생각할 수 있게 되었으며, 이로써 니일의 교육사상이 한층 폭넓고 충실하게 되었다.

그의 썸머힐학교는 경제난 등으로 폐쇄 직전의 위기에 처한 적도 있었으나 세계 각국의 후원자들의 도움으로 위기를 모면하기도 하였다. 후에는 1년에 약 2천명이나 되는 참관객들이 세계 각처로부터 몰려와 일종의 전시학교가 되었다.

니일은 세계 10여개 국어로 번역된 19권의 저서와 썸머힐학교라는 50여 년에 걸친 교육실험의 위대한 업적을 남기고 1973년 90세를 일기로 세상을 떠났다.

(2) 교육사상

① 아동관

니일의 아동관은 루소의 자연주의적 인간관과 같은 맥락에서, 인간은 선하게 태어난다는 믿음에 기초하여 사상을 전개하고 있다.

"어린이는 본래 선하게 태어났으며, 그의 자연스러운 발전을 해치지만 않는다면 결국 그가 좋은 인간이 되리라는 것을 확신하고 있어야만 한다."

니일의 이러한 견해는 막연한 두려움과 무서움을 이용하여 올바른 행동을 습득하게 하려는 사회의 방법에 대항하여, 선천적인 선함을 지닌 어린이를 어떻게 다루어야 하는가를 교육실천에 있어 문제로 삼고 있는 것이다. 어린이가 사회에 의하여 악하고 부정직하고 증어에 차 있지 않는다면 본성적으로 선하기 때문에 현명하고 현실적이며 무한한 발전 가능성을 지닌 존재로 자랄 수 있음을 강조하고 있다.

그러나 니일은 비록 어린이가 선한 본성을 지니고 있다 하더라도 그 이면에는 이기심이 도사리고 있다고 말한다. 이기심이란 주지 않는 태도를 의미하는 것으로 자아를 충족시키기 위해서는 필요한 과정으로 설명하고 있다. 어린이가 이기심을 자유롭게 발현하여서 내적 욕구를 충족했을 때, 이 이기심은 발전하여 다른 사람에 대해서 자연스러운 관심을 쏟고 배려하게 되는 이타심으로 발전하게 된다고 하였다.

"어린이에게 이기심을 억제토록 강요하지 않으면 이타주의는 후에 가서 자연히 생겨나게 된다. 억지로 이기심을 없애도록 강요한다면 이타주의는 결코 생겨나지 않을 것이다."

따라서 어린이가 본래의 이기심으로 자아를 충족할 수 없을 때, 외부에서 부과된 도덕규범으로 자신의 이기적인 성향을 억누르게 되므로 오히려 이기주의는 고착된다고 한다. 고착된 이기주의적 태도를 가진 어린아이에게 외부에서 강제된 도덕 가치나 도덕 규범을 주입하면 결국 사회의식이나 의무감을 지니지 못하는 어린이가 된다는 것이다.

니일은 또한 어린이는 본래 호기심이 많으며 성인의 간섭이 없이 스스로 탐구적 활동에 몰두할 수 있다고 보았다.

"어린이는 매우 공상적이고 창조적이며, 또한 놀이에 치중한다."

어린이에게 자연적인 창조력이 있는데 이 창조력을 가두어 놓으면 파괴로 변형된다고 하였다. 자연적 창조력은 자유로운 분위기라는 바탕 위에서 어린이가 각자의 관심분야에 따라 자신의 능력을 발휘할 수 있도록 하는 원동력이 되는 것이지만, 공부에 대한 강조 때문에 이것이 말살된다는 것이다.

이와 같은 니일의 아동관은 어른과는 다른 고유한 존재로서 어린이를 보는 것으로 어린이에 대한 이해의 틀이나 수준은 어른들과 달라야 한다는 것이다. 따라서 어른들은 어린이에게 주입하거나 강요해서는 안 된다.

또한 니일은 프로이드와 호머 레인, 리히치 등의 학자들로부터 영향을 받아 아동을 정신분석학의 입장에서 무의식적인 존재로 보았다. 그는 인간의 행위 배후에 무엇이 가로 놓여 있는가에 대한 원리를 탐구하면서 인간의 행동이 의식보다는 무의식에 의해 지배된다는 것을 발견하였다.

니일은 무의식을 본능에 해당되는 비인격적 무의식과 환경으로부터 획득한, 즉 부모나 교사 등에 의해 주어진 금지, 명령, 교훈 등이 내면화된 인격적 무의식으로 구분하고 이 인격적 무의식이 어린이의 자연적 욕구로서가 아니라 강요받을 때 갈등을 일으켜 문제 행동을 하게 하는 것으로 이해하였다. 이와 같은 무의식의 발견은 어린이의 문제행동을 이해하는 새로운 차원으로 아동을 선한 일이나 악한 일을 마음대로 할 수 있는 이성적인 존재로 간주했던 이전의 생각에 전환을 가져왔다.

니일은 어린이를 타고나는 선성에 근거하여 자기가 발전할 수 있는 최대한도에까지 발전할 수 있는 능동적인 존재로 보았으며, 어린이에게 잠재해 있는 능력을 실현시킬 수 있는 방법으로 '자유'의 개념을 도입하였다.

② 자유관

니일은 자유에 대한 철저한 신봉자로서 그의 모든 사상은 자유관에서 출발한 것이라고 볼 수 있다. 그는 자유를 정의하여 다음과 같이 말하고 있다(곽노의 외, 2000:307).

"자유란 남의 자유를 침해하지 않는 한에 있어서 하고 싶은 것을 할 수 있고, 또 하도록 내버려 두는 것"

그래서 자유를 개인적 자유와 사회적 자유의 둘로 나누고 모든 사람이 개인적인 자유를 누려야 하지만 남의 권리, 즉 다른 사람의 자유도 존중해야 하기 때문에 사회적 자유는 완전히 가지지 못하는 법이라고 주장하였다. 예를 들어, 싫어하는 어린이로 하여금 공부를 억지로 배우게 할 권리는 아무에게도 없는데, 그 이유는 학습은 개인적인 자유이기 때문이다.

그러나 만약 교실에서 어떤 어린이가 계속 떠들고 논다면 이런 어린이는 다른 사람의 공부하는 자유를 침해하기 때문에 내쫓아야 한다. 이러한 이유로 니일은 절대적인 자유같은 것은 존재하지 않는다고 하였다.

그러나 자칫 자유에 대하여 바르게 이해하지 못한다면 방종으로 흐르기 쉬우므로 구별하여 정의하였다. '방종은 남의 자유를 침해하는 것'이라고 규정하면서 자유가 지나치게 되면 방종이 된다고 하였다. 진정한 자유는 서로 주고받는 상호적인 것이어야 하며 자기통제(self-control)를 의미한다고 말했다. 자기통제란 다른 사람들의 일을 생각하는 능력, 다른 사람들의 권리를 존중하는 능력을 뜻하며, 반대로 방종은 다른 사람의 자유에 간섭하는 이로서 자유와 정반대되는 것이라고 구별 지었다.

또한 이러한 자유는 남의 자유를 방해하지 않는 한, 자기가 하고 싶은 대로 하는 외적인 자유인 행동의 자유뿐만 아니라 내적인 자유인 공포, 증오, 위선, 불관용으로부터의 자유까지를 의미한다고 말함으로써 자유관을 한층 상세히 밝혔다.

이러한 자유관과 아동관과의 관계에 대해 니일은 참다운 자유 속에서 자라나는 어린이는 자기의 자유의지에 의해 자신의 행동을 잘 통제할 줄 아는 자율적인 어린이가 된다고 보았는데 그 이유는 일체의 부자연스러운 억압이 배제되고 인간에게 자유가 주어졌을 때 인간은 태어나면서부터의 선량한 자연성을 되찾고 스스로의 의지에 따라 행동할 수 있는 자율적인 인물, 즉 진정한 자유인으로 자라게 된다는 것이다. 이를 구체적으로 살펴보면 다음과 같다(곽노의 외, 2000:309-309)

진정한 자유인

① 자유 속에서 생활하는 어린이는 자유에 의해 무의식 속의 것을 더 잘 의식하게 되므로 자기 자신의 성품을 잘 발전시킨다.

② 자유로운 어린이는 남에게 쉽사리 영향을 받지 않는 개성적인 인물이 된다. 그 이유는 자유에는 공포가 없기 때문이며, 공포가 없는 것이야말로 어린이에게 가장 바람직한 것이다. 그러나 억압이 제거된 자유의 결과로 아무렇게나 마구 행동하는 일은 승인해서는 안 되며 자기규제가 요구된다.

③ 자유는 인간의 정신으로부터 자기혐오와 타인에 대한 혐오를 발산시켜 주는 신선한 공기의 호흡과 같은 역할을 한다. 따라서 권위나 억압, 의무, 복종과 같은 부정적이 아닌 신뢰, 배려와 같은 긍정적인 인

간을 길러낸다.

④ 자유 속에서 생활하는 어린이는 그렇지 않은 어린이들에 비해 공격성을 보이는 일이 훨씬 적다. 그 이유는 자유가 주어진다는 것은 사랑이 주어지는 것이므로 사랑은 사랑을 키우고, 증오는 증오를 키우는 법칙에 의해 증오를 받지 않고 자신들도 증오심을 일으키지 않게 됨으로 공격성을 보이는 일이 적다.

⑤ 자유는 정상적인 어린이들을 올바로 자라게 할 뿐 아니라 문제아들도 선량하고 행복한 정상아로 되돌아오게 하는데 필수적이다.

따라서 앞으로의 새로운 세대에는 자유 속에서 자라날 수 있는 기회가 주어져야만 한다고

니일은 주장한다. 왜냐하면 자유가 주어진다는 것은 사랑이 주어진다는 의미로, 사랑만이 이 세계를 구할 수 있는 유일한 길이기 때문이라는 것이다. 그러나 이러한 자유는 부모들로부터 어떤 정치단체나 개인에 대해 불평을 하는 것을 자주 들었을 때 그 어린이는 편견을 갖게 되어 진정한 자유를 가질 수 없다고 하였다.

③ 교육관

니일은 1945년에 출판한 『학교에서는 두뇌보다도 감정을』(Heartsm not Heads in the School)에서 현대의 교육이 감정을 무시하고 지식 위주의 두뇌교육에만 치중한 나머지 전쟁을 위시한 세계의 불안과 불행의 원인을 만들었다고 하였다.

니일은 인간의 본능과 자연성을 선하게 보는 대신 악하게 보는 그릇된 생각에서 출한된 종교교육과 인간을 이성적 존재로 생각하여 무의식적 동기를 무시한 채 의지에 의해 외부로부터 양심을 주입시키려 드는 도덕교육은 다 같이 그릇된 것이라고 말했다.

그는 또 사회적 관습에서 오는 억압이 인가의 자연적 성장을 발휘할 수 없게 만듦으로써 마음속에 갈등을 일으켜 사람들을 신경질적이 되게 하며, 문제를 일으키는 원인이 되게 한다고 보았다.

따라서 어린이 자신의 흥미에 따라 살도록 하고 어린이들의 개인적 흥미와 사회적 흥미가 충돌할 때에는 개인적 흥미를 먼저 허용하여 그들의 정신을 개방시켜 주어야 한다고 주장했다. 어린이들을 학과공부보다는 놀이를 중요시하고 어린이에게 보다 많은 자유와 미술, 공작, 음악, 댄스, 연극 등과 같은 창작활동을 할 수 있도록 할 것을 강조했다. 이러한 놀이나 창작활동을 통해 어린이들의 재능과 감정을 자유롭게 해주었을 때 자연히 지성도 활발히 활동하게 된다고 하였다.

니일은 어려서부터 성에 대한 올바른 자세를 갖기 위한 성교육의 필요성을 역설했다. 올바른 성교육이란 어린이들의 성에 대한 질문에 자연스러운 태도로 정직하게, 과학적 내용뿐만 아니라 감정적 내용도 대답하여 주면, 어린이들의 태도도 역시 극히 자연스럽게 된다고 말했다.

니일은 『문제의 교사』(The Problem Teacher)에서 좋은 교사란 지식만 가르치는 것이 아니며, 어린이부터 무엇인가를 끌어내려고 하는 교사도 아닌, 무엇인가를 어린이들에게 주려는 교사라고 하였다. 교사가 주는 것은 사랑인데, 사랑이란 어린이를 이해할 뿐 아니라 어린이를 인정해 주는 것이라고 하였다. 좋은 교사와 나쁜 교사의 판단 기준은 어린이들이 그를 무서워하느냐 않느냐에 달렸으며, 존경 또한 무서워하는 것과 마찬가지라고 그는 설명하였다. 또한 어린이들이 교사를 "선생님 바보"라고 부를 수 있는 일을 못한다면 그 교사는 위험하다고 하였다.

(3) 썸머힐학교에서의 교육실천

① 교육목적

니일이 처음 썸머힐학교를 시작할 때 '아이들을 학교에다 맞추는 대신, 아이들에게 맞추는 학교, 즉 아이들이 그들 자신의 생활을 할 수 있도록 자유를 허용하는 학교'를 만들고자 하였다. 그리하여 그는 모든 기율과 훈련, 지시 및 도덕교육, 종교교육을 일체 하지 않는 그야말로 자유로운 학교를 만들었다. 그는 학교의 목표를 다음과 같이 말하였다.

"썸머힐학교의 목표는 행복, 성실, 조화, 사회성 등에 있지 결코 학업성적을 올리는데 있지 않다."

즉, 썸머힐학교는 노는 것도 공부하는 것도 자유에 맡기고 어린이들 자신에 의한 자치와 도덕적인 틀을 강요하는 일이 없는 교육을 통해 도덕적 용기와 행복, 자비를 갖추고 제도의 틀에 맞추어지거나 선동에 동요되지 않는 균형 잡힌 인물을 양성하는 것이다. 초기 썸머힐학교의 취지서를 살펴보면 다음과 같다.

"이 학교는 남녀공학이다. 모든 일이 직원과 학생들로 구성된 자치회에서 정해진다. 어린이에 대한 자율적인 정신은 실제화 되고 자치와 창조의 태도가 함양된다. 자기의 인격을 표현할 수 있는 자유를 부여한 것에 게으르거나 우둔한 자가 있을 수 없음은 분명한 사실이다. 한마디로 말해서 썸머힐은 누구가 자유를 얻지만 자기표현이 남의 자유를 방해하지 않도록 만들어진 하나의 사회조직이다. 연령은 6세에서 17세까지로 학과는 대학입학자격시험 정도까지이다. 어린이들에게는 특히 공작을 중요시한다. 그렇기 때문에 학교는 현대적인 설비의 실험실, 공작실 등을 갖추고 있으며, 가죽, 놋쇠, 리놀륨 등으로 무엇을 만들 수 있는 시설이 되어 있다. 도자기 제작 역시 공작의 한 가지로 행해지고 있다. 휴가 시에는 부모님들이 손님으로 찾아올 수 있으며 부모들은 교육의 심리학적인 근거를 이해하고 학교와 가정은 협조해야 한다."

썸머힐은 자유와 창조적인 활동을 매우 중요시하는 학교로서 자유가 기본방침이라고는 하지만, 그 자유는 어린이들과 교직원들로 된 전교자치회에서 만든 약속에 따라 남에게 방해가 되지 않는 한 자기가 하고 싶은 일들을 마음대로 하는 것을 의미한다. 학과수업시간에 출석하고 안 하는 것도 강제 받는 법이 없다. 또한 이 학교는 두뇌는 중요시하는 지적교육보다는 감정을 중요시하는 품성교육에 더욱 치중하는 학교이다. 그렇기 때문에 어린이들의 흥미와 놀이를 매우 중요시한다.

결국 썸머힐의 교육목적은 현대의 고도로 발달된 물질문명에서 지성과 감성의 격차가 심해 행복을 찾는데 어려움을 느끼게 하는 시대에, 어린이들로 하여금 먼저 자신을 찾고 자유 의사로서 자신의 생의 목적인 행복을 찾는 방법을 모색하게 하자는 것에 이 학교의 최대의 목적이 있다고 하겠다.

② 교육내용

수업은 주로 오전 중에만 있으며, 수업 시간표는 교사들을 위한 것으로 어린이들은 들어가고 싶은 시간을 골라 수업을 받는다. 학과목으로는 영어, 프랑스어, 독일어, 사회생태학, 과학, 생물학, 수학, 목공과 금속공예, 도자기 제조, 미술과 수공예, 음악 등이다. 오후에는 자유시간이어서 어린이들은 각자 자기가 하고 싶은 일을 하는데, 주로 이 시간에는 손으로 무엇을 만드는 일을 한다. 밤에는 영화 관람이나 댄스, 연극공연이 있으며, 특히, 토요일 밤에는 전교자치회가 열리는 가장 중요한 날로 회의가 끝나면 흔히 댄스를 한다. 또한 매일 밤 목공실과 금속공예실은 어린이들로 만원이 된다고 한다.

썸머힐에서 많이 하는 것은 연극, 음악, 댄스 등으로 겨울동안은 거의 매 일요일 연극공연을 한다. 어린이에게 자신감을 갖도록 하기 위해 연극을 하는데, 상연하는 연극의 각본은 학교 내부 사람이 쓴 것만으로 하는 것이 전통으로 되어있다. 이러한 자유연기를 통해 어린이들은 남의 재현이나 모방보다 창조를 고무받기 때문에 니일은 그 교육적 가치를 높이 평가했다.

또한 썸머힐에서 공작과 함께 율동을 매우 중요시하여 매일 저녁식사 후 피아노, 북의 리듬에 맞춰 교사와 함께 리듬놀이를 하였다. 사교댄스도 적어도 일주일에 두 번씩은 했으며 감정발산과 무의식적인 성적충동의 발산으로서 댄스를 권했다. 이 밖에 나무에 오르거나 굴을 파거나 하는 등의 야생적이고 자유로운 놀이를 많이 했다. 니일에 의하면 어린이 시절은 놀이의 시대로서 어려서 이러한 놀이에 대한 욕망을 충분히 충족시키고 발산시켰을 때에 비로소 어린 시절의 놀이에 대한 미련을 갖지 않고 힘들고 따분한 일이라도 기꺼이 부딪쳐 열심히 일하며 성실하게 사는 행복한 어른으로 자란다는 것이다.

이와 같이 썸머힐에서는 어린이 스스로 무엇인가를 배우거나 행하고

자 하는 모든 것을 교육내용으로 삼는다는 것을 볼 수 있다.

③ 교육방법

어린이들이 자기들의 자연적 흥미에 따라 생활할 수 있도록 자유를 허용하는 것이 썸머힐학교의 기본이념이므로 교육방법 또한 일체의 강제를 배격한다. 어린이 자신이 스스로 그렇게 할 생각에 이르기 전까지는 누구에 의해서나, 어떤 일도 억지로 시켜서는 안 된다는 것이 교육방법의 대전제이다.

썸머힐학교가 학과목의 교수법에 있어서는 일반학교와 다르지는 않지만 그 대신 이 학교의 독특한 교육방법으로는 전교자치회(General School Meeting)라는 민주적 자치형태인 사회적 방법과 개인지도(Private Lesson)라는 어린이에 대한 심리적 방법이 있고, 각종의 창조적 활동을 조장하는 일 역시 독특하다.

전교자치회에 대해 니일은 대단한 자부심을 갖고 있는데, "학교에서 공부하는 일주일분의 교과학습과정보다 더욱 가치가 있다"라고 말한다. 여기에서는 학교의 모든 규칙과 사회적인 위반행위에 대한 여러 가지 제재가 민주주의적인 투표에 의해 결정된다. 이는 민주시민으로서의 훈련교육이 될 뿐만 아니라 많은 사람 앞에서 자기의 의견을 거침없이 발표할 수 있는 능력도 길러주는 좋은 기회가 된다. 덧붙여, 니일의 썸머힐의 경험에 의하면 자치가 잘 되어가려면 나이 어린아이들만으로는 어렵고 나이 든 몇 명의 어린이가 있어서 전체를 이끌어갈 때 비로소 잘 된다고 한다."

어린이의 개인지도라는 심리적 교육방법은, 어린이들이 문제를 일으키는 것은 나쁜 줄 알면서도 그 행동을 하지 않을 수 없게 만드는 무의식적 동기가 있기 때문이라고 보고 이런 무의식 속에 자리 잡고 있는 것을 해결하고자 하는 방법이다. 이는 어린이 자신이 원할 때, 정신적인 장애로 괴로움을 받고 있는 어린이에 한하여 공포와 설교 등에 의해 생기는 콤플렉스를 제거해 주고, 보다 빨리 자유로운 생활에 적응시키는데 그 목적이 있으며 자유로이 이야기하는 형식으로 행해진다.

④ 썸머힐학교에 대한 평가

1970년대 초에 미국에서 『썸머힐-그 찬반론』(Summerhill : For and Against)이라는 책이 출판되어 프롬을 비롯한 15명의 학자, 교육자들이 니일의 사상을 분석하고 평가한 내용을 알아보면 대체로 긍정적인 평가와 부정적인 평가로 나누어 볼 수 있다. 그 중 긍정적인 평가는 다음과 같다(곽노의 외, 2000:314-315).

긍정적인 평가

① 썸머힐의 정신은 어린이에 대한 이해와 사랑, 자유, 인정, 존경, 성실성의 정신으로 분열된 오늘날의 문화 속에서 인간을 한층 밀착시키고 융화시킨다.

② 썸머힐은 비합리적이고 잔혹하며 경직화된 종래의 교육에 반대하고 교육에 인간미를 부여했다.

③ 썸머힐의 수업시간의 출석을 학생 자의에 맡기고 어린이들에게 자치권을 부여하는 방법 등으로 교육의 형태와 교수법에 큰 변혁을 가져오게 했다.

④ 썸머힐은 사람들로 하여금 인간성을 위한 교육에 더욱 마음을 쓰게 하고, 교육에 대한 반성과 아울러 더욱 사려 깊고 민감하게 관찰하여 보다 좋은 교육을 탐구하게 하는데 공헌하였다.

반면에, 썸머힐학교에 대한 부정적인 평가는 다음과 같다.

부정적인 평가

① 어린이의 본성이 선하기 때문에 더욱 선하게 할 교육은 불필요하다는 것은 너무 안이하고 낙관적인 태도로 잘못된 것이다. 인간본성에는 분별심 없고 게으르고 마음씨 나쁜 감정도 있다.

② 지적 요소를 경시한 점은 그릇된 태도이다. 교육의 목적은 인류가 수세기 동안 축적해 온 문화적 유산과 지적 수단의 전달에 있으며, 어린이들에게는 학습과 생활의 새로운 모험으로 향해 나가도록 많은 자

극을 주어야 함에도 불구하고 지적인 요소를 간과하거나 과소평가하는 과오를 범했다.

③ 썸머힐은 어린이들에게 지나치게 용인적이었다.

④ 썸머힐은 사회와 유리된 하나의 섬이다. 현대가 폭발적인 인구증가와 도시화, 기계의 노예가 되어 스스로 통제할 수 없는 비인간화의 사회가 되어가고 있음에도 썸머힐은 이러한 가혹한 기계문명의 세계에 적용시킬 수 없는 신비적인 비현실적인 섬이며, 따라서 인간들의 고뇌로 가득 찬 넓고 거친 바다와 같은 일반사회에는 맞지 않다.

이러한 썸머힐에 대한 여러 학자들의 평가에 대해 니일은 중요한 것은 자신의 학교가 아니라 그 기본정신이라고 하였으며, 자신의 교육사상이나 교육방법은 후대인들이 더 좋은 방법을 발견함으로써 머지않아 버려질 것이며, 또 그래야만 한다고 했다.

⑤ 썸머힐학교의 영향

썸머힐학교의 영향으로는 많은 진보적인 학교를 탄생시킨 점, 그리고 어린이에 대한 태도를 비롯하여 종래의 교육관에 일대 혁명적 반성의 계기를 제공한 점을 들 수 있다. 영국에서는 1970년대에 들어와 자유학교라는 초등학교가 속출하였고 런던을 중심으로 개방계획학교(Open Plan School) 운동이 벌어졌다. 이는 어린이들을 좁은 교실에 가두어두지 않고 넓은 홀 같은 곳에서 각각의 어린이들에게 자신이 선택한 활동을 하도록 하는 것으로 많은 자유를 인정하는 방법이다.

이 운동의 관계자는 교육을 어떻게 생각해야 하며, 어린이를 어떤 존재로 보아야 하는가에 대해 썸머힐의 영향을 받았다고 말했다. 이러한 교육관은 1980년대 이후 유아교육에서도 열린교육(Open Approach Education) 또는 활동중심 통합 교육과정(ICBA : Integrated Curriculum Based on Activities)을 위한 유아교육 과정의 한 모델로써 제시되고 있다.

개방주의 교육의 기본 가설이 되는 어린이의 존주오가 흥미중심의 운영으로 어린이 내면의 잠재적 능력을 개발하고자 한 것은 인간의 본성은 선한 것으로 어린이 의지대로 행동할 수 있게 자유를 부여하면 어린이 내부에 있는 도덕성이 무한히 발전될 가능성을 가진다는 니일의 아동관에 영향을 받은 것이라 할 수 있다.

또한 개방주의 교육은 어린이의 썸머힐이 전교자치회를 통해 개개 어린이가 누리는 자유가 다른 어린이의 자유와 충돌하지 않게 하기 위해서 규칙을 만들어서 실행하고 타인을 존중하며 책임감을 기르고 사회적인 안목도 높이기 위한 목적과 일치하고 있다.

썸머힐학교는 50년에 가까운 장기간의 실험학교로서 많은 관심과 논란을 불러일으킨 만큼 교육에 많은 영향을 끼쳤고, 자유학교운동을 선구적인 입장에서 주도했다.

8) 몬테소리의 교육사상

(1) 생애 및 교육활동

몬테소리(maria montessori, 1870~1952)는 1870년 8월 31일 이탈리아 안코나(Ancona)지방 카라바레(Chiaravalle)에서 태어났다. 그녀의 부친은 군인이었고 어머니는 명문집안의 신앙심이 깊은 매력적인 여성이었다. 이런 가정의 외동딸로 태어나 부모의 사랑을 한 몸에 받으며 자라났다. 그녀의 부모는 그녀가 12세가 되었을 때 충분한 교육을 시키기 위해 그녀를 로마로 보냈으며, 그녀는 학교에서 수학과 생물 등에 흥미를 보였다. 그녀의 부모는 그녀가 당시에 교양있는 여성의 유일한 직업이었던 교사가 되기를 원하였다.

그러나 그녀는 이미 의사가 되기로 결심하여 로마대학 의학부를 졸업하여 1896년 이태리 최초의 여성 의학박사가 되었다. 그녀는 대학을 졸업한 후 로마대학 부속정신병원 조수로 임명되어 약 2년간 정신박약아를 다루었다. 당시의 정박아는 미치광이로 취급되어 정신병원에 수용됐었다. 틀에 박힌 생활로 텅 빈 방에 수용되어 있는 어린이들은 식사가 끝나면 빵 부스러기를 찾아 마루를 기어 돌아다녔다.

이것을 본 그녀는 어린이들이 먹을 것 이상으로 자신의 손을 움직이는 것을 갈망하고 있다는 것을 알았다. 그것은 바로 어린이가 자신의 지성을 발달시키기 위한 무의식적인 욕망을 나타내는 것임에 틀림없다고 생각했다. 이렇게 해서 몬테소리는 정박아의 문제는 의학적인 문제라기보다는 교육적인 문제라는 결론을 내리고 정박아 교육시설의 필요성을 호소하였다.

1899년 몬테소리의 주장은 열매를 맺어 공립 정신박약아학교가 설립되었다. 그 후 그녀는 1901년까지 2년간 정박아교육을 위하여 심혈을 기울였다. 아침 8시부터 밤 7시까지 스스로 어린이를 가르치는 일에 전념하고 밤늦게까지 연구를 계속하여 드디어 새로운 교재를 준비하기에 이르렀다. 그녀는 '그 2년간의 실천은 문자 그대로 최초의, 그리고 진실한 교육학의 학위였다'고 당시의 일을 회고하였다. 몬테소리의 뛰어난 지도에 의해서 정박아들은 전혀 상상도 할 수 없을 정도의 훌륭한 발전을 보였다.

그러나 그 후 그녀의 관심은 점차 정상아에게로 옮겨져서 1901년 정박아학교를 사임하고 로마대학에 재입학하였다. 몬테소리는 정박아 문제를 취급하면서 얻은 이론과 방법이 정상아에게도 틀림없이 적용된다는 것을 확신하게 되었다. 이 때 이미 그녀는 로마대학의 강사 자격을 갖고 있었지만 교육학 연구에 뜻을 두고 로마대학의 철학과에 다시 입학하였다. 철학, 실험심리학 등과 더불어 이타드(Itard), 세강(Seguin)의 교육과 그 업적을 철저하게 연구하였다.

이제까지 교육학의 주류였던 루소(Rousseau), 페스탈로치(Pestalozzi), 프뢰벨(Frobel)의 흐름과는 달리 이타드-세강 등의 업적과 사상을 깊게 연구해서 실증주의적 관점에서 교육문제를 다루었다. 학습자인 아동에 대한 연구에 기초를 두고 생리학적, 심리학적 제 현상의 분석과 철학적 사색 위에 새로운 교육방법의 발견에 노력했던 것이다.

1907년 1월 6일부터는 '어린이집(Casa dei Bambini, Children's

House)'이라는 이름의 교육시설에 슬럼가의 3세부터 7세까지의 어린이들을 대상으로 교육실천을 시도하였다. 그 후 중류와 상류가정의 어린이를 대상으로 한 어린이집도 설립되었다. 그와 같은 교육실천을 토대로 그녀의 독특한 교육법(Montessori method)이 발표되었고, 그녀의 교육법에 대한 저서는 수십 개 국어로 번역되어 전 세계로 퍼져나갔다. 이 후 몬테소리 교육은 급속도로 세상의 주목을 받아 몬테소리협회의 지부와 학교가 이탈리아뿐만 아니라 세계 각지에 설립 · 보급되었다.

1922년, 몬테소리는 이탈리아 정부의 학교 감독관에 임명되었으나, 그녀가 파시스트 독재를 반대한 이유로 1934년 몬테소리 학교들은 폐쇄명령을 받았고 그녀의 저서와 논문은 불타버렸다. 그러나 이러한 와중에서도 세계 각국의 여러 사람들의 지지로 교육과 연구는 계속 되었다. 1939년 영국과 인도에서 교원양성을 시행하고 있었지만, 이 때 제2차 세계대전이 시작되었다. 그리하여 전쟁이 끝날 때까지 인도에서 활동을 계속하게 되었다.

이 때 인도에서는 간디(Gandhi), 네루(Nehru), 타골(Tagore) 등으로부터 지원을 받아 인도 각지에서 교원양성코스를 개설하였다. 이윽고 제2차 세계대전이 끝난 후 1947년 이탈리아 정부의 초청으로 귀국하였고, 1949년 네덜란드로 건너갔다.

여기서 몬테소리는 몬테소리협회 본부를 설치하였고 그곳을 근거로 해서 영국, 이탈리아, 프랑스, 인도, 실론, 파키스탄, 노르웨이, 스웨덴 등 세계 각지에 다니며 몬테소리 교육의 보급과 진흥을 위하여 노력하였다. 80세 이후에는 특히 강연과 저작에 힘썼다.

그녀는 1952년 5월 6일 네덜란드의 느르드벡 안 제이(Nordwijk aan Zee)에서 82년간의 어린이에 대한 사랑과 교육을 위한 위대한 생애를 마감하였다(고후순 외 2인, 1996).

(2) 교육사상

몬테소리의 교육사상은 어디까지나 살아있는 실천 가운데서 태어나고 발전했던 것이기 때문에 단지 이론의 추구에 그쳤던 사상가들과는 달리 그녀의 사상을 체계화하는 것은 곤란하다. 또, 몬테소리를 연구하는 경우에는 그녀의 이론을 연구하는 것만이 아니라 그것을 실천해야만 비로소 의의가 있다고 할 수 있다. 따라서 어린이집의 실천에서 탄생된 몬테소리의 교육사상과 방법 가운데 오늘날의 우리들에게 참고가 되고 우리들이 배워야 할 점에 대해서 살펴보자.

① 아동의 자유의 존중

몬테소리는 아동의 발달에서 그들을 둘러싸고 있는 환경의 힘이 크다는 것을 강조하였다. 그러나 그녀는 어디까지나 그러한 외적인 영향력은 제2차적인 것이고, 발전의 원천은 아동 자신의 내부에 있다고 생각하였다. 아동은 신과 같이 불가사의하고 위대한 힘을 가지고 있고, 자신의 힘으로 성장한다.

우리 어른들은 그러한 발전을 완수해 가고 있을 때에 그들에게 간접적인 영향 밖에 줄 수 없다. 즉, 그들의 발육에 필요한 수단을 줄 뿐이며, 경의를 갖고 그들의 발육을 지켜보고 있으면 좋은 것이다. 그리고 우리들은 아동의 자기 발전력을 억압하는 모든 장애를 제거해 주고 그들의 자유로운 발전을 가능하게 해 주어야 한다.

이미 지적하였던 것처럼 여기에서 그녀는 다음과 같은 점에서 아동들의 자유를 보장하였다. 즉, 속박과 움직이지 않는 교육의 상징이었던 고정된 의자를 폐지하고, 이동시키기 쉬운 책상과 의자로 개량했던 것, 교구 사용 시 아동들이 어떤 교구를 선택해도 또, 그것을 언제까지 사용해도 좋았던 것, 교사는 아동의 요청이 없는 한, 아이들이 교구를 서로 빼앗거나 규정 이외의 사용을 하고 있을 때 외에는 간섭을 하지 않아 자유롭게 활동할 수 있는 것, 정해진 시간이 되면 활동을 중지시켜 흥미를 억압해 버리는 시간표가 특별히 정해져 있지 않았던 것 등 아동의 자유가 대폭적으로 인정되어 있었다.

그러나 우리들이 사회생활을 하고 있는 한 활동을 제한하는 여러 조건으로 에워싸여 있기 때문에 자연히 자유도 한계가 있다. 몬테소리도 아동의 자유를 무제한적으로 인정했던 것은 아니다. 자유라는 것은 종종 오해되고 있는 것처럼 아동의 방자함이나 무질서, 제멋대로 하기 등을 위미하고 있었던 것은 아니다. '자유의 한계로서 단체의 이익이 있고, 형식으로서 예의범절이 있다'고 한 것처럼 그녀는 다른 사람을 화나게 하고 곤란하게 하고 당황하게 하는 행동은 허락하지 않았다.

어린이집의 아동들은 작은 어른이라도 할 정도로 예의가 발랐다. 일반적으로 큰 소리를 지르고 물건을 부수고 제멋대로 하는 연령의 아이들이 49명 이상이나 모여 있었던 어린이집에 정숙함이 지배하고 있었다. 아동들의 그러한 올바른 규율은 결코 엄격한 훈련의 결과로 몸에 익은 것이 아니다. 몬테소리에 의하면 그것은 작업과 일에 집중함으로써 생긴 것이다.

② 작업의 중시와 장난감의 폐지

몬테소리는 유아의 작업 본능은 생득적인 것이고, 그들의 인격은 작업에 의하여 형성된다고 확신하고 있었다. 즉, 몬테소리는 3세 정도의 여자아이가 원주 끼우기를 몇 번이고 반복하여 연습하고 있는 것을 보고 그 여아의 정신 집중도를 확인하기 위해 주위에서 노래를 부르고, 의자를 들어 올리고 해 보았지만 여자아이는 연습을 계속하였다. 그녀가 횟수를 헤아리기 시작하고 나서도 42회나 반복했다. 그녀는 이 현상을 주의력의 집중 현상이라고 명명하였다.

아동이 이와 같이 작업에 집중하고 있다면 아무리 많은 집단을 이루어도 정숙함이 유지될 것이다. 또, 그들을 그러한 집중 현상으로 이끌었던 몬테소리 교구와 실용 생활 훈련을 위한 도구로 작업하는 것을 통해 아동들은 활기를 띠고, 큰 기쁨을 체험하고 만족스런 눈빛을 보내고 있었다. 즉, 작업은 아동들에게 있어서 최고의 만족이었고, 아이들은 우리 어른들과는 달리 작업에 의해 피로를 느끼는 것이 아니기 때문에 우리들은 그들이 작업을 할 수 있는 환경을 만들어 주어야 한다.

그러나 역할은 아무리 상냥한 애정이나 다른 무엇에 의해서 대신할 수 없다. 만약 아동들에게 작업 재료가 풍부하지 않다면 그들의 정신은 목적을 발견할 수 없고 에너지가 남아서 목표가 없는 무질서한 운동을 하게 된다. 그들의 에너지는 어디에도 정착할 수 없기 때문에 여러 가지 일들을 시작해도 어떤 것도 끝까지 하지 않는다.

어른들은 이처럼 안정되지 않고 집중력이 없는 산만한 아동을 보고 질책하고, 벌을 주기도 하지만 그러한 행동은 결코 아동의 책임이 아니다. 그들에게 생생한 흥미를 일으킬 수 있는 일을 주면 정상적인 아동이 된다.

이상과 같이 아동에게 집중 현상을 가져다 주고 그들을 정상화시키기 위한 작업 재료가 앞에서 말했던 몬테소리 교구의 용구이다. 어린이집에서는 이 재료가 교육의 중심을 차지하고 있다. 몬테소리는 이 교재와는 달리 기성의 만들어진 장난감은 무익한 세계의 표본이고, 아무런 목적도 포함하고 있지 않고, 아동을 정신적 집중으로 굴어 주지 않는다고 간주하였다.

따라서 그녀는 어린이집에는 장난감을 제공하지 않았다. 그러나 처음부터 그녀가 장난감을 폐지한 것은 아니다. 어린이집 개설 당시에는 훌륭한 장난감이 많이 갖추어져 있었다. 그런데 아동들은 장난감에 시선을 돌리지 않았고, 몬테소리도 이를 이상하게 생각하고 장난감을 가지고 함께 놀아 보았다. 그러나 아이들은 약간 흥미만 나타낼 뿐 곧 그만두었다.

그녀는 아동들의 이러한 태도를 "바람이 때마침 불을 붙인다"고 하였다. 즉, 그들은 장난감에 의해 갑자기 활동을 시작했다. 그러나 갑자기 불이 꺼지는 것처럼 장난감을 던져 버리고 활동을 중지해 버린다. 우리들은 가끔 아동들이 금방 장난감을 가지고 놀다가도 그것을 내팽개치거나 부수어 버리는 모습을 본다. 아이들에게 있어서 장난감의 세계가 결코 행복한 세계가 아니다. 장난감은 그들로 하여금 착각을 하게하고 아무것도 가져다주지 않는 불완전한 모형의 세계에 지나지 않는다.

그럼에도 불구하고 오늘날의 아이들은 정교하게 만들어진 여러 가지 장난감으로 둘러싸여 생활하고 있다. 그리고 아이들도 우리들에게 장난감을 선물하는 것에 아무런 저항감도 느끼지 않고 있다. 그러나 아동들이 장난감을 가지고 노는 것은 다른 아무 것도 하지 않을 때의 임시변통에 지나지 않는다. 끊임없이 성장하고 있는 귀중한 유아시기에 애타심도 없는 놀이를 시키는 것은 돌이킬 수 없는 잘못을 저지르는 것이 된다.

아이에게는 놀이보다도 더 중요한 사명이 주어져 있다. 몬테소리는 이 시기를 생물학적인 용어를 사용하여 '민감기'라고 명명하고, 유아가 중요한 사명을 지니고 있는 이유를 설명하였다.

③ 민감기

민감기란 생물의 유아기에 나타나는 특별히 민감한 시기를 말한다. 생물은 민감기에 일정한 능력을 획득하고 그 시기가 지나면 민감한 상태가 없어지게 된다. 몬테소리는 이 상태를 꿀벌의 예를 들어 설명하였다. 꿀벌의 유충은 암컷이면 모두 여왕벌이 될 수 있는 기간이 있지만 여왕벌이 되는 특별한 양분을 포함하고 있는 '로얄 제리(여왕의 죽)'는 선택받은 단 한 마리의 벌에게만 주어진다. 그리고 이 시기가 지나면 다른 유충에게 로얄 제리를 주어도 이미 특별한 발육능력이 없어져 버렸기 때문 여왕벌이 되지 않는다.

그녀는 이와 같은 민감성을 유아기 속에서도 발견하였다. 다시 말하면 유아가 언어를 획득할 때 그들은 매일 매일의 생활 속에서 간단히 즐겁게 배우는 것에 반해 어른들은 새로운 언어를 획득하려고 하면 비상한 노력을 필요로 한다. 그리고 성인이 되어 배운 언어는 유아기에 깨우쳤던 모국어만큼 익숙하게 되지 않는다.

몬테소리는 유아가 민감기에 획득할 수 있는 능력으로서 언어 이외에 운동 능력과 감각 능력을 들었다. 유아들은 이 시기에 기적에 가까울 정도로 발육하여 이러한 능력을 자기 것으로 만든다. 유아는 불타오르지만 결코 소모하지 않는 뛰어난 생명력을 가지고 새로운 영역을 서서히 극복해 나간다.

몬테소리는 그러한 힘을 '유아기의 기쁨과 행복'이라고 불렀고, 이 시기를 덧없이 보내지 않도록 경고하였다. 왜냐하면, 앞에서 말한 꿀벌의 경우에서 분명히 알 수 있는 것처럼 민감력이 계속되는 시기를 지나면 그러한 시기는 두 번 다시 오지 않기 때문이다. 그리고 그 이후에는 의지력을 갖고 힘들게 노력을 하여도 그러한 능력을 얻을 수 없기 때문이다.

유아가 이 시기에 외부로부터의 장애로 자기의 생명 활동을 저지 받으면 마음 속에 붕괴 현상이 나타나 왜곡이 남게 된다. 즉, 이것이 발육장애와 정신적인 결함을 초래하는 원인이 된다. 그녀가 유아기 교육의 중요성을 역설하는 까닭이 바로 여기에 있다. 따라서 그녀는 유아의 민감력을 이용하여 특히 근육의 교육, 감각의 교육, 언어의 교육을 해야 한다고 주장하였다.

④ 몬테소리 교사

아동을 둘러싸고 있는 성인들은 항상 소극적인 것이 바람직하다는 것은 이미 앞에서 말하였다. 교사도 소극적이어야 하고, 교사 자신의 활동과 권위는 억제되어야 한다. 아동이 스스로 활동하여 진보하는 것을 보고 만족하여, 그 업적을 자기에게로 돌리지 않는 교사가 몬테소리 교사로서 적합한 사람이다. 즉, 몬테소리 교육법에서는 당시의 방법과는 거꾸로 아동의 활동이 주가 되었고, 교사에게는 그들의 영혼에 봉사하는 하인의 역할이 요구되었다.

이 때문에 몬테소리는 여교사라는 명칭을 사용하지 않았다. 그녀는 '지도자'라고 불렀다. 몬테소리에 의하면 지도자의 임무는 보통의 여교사에 비해 매우 간소화되어 있다. 그녀는 지도자는 '필요 불가결한 일'은 하고 '불필요한 일'은 하지 않아야 한다고 하였다.

여기에서 '필요 불가별한 일'로서는 아동의 자주성을 발전시켜 주고, 가능한한 그들에게 간섭을 하지 않는 것을 들 수 있다. 지도자는 아동들의 느린 진보에도 느긋하고 조용히 그들의 동작을 지켜보고 기대해야 한다. 또, 그들의 일을 방해하지 않으면서 필요시에는 도와주고, 그들과 함께 기뻐하고, 그들과 같은 입장에 서서 그들로부터 신뢰를 받을 수 있는 교사가 좋은 지도자이다.

다음에 필요한 것은 아동을 존경하는 것이다. 우리들은 아동을 존경하는 일은 거의 없이 항상 우리가 그들에게 말하는 것을 듣도록 강요한다. 그러나 아동은 천진난만함과 미래의 큰 희망을 지니고 있다고 하는 점에서 어른들보다 뛰어나고 존경받을 만한 가치가 있는 존재이다. 그렇기 때문에 우리들은 가능한 한 그들을 친절하게 대해야 한다. 여기에서 친절하다는 것은 아동들을 애무해 주거나 껴안아 주는 것이 아니라 그들의 소망을 이해해 주는 것이다. 그리고 소망을 이루어 주기 위해서는 때때로 자기의 소망을 희생할 각오가 필요하다.

또, 중요한 것으로는 침착한 태도와 인내심, 자비심과 겸손함 등의 덕성을 들 수 있다. 이러한 미덕은 유아 교육자에게만 한하지 않고 모든 교육자들에게 요구된다. 그러나 특히 생명력이 왕성하고 자기 발전력이 큰 유아기에는 안정하여 끈기 있게 그들의 힘의 발전을 지켜볼 수 있는 교사가 요구된다.

또한 '불필요한 일'로서는 교사가 아동이 활동에 간섭하거나 개입하고 도와주는 일을 들 수 있다. 예컨대, 아동이 교구를 잘못 사용하여 잘못을 정정하려고 몇 번이고 반복하고 있을 때 보통의 교사라면 동정심에서 아동에게 간섭을 한다. 그러나 몬테소리 교사는 잘못을 지적하지 않고, 아동 자신의 힘으로 끝내도록 느긋하게 지켜보아야 한다.

또, 아동이 무엇인가 곤란한 것을 하려고 노력하고 있을 때 교사가 그들을 도와주는 것은 불필요한 일이다. 왜냐하면 그들에게 있어서는 작업의 결과가 목적이 아니고 노력하는 것에서 기쁨을 찾고 있으므로 어른들이 원조를 해 주면 작업 의욕이 갑자기 소멸되어 버리기 때문이다.

몬테소리 교육법에서 활동의 주체는 항상 아동이고, 교사는 뒤로 물러나 있어야 한다. 얼핏 보면 소극적이고 수수한 교사의 태도는 스스로 어떤 활동도 하지 않고 아동들이 하는 대로 방임해 두면 좋다고 속단하기 쉽다. 그러나 몬테소리 교사의 임무는 다양하다. 몬테소리 교사는 끊임없이 주의하며 세세한 감정을 보여주지 않으면 안 된다. 몬테소리는 그러한 임무를 다음과 같이 세 단계로 나누어 구체적으로 설명하였다. 이것은 몬테소리 교육의 특징을 잘 보여주고 있기 때문에 아래에서 이를 살펴보자.

교사의 의무 - 제 1단계

교사의 첫 번째 의무는 환경을 유지하고 관리하는 일이다. 그녀는 교구를 세심하게 정돈하고 깨끗하고 윤이 나게 하고, 결핍된 것이 아무것도 없도록 배려해야 한다. 그러한 교구는 아동들에게 항상 새롭게 보이고 그들의 의욕을 불러일으키고, 매력을 느끼게 할 것이다. 교구만이 아니라 다른 용구와 방 전체도 질서정연하고 청결하게 유지되어야 함은 물론이다.

교사의 의무 - 제2단계

제2단계는 아동들을 작업에 집중시킬 준비를 하는 일이다. 아직 작업에 몰두 할 수 없어 집중현상이 나타나고 있지 않은 아동은 난잡하고 혼란된 불안정한 상태에 있기 때문에 교사는 이야기를 하거나 노래를 불러 그들을 평온하게 해야한다. 여기에서 몬테소리 교사에게는 아동들을 매혹할 수 있는 자질이 요구된다. 교사는 가능한 한 아동의 활동에는 간섭하지 않는다는 것을 자주 말했다. 그러나 교사는 이 단계, 즉 집중이 일어나기 전에는 아동에게 자기가 제일 좋다고 생각하는 활동을 하여 간섭을 해도 좋다.

교사의 의무 - 제3단계

제3단계는 어린이가 집중이 시작되자마자 존재하지도 않는 것처럼 행동하는 일이다. 아동은 교사의 작용에 의하여 어느 한 가지 실용 생활의 연습에 흥미를 갖기 시작한다. 그러나 흥미는 아직 약해서 조금만 동요해도 금방 소멸해 버리기 때문에 교사가 일체 간섭을 해서는 안 된다. 그것은 집중하기가 매우 어려웠던 아이가 마침내 어떤 일에 집중하기 시작했을 때는 지나가던 교사가 '재미있니?'라는 말을 거는 것만으로도 흥미가 사라져 버리기 때문이다. 그러므로 그들을 칭찬하거나 도와주어서도 안 되고, 그들의 행동을 지켜 볼 때에도 그들이 눈치를 채지 않도록 해야 한다.

그러나 그들이 이러한 미묘한 단계를 거쳐 실용 생활의 일을 통해 집중력을 몸에 익히게 되면 몬테소리 교구를 주어도 그것에 몰두할 수 있다. 앞에서 말한 바와 같은 집중 현상이 보이는 것이다. 아동을 여기까지 인도하는 교사가 진짜 몬테소리 교사라고 할 수 있다.

(3) 사상적 영향

어린이집에서의 성과가 전해지자 세계 각국에서 참관자들이 어린이집을 방문하여 몬테소리 붐을 불러 일으켰다. 또, 몬테소리 자신도 정열적으로 각국에서 강연을 하였다. 그녀는 교원 양성 강좌를 열기도 하였고, 저작 활동을 계속했던 까닭에 몬테소리법은 교육사에 있어서 보기 드문 속도로 각국으로 확산되었다.

그러나 다른 한편으로 그녀의 교육법에 대한 예리한 비판도 있었다. 비판의 핵심은 교육 목적이 불명확하다는 것이었다. 예컨대, 그녀는 감각 훈련의 중요성을 역설하였지만 무엇을 위해 감각을 발달시켜야 하는 것인가가 명확하지 않았다. 또, 그녀는 아동의 자유를 존중하면서도 엄밀하게 규정된 교구 사용법과 엄격한 예의범절을 요구했던 점에서 아동에게 진짜 자유를 보장하지 않았다고 할 수 있다.

그리고 그녀의 감각 교육론과 몬테소리 교구는 요소 심리학이라는 낡은 심리학에 기초하여 있었다. 그녀의 이론은 아동 심리학이 발달된 오늘날에는 통하지 않는 면이 있다. 나아가 그녀는 아동의 상상력은 현실을 잘못 인식시킨다고 하여 아동의 상상력을 억압하기도 하였고, 자유로운 창조력을 신장시키려 하지 않았던 점도 비판되고 있다. 또, 조기의 지육 교육도 비판되었다. 즉, 3~5세의 아동들에게 읽고, 쓰고, 계산하는 지적인 교육을 했던 것은 과도한 요구였다고 비판되었다. 끝으로, 그녀가 개별적인 교육을 중시하여 집단적인 교육을 하지 않았던 것도 비판을 받았다.

이상과 같은 비판과 함께 몬테소리 교육법의 중심적인 위치를 차지하고 있었던 몬테소리 교구는 값이 비싸 구입하기 힘들었고, 교구의 사용법도 교원양성과정에서 배우지 않으면 명확하지 않았던 것과 그녀의 교육론은 이론적이라고 하기보다는 직관적이어서 파악하기 힘들었던 것 등 우리들이 몬테소리법을 직접 실천하는 데에 있어서 몇 가지 곤란에 부딪힌다.

이러한 원인으로 폭발적인 몬테소리 붐에 지나면 몬테소리 운동은 쇠퇴된다. 그런데 최근에는 다시 몬테소리법에 대한 관심이 고조되고 있고, 몬테소리의 부활 또는 몬테소리활동의 르네상스라고 하는 말이 들릴 정도가 되었다. 이것은 오늘날에도 우리들이 몬테소리법에서 배워야 할 점이 많다고 하는 사실을 보여주는 것이다. 예컨대, 활동의 중심을 교사에게서 아동에게로 옮겨 그들의 자유를 보장해 줄 것, 실용 생활훈련을 도입하여 아동들이 작업에 집중할 기회를 제공할 것, 연령별 편성을 중지하고 혼합 편성을 할 것 등은 비교적 쉽게 실시할 수 있는 것이다.

끝으로 최근의 몬테소리 부활 현상에 대해 빠뜨려서 안 될 사항은 될 수 있는 한 일찍부터 유아에게 지적인 교육을 실시해야 한다는 입장에서 몬테소리법이 장려·추천되고 있다는 사실이다. 즉, 현대 과학기술의 급속한 진보에 의해 아동들이 배워야 할 지식의 양은 증대하고 있고, 조기교육에 대한 요구는 세계적인 동향이 되고 있다. 여기에서 어린이집에 다니고 있었던 아동들이 놀랄 만큼 지적인 발달을 성취하고 있었던 것에 주목하여 몬테소리법을 도입하려고 한 것이다. 그러나 이미 지적했던 것처럼 그녀는 유아기에 읽기, 쓰기와 계산을 결코 강요했던 것이 아니다. 그녀는 어디까지나 유아의 자기 발전 능력에 기초하여 지도하였다. 또 정밀하게 고안된 몬테소리 교구로 감각을 충분하게 발달시킨 뒤에 비로소 지적인 교육을 실시하였다. 이것은 그녀의 다음과 같은 말에서 분명히 알 수 있다.

"어린이집을 방문했던 사람들은 4세 아동이 읽기, 쓰기를 하고 있는 것을 보고 깜짝 놀라 아동들을 붙들고 '누가 너에게 쓰기를 가르쳐 주었니?'라고 자주 물었습니다. 아동은 그 질문에 놀라 쳐다보면서 '가르쳐 주어요? 아무도 가르쳐 주지 않았습니다. 내가 한 것입니다!'라고 대답하는 것이 보통이었다."

따라서 우리들은 그녀의 교육 방법에 대한 검토도 없이 피상적으로 교육 결과만을 평가하여 유아에게 바로 지적인 교육을 강요하는 일은 피해야 할 것이다(팽영일 역, 1995).

9) 존 듀이의 교육사상

(1) 생애와 활동

존 듀이(J. Dewey, 1859~1952)는 1859년 미국의 버먼트주의 버링톤(Burlington)에서 태어나서 1952년 뉴욕시에서 세상을 떠난 미국의 현대 교육철학자이다.

그는 근 1세기에 걸친 그의 생애 동안 다양하고 급격한 문화 변화의 시기에 대응해서 현대적인 교육사상을 발전시켰다. 그는 대학에서 헉슬리(T.H. Huxley)로부터 진화 사상을, 토리(H.A.P. Torrey)로부터 실재론(Scotch realism)을, 그리고 마쉬(James Marsh)로부터 독일 철학을 공부하였다.

그러나 존스 홉킨스 대학생활 중에 그에게 특히 큰 영향을 준 교수는 모리스(G. S Morris)와 헉슬리(T. H. Huxley)였다. 모리스를 통해서 듀이는 헤겔(Hegel)철학을 접하게 되었으며, 헉슬리로부터 영향을 받은 것은 인간유기체 사상이었다. 1884년 칸트(Kant)의 심리학에 관한 논문으로 학위를 획득한 듀이는 모리스 교수의 추천으로 미시간(Michigan)대학의 철학과에 자리를 얻게 되었다.

1894년 듀이는 미시간 대학에서 시카고 대학으로 자리를 옮겼다. 그가 철학·심리학·교육학과의 주임교수로 임명된 것은 그에게 종합학문에 접근을 할 수 있는 좋은 기회로서 주어진 것이었다. 듀이는 시카고 대학으로 옮긴 직후에 듀이스쿨(Dewey School)이라는 실험 학교를 설립하여, 그의 심리적 교육적 가설들을 실험하였다. 그러나 이 학교는 그 대학의 행정당국과의 마찰로 문을 닫게 되고 이로 인해서 듀이는 콜롬비아(Columbia) 대학으로 자리를 옮기게 되었다.

시카고 대학시절 교육에 관한 중요한 저서들이 출판되었다. 『나의 교육신조』(My Pedagogic Creed)가 1897년에 나왔고, 『학교와 사회』(The school and Society)가 1899년에, 『아동과 커리큘럼』(The Child and the Curriculum)이 1902년에 출판되었다. 이 책들은 실험학교를 위해서 그가 행한 강좌의 내용으로 마련한 것이어서, 그의 교육철학과 학습심리에 관한 기본적 요소를 직접 분명하게 언명한 것으로 구성되고 있다.

10년간 시카고 대학의 생활을 마치고 콜롬비아로 떠날 때 이미 그의 철학사상과 교육이론은 전국적인 명성을 획득하고 있었다. 콜롬비아 대학으로의 옮김은 그가 더욱 발전할 수 있는 기회가 되었고, 나아가서 국제적인 명성을 획득할 수 있는 기회가 되었다. 여러 나라에서 온 교사를 훈련시키는 중심지였던 콜롬비아의 사범대학을 통해서 듀이의 교육철학은 전 세계에 전파된 것이다. 콜롬비아 대학의 재직시절에 나온 교육에 관한 중요한 저서는 1910년에 출판된 『사고하는 방법』(How We Think)과 1916년에 출판된 유명한 교육철학서인 『민주주의와 교육』(Cemocracy and Education)이라는 책이다. 이 두 권의 책은 앞서의 두 책을 심화 발전시킨 책이라고 볼 수 있다.

1903년 듀이는 콜롬비아 대학에서 은퇴하였다. 그러나 1939년 그의 80회 생일 때까지 그 대학의 명예교수의 자리를 지켰다. 은퇴 후에도 그는 여러 가지 사회활동을 계속하였으며, 또한 전문적 철학의 연구도 계속하였다. 그는 1938년 『경험과 교육』(Experience and Education)이라는 중요한 교육서를 출판하였다. 또한 나이 90세에 전문철학서인 『인식과 지각의 대상』(Knowing and the Known)을 벤트리(A. F. Bentley)와의 공저로서 출판하였다.

듀이는 숙련된 교사라기보다는 성실한 교사이며, 타인을 변호하기 위해서 그의 명성을 모험에 거는 정직한 사람이었다. 그의 영향은 그의 동료만이 아니고, 여러 분야의 지도자에게까지 확대되었다. 그의 저작은 종종 과장되고, 막연하였으나, 교육현장의 희망과 기대를 표현하고 있었다.

(2) 존 듀이의 교육사상

일반적으로 듀이의 철학사상의 입장을 ① 자연주의, ② 경험주의, ③ 도구주의로 나누어 생각한다. 그는 마음을 의식의 흐름(stream of consciousness)으로 보고 생명체를 동적인 것(life in action)으로 보면서 경험을 자연의 사상으로 보았다. 이 때 자연은 경험의 총계인 것이다. 인간은 자연에 의하여 만들어지는 동시에 자연을 재구성하여 새로운 가치와 차원을 가진 자연으로 구성한다. 이렇게 볼 때 그의 자연주의의 특징은 인간 중심의 자연주의(anthropocentric naturalism)라고 할 수 있다. 인간의 경험은 자연의 연속이고, 자연의 일부로서 인간유기체가 존재하는 상황에서의 사상(事象)인 것이다.

이러한 경험은 능동적이고 역동적이며, 유기적 통일체로서 연속적인 것이다. 철학은 과거에 가졌던 것과 경험하였던 것 그리고 살았던(had undergone, lived) 경험을 다루는 데 목적이 있다고 듀이는 주장하고 있다. 즉, 인간의 노력의 본질은 '경험의 구조'를 밝히고 나아가서 '살았던 경험'을 밝히는 데 그 목적이 있다고 본 것이다.

듀이에 의하면 교육은 철학이론을 위한 가장 중요한 가장 중요한 시험장이라고 말한다. 따라서 그의 교육 원리는 그의 철학이 맥락에서 이해되어야 하는 것이다. 이처럼 그는 철학을 가장 일반적인 모습에서 교육의 이론이라고 본 것이다. 나아가서 그는 교육과 철학의 목표와 과제가 같다고 보았다. 그는 인간과 자연에 대한 깊은 지식이 교육의 적당한 목표일 뿐만 아니라, 철학의 영원한 과제라고 생각하였기 때문이다.

듀이 교육철학의 특징은 그의 『나의 교육 신조』(My Pedagogic Creed)와 『민주주의와 교육』(Democracy and Education)에 잘 나타나 있다. 특히 그는 경험을 강조하고 있으며, 교육은 경험의 계속적 개조이며 본질적으로 성장의 개념을 가진 모든 것이라고 보았다. 그 가운데서도 인간의 사회적 성장은 민주주의라는 사회적 작용 속에서 보다 잘 성장될 수 있다고 보았다. 민주주의는 공동생활의 양식이며 공동 경험의 양식이기 때문이다.

듀이에 의하면 인간은 생명을 가진 유기체로서 환경과의 상호작용을 통하여 자기를 갱신한다. 이러한 갱신의 과정이 경험이고 성장이다. 생명체의 특징은 계속적인 성장, 즉 경험의 성장에 있다. 교육은 이러한 인간의 경험의 성장을 촉진시키는 과정이고, 생활인 것이며 그 분비는 아니다. 따라서 교육은 경험의 의미를 증가시키고 경험의 계속적인 개조와 재구성의 과정이라고 정의할 수 있다.

그에게 있어서 경험의 과정은 삶의 과정(living process)이고, 사회적 과정(social process)인 것이다. 따라서 교육은 생활 자체이어야 하며(Education should be life itself), 그 준비가 아닌 것이다.

사회적 과정으로서의 교육, 사회적 기능으로서의 교육이라는 듀이의 개념은 교육이 사회화의 상호작용에 의하여 성립됨을 말하고 있는 것이다. 사회의 유지와 존속을 위해서는 교육이 필요하며, 나아가서 사회의 진보와 개혁은 더욱 교육에 의존할 수밖에 없는 것이다. 반면에 교육에 대한 개념의 이해는 그 사회의 특성에 의해서 좌우된다고 할 수 있다.

나아가서 그 사회의 과정이 교육의 조건을 제공할 뿐만 아니고 사회구조와 개선의 결과는 교육에 그 자원을 공급한다. 따라서 교육은 사회적 생명이라고 볼 수 있다. 이처럼 개체의 성장이 계속적 경험의 개조에 있다고 한다면, 사회의 성장은 민주주의에 있다고 생각할 수 있다.

교육의 입장에서 고찰할 때 민주주의는 경험의 교류를 통한 공유된 경험(Shared experience)을 가진 사회의 원리를 의미하기 때문이다. 즉,

민주주의는 공동생활의 양식이고 공동경험의 양식인 것이다. 이렇게 볼 때, 민주주의 성장과 교육은 상호 관련된 작용을 한다고 생각할 수 있다. 교육은 개체의 계속적인 경험의 개조를 통하여 개체의 성장을 달성케 하고 나아가서 사회의 성장인 민주주의를 통하여 공동의 경험의 성장을 실현할 수 있게 되기 때문이다.

개체의 성장이나 사회의 성장을 이룩하기 위한 교육의 효과적인 수행 방법은 지성의 원리에 따르는 데 있다. 듀이에 있어서 교육은 경험의 개조이며, 생활의 개조이기 때문에 교육의 방법은 지성의 작용인 사고 작용의 방법에 입각해야 한다. 이때의 사고 작용은 반성적 사고(reflective thinking) 작용으로서 과학적 교육방법인 실험 내지 객관적 시험을 도출할 수 있다. 이렇게 보면 지성은 탐구 과정을 인도하는 능력이며, 또한 지성의 작용자체가 반성적 사고이므로 거기서 교육의 과학적 방법이 도출될 수 있다.

듀이의 교육원리로서 두 번째로 들 수 있는 것이 흥미(interest)의 원리이다. 생활이 원리요, 방법의 원리인 이 원리는 지성의 원리와 협동하여 작용한다. 흥미의 원리는 교육의 방법을 재구성하는 데 사용되어질 수 있고, 이 원리를 교육방법에 적용시키므로 해서 교육의 효과를 올릴 수 있게 된다. 생활이 노역(勞役)이 되지 않기 위해서는 생활체와 환경과의 참된 의미의 흥미가 필요한 것이다.

흥미는 '대상과 자아와의 일치로서' 단순히 '흥미'가 아니고 활동적, 추진적, 목적적, 정서적인 것으로 늘 정력, 열정, 사고를 불러 일으켜 성장을 촉진시키고 자아의 통일을 촉진시키는 작용을 행한다. 그래서 이 원리는 교육방법 원리 중 그 중핵을 이루는 것이다.

교육을 사회의 과정으로 보는 듀이는 학교를 하나의 사회제도로서 사회 개선을 위한 수단으로 생각한다. 학교제도의 목표는 경쟁이 아닌 협동에 있으며 상호 협조적인 삶에 있다. 그러기 위해서 학교는 단순화되고 나아가서 균형된 사회 환경이어야 한다. 이상적인 학교는 하나의 축소된 사회로서 인류의 문화적 유산을 아동에게 효과적으로 분배하고 사회목적을 위해서 그 능력을 효과적으로 사용하게 모든 기능이 집중되고 있는 단순한 공동생활의 형태이다. 학교는 이러한 공동생활을 통하여 개인과 사회의 성장과 진보를 이룩하며, 나아가서 만주주의 발전을 위한 사회의 중요 기관이다.

따라서 학교는 생활과 사회로부터 고립되어선 안 되는 것처럼 학교에서 배운 것이 생활과 사회로부터 고립되어선 안 된다. 학교에서 배운 것이 생활과 사회에서 적용되어야 하며, 생활과 사회는 학습의 자료를 공급하는 원천이어야 한다. 그러나 학교는 장래의 사회성원을 준비하는 데 목적이 있는 것이 아니다. 교육은 생활이고 생활은 준비가 아니라고 듀이는 생각하기 때문이다.

듀이의 실험학교에서 해결을 시도한 문제는 ① 학교와 가정과 이웃생활과의 밀접한 연결의 문제, ② 생활에 가치 있는 교과의 도입문제, ③ 읽기 · 쓰기 · 셈하기의 교수와 일상적 경험과의 관계, ④ 개인적 힘과 요구에 맞는 관심의 문제 등이었다. 이렇게 볼 때 듀이의 '이상적 학교의 모델은 이상적 가정'에 있다고 할 수 있다. 즉, 그는 가사에 참여하고 대화의 참여를 통해서 지식을 획득하며, 나아가서 마음과 성격을 형성하는 데 이상적 학교의 모델이 있다고 본다.

이렇게 볼 때 학교의 기능은 ① 성장을 위한 인위적 환경을 조성하여 문화의 전달과 문화의 갱신을 이룩하게 하고, ② 가정의 확대 기능으로서 더 완전한 훈련가 과학적 지도로서 가치 있는 관심과 가정과 이웃을 위한 일을 발견하는데 이다. ③ 뿐만 아니라 그는 시민의 책임과 사회통찰력을 기르고, 다른 사람의 권리의 존중을 통해서 민주적 공동생활을 원만하게 영위하게 하는 능력을 양성하는 데 학교의 기능이 있다고 본 것이다. 교육의 목적은 사회적 효율성(social efficiency)을 증가시키는 데 있으며, 또한 교육은 사회지속을 위한 수단이기도 한 것이다.

전통적 교육이론에서 수업내용은 교과(subject)나 훈련(disciplines)으로 구성되었다. 그러나 듀이의 교육이론에서 많은 사람들에게 가장 혼란을 초래하게 하였던 것은 그의 교과에 대한 생각이었다. 교과는 교육의 과정을 구성하고 있는 것이다. 초등학교 교사와 학생이 교과에 접근하는 방법에 대한 그의 견해는 『아동과 커리큘럼』(The Child and the Curriculum)과 『학교와 사회』(The School and Society)라는 두 권의 책 속에 잘 담겨져 있다.

『아동과 커리큘럼』에서 그는 커리큘럼의 영역으로 다음 세 가지를 들고 있다. ① 학교생활과 인간의 공동생활에서 발생하는 과제와 그 관계를 아동 자신이 발견하도록 도와주는 일, ② 효과적인 목표를 달성하게 스스로의 행동을 통제하도록 도와주는 일, ③ 나아가서 자신의 흥미를 발견하게 하고, 장래의 발전성을 가리키는 도표로서 지식을 하나의 시험으로 사용하게 하는 일의 영역이 그것이다.

이와 같이 듀이는 '참된 교과의 중심이 과학, 문학, 역사 및 지리가 아니고, 아동 자신의 사회 활동'이라고 말한다. 이러한 사회활동 전반을 아동과 공유하는데 교과의 중심이 있는 것이다. 그리고 사회활동 내지 사회생활은 미리 만들어진 지식의 조각으로 잘려지는 것이 아니라고 하여 교과의 분과성 및 독점성을 부인하고 있다. 그러므로 커리큘럼이라는 낡은 백화점을 활동의 탄력 있는 프로그램으로 대체하여야 한다고 말한다. 활동 프로그램을 공동사회에서 그 역할을 실현하게 되고, 문명이라는 자본의 증식과 효과적인 경험의 산출을 초래케 한다고 주장한다.

그러나 이상과 같은 교과와 커리큘럼에 대한 듀이의 생각은 사회생활이 교과의 중심임을 강조하는 것이지 교과자체를 부인하는 것은 아니다. 다만 교육은 교사와 교과서에서 획득된 정보의 수집에만 국한시킬 수 없다는 것을 의미하는 것이다. 그리고 교과에 대한 강조는 교육의 수준이 높아짐에 따라서 자체적이고 전문적인 교과로 변화하여야 함을 주장하고 있다.

교사는 학생의 흥미와 활동을 조장시키는 주제의 학습 장치를 마련하여 그 촉매 작용을 하여야 한다. 학습은 학습자의 경험 밖에 있는 고

정된 것을 학습하는 것은 아니며, 현재의 학습자의 경험을 이용하여야 한다. 수업은 계속적인 경험 개조의 일환이다. 따라서 교사와 교과에 의하여 조장되고 소화된 정보를 받아들이는 것은 아니다.

듀이는 교과간의 계층성을 세울 수 없다고 말한다. 교과의 가치는 본질적이고 유일한 것이다. 그러기 때문에 어느 교과의 가치가 높고 어느 교과의 가치는 낮다고 말할 수는 없다. 궁극적 가치는 생활 자체의 과정에 있는 것이기 때문이다.

전통적 수업관에서의 아동관의 특징은 외적자료의 수동적 수용자로서, 그의 의지는 통제되어야 하고, 그의 욕망은 유해한 것이며, 미성숙한 것으로 본 점에 있다. 이에 반해서 듀이는 아동을 의지적이고, 목적적이고, 호기심 있고, 능동적인 존재로 보아야 한다고 주장한다. 그리고 이러한 아동에 대한 교사의 역할은 아동의 학습을 도와주는 '안내자' 내지 '충고자'인 것이다.

학습이라는 무대장치를 아동과 함께 하는 협동자이기도 한 교사는 교육 내지 학습이라는 과정을 책임을 지는 의무자이기도 하다. 따라서 교사는 권위의 원천은 아니며, 아동의 경험을 효과적으로 성장케 하는 충고자일 뿐이다.

이렇게 볼 때, 교사와 아동의 관계는 학습을 상호 계획하고 배우는 협동의 관계라고 말할 수 있다. 여기서 교사는 교육의 전문가로서 교육이론에 대한 견고한 기초를 가져야 하며, 교육의 철학적 심리적 사회적 기초를 가져야 한다. 뿐만 아니라 교사는 광범위한 일반지식을 가져야 하고, 이론과 실천에 관한 상호관계를 깊이 있게 이해하여야 한다. 수업은 전문 활동이고, 교사의 전문성에 의해서 효과적인 학습이 이루어질 수 있기 때문이다.

듀이에 의하면 안다는 것은 경험을 재구성하는 것이며, 경험의 재구성과 개조에 학습 또는 교육의 목적이 있다. 그러므로 교육의 효과적인 방법은 경험을 교화적으로 재구성하게 하는데 있다. 이러한 방법으로서 그가 강조한 것은 '행위의 학습'(learning by doing)이다. 행위에 의해서 학습한다는 것은 안다는 것의 핵심에 행함이 있다는 그의 일원론적인 지식론에 기초하고 있는 것이다. 즉 안다는 것과 행한다는 것을 하나로 보고, 본래 행에 의해서 알게 되고 지식이 성립되었다는 견해에 의거하고 있는 것이며 프래그마티즘의 기본사상에 입각하고 있는 것이다.

그의 교육사상은 이론의 수준에서 현대 사회의 교육을 위한 지도적 역할을 하였으며, 현대교육계는 이론적 관심의 수준에서 그의 영향 하에 있다고 보아도 과언이 아니다. 그의 교육사상은 미국 사회에 커다란 영향을 주었을 뿐만 아니라, 전 세계에 걸쳐 크게 영향을 끼쳤다(남궁용권, 260).

제 3 장

유아교사의 역할과 자질

'교육의 질은 교사의 질을 넘을 수 없다'는 말이 있듯이 교육에 있어서 교사의 역할은 매우 중요하다. 따라서 훌륭한 유아교사가 되기 위해서는 교사의 역할과 자질을 갖추어야 한다.

현재 우리나라에서 6세 이하 생애 초기 영유아를 위한 교육과보호를 제공하는 기관은 유치원과 어린이집에 있다. 유치원은 3~6세 유아를 교육하고 어린이집은 0~6세 영유아를 대상으로 보육서비스를 하기 때문에 유아교사에게 요구되는 역할과 자질 등에서 다양하다는 차이가 있을 뿐 본질적으로 동일하다.

따라서 본장에서는 유아교사의 역할, 유아교사의 자질, 교사와 교직윤리 등을 살펴보고자 한다.

1. 유아교사의 역할

교사란 통찰력과 지식을 가지고 행동을 가르치고, 지도하고 훈련시키는 사람이다. 이런 모든 교육적 활동이 곧 교사를 통하여 이루어지기 때문에 효과적인 교육의 수행을 위해 교사들은 수많은 역할을 담당해야 한다.

역할이란 사회에서 특정한 지위에 있는 사람들이 의식적으로 수행하고 다른 사람들에 의해서도 인정을 받고 있는 포괄적인 행동양식을 의미한다. 교사의 역할은 교육현장에서 교사의 지위를 내포함 용어로서 교사가 담당해야 할 역할 행동, 교사들에게 거는 기대를 말한다.

이러한 역할의 개념은 유아교사의 역할이라는 구체적인 개념과 관련하여 몇 가지 살펴볼 수 있겠다. 유아교사의 역할에 관한 관점은 시대에 따라 조금씩 변화해 왔음을 알 수 있다. 초기의 학자들은 유아교사의 역할이 어머니의 역할과 크게 다르지 않다고 보았다. 따라서 유아의 건강과 안전을 돌보아 주는 역할이 유아교사의 주된 역할인 것으로 생각하였다. 그러나 시간이 지나면서 가르치는 교사로서의 역할을 강조하기 시작하여 교육과정을 계획하고 실행하며 평가하는 자로서의 역할이 첨가되었다. 21세기 요구되는 유아교사의 모습은 적극적으로 학습의 과정에 참여하여 스스로 지식을 구축해 가는 능동적인 학습자의 모습이다.

유아교사의 역할에 관한 시대에 따른 학자들의 견해를 표로 살펴보면 〈표 3-1〉과 같다(이은화 외, 1995; 박은혜, 2003 재인용).

〈표 3-1〉 교사의 역할

학 자	역할유형	비 고
Katz(1970)	모친유형 치료유형 교수모형	
Ellis & Others(1982)	계획자 학습 조력자 및 감독자 안내자 및 상담자 문화의 설정자 및 중재자 지역사회 연결자 교직의 일원으로서의 역할 수행자 학교사회의 일원으로서의 역할 수행자	아동과의 상호작용 이상의 범위를 포함
이은화(1985)	환경 제공자 관찰자 프로그램 계획자 연구자 부모교육 담당자 평가자	연구자의 역할 포함
Spodek(1985)	양육역할 교수역할 관련자 역할	의사 결정자의 역할 포함
Schickedanz et al.(1990)	교육과정 설계사 계획자 · 조직자 · 평가자 훈육자 의사 결정자	의사 결정자의 역할 포함
오문자(2001)	능동적 지식 구성자 문화 형성의 주체 유능한 의사 결정자 연구자 공동 학습자	
이기숙 외(2002)	양육자로서의 역할 관찰자로서의 역할 교육 프로그램 개발자로서의 역할 교수 조직자로서의 역할	

지금까지 살펴본 학자들의 의견을 정리하면 유아교사의 역할은 기본적으로 유아 양육자로서 뿐만 아니라 관찰자, 학습 조력자, 유아와의

상호작용자, 학습을 위한 환경 구성자, 중요한 의사 결정자로서의 역할로 구분할 수 있을 것이다(김옥경 외 3인, 2005).

1) 양육자로서의 역할

유아교사는 유아를 신체적·정시적인 위험에서 안전하게 보호하고 정산적인 발달을 보조해 주는 양육자의 역할을 수행해야 한다. 영유아는 건강보호나 안전을 그들 주변의 성인들에게 의존한다. 그러므로 영유아를 보육하는 데에는 교사의 보호 및 양육적 역할이 요구되는데, 이는 캐츠(katz)가 분류한 모성적 역할에 해당된다. 영아나 유아는 배가 고프다든지, 두려움에 싸여 있다든지, 불편함을 느낄 때, 어떠한 것에도 흥미를 보이지 않으므로 학습도 이루어지지 않는다. 따라서 유아교사는 유아의 상태를 세심하게 배려해야 하는 역할을 수행해야 한다. 일예로 영유아의 양육과 사랑의 욕구를 충족시켜 주는 부모 대리자로서의 역할, 영유아가 지니는 여러 가지 불안을 제거해주는 역할, 안정된 생활을 위해 환경을 조정해 주는 역할이 필요하다(김창복 외 2인, 2004). 양육적인 역할을 수행하기 위해 교사는 가정과 같은 편안한 물리적 환경을 구성하고, 유아를 있는 그대로 수용해 주는 태도를 가져야 한다.

2) 관찰자로서의 역할

유아교사는 주의 깊은 관찰자이어야 한다. 교사는 유아들이 어떤 자료를 선택하고, 이 자료를 어떻게 사용하며 동료들과 어떻게 상호 작용하는가를 알 필요가 있다. 이를 통해 교사는 유아들의 학습을 가장 잘 강화시키는 방법에 대한 결정을 적절하게 할 수 있다. 유아들을 관찰할 때 개별적 혹은 집단적으로 어떻게 노는가를 잘 관찰하여야 한다. 일예로 교육현장에서 다음과 같은 상황을 관찰할 수 있을 것이다.

첫째, 유아들이 자료를 어떻게 사용하는가?

둘째, 유아들이 자료를 어떻게 선택하는가?

셋째, 유아들은 또래 유아, 성인들과 어떻게 상호작용하는가?

넷째, 유아들은 놀이를 하는 동안 사고적 기술을 어떻게 나타내는가?

3) 교육프로그램 계획자로서의 역할

교육프로그램 계획자로서의 교사의 역할은 교수의 가장 중요한 측면인 학습 활동의 계획 및 조직, 평가에 이르는 일련의 과정을 계획하고 수행하는 것이다. 우선 교사는 유아의 발달 수준과 유치원 상황, 부모나 지역사회의 요구, 국가수준의 교육과정을 기초로 교육계획을 수립한다. 유아를 위한 교육계획은 월간계획을 포함하는 연간교육계획, 주간교육계획 및 일일교육계획으로 나누어 세밀하게 구성해야 한다. 만약 교사가 면밀하게 교육계획을 수립하지 않으면 각 유아의 발달에 적합하고 효과적인 교육을 수행할 수 없다(이기숙 외 3인, 2002).

4) 환경 구성자로서의 역할

유아교사는 교실 영역을 구성하고 흥미 영역을 배열하는 일도 하여야 한다. 이에 따른 유아교사의 역할을 살펴보면 다음과 같다.

첫째, 활동성의 정도를 고려하여야 한다.

둘째, 활동에 필요한 자료와 활동의 관련 정도에 따라 인접하여 위치하도록 고려한다.

셋째, 참여 유아의 수와 집단의 크기를 고려해야 한다.

넷째, 학습 내용과 계절, 유아의 흥미에 따라 재구성될 수 있도록 설계되어야 한다.

다섯째, 교사가 모든 영역을 전체적으로 볼 수 있도록 배치되어야 한다.

5) 안내자로서의 역할

교사는 모든 활동에 있어 유아의 안내자로서의 역할을 가진다. 유아가 평안하게 활동할 수 있도록 교실의 분위기와 환경을 조성해 주어야 하며 실내에서 이루어지는 활동을 안내하여 주어야 한다. 즉, 교사는 유아들이 유치원에서 활동하거나 노는 데 있어 불편함이 없도록 최대한 도와 주어야 한다. 또한, 교사는 활동 중에 이루어지는 의사결정의 안내도 잘하여 모든 유아가 자신의 생각을 잘 표현할 수 있도록 지도하여야 한다.

2. 유아교사의 자질

유아는 교사의 언행을 모방하고 의존하는 경향이 강하다. 이는 어릴수록 성인의 영향을 크게 받는 것을 의미하며 다른 교육기관보다도 우수한 교사의 자질이 필요함을 알 수 있게 한다. 유아교사가 갖추어야 할 자질은 개인의 특성 뿐 아니라 교육적 지식이나 기술, 가치관에 이르기까지 전문적인 자질이 요구된다.

유아교사의 자질에 관한 학자들의 견해를 살펴보면 다음과 같다(이윤경 외, 2003).

첫째, 알미(Almy)는 유아교사의 자질로서 인내심, 온정, 양육, 참을성, 새로운 아이디어에 대한 개방성을 제시하였다.

둘째, 시펠트(Seefeldt)는 유아교사는 유아를 좋아하고 유아에 대한 감정이입이나 현재 수준을 수용할 수 있는 능력이 있어야 하며, 융통성이 있고 선입견을 갖지 않아야 한다고 주장하였다. 또한 지적 호기심이 있으며 실제 경험이 수반된 훌륭한 수업을 할 수 있고, 유아 뿐 아니라 부모에 대한 사랑과 이해가 있어야 한다고 제시하였다.

셋째, 캣츠(Katz)와 고핀(Goffin)은 유아교사의 자질로서 특히 상호작용 기술을 강조하였다. 교사가 유아들의 감정, 요구, 상황에 대한 입장을 발견해 내는 것은 상호작용적 과정을 통해서라고 하였다. 유아는 연령이 어릴수록 자신의 감정, 요구, 욕구, 혼돈, 도움을 언어로 표현하기 어렵다. 따라서 교사는 유아의 행동과 태도에 기초하여 유아의 정서적, 인지적 상태를 반드시 유추하고 유아의 감정과 기분을 해석할 수 있는 상호작용적 기술을 가져야 한다고 보았다.

넷째, 힐데브랜드(Hildeerbrand)는 훌륭한 유아교사의 자질에 대해 다음과 같이 말하고 있다. 유아교사는 유아들을 좋아하고 유아로 하여금 배우고자 하는 욕구와 독립적인 학습자가 되고 싶은 욕구를 가질 수 있도록 하여야 한다고 보았다. 또한 교사자신의 직업이 중요하다는 자신감을 가지고 유아를 가르치는 것은 유아들의 인생에 매우 중요한 기여를 하므로 책임감으로 대처하여야 한다고 하였다.

다섯째, 이은화는 유치원 교사로서 갖추어야 할 자질로 소명감, 사람을 사랑하는 마음, 신체적 건강, 정신건강, 지도 기술에서의 유능함, 교양과 지적 능력, 창의력, 강한 실천력 등을 소유해야 한다고 지적하였다.

여섯째, 이기숙·이연섭·이영자는 유아교사의 자질을 개인적 자질과 전문적 자질로 나누어 개인적 자질로는 유아를 좋아하고 사랑하는 사람, 교육과 연수를 받아 자격이 있으며 유아를 다룬 경험이 풍부한 사람, 심신이 건강한 사람, 과제 중심적이어서 교재나 교구개발에 즐거움을 느끼는 사람으로 제시하였다. 전문적 자질로는 교육 프로그램을 계획하고 실천하는 능력, 부모, 전문가 및 여러 관계자를 참여시키는 능력, 유아의 성장과 발달을 촉진시키는 능력, 고도의 지적 전문성, 직업윤리, 지속적인 전문적 성장을 지적하였다(한임순, 1999).

지금까지 살펴본 학자들의 의견을 정리하면 유아교사의 자질은 유아를 사랑하고 이해하는 마음을 지니며 유아를 공감할 수 있는 인간적인 자질과 유아교사로서 교육과 관련된 전문적인 자질로 크게 나누어 볼 수 있겠다.

1) 인간적 자질

교육은 인격적인 만남과 따뜻한 인간관계를 바탕으로 가르치고 배우는 활동이다. 교사의 따뜻한 인간미는 학생과의 관계를 더욱 친밀하게 만들어 교사-학생간의 상호작용 활동을 활발하게 해 준다(류동훈, 2004). 기본적으로 인격적이고 사랑과 이해가 많은 교사는 학생들에게도 정서적, 인지적으로 많은 영향을 미친다. 인간적으로서의 유아교사의 자질을 살펴보면 다음과 같다.

(1) 정신적, 신체적으로 건강한 교사

유아교사가 갖추어야 할 자질 중, 정신적, 신체적으로 건강해야 함은 우선적인 일이다. 교사의 심신이 건강해야 학습현장에서 유아와의 관계 형성뿐 아니라 교육을 올바르게 행할 수 있을 것이다. 우선 교사의 신체적 건강은 교수 학습 상황에서 갖추어야 할 기본적인 능력이다. 교사의 정신적 건강, 즉 긍정적인 자아관, 타인에 대한 긍정적인 사고, 건전한 인생관, 정서적 안정은 유아에게 전의되어 유아의 자아 개념 형성, 학습태도에 영향을 줄 수 있다.

(2) 유아를 사랑하는 교사

유아교사는 기본적으로 유아를 사랑하고 존중하는 마음을 가져야 한다. 뿐만 아니라 인간에 대해 사랑하는 마음과 원만한 인간성을 지녀야 한다. 유아를 사랑하는 교사는 유아의 생각이나 느낌, 반응을 소중히 여기며 존중해 주므로 유아의 긍정적인 자아형성에 도움을 줄 것이다.

(3) 성품이 따뜻한 교사

유아교사는 온정적인 성품을 지녀야 한다. 유아들은 유치원에 오면서 부모와 떨어져 처음으로 집단생활을 하므로 정서적으로 불안할 수 있다. 교사의 온정적인 성품이나 태도는 유아의 환경 변화에 따른 불안감을 해소해 주고 정서적으로 안정감을 줄 수 있다.

(4) 성실하고 열정을 지닌교사

유아교사는 매사 성실한 태도를 지녀야 한다. 교사의 성실함은 유아에게 좋은 본보기가 될 것이다. 교사는 성실하고 열정적인 태도를 지님으로 유아교육에 필요한 전문적인 지식이나 기술을 배우며 끊임없이 탐색하는 자세를 가져야 할 것이다.

2) 전문적 자질

유아교사는 인간적인 자질 외에 교사로서 지니는 전문적인 자질을 가져야 한다. 전문적인 자질은 유아교사로서 필요한 지식과 기능을 의미하는 것이다. 일반적으로 직전 교육을 통해 습득되고 현직 교육을 통해 향상된다. 교사의 전문적인 자질은 여러 가지 측면에서 규정될 수 있으나 크게 세 가지로 구분될 수 있다. 첫째는 유아나 유아교육에 관한 전문적인 지식에 관한 기질이다. 둘째는 교육과정을 구성하고 실천하며 교구·교재를 제작하고 활용하는 교수기술에 관한 것이며 마지막은 교육에 대한 소명감이나 직업윤리를 포함하는 교육관으로 크게 나누어 볼 수 있다.

(1) 전문적인 지식

유아교사는 유아의 성장·발달이나 유아교육에 대한 전문적인 지식을 가지고 있어야 한다. 즉, 유아에 대한 발달단계 및 그 밖의 지식, 유치원 교육과정에 대한 지식, 교수 방법 및 평가에 대한 지식을 가지고 있어야 하며 교육에 영향을 주는 사회 문화적인 요인, 일반적인 교양 등 폭넓은 지식을 갖추어야 한다.

(2) 교수기술

유아교사는 교육현장에서 교육 프로그램을 계획하고 실천하는 능력이 있어야 하며 필요한 교재·교구를 제작하고 효과적으로 활용할 수 있는 기술도 갖추어야 한다. 또한 교사는 항상 발전적이고 창의적으로 사고해야 하고 교육프로그램도 융통성 있게 운영할 수 있어야 한다. 그 밖에 의사소통 기술, 부모 및 전문가들과의 상호 협력 체제 유지 기술, 교육과정 구성 기술을 갖추어야 한다.

(3) 올바른 교육관과 직업 윤리

유아교사는 자신의 전문성을 계속해야 함양하기 위해 노력해야 하며 교육에 대한 소명감을 가지고 교사로서 직업윤리를 가져야 한다. 유아교사가 가져야 할 윤리는 우선 유아를 사랑하고 이해하며 전문성 함양을 위해 끊임없이 노력하고 주변동료 교사와도 협동하는 것이다.

3. 유아교사와 교직윤리

1) 교사윤리의 의미

교육체제에서의 국·공립학교의 '교사의 권리와 의무'는 '국가공무원법'을 준용하게 되어 있다. 그리고 사립학교 교사의 복무는 국·공·사립학교의 교사에 관한 규정을 준용하고 있으므로 교사라는 말은 곧 국·공·사립 학교의 교사를 총칭하게 된다.

일반적으로 법률이 사회유지를 위한 외적 혹은 공식적 통제체제라면 윤리나 도덕은 바람직한 사회를 위한 당위적으로 이상적인 내적·자율적 통제체제를 지칭한다(심진구, 1996). 따라서 교사윤리란 교원이 마땅히 실천하고 지켜나가며 따라야 할 행동규범이다. 윤리가 곧 개인들이 사회생활을 하면서 지켜나가야 할 행위의 규범이며 도덕의 근본이념인 도리나 의무라는 사실을 고려한다면 교원윤리란 비록 강제를 수반하는 법률적 성격을 가지고 있든 그렇지 않든 간에, 교사가 교육활동을 수행하면서 사람들의 사표로서 행동하기 위해 지키고 따라야 하는 행위의 규범 또는 도덕적 의무를 의미하는 것이다(안창성·경현·이욱범, 2001). 그러나 윤리의 의미가 법률적 성격을 갖지 않는다고 하더라도 교사는 바람직한 학생지도와 조직생활을 위해 지켜야 할 것이 있다.

첫째, 교사윤리는 비공식적이며 도덕적인 가치에 두고 있다. 이러한 이야기는 도덕적이고 윤리적인 일련의 가치 기준과 그에 합당한 내용들을 교사들에게 안내해 주는 것이다. 교사윤리는 교직에 대한 강렬하고도 지속적인 헌신을 교사들에게 요구하는 비공식적인 특징을 가지고 있다. 그리고 이에 따라 교사들은 고도의 전문적 윤리 기준을 가지고 있어야 하며, 또한 윤리 기준에 부합하는 행위를 모범으로 삼아야 한다. 이와 같은 윤리기준에 부합한 행위의 요구는 수범자로서의 교사, 원만한 인간관계 형성자로서의 교사, 논리적·창의적·전문적·탐구적·비판적·창의력 등의 능력을 갖춘 교사, 학생을 잘 지도하는 교사, 꿈과 희망을 심어주는 교사 등으로 표현될 수 있다.

교육은 인간의 성장과 발달에 관련된 특수한 활동이며 교직이 그러한 특별한 활동을 수행하는 전문직적 성격을 가지고 있다는 점에 견주어 볼 때 교사 윤리는 일반적인 직업윤리보다 더욱 중요하며 그 영향력 또한 훨씬 강력하다고 할 수 있다. 따라서 교사윤리는 인간의 성장을 다루는 특수 전문직 종사자로서 교사가 반드시 지켜야 할 실천적 행동강령인 것이다(기순신, 2001; 안창선 외, 2001).

둘째, 교사들의 윤리활동은 법적 요구에 의해 교사들이 해야 할 내용을 알고 있는 것에 의해서 결정되는 윤리이다. 교사들은 법적 요구에 따라 정당한 행동을 하며 또한 정상적이 일을 한다. 이것은 곧 구체적인 일련의 가치들을 교사들에게 안내하여 준다. 교사도 또한 사회구성원의 일원으로 개인과 국가발전의 원동력이 되는 교육활동에 종사하게 되므로 반드시 국가가 요구하는 사항을 준수해야 할 법률적 규칙이 있다. ① 먼저 헌법상에서 본 윤리로서 국민전체에 대한 봉사자인 동시에 책임을 지고 있으나 노동3권의 제한이 있다. ② 국가공무원법에서는 공무원의 법적 의무에 해당되는 '선서, 성실, 복종, 직장근무, 친절과 공정, 비밀엄수, 청렴, 품위유지, 영리 및 겸직금지, 정치활동 금지, 집단행위 금지의 의무' 등이다. ③ '공무원 복무 선언 및 복무 규정'에 '성실과 책임, 공익과 질서, 공정과 청렴, 정직, 직무에 전념, 창의적 노력과 능동적 자세, 법 준수, 명령에 복종, 정의 실천자, 부정의 발본에 앞장선다'라고 법규적 윤리를 강조하고 있다.

이와 같은 두 가지 의미의 교사윤리 가운데 법률적 의미의 윤리는 외적 강제성과 통제성 그리고 형식적 통제가 포함되어 있어 인간의 자발성과 잠재성 그리고 동기성 등이 결여되어 있다. 이는 곧 인간형성이라는 교육적 측면과 배치되는 경향이 있으므로 법규 준수측면의 윤리보다는 인간 내면에 자리한 교사행동에 의한 윤리가 강조되어야 한다.

2) 교사윤리면

전문직은 그 자체가 기능을 수행하는 데 있어서 반드시 지켜야 할 직업윤리를 가진다. 비록 윤리라고 하는 것이 강제성을 수반하는 법률적인 성격을 가지지는 않지만 교사와 교직에 미치는 영향력이 크다는 것은 두말할 나위가 없다. 모든 전문직은 윤리강령을 가지며, 교직도 예외가 될 수는 없다. 특히 교사는 다른 전문직과는 달리 교육하는 데 관련된 학생과 학부모, 사회 그리고 교사 상호간 혹은 교사 자신을 포함 할 수 있다.

첫째, 학생에 대한 윤리이다. ① 교육에 있어서 가장 기본이 되는 것은 학생들을 사랑하고 아끼는 일일 것이다. 다시 말하면, 교육에야 말로 교육행위 자체의 성립여부를 결정하는 중요한 조건이 된다. 제자를 사랑하고 또 그를 이해하지 아니하고서 교육이 이루어질 수 없음은 너무나 당연한 일이다. 학생에 대한 사랑과 이해가 메말라 있는 곳의 교육은 병들고, 교사와 학생 사이의 관계는 기계적이며 비인간적으로 전략할 수밖에 없다. 존경과 신뢰를 받는 교사가 되기 위해서 갖추어야 할 제일의 조건이 바로 사랑과 이해라는 것을 명심해야 한다. ② 교사는 학생의 인격과 개인차를 존중해야 한다. 인간 존중의 사상은 민주주의의 기본원리이기도 하다. 학생 개개인마다 제 나름의 개성과 특성을 가지고 있기 때문에 교육실제에 있어서 이것들이 존중되어야 함은 이론의 여지가 없다. 교사의 인간애에 바탕을 둔 헌신적이며 희생적인 열성과 봉사는 필수 불가결한 요건이 된다. 어찌 보면, 이것이 곧 사도이며 교육이라고 하는 가치 창조적 활동에 종사하고 있는 사람으로서 마땅히 해야 할 무겁고 그러면서도 자랑스러운 책임이요, 권리이다. ③ 교사로서 범하기 쉬운, 그래서 반드시 경계해야 할 사항은, 특정 학생에 대한 편애와 차별대우이다. 여기서 학생을 공평하게 지도해야 한다는 것이 결코 모든 학생을 똑같이 지도해야 한다는 평균적인 의미를 가지는 것은 아니다. 학습부진아, 가정이 빈곤한 학생, 부모의 사랑을 받지 못하는 학생, 학교에서 소외된 학생, 문제아들에 대해서는 교육자로서의 사랑과 사명감에서 우러나오는 따뜻한 지도와 관심이 더 많이 주어져야 할 것이다. ④ 교사는 학생들의 비밀을 지켜 주어야 한다. 학생들이 교사를 찾아가 자신의 고민과 문제를 상의하고 지도·조언을 구하는 것은 기본적으로 교사에 대한 믿음이 있기 때문이다. 만일 이러한 믿음이 무너진다면 교사와 학생 사이의 인간관계가 나빠진다는 차원을 넘어서 교육자체가 형성될 수 없을 것이다.

둘째, 교사 자신에 대한 윤리이다. ① 교직은 전문직이며, 교사는 전문직 종사자이다. 교직에 있어서 전문성을 확립하는 일은 다른 어느 것보다 우선되어야 한다. ② 교사는 학생의 거울이 되고, 국민의 사표가 되어야 하며, 교육자로서 맡은 바 책임을 다해야 한다. 교사는 우선 교육에 대한 확고한 자기 철학과 투철한 사명감을 가져야 하며, 인간을 길러내는 일 자체에 큰 의미를 부여하고 그런 가치 있는 일에 종사함을 자랑스럽게 생각해야 한다. ③ 교사는 교직이라고 하는 특성 때문에 많은 사람의 보이지 않는 감시와 평가를 받게 된다. 그의 언행 · 교양 · 생활태도 · 인격은 항시 주위 사람들의 주목거리가 된다. 이것은 교사에 대한 사회적 기대가 그만큼 크다는 이야기도 된다. ④ 교사에게는 위에서 지적한 일반적 자질 이외에도 전문직에 종사하는 사람으로서 전문적 자질이 요구된다. 교사는 자기가 가르치는 교과에 대한 전문지식과 기술에 능통해야 하며, 인간발달 · 학습심리 등 교육학에 관한 기초소양도 겸비해야 한다. ⑤ 교사의 본업은 역시 학습지도와 생활지도이다. 교육의 성과를 높이기 위해 교재연구를 충실히 해야 하며 교육자료 개발에도 관심을 가져야 한다. 준비가 없는 수업은 충실할 수 없으며 교육효과가 높지 않다는 것은 자명한 일이다. 성적산출만을 위한 평가보다는 교육의 한 과정으로서 교육효과를 올리는 수단이 되도록 노력해야 한다.

셋째, 교사 상호간에 대한 윤리이다. ① 교직사회는 전문인들이 모여 활동하는 곳이기에 서로의 인격과 전문성을 인정하고 존중해 주는 그러한 풍토가 조성되어 있어야 한다. 화합과 협동을 바탕으로 교사들 사이에 상호존중과 상부상조가 이루어질 때 학교는 명랑하고 활기찬 곳이 될 수 있다. 또한 이러한 학교분위기가 교육목표 달성의 기반이 된다. ② 신임교사가 어떠한 교직의식과 태도를 가지느냐는 처음 부임한 학교에서 어떠한 선배교사들을 만나 무엇을 보고 배우느냐에 크게 좌우되는 경우가 적지 않다. 희망과 포부를 가지고 교직에 첫발을 내딛는 교사들에게 간혹 실망과 좌절을 가지게 하는 선배교사의 언동과 학교 분위기가 있을 수 있다. 선배교사들이 보이는 모범과 교직 태도는 곧바로 후배들에게 영향을 주게 된다. 같은 길을 함께 걸어갈 동반자로서, 교직동지로서 교직발전을 위해 모두 합심 단결해야 할 것이다. ③ 학교사회에 파벌이 있다면 이는 명랑한 교육풍토를 조성하는 데 최대의 적이 아닐 수 없다. 그러므로 교사 개개인의 차원을 넘어서 집단적·협동적 노력을 통해 공동목표를 추구하는 활동에 적극 참여해야 한다.

넷째, 학부모에 대한 윤리이다. ① 교사와 학부모는 학생들의 건전한 성장·발달을 돕는 데 있어 공동의 책임을 가진다. 학부모는 학교의 교육방침을 이해하고 교사들을 믿고 그들의 활동을 지원해 주어야 한다. 교사와 학부모는 협력적 관계에서 학생이 올바르게 자라날 수 있도록 공동노력을 경주해야 한다. ② 학교 교육방침이나 주요 활동상황을 학부모들에게 정기적으로 알려주고, 또 학부모들의 의견이나 아이디어를 학교경영 실제에 반영시켜 나가도록 한다. ③ 학부모들과의 관계에서 교사는 교육자다운 의연한 자세와 전문인으로서의 권위를 유지하고 내보일 수 있어야 한다. 사도가 땅에 떨어지고 교권이 상실되는 가장 큰 이유 중의 하나는 교사가 학부모와의 관계에서 지켜야 할 윤리규범을 지키지 않는 데 기인한다.

다섯째, 사회에 대한 윤리이다. ① 교사는 학교와 지역사회를 우호적이며 협조적으로 연결시키는 원동력이 되고 국가발전의 선도적 기수가 된다. 학교는 지역사회와 분리되어 따로 존재하는 것이 아니다. 오히려 학교와 지역 사회는 서로 영향을 주고받는 역동적인 상호작용 관계를 가진다. 따라서 교사는 사회의 일원으로 모든 책임과 의무를 다해야 한다. 현대 교사는 학교 울타리 안에서 안주해 버리는 나약한 존재가 되어서는 아니 되며, 지역사회 활동에 능동적으로 참여하고 지역사회 발전에 선도적 역할을 담당해야 한다. 이것은 교사에 기대하는 새로운 역할이며 종래의 전통적인 교사관과는 다른 측면이기도 한다. ② 교사는 지역사회 인사들과의 관계에서 모범적인 행동을 하도록 요구받는다. 일반인들에게는 평범하게 수용될 일도 교육자이기에 언행의 제한을 받게 되고 비판의 시선과 말을 듣는 수가 흔히 있다. 그러므로 교육자이기에 일반인과는 다른 점이 있고, 또 본받을 점도 많다는 평가를 받을 수 있을 때, 교사는 사회로부터 존경과 신뢰를 얻을 수 있을 것이다. 높은 인격과 폭넓은 교양, 건전한 생활태도와 투철한 국가의식은 교사가 지역 사회 인사들을 선도하는 데 있어서 반드시 갖추어야 할 요건들이다(한국교원교육학회, 2001; 기순신, 2001 재인용).

3) 교직윤리의 내용

우리나라에서 유아교사만을 위한 윤리강령은 따로 존재하지 않으며 대신 모든 교원에게 적용되는 윤리 규정인 사도강령과 사도헌장이 있다. 1982년 5월 15일 대한교육연합회 대의원회에서 채택·공포된 사도강령은 전문과 제1장 스승과 제자, 제2장 스승의 자질, 제3장 스승의 책임, 제4장 교육자와 단체, 제5장 스승과 사회로 구분되어 있다. 사도헌장은 사도강령과 함께 공포되었다. 그리고 미국 NAEYC의 유아교사를 위한 윤리강령을 소개하고자 한다.

(1) 우리나라의 교직윤리 규정

① 사도강령

민주국가의 주인은 국민이므로 나라의 주인을 주인답게 길러내는 교육이 가장 중대한 국가적 과정이다. 우리는 겨레의 오랜 역사와 찬란한 문화를 계승·발전시키며, 선진국과 어깨를 나란히 하여 인류복지 증진에 주도적으로 기여하려면 무엇보다도 문화국민으로서의 의식개혁과 미래사회에 대비한 창의적이고 자주적인 인간 육성에 힘을 기울여야 한다. 그러기 위하여 우리 교육자는 국가발전과 민족중흥의 선도자로서의 사명과 긍지를 지니고 교육을 통하여 국민 각자의 능력을 최대한으로 계발하여 개인의 자아실현과 국력의 신장, 그리고 민족의 번영에 열과 성을 다하여야 한다.

또한 교육자의 품성과 언행이 학생의 성장 발달을 좌우할 뿐만 아니라, 국민윤리 재건이 된다는 사실을 명심하고 사랑과 봉사·정직과 성실·청렴과 품위·준법과 질서에 바탕을 둔 사도 확립에 우리 스스로 헌신하여야 한다.

이러한 우리의 뜻은 교직에 종사하는 모든 교육자가 공동체 의식을 가지고 노력하여야만 이루어질 수 있다는 것을 인식하고, 사도헌장 제정에 때맞추어 우리의 행동지표인 현행 교원윤리강령을 사도강령으로 개정하고 이를 실천함으로써 국민의 사표가 될 것을 다짐한다.

제1장 스승과 제자

스승의 주된 임무는 제자로 하여금 고매한 인격과 자주정신을 가지고 국가사회에 봉사할 수 있는 유능한 국민을 육성하는 데 있다. 그러므로

1. 우리는 제자를 사랑하고 그 인격을 존중한다.
2. 우리는 제자의 심신 발달이나 가정의 환경에 따라 차별을 두지 아니하고 공정하게 지도한다.
3. 우리는 제자의 개성을 존중하며 그들의 개인차와 욕구에 맞도록 지도한다.
4. 우리는 제자에게 직업의 존귀함을 깨닫게 하고 그들의 능력에 알맞은 직업을 선택하도록 지도한다.
5. 우리는 제자 스스로가 원대한 이상을 세우고 그 실현을 위해 정진하도록 사제동행한다.

제2장 스승의 자질

스승은 스승다워야 하며 제자의 거울이 되고 국민의 사표가 되어야 한다. 그러므로,

1. 우리는 확고한 교직관과 긍지를 가지고 교직에 종사한다.
2. 우리는 언행이 건전하고 생활이 청렴하여 제자와 사회의 존경을 받도록 한다.
3. 우리는 단란한 가정을 이룩하고 국법을 준수하여 사회의 모범이 된다.
4. 우리는 학부모의 경제적, 사회적 지위를 이용하지 아니하며 또 이

에 좌우되지 않는다.

5. 우리는 자기 향상을 위하여 전문적인 지식과 전문화된 기술을 계속 연마하는 데 주력한다.

제3장 스승과 책임

스승은 제자교육에 열과 성을 다하고 맡은 바 책임을 다하여야 한다. 그러므로,

1. 우리는 사회의 일원으로서 모든 책임과 의무를 다한다.
2. 우리는 교재 연구와 교육 자료 개발에 만전을 기하여 수업에 최선을 다한다.
3. 우리는 생활지도의 중요성을 인식하여 제자들이 올바른 사람이 될 수 있도록 지도에 철저를 기한다.
4. 우리는 교육의 성과를 공정하게 평가하고 이를 교육에 충분히 활용한다.
5. 우리는 제자와 성인들을 위한 정규교과 외 활동에 적극 참여한다.

제4장 교육자와 단체

교육자는 그 지위의 향상과 복지의 증진을 위하여 교직단체를 조직하고 적극 참여함으로써 단절된 힘을 발휘할 수 있다. 그러므로,

1. 우리는 교직단체를 활동을 통하여 교육자의 처우와 근무조건의 개선을 꾸준히 추진한다.
2. 우리는 교직단체의 활동을 통하여 교육자의 자질 향상과 교권의 확립에 박차를 가한다.
3. 우리는 편당적·편파적 활동에 참가하지 아니하고, 교육을 그 방편으로 삼지 아니한다.
4. 교직단체는 국가의 주요 교육정책 결정에 참여하여 교육자의 여망과 주장을 충분히 반영시킨다.
5. 교직단체는 교육의 혁신과 국가의 발전을 위하여 다른 직능 단체나 사회단체와 연대 협동한다.

제5장 스승과 사회

스승은 제자의 성장 발달을 돕기 위하여 학부모와 협력하여, 학교와 사회와의 상호작용의 원동력이 되고, 국가발전의 선도자가 된다. 그러므로,

1. 우리는 학교의 방침과 제자의 발달상황을 가정에 알리고 학부모의 정당한 의견을 학교교육에 반영시킨다.
2. 우리는 사회의 실정을 정확하게 파악하고, 지역사회의 생활과 문화향상을 위하여 봉사한다.
3. 우리는 사회의 요구를 교육계획에 반영하며, 학교의 교육활동을 사회에 널리 알린다.
4. 우리는 국민의 평생교육을 위하여 광범위하게 협조하고 그 핵심이 된다.
5. 우리는 확고한 국가관과 건전한 가치관을 가지고 국민의식 개혁에 솔선수범하며 국가발전의 선도자가 된다.

이러한 윤리강령에서 일관하여 강조되고 있는 것은 교사와 학생과의 관계에서 교사는 애정을 가지고 공평하게 하고, 학생의 개성을 존중하며 성심껏 지도해야 한다는 점이다. 이미 사도강령에서 강조되고 있는 바와 같이, 교직 윤리에서 가장 강조되어야 할 것은 스승으로서 제자를 사랑하고 차별하지 않는 일이다.

② 사도헌장

오늘의 교육은 개인의 성장과 사회의 발전과 내일의 국운을 좌우한다. 우리는 국민교육의 수임자로서 존경받는 스승이요, 신뢰받는 선도자임을 자각한다. 이에 긍지와 사명을 새로이 명심하고 스승의 길을 밝힌다.

1. 우리는 제자를 사랑하고 개성을 존중하며, 한 마음 한 뜻으로 명랑한 학풍을 조성한다.

2. 우리는 폭넓은 교양과 부단한 연찬으로 교직의 전문성을 높여 국민의 사표가 된다.
3. 우리는 원대하고 치밀한 교육계획의 수립과 성실한 실천으로 맡은 바, 책임을 완수한다.
4. 우리는 서로 협동하여 교육의 자주혁신과 교육자의 지위 향상에 적극 노력한다.
5. 우리는 가정교육이나 사회교육과의 유대를 강화하여 복지국가 건설에 공헌한다.

(2) 유아교사를 위한 윤리강령(미국: NAEYC)

우리나라에는 유아교사만을 위한 윤리강령이 존재하지 않는다. 다음은 미국 NAEYC에서 제정 · 채택한 윤리강령의 일부를 소개하고자 한다.

윤리강령(Code of ethical donduct)

NAEYC Position Statement(1989년 채택, 1997년 수정)

서문(Preamble)

NAEYC는 유아교육 종사자에게 매일 요구되는 수많은 의사 결정들이 도덕적·윤리적 특성을 지닌다는 사실을 인식한다. NAEYC의 '윤리강령'은 책임 있는 행동에 대한 지침들을 제시하고, 유아들을 교육하고 보육하는 과정에서 직면하게 되는 중대한 윤리적 딜레마들을 해결하기 위한 보편적인 기준을 제공한다. 출생에서 8세에 이르는 유아들을 위한 프로그램의 최우선적인 핵심 가치는 영·유아와 그 부모에 관련된 일상생활에서의 실제의 초점을 맞춘다. 그러한 프로그램들로는 영아 프로그램, 취학 전 교육기관, 보육기관, 가정보육, 유치원, 초등학교 저학년 학급 등이 있다. 이 윤리강령은 상당수는 유아들을 직접 상대해서 일하지 않는 전문가들 - 행정가, 부모, 교육 이론가, 대학교수, 아동 보육 자격증을 가진 - 에게도 적용될 수 있다.

핵심가치

영·유아들을 보육하고 교육하는 과정에서의 윤리적 행동의 기준은 우리 분야의 역사 속에 깊이 뿌리 박혀 있는 핵심가치들에 입각한 것이다. 우리는 다음과 같은 가치에 동의한다.

i) 유아기를 인생 주기에서 독특하고 가치 있는 한 단계로 이해하기
ii) 유아 발달에 관한 지식에 근거하여 직무 수행하기
iii) 유아와 가정 간의 밀접한 유대 관계를 이해하고 지원하기
iv) 가족, 문화, 집단, 사회의 맥락 속에서만이 유아들을 가장 잘 이해할 수 있고 지원할 수 있다는 사실을 인식하기
v) 각 개인(유아, 가족 구성원, 동료)의 존엄성, 가치, 개성을 존중하기
vi) 유아와 성인이 신뢰, 존경, 긍정적인 인식 등을 기초로 한 관계 속에서 유아들의 모든 잠재력을 발휘하도록 도와주기

개념적 체계

이 윤리강령은 (1) 유아, (2) 가족, (3) 동료, (4) 지역사회와 공동체의 4장으로 구분하여 교사의 전문적 책임에 관한 개념을 나타내고 있는데, 각 장은 과제를 수행하는 활동 영역을 나타내고 있다. 각 장은 ① 그 활동 영역에서 유아들을 담당한 교사들의 중대한 책임에 대한 개념 도입, ② 모범적인 직업적 실천을 지향하는 일련의 이상들, ③ 어떤 실천이 요구되고, 금지되고, 허용되는지 정의내리는 일련의 원칙들을 포함하고 있다.

이상(the ideals)은 전문가들의 희망 사항들을 반영하고 있다. 원칙(the principle)은 이 분야에서 직면하는 윤리적 딜레마들을 해결하는 과정에서 필요한 행동의 지침을 제시하고 현직 교사들을 도와주기 위한 목적으로 만들어졌다. 각각의 이상마다 반드시 그에 부합되는 원칙이 존재하는 것은 아니다. 이상과 원칙은 교사들이 가르치는 일과 관련하여 질문을 받을 경우 의사결정을 내릴 때 기초할 수 있는 문제들을 지향하도록 하기 위한 목적으로 만들어졌다. 이 윤리강령이 몇몇 윤리적 딜레마에 대한 구체적인 방향들을 제공하지만 현직교사들은 더 많은 딜레마에 직면하게 될 것이다. 교사들은 이 윤리강령의 지침들을 이용하여 건전한 직업적 판단을 해야 할 것이다.

이 윤리강령에 나오는 이상들과 원칙들은 유아교육 분야의 중심가치에 대한 공통 개념을 제시하고 있다. 이 윤리강령은 유아교육에서 주장해 온 내용들을 공개적으로 인정함과 동시에 유아교육 종사자들이 윤리적 행동을 취하도록 지원하고 있다. 윤리적 딜레마들에 직면한 현직교사들은 이 규칙의 적용 가능한 부분들과 윤리강령 전체에 흐르고 있는 정신으로부터 지침을 발견할 수 있을 것이다.

① 윤리적 딜레마들은 항상 존재한다.

때때로 교사가 취해야 할 최상의 윤리적 행동 양식에 대한 '정답'이 분명하지 않다. 하나의 상황을 처리하기 위한 분명하고 긍정적인 방식이 존재하지 않을 수 있다. 하나의 중요한 가치나 다른 중요한 가치와 상충할 수도 있다. 따라서 우리가 '하나의 딜레마'에 처했을 때 가장 윤리적인 행동 양식을 찾는 과정에서 모든 관계 당사자들과 협의해야 하는 것이 우리의 직업적 책임이다.

② 유아들에 대한 윤리적 책임

유아기는 인생주기에 있어서 독특하고 중요하나 하나의 단계이다. 우리의 중대한 책임은 유아들에게 안전하고 건전하고 반응적인 환경을 제공하는 것이다. 우리는 첫째, 유아들의 발달을 지원하고, 둘째, 개인간의 차이를 존중하며, 셋째, 협동적으로 생활하고 일하는 방법을 배울 수 있도록 도와주고, 넷째, 건강, 자기 인식, 능력, 자기 존중감, 쾌활성을 증진시켜 주는 데 전념해야 한다.

③ 가정에 대한 윤리적 책임

가정은 유아들의 발달에 있어서 커다란 의미를 지닌다. 가정이라는 용어는 부모뿐만 아니라 유아에 관하여 책임을 담당하는 모든 사람들을 포함하는 개념이다. 가정과 유아들을 담당하는 전문가들은 유아의 복지에 관하여 공통적인 이해관계를 가지고 있기 때문에 우리는 가정과 기관이 유아의 발달을 강화하는 방향으로 서로 협조해야 할 책임이 있음을 인정해야 한다.

④ 동료에 대한 윤리적 책임

유아교육기관이라는 직무 환경에서 인간의 존엄성은 존중되고, 직업에 관한 만족도는 향상되어야 하며, 긍정적인 관계가 형성되어야 한다. 우리의 핵심 가치에 근거해 볼 때 이 활동 영역에서의 우리의 중요한 책임은 생산적인 직무수행을 지원하고 직업적 요구 사항들을 충족시킬 수 있는 환경과 관계를 형성하고 유지하는 것이다. 유아에게 적용되는 것과 같은 이상들이 성인들에 대한 우리들의 책임에도 내재되어 있다.

⑤ 지역 사회와 공동체에 대한 윤리적 책임

유아들의 관한 프로그램은 가정들과 유아의 복지를 담당하는 기타 기관들로 구성된 근접 지역 내에서 운영된다. 지역사회에 대한 우리의 책임은 지역 사회의 요구 조건을 만족시키는 프로그램을 제공하고, 유아들에 대한 책임을 나누는 기관들 및 전문가들과 협조하며, 현재 실시되고 있지는 않지만 필요한 프로그램들을 개발하는 것이다. 더 큰 사회는 유아들의 복지와 보호에 관해 그 만큼의 책임을 요구한다. 유아의 발달에 관한 우리의 전문화된 지식 때문에 우리는 어떠한 경우에든지 유아들을 위한 대변인으로서의 역할을 수행할 의무를 받아들여야 한다.

선서문(Steatement of Commitment)

유아들을 담당하는 교사로서 나는 NAEYC의 윤리강령에 반영되어 있는 대로 유아들의 교육에 대한 가치를 향상시키는 데 전념하겠습니다.

내 능력을 최대한 발휘해서 나는,

i) 유아교육 프로그램이 유아 발달과 유아교육의 최신 이론에 기초하도록 한다.
ii) 유아들을 양육하는 가정의 임무를 존중하고 지원한다.
iii) 유아들을 교육하는 동료들을 존중하고 그들이 NAEYC의 윤리강령을 준수할 수 있도록 지원한다.
iv) 지역사회와 공동체 내에서 유아, 가정, 교사의 대변자로서 역할을 다한다.
v) 직업적 행동의 높은 기준을 유지한다.
vi) 개인의 가치, 의견, 편견이 전문적 판단에 얼마나 영향을 미칠 수 있는지 인식한다.
vii) 새로운 사상에 개방적인 자세를 취하고 다른 사람들의 주장으로부터 배울 것은 기꺼이 배운다.
viii) 전문가로서 끊임없이 배우고, 성장하며, 기여한다.
ix) NAEYC 윤리강령의 이상들과 원칙들을 존중한다.

제 4 장

유아교사제도의 역사

유아교사의 양성은 독일의 교육사업가인 프뢰벨(Fröebel)에 의해 본격적으로 시작되었다. 그는 예나대학을 중퇴하고 페스탈로치(J. H. Pestalozzi)에 감화되어 친지의 도움으로 페스탈로치주의 학원을 개설하였으며, 56세 때 〈자기교수와 자기교육으로 이끄는 직관교수 학원〉을 창설하여 유치원의 기초를 마련하면서 1937년에 유아교사의 양성을 본격적으로 했다. 반면에 우리나라에서는 이화유치원이 미국 선교사 브라운리에 의해 설립되었으며, 1915년에 유아교사를 이화유치원 사범과에서 양성하기 시작했다(이기숙 외, 2002).

본 장에서는 우리나라 유아교사 양성교육의 역사, 유아교사 양성기관의 변천과 현황, 유아교사 양성교육제도의 문제점 등에 대해서 살펴보고자 한다.

1. 우리나라 유아교사 양성교육의 역사

우리나라 광복 전 유아교사 양성은 유치원 사범과의 창설과 보육학교의 설립을 들 수 있다(이은화 · 배소연 · 조부경, 2003: 87-92).

첫째, 유치원 사범과의 창설이다. 1915년 이화학당의 교장이었던 프라이 여사가 이화학당에 2년 과정의 유치원 사범과를 설치함으로써 시작되었다. 미국에서 유아교육을 전공한 선교사 브라운 리가 실무를 담당했던 유치원 사범과는 미국의 초기 유치원 교사 양성 형태와 같이 유치원에서 유아교사를 훈련시키는 목적으로 설립된 것이었다. 당시 미국에서는 프뢰벨(Fröebel)의 영향을 받아 도제훈련 방식으로 유아교사들을 양성하고 있었다.

〈표 4-1〉 이화학당 유치원 사범과 교육과정

창설 당시	1920년
체 조	성 경
음악(성악, 기악)	영 어
도 서	한 문
점 토	율동/유희
자연학	율동/창가
문학 및 동화	유치원 교수법
아동연구	수공/은물
심리학	아동심리
게 임	체 조
은 물	교육실습
수 공	어머니의 유희와 노래
유치원 프로그램	유희교육학
어머니의 유희	인지교육
인지교육	문학사
교육학	자연학
교육자	
16과목	15과목

즉, 유아교사의 양성이 유치원에서 이루어졌다고 볼 수 있는데, 이는 경험이 있는 교사의 학급에 예비 유아교사를 배정하고 오늘날의 보조교사에 해당하는 역할을 1년 이상 수행하게 함으로써 교사가 보여주는 프뢰벨(Fröebel)식의 교수기술을 모방하고 배우게 하였던 것이다. 이화학당 유치원 사범과도 당시의 여자고등 보통학교를 졸업하고, 음악에 소질이 있고, 유아를 사랑하는 마음을 가진 여성들에게 입학을 허가해서 프뢰벨(Fröebel)식의 유아교육의 이론과 실제를 도제를 양성하는 것과 같이 교육을 실시했다. 이화유치원 사범과는 1928년 이화보육학교로

독립될 때까지 98명의 교사를 배출했다(이상금, 1987). 그리고 1915년 창설 당시와 1920년의 이화유치원 사범과의 교사양성과정을 살펴보면 〈표 4-1〉과 같다.

둘째, 이화유치원 사범과에 이어 1922년에는 1916년에 개원되었던 중앙유치원에 중앙유치원 사범과가 설립되었다. 차사백, 유각경의 주도로 설립된 중앙유치원 사범과는 식민 조선의 어린이들에게 민족혼을 심어 줄 수 있으며, 혜택받지 못한 어린이들을 더 사랑할 수 있는 유아교사를 양성하는 것을 설립 목적으로 하였다(이원영, 1981). 이어서 1926년에는 1924년에 개원했던 갑자유치원에 갑자유치원 사범과가 설립되었으며, 이화유치원 사범과와 마찬가지로 유치원에서 도제훈련 양식으로 유아교사를 양성하였다(이상금, 1987).

셋째, 1922년 제2차 조선교육령이 공포됨에 따라 기존 학교의 체계가 일본의 학교 체계에 맞게 정비 및 변경되었다. 이에 의해 유치원 사범과로 존재해 오던 유아교사 양성기관들도 보육학교로 그 명칭을 바꾸게 되었다. 따라서 1927년에 갑자유치원 사범과가 경성보육학교로, 1928년 이화유치원 사범과와 중앙유치원 사범과가 각각 이화보육학교와 중앙보육학교로 이름을 바꾸어 유아교사를 양성하기 시작하였다(이상금, 1987). 또한 1927년에는 평양에 있던 숭의여학교에 보육과가 병설되어 지방에서의 유치원 교사양성을 시작하게 되었다. 당시 지방 교회에서 설립하는 유치원의 수가 급증하여 유아교사에 대한 수요가 증가하였는데 5년제의 중학교를 졸업한 자들에게 입학을 허가했던 숭의여학교 보육학과에서는 이러한 수요를 어느 정도 충족시켜 주는 역할을 하였으며, 그리고 숭의여학교의 보육과는 1938년 폐교되었다(이원영, 1981).

이 당시 서울시 보육학교 실태는 〈표 4-2〉와 같다.

〈표 4-2〉 서울시 보육학교 실태

구 분	교 명	학 급	학생수
1931	중앙보육 이화보육 경성보육	2 2 2	87 45 47
1933	중앙보육 이화보육 경성보육	3 2 2	108 55 64

자료: 이원영(1981), 『취학 전 교육(상권)』. 서울: 서울시 교육위원회, p. 347.

유치원 사범과가 보육학교로 개설됨에 따라 유아교사의 양성 형태에 변화가 생기게 되었다. 우선 유아교사를 양성하는 장소가 유치원에서 독자적인 학교로 이행되면서, 이 때 부터 유치원은 오늘날처럼 보육학교의 실습장 역할을 하게 되었다. 아울러 교사양성의 방법도 프뢰벨(Fröebel)식의 도제양성방식에서 보다 진보적이고 창의적인 교사양성 방법으로 바뀌게 되었다(이상금, 1987).

〈표 4-3〉 이화보육학교 교과과정

1학년		2학년	
과목명	시간수	과목명	시간수
수 신	1	윤리학	1
성 경	2	성 경	2
교육학	2	교육학	1
심리학	2	심리학	2
보육학	4	보육학	1
유 희	5	음 악	2
음 악	5	국어 및 한문	2
국어 및 한문	4	영 어	2
자연과학	1	자연과학	1
도 화	2	도 화	2
수 공	2	수 공	1
동 화	2	실 급	15
계	32	계	32

자료: 이원영(1981), 『취학 전 교육(상권)』. 서울: 서울시 교육위원회, p. 354.

이 당시 이화보육학교 교과과정과 중앙보육학교 교과과정은 <표 4-3>과 <표 4-4>와 같다.

〈표 4-4〉 중앙보육학교 교과과정

1학년		2학년	
과목명	시간수	과목명	시간수
윤리학	2	윤리학	1
교육학	2	교육학	1
아동심리학	2	아동심리학	2
음 악	5	음 악	2
보육학	4	보육학	1
영 어	2	영 어	2
미 술	2	미 술	2
자연과학	2	자연과학	1
율동/유희	5	율동/유희	1
동 화	2	동 화	2
수 공	2	수 공	1
일 어	2	일 어	2
		실 습	15
계	32	계	33

자료: 이원영(1981), 『취학 전 교육(상권)』. 서울: 서울시 교육위원회, p. 353.

상기에서 살펴본 바와 같이, 보육학교 개설과 함께 교사양성 교육과정도 많이 발전되어, 교양과목과 전공과목으로 분류하여 구성했다. 그리고 그 내용도 보육학교 초기에는 프뢰벨(Fröebel)식의 교육원리 및 방법을 주로 포함하고 있으나 점차로 많이 변화되어 보다 진보적인 사상이 근간이 되고 있음을 알 수 있다. 다시 말하면, 이 당시는 진보주의 교육사조의 영향을 받아 유아교육의 내용이 생활중심 교육으로 바뀌게 되었다. 따라서 유아교사 양성교육도 존 듀이(John Dewey)의 진보주의 교육사조의 영향을 받게 되었음을 알 수 있다. 넷째, 8.15 광복을 전후한 시기의 유아교사 양성은 광복 직전부터 등장한 3년제 전문학교의 보육과에서 주로 이루어졌다. 1940년 이화보육학교가 3년제의 이화전문학교의 보육학과로 편입되었으나, 1943년 일제의 탄압에 의해 폐지가 되었다. 광복과 함께 재개원되었다. 또 1943년 학도지원병 징집으로 신입생 모집이 중단되었던 중앙보육학교는 광복과 함께 1945년 중앙여자전문학교의 보육과로 이름을 바꾸어 출발하여 유아교사를 양성하기 시작되었다. 그러나 1946년 군정 하의 한국교육위원회에서 교육제도를 조정 및 확립함에 따라 이화전문학교가 1946년 이화여자대학교로, 1947년 중앙여자전문학교가 중앙여자대학교로 승격되었다. 이에 의해 이화전문학교의 보육과는 이화여자대학교 한림원 아동교육과로 승격되었으며, 중앙여자전문학교의 보육과는 일단 폐지되었다(이원영, 1981). 이들 전문학교에서의 유아교사 양성의 특징을 살펴보면 유아교사를 양성한 연한은 짧으나 종전의 2년제에서 3년제로 교사양성 교육기간이 늘어났다는 것, 교과과정이 보육학교의 그것에 비해 다양해 졌다는 것, 실습시간이 많이 감소하였다는 것 등이 특징이다(이기숙・이연섭・이영자, 1984). 1941년 이화여자 전문학교 보육과의 교육과정을 살펴보면 〈표 4-5〉와 같다.

〈표 4-5〉 이화여자 전문학교 보육과 교과과정(1941)

구 분	1학년	2학년	3학년
수신(윤리학,	1	1	1
국민도덕)	2	2	2
성 경	2	-	-
일본학	3	3	3
일 어	-	2	-
사회학개론	-	-	2
사회사업	2	2	-
가정학	1	1	-
영 어	4	4	3
음 악	2	2	2
체 조	2	-	-
교육학	-	2	-
교육사	-	2	-
아동심리학	-	-	2
유치원 경영 및	-	2	2
관리법	2	2	2
아동연구	2	-	4
육아학	-	-	1
아동위생	2	2	-
아동영양학	2	2	-

아동문학 수 공 유 희 동 화 아동자연과학 실 습	 3 1 2 - 	 2 1 1 - 	 2 - - 7
계	33	33	33

자료: 이원영(1981), 『취학 전 교육(상권)』. 서울시 교육위원회, p. 353.

다섯째, 1950년대의 4년제 사립대학에서의 유아교사 양성은 다음과 같다. 이화여자대학교 한림원의 아동교육과는 1951년 사범대학이 신설되면서 사범대학 문학부 소속 아동교육과가 되었으며, 1952년에는 교육학과에 학령전 교육 전공, 초등교육 전공, 중등교육 전공, 교육학 전공 4가지 전공을 두었는데 학령 전 교육 전공을 통하여 4년제 대학에서 유아교사가 양성되게 되었다(이원영, 1981). 그리고 1947년 중앙여자대학으로 승격되면서 폐과되었던 중앙여자전문학교의 보육과는 1958년 중앙대학교 문리대학 내에 다시 보육과로 신설되어 1959년부터 유아교사를 양성하게 되었다(이원영, 1981).

여섯째, 광복 이후 1950년대까지 유아교사 양성이 부진하여 많은 유아교사 양성기관은 신설되지 못하였으며, 주로 2년제 초급대학의 보육과에서 유아교사 양성이 이루어졌다. 1947년 조양 보육사범학교가 신설되었고 이는 1955년 경기실업 초급대학으로 교명을 바꾸면서 보육과를 두고 유아교사를 양성하였다(경기대학교, 1987). 그리고 1955년에는 대전보육원이 설립되어 1958년 대전보육초급대학으로 인가를 받아 유아교사를 양성하였다. 1960년대에 들어와 유아교사를 양성하는 2년제 초급대학들이 증가하였는데 1962년에 국민여자초급대학과 계명대학병설 여자초급대학, 1963년에 한성여자 초급대학이, 1964년에 부산여자 초급대학과 경희여자 초급대학이 각각 신설되었다(이봉익 · 구태수, 1981). 이는 보육과가 대학 입학생들의 인기를 끌지 못하는 결과로 이어져 1960년대 말에는 국민여자초급대학, 부산여자초급대학, 경기여자초급대학 등의 보육과가 폐과되기에 이른다(이원영, 1981). 이 당시 대전보육초급대학의 교사양성 교육과정은 〈표 4-6〉과 같다.

〈표 4-6〉 대전보육초급대학의 교육과정(1957)

구 분	1학년		2학년	
	과목명	학점수	과목명	학점수
교양	기 도 성 경 영 어 국 어 원리와 실제	5 2 2 2 1	기 도 개인지도 영 어	5 2 2
전공	아동종교 아동발달 피아노 음악이론 노 래 동 화 자연과학 견 학 악기사용번 유 희 수 공 오 락	2 1 1 1 1 2 2 3 1 1 2 1	아동심리 유치원 교안 유치원 관리 실 습 음악이론 아동미술 응급치료 토 의 피아노 율 동 악기사용법	2 2 1 8 2 1 2 1 4 1 1
계		32		32

자료: 이은화 · 배소연 · 조부경(2003). 『유아교사론』. 경기: 양서원, p. 95.

일곱째, 1970년대 유아교사 양성은 2년제 초급대학들과 이화여자대학교, 중앙대학교 등 2개의 4년제 대학과 더불어 오늘날 2년제 전문대학의 전신이라 할 수 있는 2년제 전문학교의 보육과에서 주로 이루어졌다. 이 시기에 설립된 2년제 전문학교로는 1970년 전문학교로 인가를 받은 숭의보육원을 들 수 있다. 광복 전 일제의 탄압에 의해 폐교되었던 평양의 숭의여학교 보육학과는 광복 후 서울에서 숭의여고로 개교하였으나 보육과를 두지 못하였다. 숭의재단은 한국보육원을 인수한 1963년에서야 비로소 유아교사를 양성하는 숭의보육원을 재설립하였으며, 이는 1970년 숭의전문학교로 인가를 받아 1979년 숭의여자전문대학으로 승격될 때까지 많은 유아교사를 배출하였다(숭의 90년사, 1993).

이 외에도 계명여자초급대학 보육과가 1970년 계명대학 병설 전문학교로, 상지여자 실업고등전문학교의 보육과가 상지전문학교로 바뀌면서 2년제의 전문학교로서 유아교사를 양성하였다. 또한 대전보육초급대학이 1971년 대전여자초급대학으로, 1977년에는 배제대전초급대학으로 각각 교명을 바꾸어 유아교사를 양성하였고, 부산의 한성여자초급대학이 한성여자대학으로 교명을 바꾸어 유아교사를 양성하였다(이원영, 1981). 한편 4년제 대학인 중앙대학교 보육과는 1979년 유아교육과로 교명을 바뀌었으며, 대학원에서 석사과정을 두어 이화여자대학교와 함께 유아교육의 고급 인력을 양성하기 시작하였다(중앙대학교, 1970). 또한 1977년에는 덕성여자대학교에 보육과가 신설되었고 이는 1978년에 유아교육과로 이름을 바꾸어 이화여자대학교, 중앙대학교 등과 함께 4년제 대학으로서 유아교사를 양성하는 데 동참하게 되었다(이원영, 1981). 이 당시 중앙대학교 유아교사 양성교육과정을 소개하면 〈표 4-7〉과 같다.

〈표 4-7〉 중앙대학교 유아교사 양성교육과정(1972)

교 양		교 직		전 공	
과목명	학점수	과목명	학점수	과목명	학점수
				유아심리	3
				아동발달	4
				임상심리	4
				놀이요법	2
국 어	6	교육심리	3	정신위생	4
영 어	8	교육사	3	아동교육론	4
제2외국어	4	청년심리	3	유치원 교육론	2
문학사	4	생활지도	2	유치원	2
국민윤리	4	교육평가	3	교육과정	2
체 육	10	중등교육론	3	아동문학	4
자연과학개론	4	교육행정	3	교사를 위한	4
논리학	4	학습지도	3	공예	6
심리학	4	각과지도	2	아동미술교육	6
교육학	4	특별활동	1	교육무용	4
상급영어	2	교육실습	2	악 기	6
				합 창	4
				기 악	4
				리듬교육	2
				아동음악교육	6

				아동영양 및 위생 아동교육외서 유치원 경영관리 아동연구 Ⅰ 아동연구 Ⅱ 구화법 부모교육	2 1 1 2 4
소 계	54		28		83
합 계	165				

여덟째, 1980년대 이전까지의 우리나라 유아교사 양성은 전적으로 사학에 의존해왔다. 하지만 1980년에 처음으로 국립대학인 부산대학교와 전남대학교에 유아교육학과가 신설되었으며, 1985년에 한국교원대학이 신설되면서 유아교육과를 두게 되어 명실공히 국가에서의 유아교사 양성이 시작되었다. 이들 3개 국립대학에서 매년 배출하는 유아교사의 수는 55명으로 이는 현재까지 계속되고 있다. 1994년 한국교원대학교의 유아교사양성 교육과정은 〈표 4-8〉과 같다.

〈표 4-8〉 한국교원대학교의 유아교사양성 교육과정

구분	1학년	2학년	3학년	4학년
전공필수	유아교육학개론 아동발달심리	유아교육사조 기악 Ⅰ 기악 Ⅱ 유치원 교육과정 유아놀이지도 현대사회와 유아교육	기악 Ⅲ(전통악기) 교과교재연구 및 지도 유아교육교수법	부모참여 교육론 유아교육연구 유아교육운영관 리
전공선택		초등교육개론 아동문학 유아교수매체 유아음악교육 아동상담이론	영아발달 연구 유아언어교육 유아미술교육 유아행동분석법 전통음악 유아건강 및 안전 유아 수교육	정신위생 유아정서 및 사회교육 유치원 교사론 유아교육현장연 구 한국유아교육론 아동 복지

			유아과학이론 유아교학이론 교육이론과 실제	영 · 유아 교육프로그램 특수아 교육 비교 유아교육론

자료: 한국교원대학교(1994). 교원대학교 유아교육과 교육과정. 청원: 한국교원대학교.

아홉째, 1980년대 이후 4년제 대학 보육과 및 유아교육과의 신설은 다음과 같다. 광복 후 1970년대까지 우리나라에도 많은 4년제 대학들이 신설되었으나 유아교사를 양성하는 곳은 이화여자대학교와 중앙대학교의 2개 대학에 지나지 않았다. 그러나 1980년대에 이르러 많은 4년제 대학들에게 보육학과 또는 유아교육과를 신설하여 유아교사를 양성하게 되었으며 배제대전초급대학이 배제대학으로, 한성여자대학이 부산산업대학을 거쳐 경성대학으로 승격, 개명하면서 4년제 대학으로 유아교사를 양성하고 있다. 1994년 12월 말 현재 우리나라에서 유아교사를 양성하는 4년제 사립대학은 14개 대학으로 이는 〈표 4-9〉와 같다.

〈표 4-9〉 사립 4년제 유아교사 양성대학

지 역	명 칭	정 원
서 울	이화여자대학교 중앙대학교 덕성여자대학교 성신여자대학교 총신대학교	50 30 40 30 50
부 산	경성대학교	30
경기도	성결대학교 강남대학교 대진대학교	40 50 35
경상남도	경남대학교	30
경상북도	대구대학교	40
전라북도	원광대학교	30
충청북도	서원대학교 배제대학교	40 40

〈표 4-9〉에서 살펴본 바와 같이, 사립 4년제 유아교사 양성대학에서 1994년도에 배출하는 유아교사 수는 445명에 이른다. 4년제 대학들의 교사 교육과정은 1975년부터 대학교육이 실험대학 형태로 전환됨에 따라 졸업을 위한 이수학점이 160학점에서 140학점으로 줄고, 교양필수, 교양선택, 교직필수 과목들을 이수하도록 했다.

따라서 전공필수 과목의 수가 줄고 전공 선택과목의 수가 늘었으며, 예능계열 과목이나 실습시간이 줄어들게 되었다(이기숙 · 이연섭 · 이영자, 1984). 그리고 1994년도 이화여자대학교의 유아교사 양성 교육과정은 〈표 4-10〉과 같다.

〈표 4-10〉 이화여자대학교 교육대학원의 교육과정(1994)

과목명	학점수
유아교육론	3
유아교육과정연구	3
유아교육의 연구방법 및 연구동향	3
유아교육 사조연구	3
영 · 유아 발달 세미나	3
유아언어 교육이론	3
유아예능 교육의 이론	3
유아사회 교육 세미나	3
유아교육기관 운영관리 세미나	3
놀이이론 연구	3
유아교육의 비교연구	3
유아건강 교육	3
유아과학 교육론	3
유아수학 교육론	3
부모 · 가족관계 세미나	3
특수교육 세미나	3
유아교육과 복지정책 세미나	3

자료: 이화여자대학교 교육대학원(1994). 이화여자대학교 교육대학원 요람. 서울: 이화여자대학교. pp. 71-72.

열째, 1980년대 이후 전문대학 유아교육과의 증가를 들 수 있다. 1979년에 숭의여자전문대학으로 승격됨과 더불어 2년제 전문학교가 전문대학으로 바뀌었다. 이들 전문대학에 보육과 및 유아교육과의 신설도 눈에 띄게 증가하였다. 1980년에 신설된 전국의 보육과나 유아교육과를 둔 전문대학은 서울 4개교, 경기 3개교, 강원도 1개교, 경상북도 6개교, 경상남도 2개교, 전라북도 2개교, 전라남도 3개교, 부산 3개교, 제주도 1개교 등 25개였으며, 1993년 말 현재 유아교사를 양성하고 있는 전국의 전문대학 수는 58개교이고, 이들 전문대학에서 배출하는 유아교사의 수는 6,680명에 이르기 있다(교육통계연보, 1993).

열한째, 1980년대부터 아동학과 및 아동복지학과에서 교직을 이수한 학생들 중 졸업생의 30%에 해당하는 수의 학생들이 자격증을 취득하게 됨으로써 아동학과에서도 유아교사를 배출하게 되었다. 1993년 12월 현재 유아교사를 양성하는 전국의 아동학과 및 아동복지학과는 13개 대학에 소속되어 있으며, 1993년에 150여 명의 유아교사를 배출하게 되었다(교육통계연보, 1993). 아동학과 및 아동복지학과가 소속된 대학은 경원대학교, 동덕여자대학교, 서울여자대학교, 성균관대학교, 연세대학교, 인제대학교, 효성여자대학교 등이다.

열둘째, 1980년대에 들어와 교육대학이 2년제에서 4년제로 바뀌게 되었고, 1983년 서울교육대학교 및 인천교육대학교에 유아교육 심화과정이 생긴 것을 시작하여 전국 11개 교육대학교에서 유아교육 심화과정이 개설되었다. 교육내용은 대학별로 약간의 차이가 있으나 유아교육에 관련된 과목으로 총 21학점을 4년에 걸쳐 이수하도록 되어 있다. 교육대학교를 졸업한 후, 취득하는 자격으로 초등학교 2급 정교사 자격증을 받게 되는데 이는 유치원 2급 정교사 자격으로도 될 수 있으므로 교육대학교에서도 유아교사를 양성하는 것으로 볼 수 있다.

열셋째, 방송통신대학은 1982년 2년제의 전문과정으로 개설된 유아교육과에서 유아교사 양성을 시작하였다. 1989년에는 4년제 학사과정으로 개편되어 약 2천여 명에 달하는 유아교사를 배출하고 있다. 전국에 재학생을 두고 있는 방송통신대학의 주된 교육방법은 방송강의이며, 전국의 12곳에 있는 각 지역의 학습관에서 이루어지는 출석수업이나 지역순회 강의의 방법도 있다(방송통신대학 요람, 1994).

열넷째, 대학에서 아동 및 유아교육 관련학과를 졸업하고, 교육대학원에서 유아교육을 전공할 경우 유치원 2급 정교사 자격증을 받을 수 있도록 하였으나 1983년 이후 유아교사의 과잉공급으로 인해 일시 중단되었다. 그러나 1989년 교육대학원장 협의회에서 다시 자격증을 수여하여야 한다는 것이 건의되었고, 1994년 교원자격검정운영지침에 의하면 각 대학의 장이 교육대학원에서 유아교육을 전공하고, 석사학위를 받은 사람들에게 유치원 2급 정교사의 자격을 줄 수 있도록 되어 있다. 따라서 교육대학원에서도 유아교사를 양성한다고 볼 수 있으며, 이화여자대학교 교육대학원의 교육과정은 〈표 4-10〉과 같다.

그리고 교육대학원 교육의 현황과 문제에 대해서 고찰하면 다음과 같다(임승렬, 2005: 108-109).

현직교사를 위한 재교육의 중요성은 「교육공무원법」, 「사도헌장」, 「교직발전종합방안」에서도 언급되고 있다 .우리나라에서 유치원 교사를 위해 실시되고 있는 재교육의 유형 중의 하나가 교사 개인이 주도하는 재교육으로서의 교육대학원 교육이다.

전국의 4년제 대학 중 약 135개 대학에서 교육대학원을 설치 · 운영(전국교육대학원장협의회, 2003)하고 있고, 그 중 유아교육 전공(유아특수교육과 아동교육 포함)이 개설되어 있는 곳은 약 63개이며, 1,700여 명(교육개발원 통계, 2005)이 재교육 또는 계속교육을 통하여 교원 자질 향상과 유아교육의 질적 향상, 교육 현장 개선 등에 크게 공헌하였다. 뿐만 아니라 일부 교육대학원에서는 교원 양성기능을 수행하고 있으며 학교 현장에서의 연구풍토를 강화하여 현장의 교사들이 연구직과 교수직 등 전문적 진출을 가능하게 하는 데 기여하였다.

그러나 교육대학원의 양적인 팽창에 비해 교육의 질적 수준에 대한 우려와 함께 시대의 변화와 다양한 수요자의 요구에 적절하게 대응하지 못하고 있다는 비판이 높아지고 있다(김성길, 2001). 교육대학원의 수가 많아졌다는 사실 자체가 문제되는 것은 아니다. 대학원의 수가 많을수록 교사들에게는 그만큼 교육기회가 많이 주어진다는 것을 의미하고, 다양한 프로그램 중에서 교사들의 요구를 충족시킬 수 있는 선택의

폭이 그만큼 커졌다는 것을 의미한다. 문제는 130여 개의 교육대학원이 더 좋은 교육 프로그램을 제공하고 교육 수요자들에게 양질의 서비스를 제공하기 위해 경쟁하기 보다는 학생 유치에 보다 유리한 조건, 보다 쉽게 졸업할 수 있도록 하는 경쟁이 이들 간에 있다는 것은 우려하지 않을 수 없다(유현숙, 2002; 최운실, 2003). 교육대학원에 진학하려는 일부 교사들에게는 '빠르고, 편하고, 쉬운'이라는 기준이 대학원을 선택하는 잣대가 되어왔다(김혜숙, 2000). 이러한 현상은 교육대학원이 입학하기 쉽고(강인수, 2002), 학위 취득이 쉬운 고등교육기관으로 인식되어 결과적으로 일반대학원에 비해 열등할 뿐만 아니라 학위의 권위도 떨어지는 것으로 인식되는 현상을 초래하였다.

교육대학원의 여러 가지 긍정적인 기여에도 불구하고 아직까지 해결해야 할 많은 문제점을 가지고 있는 것도 사실이다(김정미, 1995; 이종성, 1995; 조경원 외, 2000). 교육대학원 평가단(2000)의 평가결과, 교육대학원 교육이 갖고 있는 문제점을 다음과 같이 지적하고 있다.

첫째, 제도적 측면에서 교과교육 전임교수가 충분히 확보되지 않아 현직교사들을 위한 재교육이 충실히 이루어지지 못하고 있는 실정이다. 뿐만 아니라 야간제나 계절제 수업으로 인해 학생들이 시간적 제약을 받고 있다.

둘째, 운영적인 측면에는 강좌 당 학생 수와 교수의 강의 시수가 많기 때문에 수업의 질 저하가 초래되었다. 교수당 과다한 논문 지도편수는 논문 지도의 어려움과 형식적 지도가 불가피하였고 더불어 학위논문의 질적 수준을 낮추는 결과를 초래하였다.

셋째, 교육 프로그램 측면에서 현직교사와 교육전문가들에게 전문성 신장을 위한 충실한 교육과정을 제공하지 못했을 뿐만 아니라 학부모와 차별화된 교육이나 특성화 된 프로그램을 개발 및 운영하지 못하고 학부와 비슷한 교육과정을 운영하고 있는 것이 현실이다.

넷째, 교육대학원은 현직교사와 교사 희망자, 교육전문가 등 다양한 교육 수요에 따라 계속교육과 양성교육을 동시에 수행하고 있다. 이러한 교육수요자들의 다양성에도 불구하고 교육 프로그램은 계속교육과 양성교육이 구별되지 않고 획일적으로 되어 있다. 이들 다양한 교육 수요자들의 특성을 고려하지 않은 결과 교육대학원의 교육 수준을 학부과정 수준으로 낮추는 결과를 가져왔다. 이러한 현상은 전공에 따라 다소 차이가 있기는 하지만 교육대학원 운영 특성상 수업이 야간 혹은 방학에 이루어지고 있으며 교육대학원 전임교수가 없거나 부족하여 시간강사의 의존율이 높고 논문 지도의 어려움을 갖고 있다는 측면에서 교육대학원 평가단 결과와 크게 다르지 않을 것이다.

이러한 문제점을 극복할 수 있는 방안으로 생각할 수 있는 것은 교육대학원의 교육과정 및 운영체제의 개선과 교육대학원의 전문화이다. 교육대학원의 전문화는 교육인적자원부가 1999년부터 추진했던 「교직발전종합방안」에서 언급한 교육학 전문박사학위과정 개설과 교원양성제도의 대안으로서 교원전문대학원 설치를 들 수 있다. 그러나 이러한 방안은 이해 집단 간의 힘 겨루기식과 같은 교육계 내부의 갈등과 논란과 아직은 시기상조라는 의견도 있어 유보한다는 발표가 있었다. 가장 현실적인 대안으로 생각할 수 있는 것은 기존의 교육대학원이 갖고 있는 교육과정과 운영상의 문제점을 개선하는 방안을 마련하는 것이라 할 수 있다.

지금까지 우리나라 유아교사 양성 프로그램을 고찰했다. 먼저 1915년 유치원 창설 당시와 1920년의 이화유치원 사범과의 교사양성 교육과정에서는 프뢰벨(Fröebel)식의 유아교사 양성 프로그램이었다. 즉 신에 대한 이념 및 아동존중 사상과 은물과 유희를 통한 프뢰벨(Fröebel)식의 유아교육 원리를 반영하는 과목들을 쉽게 찾아볼 수 있다. 이는 우리나라 초창기의 유아교육 및 유아교사 양성교육이 그 내용 및 형태에 있어 전통적 프뢰벨(Fröebel)이론에 의해 크게 영향을 받았음을 입증해 주는 것이며, 1945년 8.15 광복을 맞이하면서 유아교사 양성 프로그램은 미국의 존 듀이(John Dewey)의 진보주의 사조의 영향으로 유아교육 내용이 생활 중심으로 바뀌었으며, 유아교사 교육도 이러한 유아교육을 수행할 수 있는 교사를 양성하기 위한 방향으로 변화했다. 또한 1980년대에 진입하면서 정부의 유아교육 정책이 강화됨에 따라 많은 발전을 이룩하게 되었다. 이 시기에 유아교사 양성이 괄목하게 발전을 했으며, 특히 유아교사 양성기관이 다양해짐과 더불어 교육내용도 많이 발전하게 되었다.

그리고 2000년 이후 유아교사 양성 프로그램을 살펴보면, 1990년대의 교과목과 별반 차이가 없으나 전산개론, 유아 멀티미디어 교육, 유아교육공학, 외국어 교육, 정보문해교육 등과 같은 교과목들이 추가된 것이 눈에 띄고 있다. 이러한 것은 21C 지식 및 정보 기반사회를 맞이하면서 즉, 유비쿼터스 시대에 즈음하여 유아들에게 다양한 교수매체로 수업활동을 하기 위한 추세로 볼 수 있다(권건일 외, 2006).

2. 유아교사 양성기관의 변천과 현황

본 절에서는 유아교사 양성기관의 변천, 유아교사 양성 현황 등에 대해서 고찰하기로 한다.

1) 유아교사 양성기관의 변천

우리나라의 유치원 교사양성은 1915년 2년제의 이화유치원 사범과가 개설된 것이 시초이다. 이후 중앙보육, 숭의보육, 경성보육을 중심으로 유치원 교사 양성 기능을 수행하였다. 광복 후 1946년 3월 7일 군정에 의해 소집된 '한국교육위원회'의 심의결과를 문교부가 채택하면서 유치원 교사 양성의 큰 전환점을 맞이하게 되었다. 즉 1946년 이화여자전문학교가 종합대학교로 승격하면서 1년 과정이었던 보육전수과가 4년제 아동교육과로 된 것이다. 이화여자대학교 아동교육과는 1958년 교육과에 병합되어 학령 전 교육전공으로 되었다가 1991년 유아교육과로 독립되었다.

한편 중앙보육학교는 1945년 부활·개교하면서 3년 과정의 중앙여자전문학교 보육과로 개편하였다. 1947년 중앙여자대학으로 승격할 때 보육과를 폐과하였었지만, 1959년 2월 문리과학대학 내에 120명 정원의 4년제 보육과로 되었으며, 1980년 유아교육과로 이름을 바꾸었다.

상기의 두 4년제 대학교 외에 1947년 서울가정보육사범학교(현 세종대학의 전신)와 조양보육사범학교(현 경기대학의 전신)가 문교부의 설립인가를 받아 1948년부터 유치원 교사를 양성하였다. 서울가정보육사범학교는 조양보육초급대학이라는 이름을 거쳐 경기실업초급대학으로 교명을 변경하였다가 1969년에 보육과를 폐과하였다.

이 외에도 대전보육초급대학(1955), 한성여자실업초급대학(1963), 경희여자초급대학(1965) 등 7개교의 2년제 초급대학에서도 유치원 교사를 양성하였다. 또한 숭의보육은 1924년 평양 시절 보모과를 설립하였다가 1938년 폐교하였고, 다시 1954년 한국보육학원이란 이름의 2년제 보육과정으로 운영하다가 1963년 숭의학원에 편입됨으로써 숭의보육학교로 재출발했다(교육부, 1998;344-345).

1970년대에는 기존의 보육과가 대부분 유아교육과로 개명되었고, 숙명여대의 아동복지와, 연세대의 아동학과, 덕성여대의 보육과 등과 같은 유아교육 관련학과가 개설되었다.

1980년대에 들어서서 유치원 교사 양성은 양적·질적으로 큰 성장을 이루었다. 양적인 측면에서 유치원의 수가 1970년에 484개에 지나지 않았지만 1979년에는 총 7,233개로 확충되었으며, 질적으로는 1982년에 유아교육진흥법이 제정되어 유아교육 체제 발전의 기틀이 되었다.

1997년 전문대학의 보육과를 제외한 유아교육과는 82개이며, 한국방송대학을 포함한 4년제 대학은 21개 학과로서 전국적으로 개설되었다. 그리고 대학원의 유아교육 전공은 1992년 이전에는 중앙대와 이화여대의 교육대학원에만 설치되어 있었으나 유아교육에 대한 폭발적인 수요로 1997년 현재 교육대학원에 설치되어 있다.

2) 유아교사 양성 현황

우리나라 유아교육기관은 지난 50년 동안 다양한 형태로 변화되어 왔으며, 1997년 현재 유치원 수는 공립이 4,399개, 사립이 4,611개로 비슷하다. 하지만 원아 수에 있어서 사립이 공립보다 월등히 많기 때문에 원아를 담당하는 교사의 수도 공립이 5,677명, 사립이 20,467명으로 공립보다 15,000여 명이 많다.

1997년 현재 유치원 교사를 양성하는 교육기관은 총 111개이다. 〈표 4-11〉에서 보면 유아교육과가 개설되어 있는 대학은 강남대를 비롯하여 한국방송대학에 이르기까지 총 27개교이다. 그리고 전문대학에 유아교육과가 개설된 곳은 84개로 해마다 약 1만 여명의 유치원 교사를 양성하고 있다.

〈표 4-11〉 유아교사의 양성기관 현황

구 분	기관수	편재정원					비 고
		1학년	2학년	3학년	4학년	계	
유치원 교사	111	13,453	12,325	4,205	4,205	34,008	대학 27 전문대학 84

자료: 교육부(1997), 교원양성기관 현황. 서울: 교육부 교원양성과.

이 외에도 학부 졸업과 동시에 유치원 2급 정교사 자격증을 취득할 수 있는 유아교육 관련학과가 있다. 아동학과, 불교 아동학과, 아동 가족학과, 아동 복지학과 등이 이에 해당되며, 이들 유아교육 관련학과는 총 19개 대학에 개설되어 있다. 이들 학과는 유아교육과와는 달리 졸업 정원의 10%(1997년까지 30%)만이 유치원 교사 자격을 받을 수 있다.

유치원 교사의 양성과정은 전문대학이나 대학뿐만 아니라 교육대학원에서도 1990년 이후 증가했다. 1992년 이전에는 중앙대와 이화여대의 교육대학원에만 유아교육 전공이 설치되어 있었지만 이후 학부에 유아교육과가 없는 대학의 교육대학원에도 유아교육 전공과정이 개설되면서 1997년 현재 28개 교육대학원에 유아교육 전공이 개설될 만큼 사회적으로 유아교육에 대한 수요가 급증하였다.

상기에서 제시한 교육기관 이외에 유치원 교사를 배출하는 제도로 우리나라는 독학사 제도를 두고 있다. 독학사 제도의 법적 근거는 1990년 4월 7일 '독학에 의한 학위 취득에 관한 법률'(법률 제4,227호)이며, 1991년 7월 14일 이 제도가 처음 시작되었다. 유아교육 전공 이외의 타 전공은 제1단계의 교양과정 인정시험 단계와 제2단계인 전공 기초과정 인정시험 단계를 거치지만 유아교육과는 유치원 교사를 배출하는 학과이므로 독학에 의해 교육실습이 불가능하다 하여 제3단계인 전공심화과정 인정시험 단계부터 시작된다. 응시자격은 대학이나 전문대학 2년 수료자 또는 과정 면제자 등이다. 그리고 전공필수 3과목과 전공 선택 3과목에 대한 시험을 보아 합격자에게 독학사 학위를 교육부가 수여하고 있으며, 학위취득자는 대학원 진학이 가능하다.

유치원 교사양성기관의 교육과정은 초기에는 아동시대의 초기경험을 중시한 프뢰벨(Fröebel)의 교육원리에 기초를 두고, 학과목 교육보다는 실습을 중심내용으로 하였다.

1945년 광복을 맞이하면서 미국의 진보주의 교육사상의 영향으로 생활 경험과 유아의 흥미에 기초하여 놀이와 활동을 제공하는 교육내용으로 전환되었다. 그리하여 유치원 교사양성 기관은 생활 중심, 흥미 중심, 활동 중심, 경험 중심 등의 교육을 강조하게 되었다. 즉 유아교육계는 생활에서 실제 일어나는 문제를 다루고 유아의 흥미와 욕구를 교육에 반영하는 점을 강조하고 있다.

1990년대에 들어오면서 유아교육과는 미래 사회를 주도할 어린이의 교육에 대해 체계적으로 연구하고 이를 실천에 옮길 수 있는 유아교육 전문가 양성에 초점을 맞추고 있다. 즉 아동 중심의 교육관을 가진 전문 유아교사 양성을 교육목표로 하고 있다(교육부, 1998:346).

그리고 영·유아 교원을 양성하는 전문대학 유아교육과는 2002년부터 94개 전문대학 중 12곳을 제외하고 수업 연한이 3년 과정으로 연장되어 교사의 전문성을 강화하는 데 크게 기여하고 있다. 또한 각 대학별 3년제로의 전환과 더불어 유아교사로서 전문지식과 기술을 연마하여 초임교사로 설 수 있기를 기대하는 현장의 요구를 수렴한 주문식 교육과정을 추구하고 있다.

한편 2002학년도 유치원 교사양성기관 및 정원은 〈표 4-12〉와 같다.

〈표 4-12〉 유치원 교사양성기관 및 정원

구 분	설립별	기관수	학년별 정원				
			1학년	2학년	3학년	4학년	계
대 학	국 립	9	135	779	79	79	412
	사 립	52	994	1,169	967	967	4,168
	방통대	1	2,700	2,700	2,700	2,700	10,800
	산업대	4	160	190	190	190	730
	소 계	66	3,989	4,178	3,936	3,936	16,110
전문대학	국 립	3	194	200	〃	〃	394
	사 립	91	9,564	9,948	140	〃	19,652
	소 계	94	9,758	10,148	140	〃	20,046
합 계	국 립	13	3,029	3,019	2,779	2,779	11,606
	사 립	143	10,718	11,307	1,157	1,157	24,550
	소 계	160	13,747	14,326	3,936	3,936	36,156

자료: 한국교원단체총연합회(2005). 『교사론』. 서울: 교육과학사, p. 150.

〈표 4-11〉에서 살펴본 바와 같이, 2002년 4월 현재 유치원 교사양성은 전문대학 94개교(58.7%), 4년제 대학 66개교(41.3%)에서 주로 이루어지고 있다. 하지만 학생 정원으로 보면, 전문대학이 73%, 4년제 대학이 28%로 전문대학이 차지하는 비율이 훨씬 높다. 그리고 유치원 교사양성 역시 사립이 비중이 높다(한국교원단체총연합회, 2005).

3. 유아교사 양성교육제도의 문제점

유아교육의 중요성을 감안하면 유아교사들의 질 향상을 위한 일은 무엇보다도 시급하다. 그런데 실제로는 유아교육을 담당하는 교원양성에 대해 소홀한 정책을 펼치고 있는 것이 현실이다.

현재 유아교육 교사의 구조적 또는 제도적 측면에서 다음과 같은 몇 가지 문제점을 갖고 있으며 이에 대한 보완이 따라야 할 것이다(이석순, 2003).

첫째, 유아교사 양성과정의 다양화이다. 유아교육의 교사 양성체제는 초·중등의 양성체제에 비해 복잡하고 산발적으로 이루어지고 있다. 유아교육을 담당하는 유치원 교사는 원칙적으로 4년제 유아교육학과, 2~3년제 유아교육과와 유아교육 관련학과에서 교직과정 이수자에게도 정원의 일정 범위(30%) 내에서 자격증을 수여하고 있다. 예비교사들은 전공과 교직과목의 각각에서 평균 B학점 이상을 받으면 유치원 2급 정교사 자격증을 취득한다. 이에 비해 보육교사는 '전문대학 이상의 학교에서 보건복지가족부령이 정하는 유아교육 또는 아동복지에 관련된 학과를 전공하여 졸업한 자' 또는 '고등학교 또는 이와 동등 이상의 학교를 졸업한 자로서 보건복지가족부령이 정하는 교육훈련 시설에서 소정의 교육과정을 이수한 자'로 되어 있다. 보육교사 1급은 2년제와 4년제 대학의 관련학과에서 양성되고 2급은 1년 과정의 보육교사 훈련과정을 이수하면 가능하다. 〈표 4-13〉과 〈표 4-14〉에서 보면 사립 유치원의 80%가 2년제 출신이고, 국·공립의 경우 65.7%가 4년제 유아교육과 교사인 것으로 나타났다. 아울러 초등학교 교사는 4년 이상인 경우에도 58.7%를 차지하고 있어 국·공립 교육기관의 차이를 근본적으로 해결할 수 있는 제도를 준비해 주는 것이 좋을 것이다.

〈표 4-13〉 유치원 교사 및 보육교사 학력 현황

구 분		계	고졸 이하	2년제 대졸	4년제 대졸 이상
유치원	국·공립	100.0(2,288)	0.3(18)	34.0(1.897)	65.7(3,673)
	사 립	100.0(19,248)	0.2(40)	80.6(15.515)	19.2(3,693)
	소 계	100.0(24,836)	0.2(58)	70.1(17,412)	29.7(7,366)
보육시설	국·공립	100.0(3,310)	16.0(530)	60.7(2,009)	23.3(771)
	법 인	100.0(5,267)	9.7(511)	70.5(3,713)	19.8(1,043)
	단 체	100.0(291)	25.5(74)	52.9(154)	21.7(63)
	민 간	100.0(13,233)	29.1(3,850)	57.1(7,556)	13.8(1,827)
	직 장	100.0(282)	15.3(43)	45.7(128)	39.0(111)
	가 정	100.0(3,224)	36.9(1,189)	49.3(1,588)	13.9(447)
	소 계	100.0(25,607)	24.2(6,197)	59.2(15,148)	16.6(4,262)

자료: 교육인적자원부(2002). 교육통계연보. 서울: 교육인적자원부

〈표 4-14〉 유치원과 초등학교 교사의 학력별 현황(1998. 12.)

구 분	고졸 이하	2년제 대졸	4년제 대졸	대학원 이상	계
유 치 원	354(1.6%)	16.768(77.5%)	4,083(18.9%)	436(2.0%)	21,641(100.0%)
초등학교	6,526(6.8%)	28,282(29.5%)	56,296(58.7%)	4,849(5.0%)	95,953(100.0%)

자료: 이석순(2003). '유아교사 양성기관의 변화 모색'. 유아교육·보육행정연구, 제7권 제2호 (2003. 12.).
수원: 한국유아교육·보육행정학회, p. 164

둘째, 우리나라 영·유아 교사양성체계에 대한 사항은 이원화되어 있다(임갑빈·신재흡, 2005). 유치원 교사의 경우는 3년제 전문대학의 유아교육학과와 4년제 대학의 유아교육학과를 졸업한 자, 또는 아동관련 학과에서 교직과정을 이수한 학생 중 일부가 유치원 2급 정교사 자격증을 받고 정교사에 임용되어, 보육교사의 양성은 이 외에도 대학 부설의 전담 교육원이나 민영 사립 교육원에서 1년 과정의 교육을 통해 양성이 이루어지고 있다. 이와 함께 유아교육 또는 아동복지관련 학과에서도 양성이 이루어지고 있다. 아울러 해당 법령 역시 유아교육법과 영유아보육법이라는 상이한 법령의 적용을 받고 있으며, 담당 행정기관 역시 보육교사의 양성은 보건복지가족부가, 그리고 유치원 교사의 양성은 교육과학기술부가 담당하는 등 그 체계가 이원화되어 있다.

유치원 및 보육시설의 교직원 기준에 대해서 언급하면 다음과 같다.

유치원 교사는 자격증제도로, 보육교사는 인정제도를 통해 배출되고 있다. 국·공립 유치원 교사는 시·도 교육감이 공개전형으로, 국·공립 보육교사는 시장과 군수가 임명하는 반면에 사립 유치원과 민간 보육시설의 교사는 똑같이 설립자가 임·면권을 가지고 있다. 유치원 교사는 최소한 3년제 대학 이상에서 양성하지만, 보육교사는 고등학교 졸업 이상인 자를 대상으로 양성하고 있다. 유치원 교사가 되기 위해서는 최소 80학점 약 3,800시간 이상의 대학교육을 받아야 하고 승급을 위해서는 180시간 이상의 재교육을 받아야 한다. 보육교사는 1,000시간 이상의 1년 교육과정 이상으로 자격을 인정받을 수 있으며 40시간 이상의 보수교육을 받으면 승급이 가능하다. 그리고 유치원 교사는 유아교육과를 중심으로 제한된 학과를 통해서 양성되며, 보육교사는 유아교육과, 아동복지과, 가정과 및 사회복지과 등의 학과에서 양성되고 있다.

이에 대한 문제점으로는 유아교육·보육인력 자격관리 및 양성제도에 일관성이 없고 미비하다. 동일한 연령의 영·유아들을 대상으로 하고 부모들은 통합 서비스를 요구함에도 불구하고 유치원 교사와 보육교사 간의 자격 및 승진제도, 양성과정 등에 일관성이 없다. 특히 보육교사는 인증자격으로서의 양성과정과 자격관리, 경력관리에 문제가 많은 것으로 나타나며, 보육시설 종사자에 대한 관리 및 전문성 향상을 위한 대안이 요구되고 있다. 아울러 교사들의 학력이 일반적으로 낮다. 유치원은 3년제 전문대학, 보육시설은 1년제 훈련과정에서부터 교사가 양성되기 때문에 보육교사 학력이 특히 낮으며, 유치원 교사가 되기 위해서는 최소 80학점 이상의 대학교육을 받아야 하지만, 보육교사는 1,000시간 이상의 1년 교육과정 이상으로 자격을 받을 수 있다. 그리고 정교사와 보조교사 간의 역할 분담이나 자격이 명확하게 구분되어 있지 않으며, 유치원 1·2급 정교사, 유치원 준교사, 1·2·3급 보육교사 등의 역할 분담이 되지 않고 혼용되고 있다.

셋째, 국립대학에 유아교육과의 설치가 증가되어야 한다. 지금까지 우리나라 유아 교사의 양성은 사학 교육기관에 의존해 온 것이 사실이다. 2002년 현재 4년제 국립대학 9개, 국립 전문대학 3개 대학이 있으나 정원이 적으므로 우리나라의 유아교사 양성은 사학에서 주도한다고 해도 과언이 아니다. 사학에서 유아교사를 양성한다고 해도 별 문제가 없으나, 정부 예산으로 운영되며, 정부의 정책의지가 그대로 반영되는 국립대학에서의 유아교사 양성이 양·질적으로 발전할 때 유아교사 교육 및 학문적 발전도 더욱 활성화될 수 있을 것이다.

제 5 장

유아교사의 자격과 임용

우리나라에서는 다른 여러 나라와 마찬가지로 교원에 대하여 법정 자격제도를 채택하고 있는데, 그 목적은 첫째로 피교육자의 이익을 보장하기 위한 것이며, 둘째로 국가·사회의 안전성을 보장하기 위한 것이며, 셋째는 교원 자신의 지위를 보장하기 위한 것이다.

교육 직원, 특히 교원은 그 직무를 효율적으로 수행하는데 필요한 자질과 자격을 갖추어야 한다. 자질이란, 인성적 특성으로서 구비하여야 할 조건이나 교육과 훈련을 통하여 계발하여야 할 일반적 특질을 의미하는 것이며, 자격은 그와 같은 자질의 구비를 학력과 경력 등에 의하여 법적으로 규정한 법정 최저조건을 의미한다. 다시 말해서 자격은 자질의 구비에 대한 공적 인정제도이며, 자격증 또는 면허장을 수여하는 경우와 그와 같은 증명서의 수여를 생략하고 법적으로 기준만을 규정하는 경우가 있다. 따라서 본장에서는 유아교사의 양성과정과 교원의 임용, 교원보수제도 등을 살펴보고자 한다.

1. 유아교사의 양성과정

유아교사가 되기 위해서는 4년제 및 3년제 대학의 유아교육과 보육과, 보육 관련학과 등에서 관련 이수 학점을 취득하여 일정한 자격을 갖추어 유치원 교사자격증, 보육교사 자격증을 취득해야 한다.

우리나라는 만 3~만4세의 교육을 담당하는 유아교육과 0세~만5세의 보육을 담당하는 유·보 이원화 체제이다. 교원 양성에 있어서도 서로 다른 자격 기준과 양성과정을 거치고 있다. 유아교육을 담당하는 주 행정부처는 교육과학기술부로 유아교육에 관련된 사항은 유아교육법에 규정하고 있으며 영유아보육을 담당하는 주 행정부처는 보건복지가족부로 영유아보육법에 그 근거를 마련하고 있다.

〈표 5-1〉 유치원과 어린이집의 이원화체제

구분	종사자명칭	관할행정부처	관계법률	대상연령	교육과정	운영시간
유치원	원장, 유치원교사	교육과학 기술부	교육법	만 3~6세	유치원 교육과정	반일제 종일제
보육 시설	시설장, 보육교사	보건복지 가족부	영유아 보육법	0~6세	표준 보육과정	종일제 방과후

1) 유치원 교사 양성교육

유아교육법 제3장 제22조에 따르면 유치원 교사는 별표 2의 자격기준에 해당하는 자로서 대통령령이 정하는 바에 따라 교육과학기술부장관이 검정·수여하는 자격증을 받은 자로 정의하고 있다. 유치원 교사 양성은 2년제, 3년제 전문대학, 4년제 대학의 유아교육학과, 아동 관련 학과에서 교양과목, 교직과목, 전공과목을 이수하고 관련 과목에서 필수과목을 포함하여 졸업 이수 학점을 취득하게 되면 무시험검정으로 유치원 2급 정교사 자격증을 받을 수 있다. 유치원 2급 교사자격증 취득을 위한 전공 및 교직, 기본이수과목의 세부 이수기준은 다음과 같다. (2009학년 3월 1일부터 적용)

<table>
<tr><th colspan="2">구 분</th><th>세부 이수기준</th></tr>
<tr><td rowspan="2">전공과목
(50학점)</td><td rowspan="2"></td><td>○ 50학점 이상
-기본이수과목 21학점(7과목) 이상 포함
-교과교육영역 8학점(3과목) 이상 포함</td></tr>
<tr><td>-유아교육론, 유아교육과정, 영유아발달과 교육, 유아언어교육, 유아사회교육, 유아과학교육, 유아수학교육, 유아미술교육, 유아음악교육, 유아교사론, 유아동작교육, 유아놀이지도, 유아교육기관운영관리, 아동복지, 유아건강교육, 유아관찰 및 실습, 부모교육</td></tr>
<tr><td rowspan="4">교직과목
(22학점)</td><td>총</td><td>○ 22학점</td></tr>
<tr><td>교직이론</td><td>○ 14학점 이상(7과목 이상)
-교육학개론, 교육철학 및 교육사, 교육과정, 교육평가, 교육방법 및 교육공학, 교육심리, 교육사회, 교육행정 및 교육경영, 생활지도 및 상담, 그 밖의 교직이론에 관한 과목</td></tr>
<tr><td>교직소양</td><td>○ 4학점 이상
-특수교육학개론(2학점 이상, 영재교육 영역 포함)
-교직실무(2학점 이상)</td></tr>
<tr><td>교육실습</td><td>○ 4학점 이상
-학교현장실습(2학점 이상)
-교육봉사활동(2학점 이내 포함 가능)</td></tr>
</table>

출처 : 유치원 및 초등·중등·특수학교 등의 교사자격 취득을 위한 세부기준 개정(교육과학기술부 고시 제2008-119호 개정)에서 발췌.

유아교육 관련학과의 경우 정원의 10%만이 유치원 2급 정교사 자격증을 받을 수 있다. 유치원 교사 자격증을 취득하게 되면 사립유치원 및 보육시설의 교사로 임용이 가능하며, 국·공립 유치원(초등학교의 병설 유치원 포함) 교사의 경우 임용고시를 통해 채용이 이루어진다. 국·공립 유치원 교사는 교육공무원으로 분류된다.

2) 보육교사 양성교육

영유아보육법에서 보육교사는 보육시설에서 영유아의 보육, 건강관리 및 보호자와의 상담 그 밖에 보육시설의 관리운영 등의 업무를 담당하는 자로 정의하고 있다.(2005. 1.30 개정 영유아보육법 제2조제5항).

영 역	교과목	이수과목 (학점)
보육기초	아동복지(론), 보육학개론, 아동발달(론), 보육과정	4과목 12학점 필수
발달 및 지도	인간행동과 사회환경, 아동관찰 및 행동연구, 아동생활지도, 아동상담(론), 특수아동지도	1과목 이상 선택
영유아교육	놀이지도, 언어지도, 아동문학, 아동음악과 동작, 아동미술, 아동 수·과학지도, 영유아프로그램 개발과 평가, 영유아교수방법(론)	3과목(9학점) 이상 선택
건강·영양 및 안전	아동건강교육, 아동간호학, 아동안전관리, 아동영양학, 정신건강(론)	2과목(6학점) 이상 선택
가족 및 지역사회 협력 등	부모교육(론), 가족복지(론), 가족관계(론), 지역 사회복지(론), 자원봉사(론), 보육정책(론), 보육 교사(론), 보육시설운영과 관리	1과목(3학점) 이상 선택
보육실습	보육실습	1과목(2학점) 필수
전체	12과목(35학점) 이상	

※ 비고
1) 교과목명이 서로 다르더라도 교과목의 내용이 유사하면 동일한 교과목으로 인정하고, 보육실습의 경우 명칭과 관계없이 실습기관과 실습기간의 조건을 만족하는 경우에는 보육실습으로 인정한다.
2) 각 과목은 3학점을 기준으로 하며 최소 2학점 이상이어야 한다.

2. 보육실습에 관한 기준
   가. 실습기관: 실습은 법적으로 인가받은 보육시설 및 종일제 유치원에서 보육교사 1급 또는 유치원정교사 1급 자격을 가진 사람이 실습을 지도하여야 한다.
   나. 실습기간: 실습기간은 4주, 160시간을 원칙으로 하되, 야간대학 등의 경우에는 실습을 2회에 나누어 실시할 수 있다.
   다. 실습의 평가: 실습의 평가는 실습계획서에 근거하여 하되, 평가점수가 80점 이상인 경우에만 실습을 이수한 것으로 인정한다.

※ 출처 : 영유아보육법 시행규칙 제12조 제1항 [별표4](개정 2009.7.3)

보육교사 양성대학에서 이수해야 할 교과목은 각 6개 영역마다 이수해야 할 학점을 지정하여 총 12과목 35학점 이상으로 규정하고 있다. 보육기초, 발달 및 지도, 영유아교육, 건강, 영양 및 안전, 가족 및 지역사회 협력과 실습으로 구분하고, 영역별로 필수 5과목과 선택 7과목 이상을 할 수 있도록 하여 총 12과목 이상, 총 35학점 이상을 이수하도록 하였다. 또한 영유아보육법에 근거하여 보건복지가족부가 위탁 운영하는 보육교사교육원에서 1년간의 교육을 통해 보육교사 3급 교사자격증을 수여하고 있다.

이수 후 보육교사 3급 자격증을 수여 받게 되는 교육훈련시설의 교육과정은 위 표와 같다.

대학 등에서 이수해야 할 보육관련 교과목 및 학점은 영유아보육법 시행규칙 제12조 제1항 [별표 4]에서 다음과 같이 규정하고 있다.

영 역	교과목	이수과목 (학점)
보육기초	아동복지(론), 보육학개론, 보육과정	3과목 12학점 필수
발달 및 지도	아동발달(론), 인간행동과 사회환경, 아동생활지도, 아동상담(론), 특수아동지도(특수교육학), 영유아보육의 실제, 방과후 아동지도	7과목 20학점 필수
영유아교육	놀이지도, 언어지도, 아동음악과 동작, 아동미술, 아동 수·과학지도, 교재교구 개발, 영유아교수방법(론)	7과목 17학점 필수
건강·영양 및 안전	아동간호학, 아동안전관리, 아동영양학	2과목(4학점)이상 선택
가족 및 지역사회 협력 등	부모교육(론), 가족복지(론), 보육정책(론), 보육시설운영과 관리, 정보화교육	5과목(13학점) 필수
보육실습	보육실습	1과목(2학점) 필수
전체	25과목(65학점)이상	

※ 비고
1) 각 과목당 평가점수가 70점 이상인 경우에만 이수한 것으로 인정한다.
2) 학점당 시간은 15시간을 기준으로 하되, 보육실습기간은 4주 이상, 160시간 이상으로 한다.
3) 보육실습은 별표 4의 보육실습에 관한 기준을 준용한다.

※ 영유아보육법 시행규칙 제12조 제1항 [별표4](개정 2009.7.3)

3) 유아교사의 자격취득

(1) 유치원 교사의 자격취득

대학에 설치하는 유아교육과 졸업자와 대학(전문대학 및 이와 동등 이상의 각종 학교와 「평생교육법」 제31조제4항에 따른 전문대학학력인정 평생교육시설을 포함한다)졸업 자로서 재학 중 소정의 보육과 교직 학점을 취득한 자, 교육대학원 또는 교육과학기술부장관이 지정하는 대학원의 교육과에서 유치원 교육과정을 전공하고 석사학위를 받은 자, 유치원 준교사 자격증을 가진 자로서 2년 이상의 교육경력을 가지고 소정의 재교육을 받은 자에 한하여 유치원 정교사 2급의 자격을 인정하고 있다.

자격급별	자격기준
정교사 1급	1. 유치원 정교사(2급)자격증을 가진 자로서 3년 이상의 교육경력(1급)을 가지고 소정의 재교육을 받은 자 2. 유치원 정교사(2급)자격증을 가지고 교육대학원 또는 교육과학기술부장관이 지정하는 대학원의 교육과에서 유치원 교육과정을 전공하여 석사학위를 받은 자로서 1년 이상의 교육경력이 있는 자.
정교사 2급	1. 대학에 설치하는 유아교육과 졸업자 2. 대학(전문대학 및 이와 동등 이상의 각종 학교와 「평생교육법」 제31조제4항에 따른 전문대학학력인정 평생교육시설을 포함한다) 졸업 자로서 재학 중 소정의 보육과 교직학점을 취득한 자 3. 교육대학원 또는 교육과학기술부장관이 지정하는 대학원의 교육과에서 유치원 교육과정을 전공하고 석사학위를 받은 자 4. 유치원 준교사자격증을 가진 자로서 2년 이상의 교육경력을 가지고 소정의 재교육을 받은 자
준교사	1. 유치원 준교사 자격검정에 합격한 자
비고 1. 원장·원감, 초·중등교육법의 규정에 의한 교장·교감, 교육장·장학관·장학사·교육연구관·교육연구사의 경력연수는 교육경력연수로 볼 수 있다. 2. 이 표 중 전문대학에는 종전의 초급대학·전문학교 및 실업고등전문학교를 포함한다.	

※출처: 유아교육법 [별표 2] 〈개정 2008.2.29〉. 국가법령정보센터. http://www.law.go.kr

유치원 교사의 자격급별에 따른 자격기준은 위 표와 같다.(유아교육법 [별표 2] 〈개정 2008.2.29〉 교사자격기준(제22조제2항관련))

(2) 보육교사의 자격 취득

보육교사는 「고등교육법」 제2조에 따른 학교에서 보건복지가족부령으로 정하는 보육 관련 교과목과 학점을 이수하고 전문학사학위 이상을 취득한 사람, 법령에 따라 「고등교육법」 제2조에 따른 학교를 졸업한 사람과 같은 수준 이상의 학력이 있다고 인정된 사람으로서 여성가족부령으로 정하는 보육 관련 교과목과 학점을 이수하고 전문학사학위 이상을 취득한 사람, 고등학교 또는 이와 같은 수준 이상의 학교를 졸업한 자로서 보건복지가족부령으로 정하는 교육훈련시설에서 소정의 교육과정을 이수한 자로 이수과정에 따라 1·2·3급으로 하되 등급별 자격기준은 대통령령으로 정한다.

2005.1.29 영유아보육법의 개정으로 보육교사 자격기준이 개정되었다.

<table>
<tr><th rowspan="2">종 류</th><th colspan="2">자 격 기 준</th></tr>
<tr><th>종전법(2005.1.29 이전)</th><th>현행법(2005.1.29 이후)</th></tr>
<tr><td rowspan="3">보육교사 1급</td><td>1. 보육교사 2급의 자격을 취득한 후 96년 1월 5일까지 영유아 보육업무에 3년 이상 종사한 경력이 있는 자(자동승급대상자)</td><td>1. 보육교사 2급 자격을 취득한 이후 3년 이상의 보육업무 경력과 보건복지가족부장관이 정하는 승급교육을 받은 자</td></tr>
<tr><td>2. 보육교사 2급의 자격을 취득한 후 영유아 보육업무에 3년 이상 종사한 경력과 승급교육을 이수한 자
※ 96년 1월 6일 이후에는 반드시 승급교육을 이수하여야 보육교사 1급 자격 인정</td><td>2. 보육교사 2급 자격과 보육관련 대학원에서 석사학위를 취득한 자로서 1년 이상 보육업무 경력과 보건복지가족부장관이 정하는 승급교육을 받은 자</td></tr>
<tr><td>3. 전문대학 또는 이와 동등 이상의 학교에서 종전 법 제8조제2항의 규정에 의한 유아교육 또는 아동복지 관련학과를 전공하고 졸업한 자</td><td>(등급 하향)</td></tr>
</table>

<table>
<tr><td rowspan="2">보육교사 2급</td><td>1. 고등학교 또는 이와 동등 이상의 학교를 졸업하고 교육훈련시설 교육과정을 이수한 자</td><td>1. 전문대학 또는 이와 동등 이상의 학교 에서 보건복지가족부령이 정하는 보육관련교과목 및 학점을 이수하고 졸업한 자
※ 현행법에 의한 석사 졸업자 포함</td></tr>
<tr><td>2. 고등학교 또는 이와 동등 이상의 학교를 졸업하고 사회복지사업법시행령 사회복지사 3급란 중 제3호에 해당하는 자</td><td>2. 보육교사 3급 자격을 취득한 이후 1 년 이상의 보육업무 경력과 보건복지가족부장관이 정하는 승급교육을 받은 자</td></tr>
<tr><td>보육교사 3급</td><td>(신설)</td><td>고등학교 또는 이와 동등 이상의 학교를 졸업한 자로서 보건복지가족부령이 정하는 교육훈련시설에서 소정의 교육과정을 수료한 자</td></tr>
<tr><td colspan="3">* 비고
보육업무경력이라 함은
가. 『영유아보육법』에 의한 보육시설 및 보육정보센터에서 근무한 경력
나. 『유아교육법』에 의한 종일제 유치원에서 원장, 원감, 교사로 근무한 경력
* 유아교육법 제20조 규정에 따라 교원(원장, 원감, 교사)으로 근무한 경력만 해당되며 같은 법 제23조에 의한 강사, 명예교사 등으로 근무한 경력은 해당하지 않음.</td></tr>
</table>

※출처: 보육자격관리사무국(http://www.ctcm.or.kr)에서 재구성

보육교사 양성대학에서 총 12과목 35학점 이상, 교육훈련시설에서 25과목 65학점 이상 이수 후 보육자격관리사무국에 자격구비 서류를 갖추어 신청하면 교사 자격증을 교부 받는다.

현행법에 따르면 4년제 아동관련학과, 4년제 유아교육학과, 2,3년제 유아교육학과, 2,3년제 아동관련학과에서는 보육 및 교직관련 과목을 이수하게 되면 유치원 2급 정교사 자격증과 함께 보육교사 2급 자격증을 함께 발급받을 수 있다.

유아교사 자격에 따른 양성체제와 자격제도의 이원화는 동일 연령의 유아를 교육하는 교사가 어떠한 양성과정을 거쳤느냐에 따라 서로 다른 교육과정 또는 보육과정을 영유아들에게 적용한다는 점에서 문제가 될 수 있다. 우리나라와 같이 이원화된 교육·보육제도를 갖고 있는 일본에서는 유(치원)·보(육시설) 일원화에 대한 연구가 진행되고 있으며

유보 일원화 정책으로 시범 보육시설이 운영되고 있다.

4) 유아교사의 승급

(1) 유치원 교사의 승급

유치원 교원 자격에 대한 법적 근거는 유아교육법 제 22조 등의 조항에 따르고 있다. 동법 제22조에 규정에 따르면 교원자격의 검정에 관한 사항을 심의하기 위하여 교육과학기술부장관소속하에 유치원교원자격검정위원회를 두고 있다.

[유치원 교사의 승급체계]

원장

↑(3년) ▶원감자격증 소지 후 3년 이상의 교육경력과 소정의 재교육을 받은 자

원감

↑(3년) ▶정교사 1급 자격증 수지 후 3년 이상의 교육경력과 소정의 재교육을 받은 자

정교사 1급

↑(3년) ▶정교사 2급 자격증 소지 후 3년 이상의 교육경력, 소정의 재교육
▶유치원 교육과정을 전공하여 석사학위를 받은 자로서 1년 이상의 교육경력

정교사 2급

↑(2년) ▶2년 이상의 교육경력과 소정의 재교육

준교사

유치원의 원장·원감의 자격기준은 다음과 같다.

자격구분	자격기준
원장	1. 유치원의 원감자격증을 가지고 3년 이상의 교육경력과 소정의 재교육을 받은 자 2. 학식·덕망이 높은 자로서 대통령령이 정하는 기준에 해당하고 교육과학기술부 장관의 인정을 받은 자
원감	1. 유치원 정교사(1급) 자격증을 가지고 3년 이상의 교육경력과 소정의 재교육을 받은 자 2. 유치원 정교사(2급) 자격증을 가지고 6년 이상의 교육경력과 소정의 재교육을 받은 자
※ 비고 1. 원장·원감, 초·중등교육법의 규정에 의한 교장·교감, 교육장·장학관·장학사·교육연구관·교육연구사의 경력연수는 교육경력연수로 볼 수 있다.	

※ 출처: 국가법령정보센터(http://www.law.go.kr).

(2) 보육교사의 승급

보육교사로 임용 후 일정 기간 경과 후 소정의 재교육을 받아 승급이 이루어진다. 2급 승급교육은 총80시간으로 보육교사 3급의 자격을 취득한 후 보육경력이 만 6개월이 경과한 자가 신청할 수 있으며 1급 승급교육의 경우 총 80시간, 보육교사 2급의 자격을 취득한 후 보육경력이 만 2년이 경과한 자 및 석사학위소지자로서 보육교사 2급의 자격을 취득한 경우 보육경력이 만 6개월이 경과한 자가 교육을 신청할 수 있다.

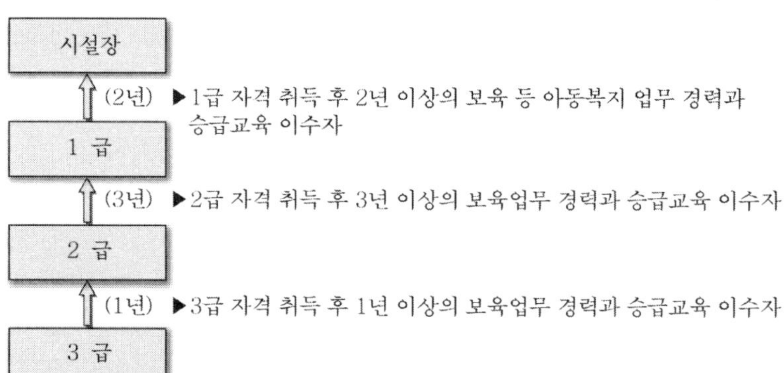

승급교육 수료 인정 요건은 승급교육 대상자가 출석시간 기준을 충족하고 평가시험에서 80점 이상을 득점하여야 수료가 인정된다.

여기서 보육 등 아동복지 업무 경력이라 함은 다음과 같다.

가. 「영유아보육법」에 의한 보육시설 또는 보육정보센터에서 근무한 경력

나. 「유아교육법」에 의한 유치원에서 근무한 경력

다. 「아동복지법」에 의한 아동복지시설에서 근무한 경력

라. 「장애인복지법」에 의한 장애영유아생활시설에서 장애아동과 관련된 업무에 종사한 경력

마. 「유아교육법」 및 「초·중등교육법」에 의한 특수학교(유치원 및 초등학교 과정)에서 특수학교 교원으로 근무한 경력

바. 법률 제7120호 유아교육법으로 폐지되기 전 「유아교육진흥법」에 의한 새마을 유아원에 근무한 경력

사. 위의 가.~바.의 아동복지 업무를 수행하는 시설 등에서 간호사로 근무한 경력

아. 국가 또는 지방자치단체에서 7급 이상의 공무원으로 보육 등 아동복지에 관한 행정업무에 근무한 경력

또한 보육 업무 경력이라 함은 다음과 같다.

가. 「영유아보육법」에 의한 보육시설 및 보육정보센터에서 근무한 경력

나. 「유아교육법」에 의한 종일제 유치원에서 원장, 원감, 정교사로 근무한 경력

※ 「유아교육법」제20조 규정에 따라 교원(원장, 원감, 교사)로 근무한 경력만 해당되며 같은 법 제23조에 의한 강사, 명예교사 등으로 근무한 경력은 해당하지 않음

영유아보육법 제50조에 따르면 다음과 같은 경우에 한해서 보육시설

과 유치원에서의 상호 경력을 인정하고 있다.

첫째, 보육시설에 근무하는 자 중「유아교육법」에 따른 유치원교원의 자격을 가진 자에 대하여는 보육시설에서의 근무경력을「유아교육법」에 따른 교육경력으로 인정한다.

둘째, 유치원(「유아교육법」 제2조제6호에 따른 종일제 수업과정을 운영하고 있는 유치원을 말한다)에 근무하는 자 중 이 법에 따른 보육교사의 자격을 가진 자에 대하여는 유치원에서의 근무경력을 이 법에 따른 보육경력으로 인정한다.

[보육시설장의 자격기준]

구 분	자격기준
일반보육시설	(1) 보육교사 1급 자격을 취득한 후 2년 이상의 보육 등 아동복지업무에 경력이 있는 자 (2) 「유아교육법」에 의한 유치원 정교사 2급 자격을 취득한 후 5년 이상의 보육 등 아동복지업무 경력이 있는 자 (3) 유치원 원장의 자격을 가진 자 (4) 「초·중등교육법」에 의한 초등학교 정교사 자격을 취득한 후 5년 이상의 보육 등 아동복지업무 경력이 있는 자 (5) 「사회복지사업법」에 의한 사회복지사 1급 자격을 취득한 후 5년 이상의 보육 등 아동복지업무 경력이 있는 자 (6) 「의료법」에 의한 간호사 자격을 취득 한 후 7년 이상의 보육 등 아동복지 업무 경력이 있는 자 (7) 국가 또는 지방자치단체에서 7급 이상의 공무원으로 보육 등 아동복지 업무에 5년 이상 근무한 경력이 있는 자
장애아전담시설	*일반기준에서 정한 자격을 갖춘 자로서 다음 각 호의 어느 하나에 해당하는 자 (1) 대학(전문대학을 포함한다) 에서 장애인복지 및 재활관련 학과를 전공한 자 (2) 장애아보육시설에서 2년 이상의 보육업무 경력이 있는 자 (3) 보건복지가족부령이 정하는 장애아보육 직무교육을 받은 자
가정보육시설	(1) 일반기준에서 정한 자격을 갖춘 자 (2) 보육교사 2급 이상의 자격을 취득한 후 2년 이상의 보육업무 경력이 있는 자
영아전담보육시설	(1) 일반기준에서 정한 자격을 갖춘 자 (2) 간호사 자격증을 취득한 후 5년 이상의 아동간호업무 경력이 있는 자

※ 출처 : 보육자격관리사무국((http://www.ctcm.or.kr)

보육시설에서는 시설의 특성에 따라 다른 시설장 자격기준을 필요로 한다. 일반보육시설장은 장애아전담보육시설을 제외하고 모든 시설의 시설장으로 근무 가능하며 장애아 전담시설의 경우 일반보육시설장의 기준에 장애인복지 및 재활관련학과를 전공하거나, 장애아보육시설에서 2년 이상의 보육업무 경력이 있거나, 장애아보육 직무교육을 받은 후 장애인전담보육시설장 자격증을 발급받을 수 있다. 가정보육시설의 경우 보육교사 2급 취득 후 2년의 보육업무 경력이 있다면 시설장으로 자격 신청을 할 수 있다.

2. 유아교사의 임용

교원의 임용이란 교원의 신규채용, 승진, 전직, 전보, 강임, 파견, 겸임, 휴직, 직위해제, 정직, 해임 및 파면을 말하는 것으로(교육공무원법 제2조 제5항), 임용시 자격, 교육성적, 근무성적, 능력의 실증에 의해 행하여야 하며, 자격을 갖춘 자에게 능력에 따라 균등한 임용의 기회가 보장되어야 함을 원칙으로 하고 있다. 그러나 국가공무원법 제33조에 속하는 자는 임용의 결격사유가 되기 때문에 임용해서는 안된다. 국·공립유치원, 사립유치원 및 보육시설의 임용관계를 살펴보면 다음과 같다(박은혜, 2003).

1) 국·공립 유치원 교사

국·공립 유치원 교사는 교육공무원의 일종으로 국가 공무원의 특례로서 규정된 「교육공무원법」의 적용을 받는다. 국·공립 유치원 교사의 신규 채용과정은 크게 모집, 선발, 임용의 절차로 이루어진다.

▶**교육공무원법**

① 교육 공무원의 임용은 그 자격·재교육 성적·근무성적·기타 능력의 실증에 의하여 행한다(제10조 제1항).

② 교육 공무원의 임용에 있어서는 교원으로서의 자격을 갖추고 임용을 원하는 모든 자에 의하여 능력에 따라 균등한 임용의 기회가 보장되어야 한다(제10조 제2항).

(1) 모집

일반적으로 모집이란 유능한 후보자가 어떤 조직의 구성원으로 지원하도록 유치하는 과정이다. 모집에서 가장 중요한 단계는 유능한 후보자를 적극적으로 유치하는 과정이다. 모집이 성공적으로 이루어지려면 보수, 근로조건, 직종에 대한 사회적 평가를 높이려는 노력과 공개경쟁 시험의 정기적 실시, 시험방법의 개선, 지원 절차의 간소화와 같은 모집 방법의 개선 등 다각적인 노력이 필요하다.

(2) 선발

선발이란 모집을 통해 모여든 후보자들 가운데 적임자를 선택하는 과정으로 자격이나 성적에 기초하여 적격자를 선발한다. 일반적으로 선발 과정은 시험과 면접으로 구성된다. 국·공립 교육기관에서의 교사 선발은 교육공무원법 제11조에 근거하여 공개 전형 방법에 의한다. 공개 전형의 방법을 규정한 교육공무원임용령 제11조에 따르면 공개 전형은 필기시험, 실기시험 및 면접시험 등의 방법에 의한다.

(3) 임명

임명은 모집과 선발과정을 통해 확보된 인재를 직무에 맞추어 적재적소에 배치하는 행위로, 임용권자나 임용제청권자가 시험 실시 기관에 임용 후보자의 추천을 요구하면 시험 실시 기관은 임용후보자 명부에 근거하여 후보자를 추천하며, 임용후보자는 시보 기간을 거쳐 정규 직원으로 임명되는 절차를 거친다.

2) 사립 유치원 교사

사립 유치원 교사는 「사립학교법」의 적용을 받는다. 이 중 교사로서의 자격취득은 국·공립 유치원 교사와 동일 규정(제52조)의 적용을 받지만 임면에 있어서는 학교 법인 또는 사립 학교 경영자에 의해 임면된다.

▶교원의 임명

① 법인체 사립 유치원 : 원장의 제청으로 이사회 의결을 거쳐 결정한다.

② 사립 유치원 : 원장의 제청에 의하여야 한다(사립학교법 제53조 제2항).

각 급 학교의 교원의 임명권자가 교원을 임면(각 급 학교의 장으로서 임기 만료로 해임된 경우는 제외한다)한 때에는 임명한 날부터 7일 이내에 관할청에 보고하여야 한다.

국·공립 유치원 교사의 신규 채용이 공개 경쟁 시험에 근거하는 반면 사립 유치원의 경우에는 사학의 자율성을 보장하는 측면에서 교원 임용의 권한이 교육 기관의 경영자에게 위임되어 있다. 사립의 경우 대외적으로 명시된 일정한 선발의 기준이나 도구가 있는 경우는 드물고 각 기관에서 나름대로의 선발 도구 및 기준을 가지고 선발하고 있다.

사립 유치원 신임 교사를 선발하고 채용하는 절차와 내용을 알아본 연구(박은혜 외, 2003)에 따르면 사립 유치원에서는 현직 교사들의 요구 조사, 지원자 모집, 서류 심사, 면접, 최종 결정의 단계를 거쳐 교사를 선발하는 것으로 나타났다. 요구 조사의 경우에는 사립 유치원의 특성상 원아 모집이 끝난 후 그 정도에 따라 다음 연도의 운영 계획을 결정하는 것과 맥을 같이한다. 지원자를 모집하는 방법은 공립 유치원이 교육청을 통한 외부 공개 방식을 택하는데 비해 사립 유치원은 교사 양성 기관, 다른 유치원 원장, 본 기관 실습생 등과 같은 내부 조직을 이용하는 경향이 있다. 이러한 비공개적인 지원자 모집은 원장 개인의 사적인 연결망에 의존하게 될 가능성이 높기 때문에 교사 채용을 위한 범위가 매우 제한될 가능성이 있다.

사립 유치원에서는 교사를 선발하기 위하여 평균 3.89가지의 방법을 사용하는데 서류 심사, 면접, 수업 시연이 가장 기본적으로 사용된다. 신임 교사 선발과정에서 대부분의 유치원이 면접을 실시하며 채용의 결정적인 변수로 작용한다.

사립 유치원 면접에서 가장 중요시하는 기준은 교사로서의 사명감이다. 사명감과 같은 교사들의 인성은 전문적인 지식과 같이 대학의 교육을 통해서만 이루어지는 것이 아니라 개인의 자질과 전 생애의 영향을 받는다. 따라서 예비교사들은 대학에 재학하는 동안 다양한 교양 교육과 교과 외 활동을 통해 인성을 개발하는 노력을 할 필요가 있다.

3) 보육 교사 임용

보육교사로 임용된다는 것은 한 어린이집에서 교사로 임명되는 것을 의미한다. 보육교사의 임용에 관해서는 영유아보육법에 명기되어 있는데, 구체적으로 신규임용, 승급, 휴직과 복직 및 면직, 직위해제 및 파면 등의 내용을 포함하고 있다. 현재 영유아보육법 상 보육시설 종사자의 임용에서 가장 중요한 점은 자격증을 취득한 자에 한하여 근무할 수 있다는 점이다(백혜리, 2008).

「영유아보육법(제19조)」에 따르면 보육시설의 교사 임용은 기관의 대표자 또는 시설 설치자가 임명하고 보육시설의 장은 보건복지가족부령으로 정하는 바에 따라 보육시설 종사자의 임면에 관한 사항을 시장 · 군수 · 구청장에게 보고하도록 되어 있다. 시장 · 군수 · 구청장은 보육시설 종사자의 권익 보장과 근로여건 개선을 위하여 보육시설 종사자의 임면과 경력 등에 관한 사항을 관리하여야 한다.

채용방법은 공개 채용을 원칙으로 한다. 종사자 채용 시 임금, 근로시간 및 그 밖의 근로조건 등을 명시한 근로계약을 체결하되, 이 경우 근로계약과 관련하여 부당한 내용(결혼, 출산, 육아휴직 등으로 인한 퇴직요구 등)이 포함되어서는 아니되며, 관할 행정기관은 이를 적극 지도 · 감독하여야 한다.

4) 신규 임용서류 준비

(1) 유치원 교사

유치원 교사가 교육청에 임용 보고를 할 때는 다음과 같은 구비 서류가 필요하다.

· 교육공무원 인사 기록카드 1통
· 교원 자격증 사본 1부
· 경력 증명서(경력자에 한함) 1부
· 주민등록등본 1부
· 채용 신체검사서 1부
· 호적등본 2부
· 민간인 신원 진술서 5부
· 사진 5매

(2) 보육교사

보육교사는 다음의 서류가 필요하다

① 공통서류

· 인사 기록카드(규칙 별지 제7호 서식)

· 주민등록등본

· 채용신체검사서(공무원채용기준 신체검사서 양식)

② 종전 법령에 의한 보육교사

2005. 1. 29 이전 보육교사 자격취득자, 2005. 1. 29 당시 전문대학 또는 이와 동등 이상의 학교에서 유아교육 또는 아동복지 관련학과를 전공중이거나, 교육훈련시설(보육교사교육원)에서 소정의 과정을 이수중인 자를 의미하며 다음과 같은 서류가 필요하다.

· 필요적 첨부 서류 : 보육교사 자격증 사본

· 자격증을 발급 받지 아니한 경우

- 대학(전문대학 포함) 이상 졸업자 : 졸업증명서, 성적증명서, 보육실습확인서('98년 3월 이후 졸업자), 유사교과목 확인서(해당자에 한함)

- 보육교사 2급 : 최종학교졸업증명서, 수료증 또는 수료증명서

· 기타 임용에 필요한 서류

③ 현행 법령에 의한 보육교사(2005. 1. 30 이후 보육교사 자격 취득자)

· 필요적 첨부 서류 : 보육교사 자격증 사본

· 자격증을 발급 받지 아니한 경우

-대학 졸업자 : 졸업증명서, 성적증명서, 경력증명서, 유사교과목 확인서(해당자에 한함), 보육실습확인서

-양성교육과정 수료자 : 최종학교졸업증명서, 수료증 사본

· 기타 보육교사의 자격을 증명할 수 있는 서류 일체

(3) 시험 준비

국·공립 유치원 교사 임용후보자 경쟁시험(임용고사)를 살펴보면 다음과 같다.

2009년부터는 교육 공무원 임용후보자 선정경쟁시험규칙 일부개정령(2007. 10. 1)에 의거하여 다음의 〈표 5-5〉와 같이 실시된다. 전공 필기 시험은 1차와 2차로 구분한다. 1차 시험에서 교육학과 전공 선택형 필기 시험을 실시한 후 시험점수에 가산점을 합산한 뒤 모집 인원의 2배수 이상을 선발한다. 2차 시험에서는 1차 합격생들을 대상으로 논술형 전공 시험을 실시하여 모집 인원 1.5배수 이상을 선발하고, 3차 시험 때는 교직 적성 심층 면접 및 수업 능력 평가를 실시한다. 최종 합격자는 1차, 2차, 3차 시험의 점수를 모두 합산하여 선발한다.

〈표 5-5〉 임용고사 제도

<table>
<tr><th>차수</th><th>내용</th><th>배점</th><th>범위</th></tr>
<tr><td rowspan="3">1차 시험
(5지 선다형)</td><td>교육학</td><td>30</td><td>교육학 전 영역</td></tr>
<tr><td>유치원 교육과정</td><td>70</td><td>유치원 교육과정 전 영역</td></tr>
<tr><td colspan="3">※ 대학 성적(20~40), 가산점(5~10점, 각 교육청 결정)</td></tr>
<tr><td rowspan="2">2차 시험
(논술형)</td><td>유치원 교육과정
(150분)</td><td>80</td><td>유치원 교육과정 전 영역</td></tr>
<tr><td>교직
(60)분</td><td>20</td><td>유치원 교직, 교양 전 영역</td></tr>
<tr><td rowspan="2">3차
교과적성, 심층 면접, 수업 능력 및 실기 시험</td><td>심층 면접</td><td>10~20점</td><td>교직관, 적성, 인격, 소양, 태도</td></tr>
<tr><td>수업 실기</td><td colspan="2">※ 시·도별 운영관리</td></tr>
<tr><td>특징</td><td colspan="3">① 합격자 사정 : 1차 + 2차 + 3차 시험 합산
② 1차 선택형 필기 시험 영향력 축소(총점의 30% 정도)
③ 2 ,3차 시험 배점 확대 및 적격자 선별 기능 강화</td></tr>
</table>

① 수업 능력 평가

수업 능력은 주로 교수-학습 지도안을 작성하게 하거나 자신이 작성한 지도안에 따라 5~10분 정도 시연하는 것에 근거하여 평가한다. 수업 시연 이외에 각 시・도 교육청별로 추가 평가하는 항목에는 차이가 있다.

〈표 5-6〉 2008년도 각 시・도 교육청별 수업 능력 평가 현황

지역	점수	시험내용
서울	10점	교수-학습 지도안 작성
경기	25점	미술, 음악, 구연동화, 지도안 작성
인천	-	없음
강원	20점	수업 능력 평가 선행과제에 의거하여 교수-학습 과정안 3부를 작성하여 제출한 뒤 15분 이내로 수업 실연
대전	20점	수업 관찰 분석
충북	20점	일일 교육계획안 작성, 구연동화, 컴퓨터 활용 능력
충남	20점	현장수업 녹화 내용을 시청 후 수업관찰 보고서 작성
대구	30점	학습 지도안 작성 및 작성한 지도안으로 수업 실연
부산	30점	학습 지도안 작성, 미술, 음률
경북	20점	교수-학습 지도안 작성 및 작성한 지도안으로 수업 실연 (2007, 2008년 모집 인원이 없었으므로 2006년 공고 참고)
경남	15점	수업 관찰 분석
울산	20점	교수-학습 지도안 작성 및 작성한 지도안으로 수업 실연
광주	10점	교수-학습 지도안 작성 및 작성한 지도안으로 수업 실연
전북	10점	교수-학습 지도안 작성
전남	-	없음
제주	-	없음

출처 : 각 시・도 교육청 홈페이지에서 고시한 고사 전형 참고

② 면접

면접관이 임용시험 지원자를 직접 대면하여 질문을 하고, 그에 대한 응시자의 대답을 통해 인지적인 능력뿐만 아니라 적성, 교직관, 교원으로서의 자질 및 인성 등 정의적인 측면도 평가한다. 대부분 개인면접으로 이루어지며, 배점은 시・도별로 차이가 있다.

지역	점수	시험내용
서울	10점	교수-학습 지도안 작성
경기	25점	미술, 음악, 구연동화, 지도안 작성
인천	-	없음
강원	20점	수업 능력 평가 선행과제에 의거하여 교수-학습 과정안 3부를 작성하여 제출한 뒤 15분 이내로 수업 실연
대전	20점	수업 관찰 분석
충북	20점	일일 교육계획안 작성, 구연동화, 컴퓨터 활용 능력
충남	20점	현장수업 녹화 내용을 시청 후 수업관찰 보고서 작성
대구	30점	학습 지도안 작성 및 작성한 지도안으로 수업 실연
부산	30점	학습 지도안 작성, 미술, 음률
경북	20점	교수-학습 지도안 작성 및 작성한 지도안으로 수업 실연 (2007, 2008년 모집 인원이 없었으므로 2006년 공고 참고)
경남	15점	수업 관찰 분석
울산	20점	교수-학습 지도안 작성 및 작성한 지도안으로 수업 실연
광주	10점	교수-학습 지도안 작성 및 작성한 지도안으로 수업 실연
전북	10점	교수-학습 지도안 작성
전남	-	없음
제주	-	없음

③ 가산점

가산점은 1차 시험 총점에 반영하되, 과목별로 40% 이상 득점한 자에 한해서 점수를 반영한다. 가산점 부여 대상 및 배점은 각 시·도 교육청별로 차이가 있다.

〈표 5-7〉 2008년도 각 시·도 교육청별 가산점 부여 현황

가산점유형 / 지역	취업보호(지원) 대상자	정보처리	언어능력	지역가산점
서울	O			
경기	O	O	O	
인천	O	O	O	
강원	O	O		O
대전	O	O	O	
충북	O	O		
충남	O	O		
대구	O	O	O	
경남	O	O	O	
경북(2006)	O	O	O	
울산	O	O	O	
광주	O			
전북	O	O	O	
전남	O	O	O	
제주	O	O		

출처: 각 시·도 교육청에서 고시한 고사 전형 참고

3. 교원 보수체계의 현황

1) 보수의 개념

보수(wage and salary)란 구성원이 조직체에서 수고한 대가로 얻는 소득이라고 할 수 있다. 곧 노력 또는 봉사에 대한 반대급부로서 취득하는 금전적 보상이다(한국교육행정학회, 2003: 241). 보수의 개념을 정확히 파악하기 위해서는 유사 개념들에 대한 이해와 관련성을 고찰할 필요가 있다. 이들을 구분하면 다음과 같다(윤정일 외, 1998: 298-299).

- 급여(wage)란 고용인의 기술이나 능력, 또는 직무평가 등에 의하여 시간당 지불과정과 관련된 지불을 의미한다.
- 봉급은 1주, 1개월, 또는 1년을 단위로 정기적인 서비스를 제공하는 사무직, 행정직 또는 서기직 등에 종사하는 고용인에게 지급되는 보상이나 대가로서의 지불을 의미한다.
- 보수(remuneration)는 서비스 제공에 대한 사례, 지불 또는 변상의 성격을 띤 것으로서 비금전적인 보상도 포함하는 개념이다.
- 보상은 보수는 물론 상여금, 연금, 그리고 퇴직금과 같은 후생복리적인 보상까지 포함하는 것으로 이해될 수 있다.

보수를 현행 근로기준법에서는 "사용자가 근로의 보상으로 근로자에게 임금·봉급, 기타 여하한 명칭으로든지 지급하는 일체의 금품"으로 규정하고 있다(한국교육행정학회, 2003: 241).

2) 교육보수체계의 현황

교원을 포함한 교육공무원의 보수는 1954년 별도의 「교육공무원보수규정」이 제정·운용되어 오다가 1986년 12월 20일 「공무원보수규정」이 개정되면서 이에 통합되었다. 이 때 법관 이외의 모든 공무원의 보수규정이 하나로 통합되었는데, 이는 각 직종 간의 보수체계와 봉급 수준의 불균형을 점진적으로 시정하기 위한 조치였다. 사립학교 교원의 보수체계는 교육공무원 보수체계에 비하여 변화의 과정을 많이 겪지는 않았다.

현재 교육공무원의 보수체계는 동등한 학력과 자격 및 경력을 가진 교원은 학교급별, 성별 등의 조건에 관계없이 동일한 보수를 지급하는 것을 원칙으로 하는 단일호봉제를 지향하고 있다. 다만, 유·초·중등학교와 전문대학·대학(교)의 호봉제와 기산호봉, 봉급 및 수당 등을 각기 다르게 정하는 이원체계를 유지하고 있다. 교원 보수체계는 「공무원보수규정」과 「공무원수당 등에 관한 규정」에 의하여 결정된다.

(1) 교원 보수의 종류

보수라 함은 봉급과 각종 수당을 합산한 금액을 말하며, 봉급이라 함은 직무의 곤란성 및 책임의 정도에 따라 직책별로 지급되는 기본급여 또는 직무의 곤란성 및 책임의 정도의 재직기간 등에 따라 계급(직무등급 또는 직위)별·호봉별로 지급되는 기본급여를 말하고, 수당이라 함은 직무여건 및 생활여건 등에 따라 지급되는 부가급여를 말한다(「공무원보수규정」제4조).

(2) 봉급

봉급은 국고에서 지급되는 것으로 연공급에 기초를 두고 있다. 교원은 고도의 전문성을 가지고 있는 직업이기 때문에 직위별로 직무와 능률이 다르다고 볼 수 없으며, 보수도 단일호봉체계를 유지하고 있다. 단일호봉제란 학교급에 관계없이 동일한 학력과 경력이면 같은 호봉의 보수를 지급받는 것을 말한다. 따라서 교사가 교감이나 교장으로 승진하여도 적용되는 보수표에는 변함이 없다. 또한 교원의 보수체계에서는 경력과 학력을 동일시하고 있다. 고등학교 졸업자가 4년간 근무하면 대학졸업 신규교사와 동일한 호봉을 부여받는다.

(3) 각종 수당

「공무원수당 등에 관한 규정」에 의하면, 공무원에게 지급되는 수당 등에는 상여수당, 가계보전수당, 특수지 근무수당, 특수근무수당, 초과근무수당의 다섯 가지로 구분된다. 교육공무원에게 지급되는 상여수당에는 정근수당과 성과상여금이 있으며, 가계보전수당에는 가족수당, 자녀학비보조수당, 육아휴직수당이 있다. 교육공무원에게는 일반 공무원의 특수지 근무수당에 해당하는 도서벽지수당을 지급한다. 특수근무수당에는 위험근무수당과 특수업무수당, 업무대행수당 등이 있는데, 교육공무원에게는 특수업무수당만이 해당되며, 교육공무원에게 지급하는 특수업무수당에는 연구업무수당(교육전문직원에 해당), 교원 등에 대한 보전수당, 교직수당, 교육연수기관 근무수당 등이 있다. 초과근무수당에는 시간 외 근무수당, 휴일근무수당, 야근근무수당, 관리업무수당이 있다.

(4) 실비변상 등

행정지침에 의해 지급되던 각종 복리후생비가 2001년부터 「공무원수당 등에 관한 규정」 속에 포함되었다. 실비변상에 해당하는 것으로는 정액급식비, 교통보조비, 명절휴가비, 가계지원비, 연가보상비, 직급보조비 등이 있다.

3) 유치원 교사의 보수

유치원 교사의 보수 체계는 1955년 1월 28일 대통령령 제964호로 공포된 교육공무원 보수규정과 1966년 4월 14일 대통령령 제2493호에 의해 초·중등교원의 단일호봉제가 실시되었다.

이러한 단일호봉제는 교원이나 법관 등 전문직에 적합한 자격과 경력에 의한 보수지급을 원칙으로 하는 제도로서 거의 대부분의 국가에서 채택하고 있는 봉급체계이다.

공립 유치원 교사는 호봉에 따른 본봉 액수를 정하는 '공무원 보수규정'과 각종 수당의 액수를 결정하는 '공무원 수당 규정'에 따라서 보수가 결정되지만 실제 수령액은 교사들이 받아야 하는 보수내역에서 소득세, 의료보험료, 연금공단에 내는 기여금(공립 : 공무원연금, 사립: 국민연금) 등을 공제한 금액이다. 사립 유치원 교사의 보수는 교원지위향상을 위한 특별법 제3조(교원보수의 우대)에 의거하여 공립 교사의 보수 수준과 같은 수준으로 유지하여야 한다.

그리고 호봉은 보수를 받을 때에 기준이 되는 금액을 의미한다. 호봉이 올라가는 것을 승급이라 하면 승급은 ① 근무한 개월 수가 12개월이 넘어섰을 경우, ② 자격이 변하였을 경우(예: 2급 정교사가 1급 정교사가 되었을 경우), ③ 새로운 경력을 근무 경력에 포함시켰을 경우에 올라간다. 호봉 간의 승급에 필요한 기간은 1년으로 하여 매년 1월 1일, 4월 1일, 7월 1일, 그리고 10월 1일자로 정기 승급한다.

그리고 초임교사의 호봉은 다음과 같은 공식에 의하여 산정된다.

호봉 = (학령 - 16) + 기산호봉 + 경력

여기서 학령이란 초등학교 1학년부터 시작하여 학교기관에서 교육받은 연수를 의미하며, 2년제 전문대학 학령은 14년, 3년제 전문대학 학령은 15년, 4년제 대학 학령은 16년이 된다.

그리고 기산호봉(공무원 보수규정 별표 25)은 〈표 5-8〉와 같다

〈표 5-8〉 기산호봉(공무원 보수규정 별표 25)

자격별	기산호봉	비 고
1급 정교사	9	원장, 원감, 교육장, 장학관, 교육연구관, 장학사, 교육연구사에 대하여는 1급 정교사의 호봉을 적용한다.
2급 정교사	8	
준교사	5	

2008년 공립 유치원 교사들의 기본 호봉을 살펴보면 다음의 표와 같다.

〈표 5-9〉 2008 유치원 · 초 · 중 · 고등학교 교원 봉급표 (월 지급액, 단위: 원)

호봉	봉급액	호봉	봉급액	호봉	봉급액	호봉	봉급액
1	922,000	11	1,244,600	21	1,859,500	31	2,610,400
2	953,400	12	1,279,400	22	1,932,300	32	2,689,300
3	985,200	13	1,342,900	23	2,004,600	33	2,769,400
4	1,016,900	14	1,406,600	24	2,077,000	34	2,849,300
5	1,048,900	15	1,470,100	25	2,149,300	35	2,929,400
6	1,080,700	16	1,533,800	26	2,221,800	36	3,009,000
7	1,112,100	17	1,596,900	27	2,297,500	37	3,078,400
8	1,143,600	18	1,662,800	28	2,373,200	38	3,147,900
9	1,175,700	19	1,728,500	29	2,452,100	39	3,217,500
10	1,210,400	20	1,794,000	30	2,531,400	40	3,286,600

(1) 공립 유치원 교사의 각종 수당

유치원의 교사들이 받을 수 있는 수당의 종류에는 다음과 같은 것들이 있다

〈표 5-10〉 수당의 종류

참여 수당	가계 보전 수당	특수 근무 수당	초과 근무 수당	복지 후생비
· 기말 수당 · 정근 수당	· 가족 수당 · 자녀 학비 · 보조 수당	· 보전 수당 · 학급 담당 보조 수당 · 교원 보전 수당 및 보전 수당 가산금 · 교직 수당 및 교직 수당 가산금	· 야간 근무 수당 · 휴일 근무 수당 · 시간 외 근무 수당	· 가계 보전비 · 정액 급식비 · 교통 보조비 · 명절 휴가비

유치원 교사1인에게 지급되는 평균 수당의 수는 공립 유치원이 9.8개인데 비해 사립 유치원은 1.6개로 편차가 매우 큰 것으로 조사되었다. 또 공립 유치원의 경우에도 기간제로 임용된 경우에는 학교장의 재량에 따라 수당 지급에 차이가 있다고 연구되었다(이승신, 2002). 그리고 후생복지에 대한 유치원 교사의 경우는 교육공무원법(제43조), 사립학교법, 교원 지위 향상을 위한 특별법(제6조) 등에서 교원으로서의 전문성 존중과 적절한 처우 및 신분보장을 제공하고 있다. 그리하여 교원으로서 의료보험, 국민연금, 퇴직금에 대한 혜택을 받을 수 있다.

(2) 보육교사의 처우

보육교사의 처우에는 보육교사의 근무시간, 후생복지인 급여, 퇴직금 적립 및 4대 보험 가입, 휴가, 각종수당 등을 포함한다. 대부분의 보육교사의 처우는 근로기준법, 최저임금법 및 남녀평등고용법 등 관련 법령에 의하여 이루어지고 있으며, 그 내용은 영유아보육법에 기초한다.

보육교사의 보수는 보건복지가족부의 보육안내에서 그 기준을 정하고 있다.

2008년도 보육교사 급여기준을 보면 다음과 같다.

〈표 5-11〉 2008년 보육교사 급여기준(정부지원시설)(단위: 원)

호봉	시설장		보육교사		취사부	
	보수총액	월지급액	보수총액	월지급액	보수총액	월지급액
1	19,013,520	1,584,460	15,748,320	1,312,360	12,935,760	1,077,980
2	19,247,240	1,627,270	16,204,440	1,350,370	13,316,760	1,109,730
3	20,164,680	1,680,390	16,704,240	1,392,020	13,860,360	1,155,030
4	20,768,280	1,730,690	17,228,880	1,435,740	14,149,200	1,179,100
5	21,377,280	1,781,440	17,758,080	1,479,840	14,460,720	1,205,060
6	22,718,400	1,893,200	18,978,360	1,581,530	15,117,240	1,259,770
7	23,522,280	1,960,190	19,782,600	1,648,550	15,778,560	1,314,880
8	24,047,640	2,003,970	20,144,520	1,678,710	16,037,400	1,336,450
9	24,741,480	2,061,790	20,694,600	1,724,550	16,565,400	1,380,450
10	25,441,560	2,120,130	21,290,520	1,774,210	17,077,320	1,423,110
11	26,320,440	2,193,370	22,064,280	1,838,690	17,766,600	1,480,550
12	27,088,680	2,257,390	22,728,720	1,894,060	18,368,760	1,530,730
13	27,669,960	2,305,830	23,310,120	1,942,510	18,867,000	1,572,250
14	28,292,880	2,357,740	24,348,240	1,985,760	19,386,000	1,615,500
15	28,915,680	2,409,640	25,081,320	2,029,020	19,884,360	1,657,030
16	29,711,160	2,475,930	25,621,200	2,090,110	20,555,280	1,712,940
17	30,313,320	2,526,110	26,161,080	2,135,100	21,053,520	1,754,460
18	30,977,760	2,581,480	26,700,840	2,180,090	21,572,640	1,797,720
19	31,621,440	2,635,120	27,240,600	2,225,070	22,070,880	1,839,240
20	32,181,960	2,681,830	28,125,720	2,270,050	22,589,880	1,882,490
21	33,129,360	2,760,780	29,143,200	2,343,810	23,412,840	1,951,070
22	33,752,160	2,812,680	28,665,600	2,388,800	23,890,320	1,990,860
23	34,312,680	2,859,390	29,143,200	2,428,600	24,367,800	2,030,650
24	34,873,320	2,906,110	29,682,960	2,473,580	24,824,520	2,068,710
25	35,496,240	2,958,020	30,181,200	2,515,100	25,322,760	2,110,230
26	36,077,520	3,006,460	30,679,440	2,556,620	25,779,600	2,148,300
27	36,617,400	3,051,450	31,115,280	2,592,940	26,174,160	2,181,180

28	37,177,920	3,098,160	31,592,880	2,632,740	26,630,880	2,219,240
29	37,696,920	3,141,410	32,111,880	2,675,990	27,066,840	2,255,570
30	38,278,200	3,189,850	32,568,720	2,714,060	27,523,560	2,293,630

출처: 보육사업안내 2008.

제 6 장

유아교사의 교육실습

유아교사가 되기 위해서는 이수해야 하는 필수과목 중 하나가 교육실습이다. 유아교육과, 유아교육 관련학과의 경우 2학점 이상의 학교현장실습과 교육봉사활동 총 4학점 이상을 이수해야 유치원 교사 자격증이 발급되며, 보육교사 자격증의 경우 보육실습을 필히 이수해야 자격신청할 수 있는 요건이 된다.

유치원 교사 자격증을 따기 위한 교육실습 항목은 총 4학점으로 대학에서 교육실습 이론교육을 이수한 후 유치원에서 직접 교육실습을 실시하며 참관실습, 수업실습, 실무실습의 운영형태로 교육실습(2학점 이상, 학교 현장실습)이 이루어진다. 또한 유치원 및 초등·중등·특수학교에서 보조교사, 부진아 학생지도, 방과 후 학교 교사, 등하교지도, 장애아 복지시설 자원봉사 등을 실시하며, 세부기준은 각 대학에서 정하며, 최소 30시간 이상을 1학점으로 인정, 졸업 시까지 일정 시간 이수하는 교육봉사활동(2학점 이내)이 있다.

영유아보육법 시행규칙 [별표4]에 따르면 보육실습의 경우 명칭과 관계없이 실습기관과 실습기간의 조건을 만족하는 경우에는 보육실습으로 인정한다.

즉, 법적으로 인가받은 보육시설 및 종일제 유치원에서 보육 교사 1급 또는 유치원정교사 1급 자격을 가진 사람이 실습을 지도하여야 하며, 실습기간은 4주, 160시간을 원칙으로 하되, 야간대학 등의 경우에는 실습을 2회에 나누어 실시할 수 있도록 규정하고 있다.

따라서 본장에서는 유아교육실습의 목적, 유아교육실습의 과정, 유아교육실습의 내용, 유아교육실습의 평가 등을 살펴보고자 한다.

1. 유아교육실습의 목적

유아교육실습은 예비교사들이 일정 기간 동안 지도교사의 지도하에 대학에서 배운 이론을 교육현장에 적용하고, 체험해 보는 과정을 의미한다. 유아교육실습 동안 예비 유아교사들은 유아교육기관에서 유아들을 지도하고, 수업을 진행하고, 학급을 운영하고, 부모와 상호작용하는 등 다양한 유아교사의 역할을 경험한다. 이런 경험을 통해서 예비교사들은 유아교사로서 갖추어야 할 교육적 이해와 지식 및 기술을 증진시키고, 유아교사로서의 실천 능력과 반성적 사고를 기른다. 더 나아가 유아교사로서의 태도 및 성향을 배운다. 따라서 유아교육실습은 예비교사들에게 실제적인 교사로서의 준비를 도와주는 가장 핵심적인 부분이고 유아교사로 입문하는 과정이라고 볼 수 있다(김정규 · 이광자, 1997; 류진희, 2000; 이영석 · 정찬주 · 박인권 · 박재환, 1994; 박은혜 · 조운주, 2009 재인용).

보육 및 교육의 중요성이 증대됨에 따라 교사양성교육(pre-service education)과정에서 미래 교사가 되기 위한 예비교사를 위한 교육으로 교육실습의 중요성 또한 확대되고 있다.

이런 의미에서 많은 교사양성기관에서는 교사 양성 교육기간 중 의무적으로 이수해야 하는 4주의 정규실습 외에 사전 · 사후실습의 비중을 점차 높여가고 있다.

이러한 교육실습은 여러 차례 현장을 직접 방문하여 예비교사로서 선배교사를 관찰하고 분석하며 여러 가지 도움을 받을 수 있다.

교육실습의 목적은 여러 학자들에 의해 제시되었으며 이를 정리하면 다음과 같다(조부경 · 김정화, 2005, 전경원 · 황혜성 ;2008).

① 교육현상을 직접 관찰하고 체험하게 함으로써 교육에 관한 이해를 높이고 교사로서의 바람직한 교육관과 태도를 갖게 한다.

② 유아와의 접촉을 통해 유아의 발달단계와 특성을 파악하고 이에 대한 적절한 지도방법을 체득함과 동시에 올바른 유아관을 갖게 한다.

③ 학습을 직접 계획하고 지도하고 평가하는 경험을 통해서 학습이론을 실제로 적용하는 기회를 갖는다.

④ 학습을 직접 경영해 봄으로써 학습구조와 집단의 특성을 이해하고 올바른 학급경영의 방법을 체득하여 학습지도자로서의 자질을 갖추게 한다.

⑤ 유아의 생활지도 · 학부모와의 의사전달 · 연구 활동 · 기타 교사들과 관계있는 교육활동을 통하여 교사로서의 폭넓은 역할을 체득하여 올바른 교직관을 갖게 하며 전문적인 교사역할을 수행할 수 있는 능력을 갖게 한다.

⑥ 실습기간 동안 교사로서의 능력과 특성을 잘 작추고 있는지, 교사로서의 자질이 있는지 가능해 볼 수 있다. 즉 교사로서의 적성을 파악할 수 있다.

⑦ 교육실습을 통해 교사의 직무에는 어떤 것이 있는지 주어진 시간동안 많은 일들을 습득할 수 있도록 한다. 교사의 주요 업무와 수업 외에 다양한 교사의 직무를 이해하게 된다.

⑧ 유치원과 관련된 다양한 물적 · 인적 환경을 이해한다.

교육실습은 정식 교사가 아닌 학생의 신분으로 유아의 관찰, 놀이 활동의 참여 등을 통해 간접적으로 교사의 역할을 경험해 보는 것이다. 이를 통해 자신이 배운 이론이 어떻게 현장에 적용되고 있으며 유아들과 상호작용시 구체적 상황에서 어떻게 대처해야 하는지를 알 수 있는 좋은 기회이기도 하다.

실습기간 동안 실습생들은 교사의 역할을 관찰하고 부분 수업을 진행하며 교사로서의 역할을 직·간접적으로 경험해 봄으로써 미래 교사로서 갖추어야 할 지식, 기술, 태도 등을 발전시키는 과정이라고 할 수 있다.

교육실습의 목적을 달성하기 위해 예비교사들이 수행해야 할 유아교육실습의 세부적 목표를 학자별로 제시하면 다음과 같다.

학 자	목 표
Hopkins&Moore (1993)	· 자기-지시적이 된다 · 자신의 직접 경험에 비추어 교육철학을 구성한다 · 장학 하에 다양한 교수-학습상황을 경험한다. · 교수방법 · 기술 · 자료를 적용하여 경험을 습득한다. · 교과활동 이외에 활동에도 참여한다. · 유아, 교사, 부모, 지역사회인사와 함께 일할 때 인간관계기술을 인식하고 적용한다. · 전문성 발달을 지원하는 환경을 제공한다. · 유아교육기관에서 일어나는 다양한 실무를 경험한다.
임영서 (1999)	· 교육의욕 높이기 · 유아지도 능력 향상 · 교육이론의 실증적 연구 · 교육현장의 실제 체험 · 유아에 대한 이해 심화
Mchado & Meyer-Botnarescue (2005)	· 자신을 알고 수용하기 · 자아 신뢰감 발전시키기 · 유아와 가족에 대한 인식 향상시키기 · 유아, 교직원, 부모들과 관계 형성하기 · 민족, 이웃, 개인의 문화적 가치 이해하기 · 관계를 형성하고 유지하기 · 지원적인 가족 서비스 이해하기 · 유아들의 요구 인식하기 · 유아들의 표현을 도울 수 있는 분위기 만들기 · 유아들의 성장과 발전 촉진하기 · 유아들에게 활동과 기회 제공하기 · 유아들의 행동을 적절하게 안내하기 · 교육목표 인식하기 · 교수 방법 배우기

	· 창의적인 문제해결 기술 사용하기 · 현 상황에 이론과 경험 적용하기 · 흥미로운 학급환경 준비하기 · 교사의 의무와 책임 예측하기 · 유아교육기관의 일과 알기 · 효율성 평가하기 · 개인적, 전문적으로 성장하기 · 의사소통 기술 배우기 · 조언을 수용하여 실행하기 · 실험하고 창조하기 · 장점과 인내심 평가하기 · 유아교육 철학 발전시키기 · 정부의 지침, 기준, 법 알기

※ 출처 : 조부경 · 김정화(2005), 박은혜 · 조운주(2009) 발췌 재구성.

교사는 아동의 권리를 최우선시 함과 동시에 교육전문가, 복지전문가, 가족 및 부모상담 등의 역할을 수행해야 하는 자리이다. 따라서 위와 같은 전문적 역할을 수행하기 위해서는 습득한 이론적 지식을 현장에서 적용하여 이를 바탕으로 구체적 교육계획을 수립하여 실행하며 그 계획의 결과를 평가하는 일련의 과정을 통해 끊임없이 스스로를 발전시켜 나가야 한다.

교육실습은 교사가 되기 위한 첫걸음이다. 좋은 교사가 되기 위해서는 이론적 지식뿐만 아니라 교사와 유아의 상호작용, 교사의 유아에 대한 반응성과 민감성, 학부모와의 교류 및 의사소통, 동료교사와의 상호작용 등 교육현장의 전반적인 상황에서 융통성 있게 대처할 수 있는 능력을 키워야 한다.

2. 유아교육실습의 과정

유치원 교육실습에 관한 규정은 다음과 같다(2008년도 교원자격검정 실무편람).

※ 교육실습 영역

교 과 목	기 본 교 수 요 목
교육실습/ 학교현장실습	·대학에서 교육실습 이론교육을 이수한 후 유치원 및 초등·중등·특수학교에서 직접 교육실습을 실시한다. ※운영형태 : 참관실습, 수업실습, 실무실습(보건교사, 사서교사, 전문상담교사, 영양교사는 직무 중심의 실무실습을 주로 하되, 참관 및 수업실습도 병행 가능)
교육봉사활동	·유치원 및 초등·중등·특수학교에서 보조교사, 부진아 학생지도, 방과 후 학교 교사, 등하교지도, 장애아 복지시설 자원봉사 등을 실시하며, 세부기준은 대학에서 정한다. ※최소 30시간 이상을 1학점으로 인정, 졸업 시까지 일정 시간 이수

교육실습 실시 가능학교는 「유아교육법」제7조에 의해 설립된 유치원으로, 「영유아보육법」에 의한 보육시설에서는 교육실습이 불가하다고 규정하고 있다. 단, 보육관련 교과목을 이수하고 보육실습을 이수하게 되면 보육교사 자격증을 신청할 수 있다.

보육실습에 관한 규정은 다음과 같다.

영유아보육법 시행규칙 [별표4]

2. 보육실습에 관한 기준

가. 실습기관

실습은 법적으로 인가받은 보육시설 및 종일제 유치원에서 보육교사

1급 또는 정교사 1급 자격을 가진 자가 실습을 지도하여야 한다.
나. 실습기간
실습기간은 4주, 160시간을 원칙으로 하되, 야간대학 등의 경우에도 실습을 2회에 나누어 실시할 수 있다.
다. 실습의 평가
실습의 평가는 실습계획서에 근거하여 행하되 평가점수가 80점 이상인 경우에만 실습을 이수한 것으로 인정한다.

규정에 따르면 보육교사의 경우 유치원 또는 보육시설에서 실습을 받아도 무관하지만 유치원 교사의 경우 보육교사 자격증을 원하지 않는다면 유치원에서만 교육실습을 받을 수 있다.

교육실습과 보육실습은 예비교사들이 일정 기간 동안 지도교사의 지도하에 대학에서 배운 이론을 교육현장에 적용하고, 체험해 보는 과정이라는 맥락에서 동일하다고 볼 수 있다.

1) 유아교육실습의 유형

영유아교육기관에서의 실습 유형은 교육실습 시기에 따라 사전실습, 정규실습, 사후실습으로 구분할 수 있다.

(1) 사전실습

유아교육법 및 영유아보육법에 따르면 교사양성과정에서 4주 동안 현장(유치원 또는 보육시설)에서 이루어지는 실습을 이수한 것으로 볼 수 있지만 실제 현장에서의 경험이 중요하게 인식되면서 정규실습 이전에 단기간에 걸쳐 현장경험을 하게 되는 것이 사전실습이다.

유아교육기관을 방문하여 기관의 환경, 교사, 유아교육기관에서의 하루 일과 등을 포괄적으로 관찰하고 교사의 다양한 역할을 이해하고 교사로서 전문직으로서의 교육관 확립에 도움을 준다. 이러한 사전실습은 정규실습의 효과를 높이는 효과가 있다.

(2) 정규실습

정규실습은 교사 자격증을 취득하기 위해서는 반드시 이수해야 하는 과정으로 보통 4~6주로 구성된다.

정규실습은 사전실습에 비해 계속적이고 장기적이며, 관찰(참관), 부분수업, 실제수업, 평가 등 교사로서의 역할을 모두 경험해 보게 된다. 이때 유아교육기관에서 교육활동을 직접 경험하고 구체적인 교육계획을 수립하여 실행하는 등의 경험을 쌓게 된다. 이때 실습지도교사는 보육교사 1급이나 유치원 1급 정교사 자격을 가진 교사이어야 한다.

정규실습은 기관장과 지도교사의 지도아래 4주 동안 관찰, 참여, 실제 지도, 평가의 단계를 거쳐 진행된다.

1주	2주	3주	4주
실습생 오리엔테이션 관찰	관찰 참여	참여 실제(부분수업)	실제(전체수업) 평가

보통 첫째 주에는 유아교육기간의 환경, 시설, 유아의 발달 및 특성, 교사들의 수업 진행 방법, 학급의 운영, 실무 서류의 작성 등 모든 부분을 관찰하게 된다. 부분수업 기간에는 하루 일과 중 한 두 가지 활동을 담당하여 수업활동을 전개한다. 이때는 부분수업계획안을 작성하여 지도교사와 협의하여 수업을 어떻게 진행할 것인지에 대해 상의하는 것이 좋다. 부분수업을 경험하게 되면 두 가지 이상의 수업을 연결하여 연계수업을 진행하게 된다. 지도교사는 전체 교육과정을 진행하고, 실습생은 연계된 수업 및 활동을 진행한다. 마지막 주가 되면 하루 일과 전체를 진행하는 전체수업을 하게 된다. 등원에서부터 급・간식, 자유선택활동지도, 대・소집단 활동 등 모든 일과를 작성된 수업계획안에 맞추어 수행하게 된다.

(3) 사후실습

사후실습은 사전실습과 마찬가지로 의무적인 과정은 아니나 정규실습 과정을 보완하고 심화시키는 의미에서 중요하다고 할 수 있다. 실습 과정에서 나타난 문제점을 보완하거나 교육현장에 능동적으로 참여하기 위해서 사후 실습이 이루어진다. 보통 이전에 정규실습을 했던 곳을 다시 방문하여 보조교사로 수업에 참여하기도 하나 의무적인 과정이 아니기 때문에 교사가 자신의 전문적인 자질과 능력을 향상시키기 위해서 교사 스스로의 자발적인 참여가 바람직하다.

2) 유아교육실습의 과정

유아실습은 교육실습생들에게 실습생오리엔테이션을 통해 교육실습에 대한 내용을 구체적으로 알려 주고, 관찰실습, 참여실습, 실제실습의 단계로 진행된다.

(1) 실습생 오리엔테이션

실습생에게 보육시설의 운영방침, 보육철학 등에 대해 체계적인 안내를 해주고 4주간의 보육실습기간 동안 실습 내용을 구체적으로 제시하고, 수업계획안의 작성 등 실제적인 보육실습이 될 수 있도록 돕는다. (예시 참조)

이 기간 동안 실습생은 지도교사의 지도와 협의아래 수업계획안을 작성하는 과정을 거치게 된다. 수업계획안은 연간교육계획안, 월간교육계획안, 주간교육계획안, 일일교육계획안으로 나눌 수 있는데 일일교육계획안을 작성할 때는 연간, 월간, 주간교육계획안과 일관성이 있게 교육목표와 하루 일과를 계획해야 한다.

[실습생 오리엔테이션 예시]

○○ 어린이집

1. 어린이집 소개
   - 어린이집 현황 및 보육철학 소개
   - 보육프로그램 소개
   - 보육교사 소개
2. 보육실습 내용

1주	• 관찰 - 소속반 영유아 파악하기 - 보조교사 업무 파악하기 - 영역 보조교사로 영유아 관찰하기(일화기록) - 하루 일과 운영관찰하기 - 실습일지 작성 및 평가
2주	• 관찰 및 부분수업 - 하루 일과 계획하기 - 영유아 관찰하기(일화기록) - 대집단 활동 : 동화, 게임, 노래배우기 - 부분수업 활동에 대한 교육계획안 작성, 지도교사의 검토 - 수업에 필요한 교재 교구 준비 - 실습일지 작성 및 평가
3주	• 부분수업 - 부분수업 및 연계수업 - 영역의 확장수업 (예, 조형영역 -> 역할영역, 쌓기영역 -> 역할영역 등) - 부분수업 활동에 대한 교육계획안 작성, 지도교사의 검토 - 수업에 필요한 교재 교구 준비 - 실습일지 작성 및 평가
4주	• 종일수업 - 전체 하루일과의 운영 (all day) - 실습일지 작성 및 평가 - 보육실습 총 평가

3. 실습시 유의사항

① 실습시 출퇴근시간을 엄수한다.

② 보육시설내에서 영유아, 학부모 등 만나는 사람에게 미소 띤 얼굴

로 응대한다.
③ 근무시간 중 잡담을 하거나 사적인 대화, 사적인 외출을 하지 않는다.
④ 보육시설내에서는 서로에게 선생님이라는 호칭을 사용한다.
⑤ 보육활동에 따른 수업준비를 충실히 한다.
⑥ 보육일지를 충실히 작성한다.

4. 실습평가항목
① 근무태도(10%)
② 자질(15%)
③ 학습지도능력(50%)
④ 연구조사 활용(10%)
⑤ 학급경영 및 사무처리 능력(15%)

(2) 관찰(참관)실습

관찰실습은 보통 1주 정도 진행되나, 실습생의 사전 실습여부 및 기간에 따라 조정될 수 있다. 실습생들은 이 기간동안 교실 내에서의 영유아들의 하루 일과, 교사의 태도와 역할, 업무를 관찰한다. 영유아의 발달 및 행동적 특징, 학습태도 및 능력, 영유아간 상호작용의 양과 질 등 영유아와 관련된 사항뿐만 아니라 수업 계획의 작성, 지도교사의 교수 활동, 급·간식 시간시 교사의 역할, 하루 일과 후 영·유아의 평가, 기본생활 습관지도, 보육실의 환경 및 영역 구성, 교재·교구의 활용, 교재·교구 및 수업 자료 준비와 관리 등 교사의 역할도 동시에 관찰함으로써 보육교사로서의 업무에 한발 다가가게 된다.

관찰실습의 목적은 교육이론들이 현장에서 어떻게 활용되고 있는지를 이해하고, 교육활동을 성립시키는 제 조건들(교사, 유아, 교재·교구, 시설·설비 등)을 이해하고, 관찰태도와 능력을 기르는 것이다(전경원, 황혜성; 2008).

관찰시에 특히 영유아를 대상으로 실습생이 사용하기에 적합한 관찰

방법은 일화기록이다. 일화기록법(anecdotal records)은 짧은 내용의 사건, 즉 일화에 대한 서술적인 기록으로 한 가지 행동이나 상황에 초점을 맞춘다. 교실 내에서 눈에 띄는 행동이 일어났을 때 시간의 순서대로 그대로 기록하는 방법이다. 일화기록은 유아들의 문제행동을 파악하는 데 좋은 참고자료가 될 뿐만 아니라 관찰자에게 의미가 있다고 생각되는 것이면 어느 것이나 그때 그 때 기록하거나 행동이 일어난 후에 기록해도 된다.

관찰을 통해 영유아의 흥미를 파악하고, 각 영유아의 발달수준을 알아볼 수 있다. 또한 추후 영유아의 발달수준에 적합한 교육 활동계획을 수립을 돕는다.

또한 교사의 실제 교육활동 상황을 관찰하면서 다양한 교수방법에 대한 이해를 돕는다.

관찰을 잘 하기 위해서는 무엇을 관찰할 것인지, 어떻게 관찰할 것인지에 대해서 구체적으로 계획이 있어야 한다. 예를 들어 ○월 ○일은 역할 영역에서 A와 B의 상호작용 관찰하기, ○월 ○일은 등원시 영유아의 상태 관찰하기, ○월 ○일은 기본생활습관 관찰하기 등 구체적인 관찰대상, 장면, 상황을 계획하여 체계적으로 관찰하는 경험을 쌓는다.

Brandt가 제시한 일화기록은 다음과 같은 사항을 고려하였다(이정환 · 박은혜, 1995).

① 관찰시간, 장면, 진행 중인 활동 등 상황적인 자료가 기록에 포함되어 있다.

② 관찰 유아의 주 행동이 적혀 있다. 즉, 한 가지 행동에만 초점이 맞추어져 있다.

③ 유아가 한 말이 그대로 인용부호 안에 적혀 있다.

④ 관찰 유아의 말과 행동뿐 아니라 그와 상호작용하는 다른 유아나 교사의 말과 행동이 기록되어 있다.

⑤ 기록이 객관적이고 사실적이며, 추론과 해석이 배제되어 있다.

[일화기록의 예]

일화 기록 관찰

관찰 아동	신○○	생년 월일	○○○○년 ○○월 ○○일 (여)
관찰일	2009년 6월 25일 목요일	관찰자	양○○
장면	등원시간에 엄마와 떨어지기 (10 : 30am)		
기록	○○이가 등원을 조금 늦게 하여 체육실 문 앞에서 엄마의 팔을 잡고 "가지 마"라고 하면서 울고 있다. 마중 나갔던 교사는 울고 있는 ○○이를 안고 체육실로 들어왔다. 울고 있는 ○○이에게 "이야~ 예쁜 옷 입고 왔네?", "누가 사줬어요?", "바지도 예쁜 거 입었네?" 라며 ○○이의 상황을 전환시켜 달래주셨다.		
관찰자의 초점	○○ (엄마와 떨어지기), 교사 (상황을 전환시켜 달래주기)		
분석 및 해설	만 2세 발달 특징 중 정서발달에서 보면 조금이라도 무서운 일이 생기거나 불안해지면 감정 표현의 수단으로 울게 된다. 매우 민감한 시기이기 때문에 사소하고 조금한 일에도 쉽게 우는 경향을 보이며, 아직 부모에 대한 애착이 많이 남아있고 '자신' 위주로 생각하기 때문에 등원시간에 부모님과 헤어져 어린이집에서 생활하는 것이 매우 어렵다. 그러므로 교사는 영아가 부모님과 헤어져야 하는 상황에서 영아의 옷차림을 이야기하고 질문하면서 상황을 전환시키며 격리를 잘 할 수 있도록 계획하고 배려하는 것이다. 만 2세 영아의 정서 상태는 일관성이 없어서 울다가도 금방 잊어버리고 웃고 놀기 때문에 영아에게 상황을 빠르게 전환시켜주면 언제 울었냐는 듯이 어린이집에서 웃고 재미있게 하루를 지낼 수 있게 된다.		

이외에 유아의 교육활동에 대한 참여와 행동발달의 정도를 평가하는 교사용 관찰척도인 유아관찰척도, 영유아를 대상으로 하는 영유아발달 체크리스트 등을 이용할 수 있다.

이런 도구들은 현재의 영유아의 발달 상태를 알 수 있게 하고 영유아의 성장에 필요한 지원을 해 줄 수 있는 개별적인 발달영역을 찾을 수 있다.

[영아발달체크리스트 예시]

만 2세 영아발달 체크리스트

관찰대상 : 장 ○○ 관찰자 : △△△

영역	내 용	예	아니오
신체발달자조행동	1. 어른의 손이나 난간을 붙잡고 계단을 잘 올라가며 곧 어른의 도움 없이 난간을 붙잡지 않고 계단을 올라간다.	√	
	2. 넘어지지 않고 잘 달린다.	√	
	3. 양 발을 모으고 제자리에서 높이 점프한다.	√	
	4. 바닥에 있는 공을 앞으로 찬다.	√	
	5. 발끝으로 걷게 되며 서서히 뒤로도 걸을 수 있게 된다.	√	
	6. 1.5cm 떨어진 곳에 있는 어른에게 공을 던진다.	√	
	7. 5~6개 블록으로 담을 쌓는다.	√	
	8. 그림책을 한 장씩 넘긴다.	√	
	9. 옷에 달린 똑딱 단추를 푼다.		√
	10. 방문 손잡이나 꼭지를 돌린다.	√	
	11. 사탕이나 바나나의 껍질을 벗길 수 있다.	√	
	12. 종이 반접기를 모방한다.	√	
	13. 빨대 없이 음료수를 마신다.	√	
	14. 수도꼭지를 돌릴 수 있다.		√
	16. 엄지 · 중지 · 집게손가락을 이용하여 연필을 잡는다.	√	
	17. 단추나 벨트를 풀어주면 혼자서 옷을 입는다.	√	
	18. 무거운 것과 가벼운 것을 구별할 수 있다.	√	
	19. 밝고 어두운 곳을 구별할 수 있다.	√	
	20. 단맛과 짠맛을 구별할 수 있다.	√	
사회·정서발달	1. 간단한 집단놀이(손뼉치기, 춤, 노래 등)에 참여하며 다른 사람과 함께 협동적으로 놀이한다.	√	
	2. 성인의 간단한 지시에 잘 따른다.	√	
	3. 사랑, 분노, 슬픔, 즐거운 등과 같은 감정을 드러내 보인다.	√	
	4. 놀이 할 때 친구들과 어울리는 즐거움을 알게 되며 자연현상에 대해 불안 및 공포의 감정을 나타낸다.	√	
	5. 해야 할 일에 대해 고집을 피우기도 하며 형제에 대해 질투 하는 감정도 보인다.		√
	6. 방해받으면 싫어하고 저지당하면 화를 낸다.		√
	7. "아냐", "싫어", "내거야" 등의 거부적인 언행을 자주 보인다.		√
	8. 낯선 사람에게 수줍은 감정을 드러낸다.	√	
	9. 엄마, 아빠 이외의 친척(할머니, 할아버지, 이모, 고모, 삼촌 등)을 따른다.	√	
	10. 교통 놀잇감을 좋아하며, 그림책을 좋아한다.		√
	11. 이야기 듣기를 좋아하게 되며 약 10분 정도 음악나 이야기를 들을 수 있다.	√	

	12. 다른 사람과 함께 협동적으로 놀이하기 시작한다.	√	
기본생활습관	1. 약간 흘리면서 숟가락이나 컵으로 스스로 먹는다.	√	
	2. 수건을 주었을 때 도움 없이 손을 닦는다. 손과 얼굴을 씻으려 한다.	√	
	3. 어른의 행동을 모방하여 이를 닦는다.	√	
	4. 낮 동안에 옷 입은 채로 변을 보기 전에 화장실에 가자고 한다.		√
	5. 혼자서 옷을 입거나 벗으려고 한다.	√	
	6. 부모의 지시에 따라 인사할 수 있다.	√	
	7. 뾰족한 가구 모퉁이나 난간 없는 층계 등 위험물을 피한다.	√	
	8. 주전자에서 도움 없이 물을 컵에 붓는다.		√
언어발달	1. 간단한 질문(예:누구, 어디에, 언제 등)에 답할 수 있다.	√	
	2. 소유를 표현하기 위해서 두 단어를 연결하여 말한다.	√	
	3. "이게 뭐야?"라고 질문을 할 수 있다.		√
	4 잘못 발성된 소리를 고쳐주면 따라한다.	√	
	5. 상황에 따라 음성 크기 및 음색의 강약을 조절할 수 있다.	√	
인지발달	1. 동물의 소리와 사물의 소리를 흉내 낼 수 있다.	√	
	2. 소리를 듣고 그 대상이나 물건의 명칭을 안다.	√	
	3. 줄긋기를 할 수 있으며, 점차 십자 긋기를 모방한다.	√	
	4. 물어볼 때 큰 것과 작은 것을 가리킨다.	√	
	5. 지시할 때 물건을 "위"나 "아래"에 놓는다.	√	
	6. 외출 시간 및 실외 놀이 시간을 안다.	√	
	7. 양이 많고 적음을 구별 할 수 있다.	√	
사회성	1. '나 좀 봐' 라고 말하며 자신이 하는 행동을 봐주기를 요청한다.	√	
	2. 집안일을 어느 정도 돕는다.		√
	3. 다른 아동에게 동정심을 나타내거나 도와준다.	√	
	4. '나는 못해', '모르겠어요', '엄마가 해' 라는 말을 한다.		√
	5. 사과한다. 잘못한 것에 대해, '잘못했어요' 또는 '미안해'라고 말한다.	√	
	6. 다른 아동들과 함께 '만들기 놀이'를 한다.		√
	7. 다른 아동의 행동에 대해 이야기 한다.	√	
	8. 다른 아동들과 술래잡기, 숨바꼭질, 돌차기 등과 같은 신체적 놀이를 한다.	√	
	9. 주의집중을 잘 한다. 다른 사람의 말을 잘 경청한다.	√	
	10. 순서를 지키며 교대로 하는 게임을 한다.		√
	11. '나는 착해' , '나는 잘해' 와 같이 자신에 대해 긍정적으로 말한다.	√	
	12. 친구들과 집단 활동을 할 때, 감독자의 지시에 잘 따른다.	√	
	13. 불평을 말로 표현한다.	√	
	14. 집단에 잘 적응한다. 말을 잘 듣고, 물건들을 공유하고, 차례를 잘 지키고, 도와준다.	√	
자조행동	1. 신발과 양말을 벗는다.	√	
	2. 지퍼를 연다.	√	
	3. 손을 씻고 물기를 닦는다.	√	
	4. 대소변을 가린다.	√	
	5. 감시 없이 혼자서 집을 돌아다녀도 별로 위험하지 않다.		√
	6. 물건을 옮기기 위해 작은 통이나 용기를 사용한다(또는 이전에 했던 행동이다).	√	

	7. 혼자서 이를 닦는다.	√	
	8. 밤에 오줌을 싸지 않는다.	√	
표현언어	1. 부정어를 사용한다. 예:싫어, 안 가, 안 해	√	
	2. 자기 물건에 대해 '내 것' 이란 표현을 한다.	√	
	3. 친숙한 사물의 이름을 5개 이상 말한다.	√	
	4. 10개 이상의 단어를 사용한다.	√	
	5. 간단한 동요를 외워서 부른다.	√	
	6. 말로 '또(더)' 또는 '다른 것'을 요구한다.	√	
	7. 2~3개 단어로 이루어진 문장을 말한다.	√	
	8. 공손히 '~해 주세요' 또는 '고맙습니다'라는 말을 한다.	√	
	9. 자신의 생각을 완전하게 표현하기 위해 6개 이상의 단어로 구성된 문장을 말한다.	√	
	10. 사진을 보면서 사진 안의 행동을 설명한다. 예: '야옹이가 밥을 먹고 있어요'	√	
	11. 4개 이상의 단어로 이루어진 문장을 말한다.	√	
	12. 사물에 대해 그것이 '무엇' 인지 '어디에' 있는지(사는지)를 묻는 질문을 한다.	√	
	13. 문장 안에 2인칭 단어(예:너)를 사용한다.	√	
	14. 사물에 대해 자세하게 표현한다. 예: '인형의 머리는 길고, 치마를 입었어요', '강아지는 꼬리가 있어요' 등	√	
	15. 주격 조사를 사용한다. 예:~에(게), ~이(가), ~은(는)	√	
	16. '내가 (이를 닦지 않는)다면, (병원에 가야)할 거 야' 또는 '(비가)오면, (우산을 써야) 해요' 와 같은 문장을 말한다.	√	
	17 주격 조사와 목적격 조사를 정확하게 사용한다. 예:'집에 가자'를 '집을 가자' 로 말하지 않는다.	√	
	18. 명확하게 말한다. 우리아이가 말하는 것 대부분을 알아들을 수 있다.	√	
	19. 다음 대명사 중 1개 이상 사용한다. 예: '나는', '나를', '너를', '그것은', '그것을' 등	√	
	20. '왜', '언제' 또는 '어떻게'를 묻는 질문을 한다.	√	
	21. 동그라미, 네모, 세모 그리고 별과 같은 간단한 도형의 이름을 말한다.	√	
	22. 문법에 맞는 간단한 질문을 한다.	√	
	23. 어순에 맞게 말한다. 예: '나는 좋아해 강아지' 라고 말하지 않는다.	√	
언어이해	1. '위', '아래'의 의미를 안다.	√	
	2. 간단한 질문에 대해 적절하게 '예', 또는 '아니오'로 대답한다.	√	
	3. '이름이 뭐예요?' 라는 질문에 이름(성은 제외)을 말한다.	√	
	4. 동물이 어떤 소리를 내는지 질문하면 대답한다. 예: '강아지는?' '멍멍', '오리는?' '꽥꽥'	√	
	5. 큰 소리와 작은 소리를 구별한다.	√	
	6. 좋은 것과 싫은 것을 말로 표현한다.	√	
	7. 한 번에 두 가지 지시를 따른다. 예: '쓰레기 버리고 휴지 가져오세요'	√	
	8. '크다', '작다' 의 의미를 안다.	√	
	9. 사물의 용도가 무엇인지 묻는 질문에 대답한다. 예: '과자(또는 모자, 컵등)는 무엇하는 것이지요?' 와 같은 질문에 대답한다.	√	

	10. 말을 주고받으면서 대화를 나눈다.	√	
	11. 색깔 이름을 1개 이상 안다.	√	
	12. 사물에 대해 설명한다. 예; '작다', '빨간색이다', '좋다', '재미있다'	√	
	13. '왜?' 라는 질문에 적합한 설명을 한다. 예; '코트는 왜 입을까?'	√	
	14. '똑같다', '다르다' 의 의미를 안다. 두 사물이 어떻게 똑같고 다른지 말한다.	√	
	15. 상황에 따라 적합한 행동을 안다. 예; '목마를 때'(또는 배고플 때, 힘들 때) 어떻게 하지요?'와 같은 질문에 대답한다.	√	
	16. 이름을 말한다.(성과 이름 모두)		√
	17. 자기 나이를 정확히 알고 말한다.	√	
숫자	1. '하나'의 개념을 안다. 예; '한 개 주세요.' 라는 질문에 딱 한 개만 준다.	√	
	2. 사물을 3개 이상 센다.	√	
대근육운동	1. 낮은 계단에서 두 발을 모아 깡충 뛰어내린다(또는 이전에 했던 행동이다.)	√	
	2. 유연하게 뛴다. 뛰면서 길모퉁이를 돌고 갑자기 멈출 수 있다.	√	
	3. 한 번에 한 발씩 양발을 교대로 하여 혼자서 계단을 오르내린다.	√	
	4. 뛰기, 기어오르기, 깡충뛰기와 같은 신체적 놀이를 할 때 균형을 잘 잡고 근육을 잘 조절한다.	√	
소근육운동	1. 5개 이상의 블록으로 탑을 쌓는다.	√	
	2. 책장을 한 번에 한 장씩 넘긴다.	√	
	3. 동그라미를 그리거나 보고 그린다.	√	
	4. 아동용 가위를 사용한다.		√
	5. 양손 중 어느 한쪽 손을 더 많이 사용 한다. 선호하는 손이 있다.	√	
	6. 병뚜껑을 돌려 열고 닫는다.	√	
	7. 8개 이상의 블록으로 탑을 쌓는다.	√	
	8. 수직선(|)이나 수평선(—)을 혼자서 그리거나 보고 그린다.	√	

영아관찰을 위해서는 세밀한 관찰이 필요하다. 다음은 영아관찰을 위한 안내이다.

영아관찰

자신의 의사를 제대로 표현하기 어려운 영아들의 경우 세밀한 관찰을 통해서만 영아의 욕구를 민감하게 파악할 수 있으므로 영아 관찰은 좋은 상호작용의 필수 조건이 된다.

■ 영아 기질 관찰

영아 기질은 영아의 개인차를 나타내는 특성으로 교사는 다양한 상황에서 영아를 관찰함으로써 영아 개개인의 기질을 파악하도록 노력해야 한다. 일반적으로 영아는 기질에 따라 까다로운 영아, 순한 영아, 반응이 느린 영아로 구분되나 많은 영아의 경우 혼합되어 나타나기도 한다. 각 개인의 기질을 파악하고 적합한 상호작용 방식을 적용하면 영아의 갈등을 줄일 뿐만 아니라 갈등 상황에 있는 영아를 수용할 수 있게 된다.

- 까다로운 영아 : 영아의 요구에 민감하게 반응하며 일관성 있게 대한다.
- 순한 영아 : 자칫하면 무관심하기 쉬우므로 요구가 적더라도 지속적으로 관심을 갖는다.
- 반응이 느린 영아 : 영아를 재촉하지 않고 인내심을 갖고 대한다.

■ 영아의 울음 관찰

교사는 영아들의 울음을 싫어하고 웬만한 울음에는 반응을 보이지 않을 수 도 있다. 그러나 영아의 울음은 대부분 의미가 있고 이유가 있다는 것을 명심해야 한다. 따라서 영아의 모든 울음에 즉각적으로 반응하는 것이 언제나 최선일 수는 없으나 민감한 교사는 영아 울음의 의미를 바로 알아차리고 통찰력 있게 반응해야 한다. 이러한 울음에 대한 교사의 민감한 반응은 영아들에게 사람에 대한 신뢰감의 기초를 형성하나 교사가 영아의 울음을 무시한다면 영아는 좌절감을 갖거나 사람에 대한 불신감을 갖게 된다.

※ 출처 : 2009평가인증조력프로그램 영역4 상호작용(중앙보육정보센터)

(3) 참여실습

참여실습은 지도교사의 계획하에 수행하는 학습의 활동에 여러 가지 형태로 참여하는 과정이다. 교육활동의 계획, 활동자료 및 교재교구의 준비, 교육활동 실행 및 평가, 유아의 작품에 대한 평가, 유아의 자유선택활동에 참여, 지도교사의 수업보조, 유아지도 및 상호작용, 교실환경 구성, 학급규칙 지도, 문서작성 및 문서관리, 행사 참여 등의 경험을 하게 된다.

또한 참여 실습시에는 실습생이 원아들과 다양한 상호작용의 경험을 쌓을 수 있도록 모든 영역을 경험해 보고, 모든 대・소집단 활동(계획하기, 노래, 율동, 동화, 동시, 게임, 이야기나누기, 귀가 지도 등)을 경험해 볼 수 있어야 한다.

이 참여실습 기간 동안에도 관찰은 동시에 수행하며 지도교사의 지시에 따르고 적극적으로 참여한다.

(4) 실제(지도)실습

실습생의 관찰 및 참여실습의 경험에 기초해 유아들을 직접 지도하고 교육활동을 직접 계획하고 이를 실행하는 단계이다.

수행하는 학급의 활동 중 교실내에서 실습생이 실제로 수업활동의 일부, 또는 전체를 담당하거나 영역에서 그 집단의 구성원으로 역할을 하면서 수업에 참여하는 과정이다. 하루 일과 중 영역별로 원아들과 상호작용하는 시간을 갖거나, 노래배우기, 손유희, 동화, 동시, 기본생활습관, 급간식 준비 등 한 부분을 담당하는 부분수업, 두 가지 이상의 활동을 연결하여 활동과 활동사이의 전이과정까지도 수행하는 연계(연결)수업, 해당 반의 담당교사로서 전체수업, 즉 등원부터 자유선택활동,

급간식, 실외활동, 대소집단 활동 등 하루 동안의 일과를 진행하는 종일 수업의 과정으로 이루어진다.

처음 1~2주는 부분수업과 관련된 준비로 부분수업계획안을 작성하게 되는데 지도교사와 기관장과의 긴밀한 협조를 필요로 하며 수업계획시 지도 조언을 받도록 한다(부분수업계획안 예시 참조).

부분 수업은 영유아들의 흥미를 끌 수 있고 지도하기 쉬운 활동부터 시작한다. 이때 계획된 수업계획안에 따라 교수활동에 필요한 교재·교구 자료를 준비하여야 한다. 주제와 관련된 교재·교구를 다양하게 준비하여야만 효과적인 수업 운영이 될 수 있다.

수업계획안이나 교재·교구를 열심히 준비하였더라도 실제 수업의 운영시에는 사전에 예측하지 못한 많은 변수가 발생할 수 있는데 수업 중 이런 상황이 닥치더라도 당황하지 않도록 대처 방안을 구상해 놓은 것도 필요하다.

보육교사의 역할은 교사로서의 역할 뿐만 아니라 학급 실무자로써 기록 및 관리의 책임도 있다. 따라서 실습생은 이 기간 동안 수업이외의 학급 실무의 내용도 파악하여야 한다.

보육교사의 실무는 보통 원아들의 출결관리(출석부), 원아수첩 및 일일기록장 관리, 영유아들의 제반 서류(입학서류, 건강기록부, 생활기록부, 응급처치 동의서, 귀가 동의서 등)관리, 행사계획 및 실행 평가, 학부모와의 상담, 비품 및 물품 관리, 환경 정리 및 청소 관리, 위생 및 청결 관리 등이다.

[부분수업계획안 예시]

부분수업계획안

2009년 ○월 ○○일 ○요일

<table>
<tr><td>주 제</td><td>더워요</td><td>소 주 제</td><td>시원하게 해주는 것들</td></tr>
<tr><td>활 동 명
(활동종류)</td><td colspan="3">낮잠지도</td></tr>
<tr><td>집단크기</td><td>대집단</td><td>대상연령</td><td>만 2세</td></tr>
<tr><td>활동내용</td><td colspan="3">〈도입〉
(실외 놀이터 갔다가 들어온다.)
• 낮잠자기 전에 해야 할 일 이야기하기
T : 우리 낮잠자기 전에 무엇을 해야할까?
C : 화장실가요, 손 씻어요, 우유 먹어요...
T : 왜 손을 씻어야 하까?
C : 놀이터에서 놀아서요, 흙 만져서요
T : 맞아요 놀이터에서 흙 만지고 놀았으니까 씻어야 되요.
다 씻은 후에는 무얼 할까요?
C : 낮잠을 자요.
T : 맞아요. 낮잠을 자려면 자기 이불은 어디 있나 하고 찾아봐야 겠네요.
그리고 이불에 누워 눈을 감아요.
그럼 화장실 다녀와서 자기 자리에 누워볼까요?

〈전개〉
• 소변보기 및 손 씻기
(손에 물을 묻힌다 → 비누를 손에 묻힌다 → 손깍지와 손등을 비빈다 → 물로 씻는다 →교실에 개인 수건에 물기를 닦는다)
- 교사는 영아 손 씻는 것을 보며 손 씻는 방법을 말해준다.
•조용한 음악을 틀어주고 블라인드를 내리고 불을 꺼서 낮잠을 잘 수 있도록 분위기를 조성해준다.
T : 우리 이제 어떻게 해야 할까요?
C : 자기 자리에 누워요
T : 맞아요 조용히 자리에 누워 볼까요?
•잠들지 못하는 영아 곁에 가서 등이나 배를 토닥여주어 재운다.

〈마무리〉
•일어난 영아 순서대로 소변보기 및 손 씻기를 위해 차례대로 화장실을 간다.
T : OO이는 잘 잤나요?
C : 네 잘 잤어요.
T: 일어난 사람은 화장실 다녀오세요
C : (화장실로 간다)
•영아의 이부자리를 개어 이불장에 넣어 정리한다.</td></tr>
</table>

추후활동 (연계활동)	- 기본생활 : 자기 이부자리 알고 정리하기 - 수. 조작영역 : 곰돌이 가족 침대에 재우기 - 역할영역 : 아기 인형 재워보기

[어린이집 종일반 전체수업 일일보육계획안 예시]

일일 보육계획안

2009년 ○○월 ○○일 금요일 담당반 : ○○반

<table>
<tr><th colspan="2">생활주제</th><th>더워요</th><th>소주제</th><th>목욕 놀이를 해요.</th></tr>
<tr><td>시간</td><td colspan="2">활동명</td><td colspan="2">활 동 내 용</td></tr>
<tr><td>8:30
~9:25</td><td colspan="2">등원하기</td><td colspan="2">● 선생님, 부모님과 인사나누기
(유아 건강 상태 체크, 투약에 관한 이야기 등)
● 친구와 반갑게 인사하기
● 가져온 물품(물컵, 수건, 수첩 등) 정리하기</td></tr>
<tr><td>9:25
~10:00</td><td colspan="2">오전간식
및
전이활동</td><td colspan="2">● 간식메뉴 (장국죽)
- 식당에서 간식 받아오기
● "잘 먹겠습니다"라는 용어가 입에 배도록 간식 먹기 전에 교사가 모범을 보여준다.
● 간식 먹기
-뜨거우므로 "호~" 불어 먹을 수 있도록 지도하기
-바른 자세로 먹기
-다 먹은 후 그릇과 숟가락 정리하기
-정리된 쟁반 식당에 내려놓기

● 모두 모여 인사하기 (대집단)
(노래 - 안녕 안녕 친구들 안녕 안녕 친구들 오늘 다시 만나 반갑습니다. 안녕 안녕 안녕)

● 월 화 수 목 금 토 일 오늘은 즐거운 금요일
- 오늘은 즐거운 요일

* 수박파티 (손유희)
● 유도하기
-(첫 소절 율동 보여주면서) 무슨 노래일까요?
-수박파티 한번 불러볼까요?
● 노래에 맞추어 율동하기
-부분은 교사가 노래를 부르지 않아 영아가 스스로 생각해서 노래 불러볼 수 있도록 한다.
● 이렇게 더운 여름에는 시원한 수박을 먹어요. 또 무엇을 하면 좋을까요?
우리 친구들이 교실에서 찾아볼까요? (시원함 바람, 아이스크림 먹기 등)</td></tr>
<tr><td rowspan="2">10:00
~11:10</td><td rowspan="2">실내
자유
선택
활동</td><td>역할영역</td><td colspan="2">* 음식 만들기 (샌드위치)
-컵에 무엇이 들어 있어요?
-컵에 무엇을 넣으면 좋을까?
-아이스크림 넣어볼까요?
-누가 아이스크림을 가지고 있을까요?</td></tr>
<tr><td>수조작영역</td><td colspan="2">* 헝겊 책
● 유도하기
-이거 한번 해볼까요?
● 책 조작하기
-토끼가 몇 마리 있어요?
-오리는 어디에 살까요?
* 아이스크림 만들기
* 곤충 퍼즐</td></tr>
</table>

			-나비에 날개를 만들어 줄까요? * 첨벙 첨벙 물놀이 ● 탐색하기 -이것이 무엇인지 알아요? ● 연계하기 -물고기는 어디서 살지요? -돌고래는 어디서 살아요?
		조형영역	* 색종이 띠 막대 만들기 ● 색종이 탐색하기 -책상에 뭐가 있어요? -맞아요 색종이랑 풀이 있어요. 색종이가 어떻게 생겼어요? -색종이가 길고 네모모양이지요? 무슨 색이 있어요? -빨간색도 있고, 파란색도 있고, 노란색도 있고, 초록색도 있어요. 우리 오늘 색종이를 길게 붙여서 예쁜 색종이 띠 막대를 만들어 볼까요? ● 길게 자른 색종이를 풀로 붙여보기 -OO이는 무슨색을 붙였어요? -여러 가지 색깔의 색종이를 붙여볼까요? &&이 색종이는 아주 길어졌구나? ● 영아가 길게 붙인 색종이 띠를 교사가 나무젓가락에 붙여주기 -다 붙인 사람 있나요? ● 자 이제 이 띠를 바람처럼 날려봐요~~ (원아들과 띠를 흔들며 자유롭게 날린다) ● 사후활동 : 활동 후에는 에어컨 바람이 나오는 입구에 띠를 붙여서 바람이 나올 때마다 날리는 모습을 볼 수 있게 한다.
11:10 ~11:40	정리 및 대집단활동 (음률)		● 원아들의 개별 활동을 마무리 지을 수 있도록 관찰한다. ● 정리 정돈을 한 후 개별로 화장실 다녀오기 ● 차례차례로 체육실로 내려가기 * 음률 활동 ● 노래에 맞추어 인사하기 -선생님한테 인사해주세요 ~ 안녕 하세요 ~ ● 회상하기 (동화 이야기) -거북이 힘내라고 노래도 불러주고 악기연주도 해주었지요? ● 동화 들려주기 (작은북 사용하기) -근데 저기 숲속에서 무슨 소리가 들리네 들어볼까? (우드블록으로 침) 거북이가 엉금엉금 기어오는데 친구들이랑 약속시간을 안 늦으려고 시계를 보면서 오고 있었구나 ~ 이 소리는 시계소리였구나 ~ (시계 노래 부르며 손유희 → 테이프 노래 반주에 맞추어 손유희) -움직이면서 불러본다. -거북이 늦지 않게 시계를 보면서 엉금엉금 기어오고 있는데 저쪽에서 토끼가 깡충깡충 뛰어오고 있네요~ 토끼는 무슨 음식을 좋아해요? 당근 뽑으러 가볼까요? -(선생님 노래에 맞춰 천을 잡아당기면서 당근 뽑기 → 테이프 노래 반주에 맞추어 천 잡아당기면서 당근 뽑기) -거북이는 저기서 엉금엉금 기어오고 있어요. 거북이야 ~ 난 당근도 먹었는데 넌 아직도 못 왔구나? 역시 넌 느림보 거북이야 ~ - 우리 거북이 힘내라고 노래도 불러주고, 악기 연주도 해줄까요? ● 악기 탐색 (더블 플라텀) -친구와 짝을 지어서 해볼까요? ● 악기 나눠주기 -내가 먼저 받았다고 먼저 연주하나요? ● 악기 연주하기 -노래에 맞추어 연주하기

		• 악기 정리 • 인사하기 -노래에 맞추어 인사한다. -손 배꼽 선생님 감사합니다. • 한줄 기차로 교실가기 • 손 씻기 및 소변보기
11:40 ~12:40	점심식사 및 양치지도	• 교사가 배식하기 (밥과 반찬 먼저 주고 국은 나중에 주기) • 점심식사 (음식을 받은 원아들은 잘 먹겠습니다 라고 한 후 식사를 시작한다) -골고루 먹는다. -꼭꼭 씹어 삼킨다. -자신이 먹은 식판과 국그릇, 숟가락, 포크를 정리한다. -물 마신다. -정리 된 쟁반을 식당으로 옮긴다. • 양치지도 (개인 칫솔 가져오기 → 교사가 치약 짜주기 → 깨끗이 양치하기 → 입안 헹구기 → 칫솔에 묻은 치약 깨끗이 닦고 정리하기) • 정리 정돈 -교사의 "정리하자" 라는 말에 영아는 모두 제자리 노래를 부르며 정리한다.
12:40 ~13:30	실외활동	* 실외활동 → 실내활동 (초롱반 초대) • 수,조작 영역 : 첨벙첨벙 물놀이, 그림자 맞추기, 선 따라 구슬 움직이기, 곤충 퍼즐 곰돌이 가족 옷입히기, 아이스크림 만들기 • 쌓기 영역 : 성 만들기 • 역할 영역 : 시원한 음식 만들기, 아이스크림 가게 놀이 • 언어 영역 : 스스로 책읽기, 교사가 책 읽어주기 • 영아 개인 요, 이불, 베게 준비하기
13:30 ~15:20	낮잠자기	• 화장시 가기 및 손 씻기 (손에 물을 묻힌다 → 비누를 손에 묻힌다 → 손깍지와 손등을 비빈다 → 물로 씻는다 → 교실에 개인 수건에 물기를 닦는다) - 교사는 영아 손 씻는 것을 보며 손 씻는 방법을 말해준다. • 조용한 음악을 틀어주고 블라인드를 내리고 불을 꺼서 낮잠을 잘 수 있도록 분위기를 조성해 준다. • 잠들지 못하는 영아 곁에 가서 등이나 배를 토닥여주어 재운다. • 일어난 영아 순서대로 소변보기 및 손 씻기를 위해 차례대로 화장실을 간다. • 영아의 이브자리를 개어 희망반 장에 넣어 정리한다.
15:20 ~16:00	오후간식	• 간식메뉴 (계란토스트 & 우유) -개인 컵에 우유를 따라준다. -맛있게 간식을 먹는다. -간식 그릇과 포크를 정리한다. -자기 컵은 깨끗하게 물로 씻고 가방에 넣는다. -정리된 쟁반을 식당에 내려 놓는다.
16:00 ~17:30	오후 자유 선택 활동	• 개인 물컵을 가방에 챙기고, 교사는 가정통신문이나 수첩을 챙겨준다. • 머리를 빗는다. • 줄서서 체육실로 이동한다. • 체육실에서 원아들이 선택한 활동을 수행하는 것을 관찰한다. • 영아가 체육실에서 활동하는 동안 보조 교사는 교실을 정리한다. - 구석 구석 청소기로 먼지제거하기 - 교구장, 창틀, 교실바닥을 걸레로 닦기

<table>
<tr><td>17:30~</td><td>오후 통합 교육</td><td colspan="4">• 부모님이 오시면 선생님, 친구들과 인사를 나눈다.
• 전달사항이나 영아의 상태를 부모님과 이야기를 나눈다.</td></tr>
<tr><td colspan="2">평가</td><td colspan="4">오늘 처음 전체수업을 진행하였다. 조금 걱정스러운 마음으로 활동을 하였다. 8명의 영아 모두를 지켜보고 관찰하고 도와주는 것은 정말 힘들었다. 한 명의 영아에게 신경을 쓰면 또 다른 영아가 못하고 있었다. 너무 정신없이 수업이 진행된 것 같았다. 그래도 완성된 작품을 보고 영아들이 신기해하고 활동할 때에는 즐거워하는 표정들이 보여서 기분은 좋았다. 내가 계획한 것처럼 도입은 잘 되었지만 너무 떨리고 정신이 없어서 영아가 색종이 띠 막대를 만드는 것에만 집중하여 빨리 끝낸 것 같아서 조금 아쉬웠다. 다 만든 것으로 조금 오랫동안 탐색해보는 시간이 있었다면 더 좋았을 것 같다. 실습 첫째 주보다는 목소리도 많이 커지고 영아들과 많이 친해졌다. 벌써 셋째 주가 지났는데도 아직 미숙하고 갑자기 생긴 상황을 알맞게 대처하지 못하여 좀 아쉽고 아직 멀었다는 생각이 든다.</td></tr>
<tr><td colspan="2">만2세
발달 단계</td><td colspan="4">* 사회성
(친구들과 집단 활동을 할 때에 감독자의 지시를 잘 따른다.)
→ 대집단 활동을 할 때에 ○○, ◇◇ 같은 경우는 자기가 하던 것에 너무 심취되어 감독자가 하는 말을 듣지 못해 따르지 못하는 경우가 많지만, 그래도 한번 더 말해주면 감독자의 지시에 잘 따른다. □□, △△, ▽▽, ☆☆는 감독자가 지시하였을 때에 잘 듣고 그 지시에 맞게 잘 따른다.</td></tr>
<tr><td colspan="2">비고</td><td colspan="4"></td></tr>
<tr><td colspan="2" rowspan="2">확인</td><td>실습생</td><td>담 임</td><td>원 감</td><td>원 장</td></tr>
<tr><td></td><td></td><td></td><td></td></tr>
</table>

3. 유아교육실습의 내용

유아교육실습에서 이루어지는 내용은 수업, 유아지도, 학급운영 등이다. 이는 유아교사의 역할을 수행하는데 교육실습동안 교육실습생이 관찰, 참여, 실행해 보아야 하는 교육실습의 내용들이다.

1) 수업

수업은 교육실습생이 교사로서 실제 수업활동을 계획하고, 실행해 보는 것을 의미한다. 교육실습생이 수업을 직접 담당하는 정도에 따라서 부분사업, 연계수업, 종일수업으로 구분한다. 부분수업은 지도교사가 진행하는 교육과정 안에서 하나의 수업활동을 교육실습생이 계획하고 실행하는 것이다. 연계수업은 지도교사가 진행하는 교육과정 중 두 가지 수업활동을 연계하여 지도하는 것을 의미한다. 종일수업은 교육실습생이 주도적으로 하루 종일의 수업을 계획하고 실행하는 것을 의미한다. 대부분의 교육실습기관에서는 교육실습생이 부분수업에서 연계수업으로, 그 다음 종일수업으로 점진적으로 발전시켜 나가도록 지도한다.

2) 유아지도

유아지도는 유아들을 관찰하고 유아와 상호작용하면서 유아의 발달 특성, 욕구와 흥미를 이해하고 적절한 상호작용 및 지도방법을 배우는 것을 의미한다. 예비교사들은 대학에서 유아들의 일반적인 발달 특성에 대해서 배우지만 교육실습기관에서 유아들의 특성을 파악하여 적절히 지도하는 것은 쉬운 일이 아니다. 더욱이 각기 다른 가정환경에서 자란 유아들의 사회, 정서, 인지, 언어, 신체 발달 정도는 개인차가 크기 때문에 보다 정확히 유아들의 발달정도를 이해할 수 있어야 한다. 따라서 교육실습생들은 교육실습 기간을 통해서 유아들의 발달 특성을 관찰하고, 유아들의 발달 뿐 아니라 유아의 흥미, 욕구, 유아들 간의 관계 등도 파악해야 한다. 이러한 발달, 욕구, 흥미, 유아들간의 관계 등에 기초하여 교육실습생은 적절히 유아와 상호작용하고 지도하는 방법을 습득하고 더 나아가 유아의 잠재력을 최대한 발휘하도록 지도해야 한다.

3) 학급운영

학급운영에 대한 교육실습은 학급환경 구성, 하루 일과 운영, 학급의 규칙 등 수업 이외의 원활한 학급 운영에 필요한 교사의 능력을 기르기 위한 것이다. 학급운영에 관련된 내용들은 대학교육을 통해서 이론적으로 배운 것들도 있으나 다루어지지 않은 내용들을 포함하기도 한다. 따라서 교육실습 기간 동안 교육실습생들이 경험하는 학급운영의 경험은 교사로서 학급을 운영하는 데 중요한 영향을 미치기 때문에 교육실습기관에서는 되도록 다양한 분야를 경험할 수 있는 기회를 제공해야 한다(박은혜, 2004).

4. 유아교육실습의 평가

실습에서의 평가는 실습생 자신의 수업에서의 평가, 자기 자신의 평가, 실습지도 교사들에 의해 이루어지는 평가와 시설장, 혹은 주임교사의 평가 등을 들 수 있다.

1) 수업평가

실습생은 일일교육계획안을 작성하고 매일 일과 후 하루 일과에 대한 일일 수업 평가를 한다. 이러한 평가는 주로 관찰에 의한 평가로 자유선택활동, 대·소집단 활동, 급간식 지도, 등원지도 등 하루 일과를 모두 포함하여 평가한다.

교사가 계획했던 교육목표가 성취되었는지, 영유아들이 흥미를 유발하여 능동적인 참여가 이루어졌는지, 적절한 교수매체가 사용되었는지, 영유아에 맞는 교수 방법이 이루어졌는지 등을 기준으로 작성할 수 있다.

수업을 평가할 때 일반적으로 고려되어야 할 기준은 다음과 같다(박은혜, 2009).

· 도달해야 할 학습 목표를 성취하였는가?
· 유아들의 선행 학습 내용 및 다음 주제와의 연계가 고려되었는가?
· 유아들의 학습 동기를 유발하고 능동적인 참여를 유도하였는가?
· 교수 매체는 적절하게 사용되었는가?

· 질문은 적절하였는가?
· 유아의 능력, 개인차, 흥미의 정도가 잘 고려되었는가?
· 상황에 따라 수업의 과정을 융통성 있게 운영하였는가?
· 학습 목표의 달성 여부 확인을 위해 적절하게 평가하였는가?
· 유아 평가와 함께, 교사의 수업 활동에 대한 평가도 실시하였는가?

2) 수업 후의 평가

수업 후의 평가는 지도교사, 기관장 등과 함께 참여하여 수업 활동에 대한 평가와 지도를 통해 다시 교육활동에 투입되어 추후 교육활동 계획 수립에 도움을 준다.

다음은 수업 후 실습생이 작성한 일일평가의 예시문이다.

[일일평가 예]

일 일 평 가

실습생 : ○○○ 2009년 ○○월 ○○일 ○요일

구 분	내 용
협의사항	• 아침 등원 시간에 날짜판 수정해 주세요 • 체육실 이동시 원아 지도해 주세요 • 점심식사 전 손씻기 지도해 주세요 • 낮잠 전 이불 깔아주세요 • 낮잠 시간에 교실 떠나지 말고 원아 관찰해 주세요
자기평가	많이 익숙해진 환경으로 별 다른 어려움은 없었다. 영아들과 많이 친숙해지고 상호작용도 많이 늘었다. 일지 쓰는 방식은 많이 부족하고 모르는 점 투성이지만 알려고 노력하고 배우려고 노력하고 있다. 지도교사 선생님의 지도와 조언을 받아 고칠 것은 고치고 개선해야 할 점은 개선하려는 자세를 가져야 겠다. 해야 할 일들에 대해 잊어버리지 않고 메모하고 기억하려는 습관을 들여야 겠다.
지도교사 조언	아이들의 행동 하나하나 반응을 보이며, 칭찬해 주시는 모습 보기 좋습니다. "○○야~◎◎해야지!! ◇◇하자!!"라는 말 보다는 "○○야~ 우리 ◎◎해볼래?" "◇◇할까?"라고 대화를 이끌어 주시면 아이들과 의사소통하기가 더 수월할 듯합니다. 열심히 배우려는 모습이 보기 좋습니다.

3) 종합평가(총평가)

실습생은 실습이 끝나면 실습 기관에서는 실습기관의 교직원들과 함께 모여 실습에 대한 총평을 받는다. 다음은 실습교사의 수업평가 척도의 한 예이다.

[실습교사 수업평가 척도(예시)]

1. 교사태도

① 아동에게 사용하는 말투와 어조가 적절하였는가?

5	4	3	2	1	0

② 아동들의 반응에 대하여 적절하게 대응하였는가?

5	4	3	2	1	0

③ 아이들의 만등을 적절히 유도하였는가?

5	4	3	2	1	0

2. 아동반응

① 아동이 교사의 활동에 집중하였는가?

5	4	3	2	1	0

② 아동이 교사의 교육을 잘 이해하는가?

5	4	3	2	1	0

3. 교육내용

① 활동 목표에 대하여 교사는 적절한 접근을 시도하였는가?

5	4	3	2	1	0

② 활동 내용은 아동의 연령에 적절하였는가?

5	4	3	2	1	0

③ 활동에 대한 시간 분배는 적절하였는가?

5	4	3	2	1	0

4. 준비도

① 교육 활동에 대한 사전 준비는 철저하였는가?

5	4	3	2	1	0

② 교육 활동에 필요한 교구, 교재를 잘 준비하였는가?

5	4	3	2	1	0

5. 총평가

전체 교육 활동에 대한 평점을 주세요.

5	4	3	2	1	0

[실습생 종합 평가의 예]

평정척도 체크요령	① 아주 나쁘다 ② 나쁘다 ③ 보통이다 ④ 좋다 ⑤ 대단히 좋다			
영역	평 정 관 점	평정치	소계	의견 및 비고
근무태도	1. 출근하여야 할 날 2. 지각, 조퇴, 외출 3. 결 근 - 결근 1회 2점 감점 - 지각, 조퇴 외출 각 1회에 1점 감점	( )일 ( )일 ( )일	/10%	
일반자질	1. 직무에 대한 책임감과 열의 · 직무에 대한 책임감이 강하며, 매사에 성실한가? · 동료 교사와 유아로부터 신망을 받고 있는가? · 교직 생활에 취미를 느끼고, 열성적으로 임하는가?		/15%	
학습 지도 능력	1. 지도계획 · 수업에 필요한 교재 연구는 잘 되어 있는가? · 수업에 필요한 자료는 충분히 준비되었는가? · 수업 계획안의 내용이 충실하고 조리 있게 기술되어 있는가?			
	2. 지도기술 · 자신감을 가지고 수업을 진행하였는가? · 유아의 심리 상태를 잘 파악하여, 교사-유아			

	상호간의 협력적인 수업을 전개하는가? · 수업에서 사용하는 언어는 유아들의 수준에 적절한가? · 자료를 적절하게 제시하는가? · 유아가 학습에 몰입할 수 있도록 적절히 동기를 부여하는가?							
	3. 학습 평가 · 유아 평가 방법은 적절한가? · 유아 평가의 내용을 다음 수업에 반영하는가?						/50%	
연구 조사 활동	1. 연구 능력 · 제반 업무에 창의성을 발휘하는가? · 제반 사항을 면밀히 관찰하고 비판적으로 해석하는가?							
	2. 연구적 태도 · 교직에 대한 제반 사항을 자진하여 알려고 노력하는가? · 교육 실습에 관한 제반 사항을 면밀히 기록하며 반성적인 검토를 하는가?							
	3. 교직 이론의 적용 · 교직에 대한 이론적인 기반이 갖추어져 있는가? · 알고 있는 이론을 적용하려고 노력하며, 교육현장에서 경험하는 것에 대하여 이론적인 검토를 하고 있는가?						/15%	
학습 경영 및 사무 처리 능력	1. 학급운영 · 학급의 환경을 창의적으로 구성하는가? · 학급 경영안의 작성 요령 및 경영 방침 등을 잘 습득하였는가?							
	2. 유아 관리 및 지도력 · 유아의 개성을 잘 파악하여 개성에 알맞은 지도를 하는가? · 생활지도를 잘하여 바람직한 학급 분위기를 조성하고 있는가?							
	3. 사무 처리 · 제반 지시 사항을 기한 내에 수행하는가? · 지도교사 및 기타 교직원에게 협조적인가?						/10%	
총계							/100%	

※ 출처 : 류진희(1999).

4) 실습시 지켜야 할 근무태도

실습 중에는 유아교육기관의 교육철학 및 기관장의 운영방침을 이해하고 이를 수용해야 한다.

- 실습생은 배우는 학생으로서 배움을 받아들이는 태도가 필요하다.
- 교실내외에서는 서로에게 뿐만 아니라 영유아에게도 모범을 보여야 한다. (말투, 옷차림 등)
- 영유아들에게 밝고 즐거운 태도를 보이고 긍정적이고 능동적인 자세를 갖는다.
- 영유아들에게도 존대말을 하며 존중하는 태도를 보인다.
- 영유아들에게 어떠한 경우에도 체벌을 가해선 안된다.
- 가급적이면 빠른 시간내에 영유아의 이름, 식습관, 체질, 특성에 대해 파악한다.
- 모르는 사항에 대해서는 지도교사 및 기관장에게 조언을 구한다.
- 지도교사 및 기관장의 지시를 필기하고 기억하도록 한다.
- 매일 작성하는 실습일지는 지도교사와 기관장에게 점검을 받는다.
- 적절한 어휘를 사용하며 비속어, 유행어, 통신체 등은 사용하지 않는다.
- 수업활동에 필요한 교재 교구를 미리 준비한다.
- 동료 실습생, 보육교사간의 인간관계에 있어 원활하고 융통성 있게 대처한다.
- 시설내의 교구 및 교재를 사용한 후에는 항상 정리정돈을 한다.

5) 실습의 영향

실습을 하는 동안 실습생들의 실습에 영향을 미치는 요인은 다음과 같다(윤기영 외, 1997 ; 이현중, 2002 재인용).

- 실습 지도교사, 지도교수, 기관장
- 영유아, 실습생, 동료 실습생
- 실습기관의 주변 환경이나 분위기
- 교육 및 보육 프로그램
- 교사양성기관에서의 실습에 대한 기대 등

특히 실습과정에서 실습효과에 영향을 미치는 주된 요인은 실습생, 지도교사, 원장, 지도교수이다.

(1) 실습 지도교수의 역할

이순자(2007)의 연구에 의하면, 사전에 실습 교수의 효율적인 지도가 교육실습의 만족에 큰 영향을 미친다고 하였다. 실습 지도교수의 역할은 첫째 대학의 교사 양성 프로그램에서 기대하는 교육 실습의 목표가 현장에서 제대로 달성될 수 있도록 실습 지도교사와 예비 교사를 도와 실습을 계획한다. 둘째로는 예비 교사들이 실제 현장에 잘 적응하도록 예비 교사들의 의견을 수렴하여 대학과 현장간의 갈등을 조정해 준다. 셋째는 실습 기간동안 세미나 과목을 가르치거나 정기적으로 협의회를 주도하여 실습 기간 중 예비 교사들의 경험을 지도한다. 넷째는 예비 교사들의 실습 결과를 평가한다(이순례,1996).

(2) 실습 지도교사의 역할

실습 과정을 거치면서 실습생이 겪는 변화나 발전에 끼치는 영향에 대한 연구들은 보면 실습생들의 반성적 사고, 효능감, 신념 등이 증진되었다는 긍정적 효과와 더불어 교육 실습 후 더욱 권위적이고 지시적인 태도를 보이는 등 부정적 효과 모두를 보고하고 있다. 실습 후 실습생들이 느끼는 실습의 긍정적・부정적 영향을 정리하면 다음과 같다.

▣ 실습의 긍정적 영향

- 새로운 신념의 형성, 신념의 정교화, 신념의 심화
- 영유아들에 대한 이해도 증가
- 영유아들에 대한 상호작용에 대한 방법
- 교수 방법 및 교수 매체의 활용법 이해

▣ 실습의 부정적 영향

- 지도교사나 기관장의 권위적이고 일방적인 태도
- 지나친 업무 (잡일, 교구제작, 청소 등)
- 영유아에 대한 거리감
- 이론과 실제의 차이
- 보육교사직에 대한 갈등

실습생에게 긍정적·부정적 영향력을 제공하는 교육실습에서 실습지도교사의 역할과 자질은 실습지도에 가장 큰 영향을 주는 것으로 알려져 있다(Shen, 1995). 교육실습 동안에 실습생들이 실습지도교사로부터 긍정적인 도움과 영향을 받기도 하지만 실습지도교사의 지도능력이 부족한 경우에는 부정적인 영향을 받기도 한다(Grimmett & Ratzlaff, 1986).

실습생들은 실습이 진행되면서 실습지도교사가 보여주는 모든 것을 바람직하다고 생각하고 실습지도교사의 교수 방법과 기술, 교육관 등을 무비판적으로 수용하여 바람직하지 못한 것들도 그대로 받아들이는 경향이 있다(Jensen, 1971; McIntyre, 1984; O'Neal,1983).

이매자(1998)의 연구에서도 지도교사의 경력, 학력, 교직관, 교생지도 경력이 교육실습의 효과에 영향을 주는 것으로 나타났다. 교육실습에서 실습지도교사의 영향이 큰 이유는 실습 동안 실습생과 많은 시간을 같이하고 교사로서의 모델 및 학습 기회를 제공하는 등 실습생을 주도적으로 지도하기 때문이다(조운주, 2002).

그러나 예비교사와 실습 지도교사 사이에는 서로의 다른 입장만큼 다른 시각이 존재하고 있다. 교육실습에서 나타난 예비교사의 문제를 분석한 김신영(2005)의 연구에서는 예비교사의 문제를 '교사로서 개인적 자질 및 전문적 자질', '아이들과의 관계', '타인과의 관계'로 분류하였다. 세 영역에서 각각 예비교사와 실습 지도교사의 인식의 차이를 표로 나타내면 다음과 같다.

	예비교사가 본 문제점	실습지도교사가 본 문제점
교사로서 개인적 자질 및 전문적 자질	· 현장에 대한 적응력 부족	· 교사로서의 기본자세
아이들과의 관계	· 활동성 많은 유아다루기의 어려움	· 유아를 이해하는 자세의 부족
타인과의 관계	· 지도 교사의 의도 파악의 어려움	· 타인에 대한 배려 부족

예비교사는 자신이 아직 학생이라는 생각과 현장 경험의 없음으로 인해, 실습 지도교사는 예비교사를 학생보다는 교사라는 입장에서 교사로서의 자세, 태도를 요구함으로 인해 인식의 차이를 나타내고 있다.

예비 교사는 단순히 지도 교사의 지시만을 따르는 수동적인 태도보다는 적극적인 참여 자세가 필요하다. 지도 교사 또한 예비 교사들의 롤 모델로써 다양한 경험을 제공해 주어야 한다.

유아교육실습에서 가장 중요한 역할을 하는 지도교사는 현명함, 지도력, 바람직한 역할모델, 교수 지식과 기술을 가진 멘터(mentor)를 의미한다. 멘터의 역할을 하는 지도교사는 교육실습생과 매일 많은 시간을 같이하면서 교사로서의 모델을 제공하고, 학습 기회를 제공하는 등 교육실습의 전 과정을 통해 주도적으로 지도한다. 이러한 가운데 지도교사는 교육실습생에게 교수방법, 가치관, 태도 등 전반적 면에서 영향을 미치게 된다(임승렬, 1995; Copas, 1984;Hawkey, 1998, 박은혜·조운주, 2009 재인용).

실습 지도교사는 예비 교사들에게 효과적이고 적절한 교수 방법이나 행동, 태도를 보여주며 동시에 예비 교사들이 현장에 대해서 많은 것을 경험하고 배움으로써 교사의 기초를 형성할 수 있도록 도와주는 것이다. 실습 지도교사가 예비교사들에게 강조할 것은 "왜 그런 상황에서 그런 기술이 필요하며, 교사로서 어떻게 그 상황에서 그런 기술을 이끌어 낼 수 있었는지의 과정"을 알도록 하는 것이다. 이는 실천적 지식과 반성적 사고를 갖고, 판단자이며 의사 결정자로서의 역할을 수행해야 하는 것이 유아 교사의 역할이기 때문이다(이순례, 1996).

영유아교육기관에서의 실습을 통해 나는 교사로서 이 일을 원하고 있는지, 적성에 맞는지를 확인하기 위한 자기 질문에 대한 답을 생각해 보자.

- 실습을 하는 동안 나는 지금 행복한가?
- 나는 왜 교사가 되었을까?
- 이 일에 대한 보람을 느끼고 있는가?
- 아이들을 만나면 나는 다시 에너지가 생긴다!!

어린이의 어버이들이여! 어린이는 마음의 힘이 부족한 데도 불구하고 어른의 욕심으로 성급히 끌어내거나 끌어올려서는 안 된다. 순서를 밟아 차츰 연습을 통하여 인도하도록 해야 한다. 너무 엄하고 너무 꾸중을 하고, 어린이를 과로하게 해서는 안 된다. 만약 차근차근 연습의 과정을 밟지 않고 성급히 향상되기만을 바라는 마음에서 채찍질을 한다면 그로 인해 어린아이의 마음도 도리어 약해지고 흔들려 마침내 균형을 잃고 말 것이다. – 페스탈로치

영유아교육기관에서 근무하는 교사는 사람의 인생에서 가장 중요한 영유아를 함께 지내는 존재이며 어버이와 같은 존재다. 이들 교사는 무엇보다도 영유아를 이해하고 그들 편에 서서 격려하고, 참을성 있게 기다려 주며 인내해 주는 존재이다.

실습생들의 실습 소감 中

○ 어려웠던 점

▸학교에서 하던 모의 수업과는 전혀 다른 현장에서의 수업이라 무척 당황스러웠다.

▸수업계획안 등 활동과 관련된 과제를 수행하는데 모르는 것이 너무 많았다.

▸처음 수업을 할 때 계획했던 것과 다른 아이들의 반응에 당황하여 수업을 제대로 진행하지 못했다.

▸수업에 사용할 교구를 만들었는데 활동 도중에 교구가 쉽게 망가져서 아이들이 제대로 활용을 하지 못해 아쉬웠다.

▸ 아이들이 물어보는 질문이 너무 다양하고 생각지도 못한 것도 많아서 어떻게 대답을 해야 할지 모르겠다.

▸수업을 진행하면서 마음이 너무 급해 말이 너무 빨리 나오고 이야기도 뒤죽박죽이 되었다.

○ 배운 점

▸아이들이 웃으며 반갑게 맞아주는 모습이 너무 보기 좋았다.

▸나를 선생님이라 부르면서 같이 놀이를 했던 기억이 제일 좋았다.

▸제일 어린 영아반을 맡으면서 아이들과 너무 정이 들고 내가 나가면 나를 찾으며 우는 아이가 있어서 왠지 모르게 나도 선생님이구나라는 생각이 들었다.

▸아이들과의 상호작용을 하는 법을 배웠다. 지도교사가 하는 모습을 보면서 여러 상황에서 아이들과의 상호작용하는 것을 알게 되었다.

▸어려웠던 점은 아이들과의 상호작용이었다. 아이들과 어떻게 놀아주고 어떻게 말을 해야 할지 처음에는 서툴렀지만 점차 아이들과의 상호작용이 생기고 대처할 수도 있게 되었다.

▸선배 보육교사들과의 지도와 조언이 도움이 되었다.

제 7 장

유아교사의 직무

유치원 및 어린이집에서 유아교사의 하루일과는 아이들을 위한 준비로 시작된다. 수업이 시작되면 수업계획안을 작성하고, 자료를 준비하고, 실제로 유아들과 함께 생활하고, 교실을 정리하고, 하루를 평가 및 귀가 지도 등으로 유아교사의 직무가 진행된다. 따라서 본 장에서는 유아교사의 직무 및 일과, 어린이집의 하루일과와 교사의 역할, 유아와 상호작용 등으로 살펴보고자 한다.

1. 유아교사의 직무 및 일과

유아교사가 유치원 및 어린이집에서 실제로 수행하는 모든 직무를 분석하여 10개의 영역으로 구분하였다(김은영 · 박은혜, 2007).
각각의 직무는 담임하는 연령, 기관의 특성, 운영시간, 교사의 직위 등에 따라 달라질 수 있다.

〈표 7-1〉 유치원 교사의 직무 영역 및 구체적인 직무

직무영역	직무구분
교수 학습 준비	교육 계획, 교재·교구 준비, 환경 구성, 수업 준비, 수업 협의
교구 학습 실제	등·하원 지도, 놀이지도, 생활지도, 상호작용, 활동 운영, 현장학습 지도
교수 학습 평가	유아평가, 수업(교사) 평가, 프로그램 평가
전문성 신장	연수 참여, 참관, 연구 관련 활동, 장학, 전문가로서 활동
유아보호 관련 업무	건강, 청결, 안전
학부모 관련 업무	부모와의 연계, 부모 상담, 부모 교육, 가족지원
행사 관련 업무	행사준비, 행사진행, 행사마무리
사무 관련 업무	문서작성, 문서관리, 사무관리, 물품관리, 운영관리
시설설비 관련 업무	안전관리, 기자재 관리
대인 관계 및 사회적인 업무	대인 관계, 지역사회와의 관계

출처: 김은영·박은혜(2007)

1) 유아교사의 하루일과

유아교사의 하루는 출근하여 전날 수업의 내용과 준비물을 검토하고, 유아를 맞이하기에 적절하게 교실환경을 준비하면서 하루를 시작하는데, 유아들이 등원을 하게 되면 일반적으로 실내 자유 선택 활동, 정리정돈, 이야기 나누기, 간식 및 점심, 대·소집단 활동, 실외 자유 선택 활동, 평가 및 귀가 등으로 진행된다. 유아들이 하원을 하고 나면, 유아교사는 수업 시 활용했던 자료·교구와 교실을 정리정돈하며 남은 일과를 시작한다. 유아교사의 하루일과를 직무내용과 함께 살펴보면 실제 유아교사가 어떤 일을 수행하는지 구체적으로 알 수 있다. 유아교사의 하루일과의 예를 10개의 직무 영역과 비교하면 다음과 같다(박은혜, 2009).

〈표 7-2〉 유치원 교사의 하루일과 및 직무 영역

시간	활동내역	직무영역
8:00 -	· 유아 맞이 준비	· 교수 학습 준비 · 시설설비 관련 업무 · 대인관계 및 사회적인 업무
9:00 -	· 등원 및 놀이(언어, 수학 · 조작, 조형 영역)	
9:10 -	· 계획하기	
9:20 -	· 실내 자유 선택 활동	
10:00 -	· 이야기 나누기	
10:30 -	· 간식	
10:50 -	· 대 · 중 · 소집단 활동 (동화 · 동극 · 음률 · 게임 · 실험 · 조사 · 요리 등)	
11:30 -	· 실외 자유 선택 활동	
12:10 -	· 점심식사	
13:00 -	· 대 · 중 · 소집단 활동 (동화 · 동극 · 음률 · 게임 · 실험 · 조사 · 요리 등)	
13:50 -	· 평가 및 귀가지도	
14:30 -	· 활동실 및 교재 · 교구 정리	· 시설설비 관련 업무 · 유아보호 관련 업무
15:00 -	· 휴식 및 교사의 수업 평가/유아 관찰 및 평가 기록	· 교수 학습 평가 · 대인 관계 및 사회적 업무
16:00 -	· 다음날 일일 계획안 작성 및 수업 준비	· 교수 학습 준비
17:00 -	· 행사 준비 및 기타 사무 관리	· 행사 관련 업무 · 사무 관련 업무
18:00 -	· 정리 및 퇴근	

2) 유치원의 하루일과와 교사의 역할

(1) 유아 맞이 준비

교사의 하루는 출근하여 기관에 들어서면서부터 시작된다. 교사는 출근하여 하루일과를 검토한 후, 활동실에 들어가 전날 준비해 둔 수업자료나 교구를 다시 한 번 점검한다. 교사는 등원하는 유아를 맞이하기 전에 창문을 열어 환기를 시키고, 편안한 음악을 틀어 놓거나, 조명의 밝기 등을 조절하여 쾌적한 교실 환경을 준비한다. 이 때 각 학급의 보조 교사나 교육실습생이 있다면 함께 일일계획안을 놓고 유아와 지내는 시간동안 각자의 역할을 점검해 볼 수 있다.

(2) 등원하기

유아가 기관에 오면, 교사는 실제적으로 교수 활동을 시작하며 유아를 교육하고 돌보는 일을 하게 된다. 유아가 등원하면 각 학급의 담임교사는 활동실에서 유아를 맞이한다. 교사는 등원하는 유아의 이름을 불러주면서 개별적인 관심을 보이며 반갑게 인사를 나눈다. 이 때 교사는 각 유아의 건강 및 심리상태를 점검하고 유아의 상태가 문제가 있을 시에는 이에 적절한 조치를 취하여 유아들이 하루를 즐겁게 시작할 수 있도록 돕는다.

(3) 계획하기

계획하기는 하루의 일과가 어떻게 진행되는지 유아와 교사가 함께 검토하는 시간이다. 유아가 등원할 때 개별적으로 소개하기도 하고 대부분의 유아들이 등원했을 때 모여 앉아 집단으로 소개하기도 한다. 집단으로 모여 계획하기를 할 때는 각 반 유아의 출·결석 상황을 함께 알아보며, 결석했던 유아가 있을 때에는 이유를 묻고 함께 반겨주기도 하고, 새로 시작되는 놀이나 자료, 각 반 친구나 기관의 새소식, 일과

중 결정할 사항 등에 대해 이야기해 볼 수 있다.

(4) 실내 자유 선택 활동

실내 자유 선택활동은 유아가 개인의 흥미와 관심에 따라 스스로 놀이하고 싶은 영역을 선택하여 놀이를 할 수 있는 시간이다. 실내 자유 선택 활동의 시간은 유아들이 선택한 놀이가 원활하게 진행될 수 있도록 교사는 환경이나 자료를 지원하기도 하고, 놀이에 직접 참여하기도 하며, 유아의 놀이를 통해 학습·발달 상황 등을 관찰하고 평가한다.

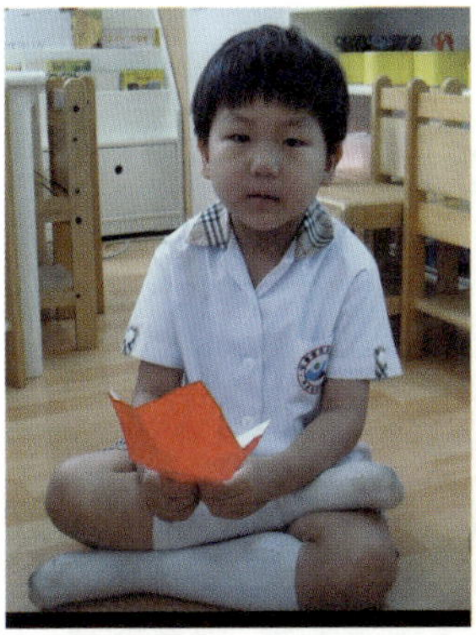

▲ 색종이 접기

▲ 영어 동화책 읽기

(5) 이야기 나누기

이야기 나누기는 교사와 유아가 함께 모여 유아의 놀이에 대한 평가를 하기도 하고, 현재 각 반에서 진행되고 있는 생활 주제나 프로젝트에 관련하여 계획한 주제로 실시할 수도 있다. 이야기 나누기 시간에는 유아가 조사해 온 것을 발표하기도 하고, 교사가 준비한 자료를 제시하며 유아들과 함께 토의한다. 이야기나누기는 필요에 따라 선택적으로 계획하고 실행할 수 있다.

▲ 이야기 나누기 – 교사와 함께 상호작용하는 모습

(6) 대 · 소집단 활동

교사는 하루일과를 진행하면서 약 2회 이상의 대 · 소집단 활동을 갖는데 집단 활동 시 집단의 크기, 활동 진행 시간, 활동 횟수 등은 유아의 연령이나 흥미, 집중 정도, 시기 등에 따라 달라진다. 대 · 소집단 활동에는 동화, 동극, 음률, 게임, 실험, 조사, 요리 등이 포함된다.

▲ 골프 활동

▲ 영어 뮤지컬

▲ 장구 배우기

▲ 신체활동

(7) 실외 자유 선택 활동

실외 자유 선택 활동 시간은 유아가 바깥에 나가 넓은 공간에 마음껏 뛰어 놀기도 하고, 동·식물을 관찰하며, 여러 가지 놀이 기구를 이용해 놀이할 수 있는 시간이다. 교사는 유아들의 놀이를 지원하기도 하지만, 유아가 햇볕에 너무 노출되지 않거나, 해충에 물리지 않고, 다치지 않도록 유아의 안전에 신경을 써야 한다.

(8) 간식 및 점심

간식 및 점심 시간은 유아가 즐겁게 식사하도록 도우면서 유아에게 필요한 식습관을 지도하는 시간이다. 교사는 유아가 충분한 영양공급을 통해 건강을 유지할 수 있도록 지원해야 한다. 편식 및 과식을 하지 않고 적당량을 먹을 수 있도록 지도하며, 간식 및 점심 시간을 통해 유아에게 요구되는 식탁 예절이나 기본 생활 습관을 기를 수 있도록 돕는다.

(9) 평가 및 귀가지도

평가 및 귀가지도 시간은 하루일과를 끝내고 집에 돌아가기 전에 모여 앉아 하루 중 즐거웠던 일이나 속상했던 일을 이야기하며 문제를 나누고 해결하는 경험을 갖는 시간이다. 귀가 시 챙겨야 할 소지품이나 귀가 안전, 다음날 일과 및 전달사항을 안내 받기도 한다. 교사는 유아가 차량을 타고 귀가하는 경우, 안전하게 차량까지 인도하고 차량 지도 교사에게 정확히 인계하여 유아가 안전하게 귀가할 수 있도록 돕는다.

(10) 활동실 및 교재 · 교구 정리

교사는 유아들이 귀가하고 나면 활동실의 교구와 교재를 정리한다. 이 때 교사는 보충하거나, 보수 및 교체해야 할 것이 없는지 점검한다. 교사는 점검을 통해 보충해야 할 교구나 교재, 보수하거나 바꿔주어야 할 교구 및 놀잇감 등의 목록을 작성하여 보충한다. 특히 하루일과 동안 사용했던 수업 자료를 온전한 상태로 정리하여, 각 반 자료실이나 원내의 자료실에 보관한다.

▲ 유아들이 귀가 후 교구 및 교재 정리

(11) 휴식 및 평가 시간

교사는 활동실이 정리되고 나면, 교사실로 돌아와 휴식을 취하며 하루일과를 돌아보는 시간을 갖는다. 준비했던 수업이 설정한 목표에 맞게 잘 진행되었는지 점검하며 교사 개인의 자체 수업 평가 시간을 갖고 평가한 내용을 문서에 기록하여 다음날 수업 준비나 계획에 반영할 수 있도록 한다. 또한 하루일과 동안 유아의 행동이나 학습·발달 상황에 대해 관찰하고 평가한 것이 있으면 함께 기록해 두기도 한다.

(12) 일일 계획안 작성 및 수업 준비

교사는 주간계획과 하루일과를 평가한 내용을 토대로 다음날의 일일 계획안을 작성한다. 이 때 같은 연령별로 협의회를 가질 수 있다. 교사는 계획안 일일 계획안에 맞게 필요한 교재와 교구를 준비하되, 자료실에 있던 자료를 활용하기도 하고, 필요한 것은 제작하기도 하여 유아의 흥미와 요구, 발달을 지원할 수 있는 교육 내용이 되도록 준비하는 시간을 갖는다.

(13) 행사 준비 및 기타 사무 관리

교사는 다음날의 수업 준비가 되면 행사를 준비하기도 하고 기타 사무 일이나 기자재 및 시설 등을 관리하기도 하며, 상황에 따라 부모와 상담을 하기도 한다. 전체 교사가 모여 연간 행사 계획에 따라 미리 행사 준비를 위한 협의 시간도 갖고 행사 전까지 체계적으로 준비하는 시간을 갖기도 한다.

(14) 정리 및 퇴근

교사는 그날 하루 업무를 마치게 되면 하던 일을 정리하고 퇴근할 준비를 한다. 교사는 자신이 활용하는 책상이나 책꽂이 등을 깔끔하게 정리한 뒤, 퇴근하기 전 활동실을 한번 돌아보며 문제는 없는지 확인하고 점검한다.

2. 어린이집의 하루일과와 교사의 역할

어린이집에서 영아반의 경우 대부분의 하루 일과가 일상생활과 관련된 활동이 많은 시간을 차지한다. 일상생활과 관련된 활동, 즉 기저귀 갈기, 수유, 배변 훈련은 연령이 어릴수록 시간 비율은 증가한다. 영아반의 하루일과는 보통 하루1회 이상의 실외 활동, 오전·오후 간식, 오전·오후 자유선택활동, 휴식 및 낮잠시간 등을 포함한다. 원아수첩에는 기분상태, 배변상태, 수유시간, 급·간식 시간, 급간식의 양, 투약시간, 투약 양, 투약 종류, 가정에 전달할 말, 교사에게 전말할 말 등을 적어 부모에게 전달한다.

유아반의 경우 계획하기, 자유선택활동, 대·소집단 활동 등 양육보다는 교육적 활동이 증가하게 된다. 이러한 활동을 놀이를 중심으로 각 영역을 적절히 구성하여 유아가 자신의 흥미와 요구에 맞는 활동을 선택하여 유아의 자율성과 독립심을 증가시키도록 한다.

모든 활동은 교사의 주도보다는 유아의 자발성에 의해 참여가 이루어지고 결과보다는 과정을 중시하는 태도가 중요하다.

영유아교육기관에서의 하루 일과표는 다음과 같다. 보육시설에서 종일반의 경우 각 상황에서 이루어지는 상호작용의 실례를 들어 이해를 돕고자 한다.

[영아반 하루일과 표 예시]

영아반 하루일과 표		
시간	주요일과	활동내용
7:30 ~ 8:50	등원 및 건강관찰 조용한 놀이 오전 통합보육	· 교사와 인사나누기 · 부모와 인사하며 헤어지기 · 영아의 건강 상태 체크하기 · 개별적으로 조용한 놀이하기
8:50 ~ 9:00	정리정돈 및 손 씻기	· 놀잇감 정리정돈하기 · 깨끗하게 손 씻기
9:00 ~ 9:30	오전 간식 및 기저귀 갈기 화장실 다녀오기	· 맛있게 오전 간식 먹기 · 기저귀 갈기 · 화장실 다녀오기
9:30 ~ 11:00	오전 실내 자유선택활동 및 정리정돈, 기저귀 갈기 화장실 다녀오기	· 교사가 준비한 놀이 활동이나 자유롭게 탐색활동하기 · 교사와의 상호작용, 또래와의 접촉, 혼자놀이 등의 활동 · 정리정돈 하기 · 기저귀 갈기 · 화장실 다녀오기
11:00 ~ 12:00	실외 자유놀이 및 산책	· 실외 놀이 및 자유롭게 움직이기
12:00 ~ 12:40	손 씻기, 점심식사 및 정리	· 깨끗하게 손 씻기 · 맛있게 점심식사 하기 · 세안 및 양치질 하기
12:40 ~ 13:00	전이활동 및 기저귀 갈기 화장실 다녀오기	· 조용한 놀이를 하거나 동화 듣기 · 기저귀 갈기 · 화장실 다녀오기
13:00 ~ 15:00	낮잠 및 휴식	· 조용한 음악, 자장가 들으며 낮잠 자기 · 낮잠 자지 않는 영아는 누워서 동화를 듣거나 조용한 놀이하기
15:00 ~ 15:20	잠자리 정리 및 오후 간식 준비 화장실 다녀오기	· 잠자리 정리하기 · 깨끗하게 손 씻기 · 기저귀 갈기 · 화장실 다녀오기
15:20 ~ 16:00	오후 간식 및 세안	· 오후 간식 먹기 · 기저귀 갈기, 세안 및 로션 바르기, 머리 빗기
16:00 ~ 17:00	실내 자유놀이 또는 체육실 놀이 및 교실 청소	· 놀잇감을 가지고 자유놀이하기 · 체육실 놀이
17:00 ~ 17:30	실내 자유놀이 기저귀 갈기 화장실 다녀오기	· 교사와의 상호작용, 또래와의 접촉, 혼자놀이 등의 활동 · 정리정돈 하기 · 기저귀 갈기 · 화장실 다녀오기
17:30 ~	통합 보육 및 하원	· 조용한 놀이하기 · 부모와 영아의 상태에 대해 이야기 나누기, 하원 인사

(1) 등원하기

아침에 출근하는 부모와 함께 등원하는 영유아들은 따뜻하게 맞이한다. 부모와 아이 입장에서 환영받고 관심받고 있다는 느낌을 받을 수 있어야 안심할 수 있다. 영유아의 상태를 관찰하고 지난 밤 사이의 영유아에 대한 변화나 상태에 대해 부모와 이야기를 나누거나 연락장 또는 수첩을 통해 확인한다.

부모와 떨어지기 싫어하고 울며 거부하는 영유아에게는 꾸준히 안아주고 관심 있는 놀잇감을 보여주거나 영유아가 입은 옷 등에 대해 이야기 하며 관심을 돌리도록 한다. 영아의 경우 사진이 있는 신발장과 개인 사물함 찾기나, 언어영역 등에 게시된 가족사진 등을 보여주어 부모와의 분리불안을 감소시킬 수 있다. 영유아가 우는 동안에도 너를 이해하고 있다는 것을 말로 표현하며 동조를 해준다.

등원 후에는 가방에서 원아의 수첩을 반드시 확인하고 부모의 전달사항이나 투약의뢰 등을 확인한다.

상황 1)
입소한 지 4개월째인 18개월 ○○는 등원할 때마다 현관에서부터 엄마와 헤어지지 않으려고 있은 있는 힘껏 울어댄다. 교사가 교실에 안고 들어와서도 울음이 그치지 않고 계속 가방을 가지고 나가려고만 한다. 당신이 교사라면 ?

부정적 상호작용 : 계속 울어도 무관심하게 태도를 보인다.
"그만 울어"라고 윽박지른다.
"울면 간식을 안 줄거야"라고 협박조의 말을 한다.

긍정적 상호작용 : 안아주면서 관심을 보이고 "엄마가 가서 ○○가 슬프구나" 등의 말을 통해 교사도 영아가 느끼는 슬픔에 동조하고 있음을 알려준다.
○○가 좋아하는 담요를 손에 쥐고 돌아다닐 수 있

도록 해준다.
사진을 게시판에 붙여놓아 보여준다.

상황 2)
16개월인 ○○는 등원할 때 교실에 잘 들어왔다가 다시 엄마를 찾으면서 울고 계속 교사 옆에서만 울고 교사가 다른 아이들을 보면 더 심하게 운다.
당신이 교사라면?

부정적 상호작용 : "저리 좀 가" "그만 울어" "넌 또 왜 이렇게 징징대니?" "저리 가서 놀아" 등 짜증 섞인 어투와 밀어내는 반응

긍정적 상호작용 : ○○는 오늘 기분이 안 좋구나. ○○는 무얼 하고 싶니?
선생님하고 이 장난감을 맞춰볼까?
△△가 재미있는 놀이를 하고 있네. △△가 무얼 하는지 한번 볼까?

상황 3)
오전 간식시간에 ○○ 어머니는 아이를 교실에 들여보내고 교사와 이야기를 한다. 교사는 오전 간식 준비를 해야 하는데 어머니가 계속 자신의 아이가 간식을 잘 먹지 않으니 잘 먹여달라고 말을 걸고 있다. 이 문제를 벌써 여러 번 얘기한 상태이다.
당신이 교사라면?

부정적 상호작용 : "잘 먹을거예요" "글쎄요. 안 먹는데 저도 할 수 없네요"
"어머님! 제가 지금 좀 바빠서요"

긍정적 상호작용 : "○○ 어머님! ○○가 간식을 잘 먹지 않아서 걱정이시군요.
제가 간식을 줄 때 잘 관찰할게요.
차후에 시간을 정하셔서 상담시간을 만들어 보겠어요."

상황 4) 등원할 때 인사를 못했던 어머님이 후에 원장님과 상담 중 내용
△△어머님이 원장님과 상담하고 있다.
○○어머님 : 며칠 전에 등원할 때 ○○와 같이 들어왔는데 선생님이 ○○는 막 웃으면서 인사하면서 데리고 들어갔는데 우리 아이는 그냥 "어, 들어와" 이러고 들어 가시더라구요.
선생님이 그 아이만 더 귀여워하는 것 같아서 속상했어요.

(2) 자유선택활동

자유선택활동은 영유아가 자신의 요구와 흥미에 따라 시설의 실내・외 활동에서 경험할 수 있는 다양한 흥미 영역별 활동(쌓기놀이 영역, 조작놀이 영역, 역할놀이 영역, 수놀이 영역・언어 영역, 조형놀이 영역, 과학영역, 음률영역, 물・모래놀이 영역, 컴퓨터 영역, 목공놀이 영역, 휴식공간 등) 중에서 자신이 스스로 선택하여 활동을 계획하고 수행하며 평가해 보는 시간이다.

교사는 이 시간에 영유아들의 활동을 개별적으로 관찰자며, 놀이 활동에 개입하여 갈등을 해결하거나 활동을 확장시키고 촉진하는 등의 역할을 수행할 수 있으며, 영유아들과의 자연스러운 상호작용을 통한 개별화 교육을 수행할 수 있다.

① 영아반

영아는 월령에 따라 개인차가 심하기 때문에 일괄적으로 교사가 준

비한 활동을 같은 방식으로 활동할 수는 없다. 각 영역별로 영아들이 개인의 흥미와 특성에 따라 선택하여 활동할 수 있도록 교재와 교구들을 제시해 주어야 한다.

교사와 영아는 놀이중심의 자유 선택 활동을 통해 적극적인 상호작용이 이루어지게 된다. 영아 스스로 하고 싶은 놀이와 놀잇감을 선택하게 하고, 탐색 활동을 오랫동안 즐기는 영아에게는 충분한 탐색이 이루어질 수 있도록 기다려 준다.

영아가 관심을 보이는 놀잇감에 대해 같이 반응하고, 놀이를 할 때 격려해 주면서 그 결과에 대해 인정하며 수용하는 행동을 보여 성취감을 맛볼 수 있도록 한다.

"블럭을 쌓고 있구나. 하나 하나씩 올리고 있구나. 우와~~~정말 높이 쌓았네" 등의 반응을 적극적으로 보여주며 손뼉을 친다거나 머리를 쓰다듬어 주거나 안아주는 등의 행동을 보여준다. 영아가 특정 활동을 완성했을 때 성취감을 느낄 수 있도록 즉각적으로 언어적인 보상과 손뼉을 쳐주는 등 많은 격려를 한다.

신체적 활동이 많은 경우 피로를 느낄 수 있기 때문에 충분히 쉴 수 있는 휴식 공간을 마련해 준다.

영아반의 경우 보육실의 영역배치는 기저귀 갈기 영역, 수유영역, 휴식할 수 있는 영역, 흥미 영역 등이 조화롭게 배치되어야 한다.

일상생활공간(기저귀 갈기, 수유, 잠자기 등)과 놀이 공간을 적절히 배분하고 서로 섞이지 않도록 구성한다. 흥미영역의 경우 대소근육 활동과 탐색영역(감각놀이) 중심으로 구성한다.

기저귀 갈이 공간은 가급적 물 사용이 원활한 화장실 근처에 구성하고, 청결하고 위생적으로 관리되어야 한다.

② 유아반

유아들의 자유선택활동시간은 보육교사가 유아들의 선호도, 유아들의 흥미, 유아들의 강점 및 약점, 상호작용, 성격 등을 파악할 수 있는 중요한 시간이다.

실내·외에 구성된 다양한 흥미영역 중에서 자신의 흥미와 요구에 따라 활동을 선택하여 수행하게 되는데 이 과정에서 유아의 성격, 놀이 특성 등이 두드러지게 나타난다.

일부 보육교사는 자유선택활동시간에 유아들이 노는 것으로만 인식하거나 유아들을 관찰하지 않거나 놀이에 개입하지 않고 방임하는 경우가 있는데 이는 유아를 파악할 수 있는 가장 중요한 시간을 간과하는 것이다.

정해진 규칙과 질서를 지키고 스스로 활동계획을 구상하고 놀이 활동을 수행하는 태도를 형성하도록 한다. 교사는 유아들이 흥미를 유발할 수 있도록 계절이나 생활주제에 따라 다양하게 변화되도록 구성하고 관련된 교재·교구를 다양하게 준비하는 필요성이 있다.

자유선택활동은 연령에 따라 각 영역별 구성이 중요하다. 교실내의 환경구성이 원하는 교육목표를 달성할 수 있게끔 구성되어져야 하고 영유아들의 개별적 상황에 맞도록 흥미에 따라 선택할 수 있는 다양한 영역구성이 이루어져야 한다.

일상적 영역, 역할영역, 쌓기영역, 음률영역, 수영역, 조작영역, 언어영역, 조형영역, 과학영역, 휴식 공간 등이 보육실의 크기와 보육목표에 따라 배치되어야 한다.

영아반의 경우 일상적 영역(기저귀 갈기, 수유공간, 잠자기 등)이 큰 비중을 차지하는 반면 연령이 올라갈수록 조작탐색영역, 표현영역, 역할영역, 쌓기영역, 언어영역, 수영역, 조작영역 과학영역 등의 다양한 영역을 필요로 한다.

또한 보육실이 협소하다면 언어영역 및 휴식공간의 통합, 역할 및 쌓기영역의 통합, 수·조작·과학영역의 통합 등 여러 흥미영역을 통합하여 구성하는 방안도 고려한다.

상황 1)
만 4세반 자유선택활동시간에 △△가 놀잇감을 가지고 놀다가 ○○와 부딪히자 ○○가 왜 때리냐며 △△를 때리면서 다툼이 일어났다.
당신이 교사라면?

부정적 상호작용 : "○○야! 친구랑 싸우면 안돼!" " 선생님이 싸우지 말라구 했지! "

긍정적 상호작용 : "△△가 장난감을 가지고 놀다가 ○○랑 부딪힌거구나 "
"○○야. 부딪혀서 아팠구나. 그렇지만 친구를 때리는 건 나쁜 거야.
△△한테 부딪혀서 아파서 화가 났다고 이야기 해주자 "

긍정적인 방법으로 행동 지도하기

매일의 일과에서 교사가 영유아의 바람직하지 않은 행동을 긍정적인 방법으로 지도하고 문제 상황에 적절히 개입하는 것은 영유아의 자존감을 키우고 문제해결능력을 길러주는데 필수적이다.

① 유아의 바람직하지 않은 행동을 지도할 때 벌을 세우거나 위협하는 말, 비난하는 말을 사용하지 않는다.
이러한 방법은 장기적으로 유아의 바람직한 행동을 습득하는데 도움이 되지 않을 뿐만 아니라 유아의 자존감에도 부정적인 영향을 주게 된다.
-넌 왜 매일 그러니? 그렇게 선생님 말을 듣지 않으면 나쁜 아이야. 저쪽에서 손들고 있어. 이렇게 말썽 피우면 나중에 바깥놀이 시간에 너 혼자 교실에서 놀게 할 거야 등

② 일과 중에 문제 상황이 생기면 그때 마다 바람직한 행동을 지도하

는 기회로 활용한다. 이때 유아들과 함께 간단한 규칙을 정하는 것이 좋다.

-오늘 바깥놀이 시간에 미끄럼틀을 꺼구로 올라가는 친구와 내려오는 친구가 부딪혀서 다치는 사고가 있었어요. 미끄럼틀을 어떻게 좋을까?

-그럼 미끄럼틀에서 앞에 친구를 밀면 어떻게 될까?

▲ 자유선택활동시 소꿉놀이 영역에서 교사와 영아의 상호작용

▲ 음악회를 감상한 후 자유선택활동시간에 음률영역에서 유아들이 재현한 모습

▲ 자유선택활동시간에 흥미에 따라 유아들이 선택한 활동을 즐기는 모습

▲ 자유선택활동시간에 언어영역에서 교사와 유아의 상호작용

(3) 기저귀 갈기(배변하기)

기저귀 갈이 영역은 항상 청결하게 소독하고 원아 개개인의 물품이 준비되어 개별적으로 사용해야 한다. 기저귀를 갈아 줄 때에는 물 휴지 등으로 깨끗이 닦아주어야 하며, 대변 시에는 가급적 물을 이용하여

닦아주어야 한다. 교사는 영아에게 부드러운 말로 이야기를 나누거나 스킨십을 하거나 맛사지를 하는 등 즐거운 상호작용 기회로 활용한다. 배변훈련은 영아반에서 거쳐야 하는 중요한 과정 중의 하나이다. 보통 18개월 정도의 영아부터 배변훈련을 할 수 있지만 영아의 개인차에 따라 그 시기는 다를 수 있다. 따라서 배변훈련은 가정과의 연계가 필수적으로 그 시기와 방법에 대해서 부모와의 의사소통이 중요하다.

배변훈련은 영아가 정서적으로나 신체적으로 준비가 되어있을 때 시작해야 한다. 영아에 따라서 다를 수 있기 때문에 개별화된 배변 훈련이 필요하다.

규칙적으로 화장실에 데리고 가도록 하고, 실수를 하더라도 꾸짖거나 야단치지 말아야 한다. 긍정적인 배변훈련은 영아에게 자신감과 자존감을 갖게 하지만 그렇지 못한 경우 좌절감과 심한 스트레스를 동반하며 오히려 배변에 거부감을 가질 수 있다. 배변과 관련된 동화를 읽어주거나 인형을 가지고 역할극을 하는 등의 활동을 연계하여 영아들이 자연스럽게 배변을 받아들이도록 한다. 또한 배변에 성공했을 때는 적극적으로 칭찬을 해주어 자신감을 갖도록 한다.

배변 후에는 항상 손을 씻어 습관화할 수 있도록 하여 청결을 유지하도록 한다.

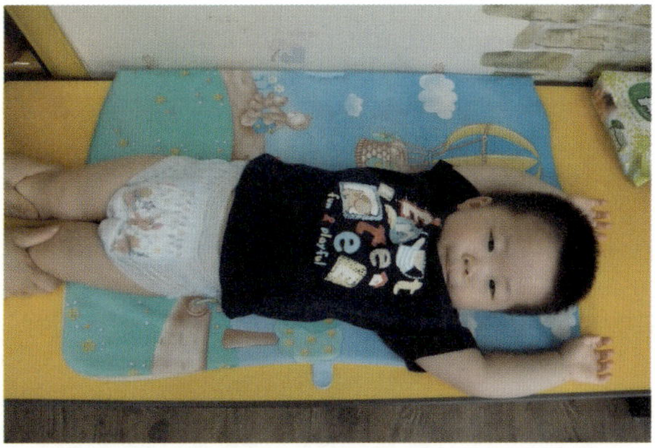

▲ 기저귀를 갈아주며 마사지를 하고 있는 교사

상황 1)
14개월된 ○○의 기저귀를 갈기 위해 기저기 갈이대 위에 눕혀 놓았다. 그런데 자꾸 움직이며 기저귀 가는 것을 거부하고 떼를 쓴다.
당신이 교사라면?

부정적 상호작용 : 아무말 없이 힘으로 제압하여 기저귀를 갈아준다.
"가만있어!"라고 큰 소리를 내고 힘으로 아이를 다시 눕힌다.

긍적적 상호작용 : "○○ 쉬 했구나. 선생님이 기저귀 갈아줄게"
"여기 누워보자~~옳지! 잘했네"
" 쭈욱 쭈욱 체조 해볼까? 쭈욱 쭈욱 커라~~"
(팔다리를 주물러 준다)
"자 다 갈았네. 잘했어요~ 이제 다 됐다~"
좋아하는 놀잇감을 준비하여 제시한다 (딸랑이 등)

상황 2)
만 3세인 ○○가 교실 밖의 화장실을 갔다. 화장실에서 볼일을 보다가 속옷과 치마가 걸려서 젖고 말았다.
당신이 교사라면?

부정적 상호작용 : "너가 몇 살인데 아직도 실수를 하니?"
"창피하니까 얼른 갈아입어!"
(교실안에서 큰 소리로) "○○야! 오줌 쌌으면 얼른 옷 갈아입어야지!"

긍정적 상호작용 : "○○가 놀이를 하다가 급하게 가서 실수를 했구나"
(다른 친구들이 보이지 않는 곳으로 데리고 간 후)
"괜찮아, 실수를 할 수도 있어. 옷은 갈아입으면 돼"
"다음에 화장실에 갈 때는 참지 말고 쉬가 마려우면 얼른 가자"

(4) 휴식 및 낮잠자기

아침 일찍 등원하는 영유아는 오후 낮잠만으로는 부족할 수 있기 때문에 오전 중에 낮잠을 잘 수 있도록 배려해야 한다. 잠이 충분하지 않은 영유아는 짜증을 내거나 활동에 흥미를 보이지 않을 수 있다.
영아의 경우 규칙적으로 낮잠을 자도록 하고 유아의 경우 낮잠을 자지 않더라도 휴식을 취하도록 배려해야 한다.

낮잠을 잘 때는 영유아가 좋아하는 담요나 베개, 이불 등 개별화된 침구에서 조용한 분위기에서 잠을 잘 수 있도록 분위기를 조성해 주어야 한다. 밝은 교실보다는 커튼이나 블라인드를 이용해 채광을 차단하고 조명을 줄여 낮잠을 잘 수 있는 분위기를 만들어 준다. 조용한 음악을 틀어주거나 자장가나 이야기 등을 들려주거나 그림책을 읽어준다.

낮잠시간은 영유아 개인별로 시간별 차이가 있을 수 있기 때문에 처음부터 무리하게 낮잠을 재우려 하지 말고 조금씩 시간을 맞춰나갈 수 있도록 배려한다. 낮잠을 자거나 깰 때 기분 좋은 상태가 될 수 있도록 이름을 불러 주거나 안아 주는 등의 활동을 하면서 정서적으로 안정감을 가질 수 있게 도와준다.

먼저 깨어나는 영유아에게는 계속 자는 영유아를 방해하지 않도록 조용한 활동을 하면서 지내도록 배려한다. 유아반 이상의 경우 낮잠을 자지 않으려는 원아들에게는 조용한 음악을 감상하거나 편히 누워 쉴 수 있는 휴식공간을 마련하는 것이 좋다.

상황 1)
만 3세인 ○○는 낮잠시간이 되자 "엄마는 왜 안와?"라고 계속 물어보며 이불에 누워서도 옆의 친구와 장난을 치며 떠들었다. 한 아이가 잠자기 않고 있으면 다른 아이들도 자지 않겠다고 해서 수용할 수 없다.
당신이 교사라면?

부정적 상호작용 : "그만 얘기하고 얼른 자자!" "왜 이렇게 떠드니?"

"○○는 왜 자꾸 일어나니? 옆 친구랑 자꾸 떠들어서 친구들이 못자잖아"
"일어나면 안돼. 눈 감고 가만히 누워 있어. 그러면 잠이 올거야"

긍정적 상호작용 : (그 원아의 옆에 앉거나 같이 누워서)
"○○는 잠이 안오니? "
"지금은 자는 시간이니까 잠이 안오면 누워서 쉬자"
(머리를 만져주거나 등을 토닥여준다.)
"친구들이 잠이 들면 ○○가 보고싶은 책을 보자"

영유아의 부정적 정서 수용을 위한 교사 상호작용

① 부정적 정서를 나타내는 영유아의 언어적, 신체적 표현에 정확히 반응하려면 주의 깊은 관찰이 무엇보다 중요하다. 놀이실에서 영유아가 평소의 행동과 다른 모습을 보이는지 아니면 부정적인 정서가 계속하여 지속되고 있는지 등을 세심히 살펴본다.

② 영유아가 울거나 화내거나 불안해하는 행동은 건강상의 문제, 심리적 문제, 생리적 문제, 또래 관계 문제, 발달단계의 특징 등 다양한 원인이 있을 수 있다. 따라서 영유아의 행동에 즉각적으로 반응하기 보다는 원인을 고려하여 대처해 주어야 한다.

③ 영유아가 부정적인 정서를 표현할 때, 그러한 정서가 전환될 수 있는 환경을 제공해 준다. 영유아의 부정적인 정서에 집중하는 것 보다 흥미있는 놀잇감이나 재미있는 놀이 등으로 관심을 끌면 자연스럽게 기분이 전환될 수 있다.

④ 영유아의 부정적인 정서는 환경의 변화에 쉽게 영향을 받는다. 학기초 적응 시간이나 월요일과 같은 초에는 이를 고려한 놀이와 활동을 계획하여 영유아가 흥미를 느낄 수 있는 놀이를 실시하고, 따뜻하고 편안한 환경을 제공해 준다.

갈등상황 개입방법

영유아가 함께 지내면서 발생하는 갈등 상황은 자연스러운 일이다. 오히려 교사는 이러한 갈등 상황을 영유아가 문제를 해결할 수 있는 기회로 활용해야 한다.

1) 즉시 교사가 개입해야 하는 경우
- -행동이 너무 공격적이거나 통제가 불가능할 때
- -영유아가 물거나 때릴 때, 머리를 잡아당기거나 물건을 던질 때
- -영유아가 울거나 비명을 지를 때
- -영유아들이 중도에 그만두지 않고 끝까지 싸움을 벌일 때

2) 개입방법
- -먼저 교사의 감정이 안정되어 있는지를 확인한다.
- -만약 두 명 이상 다투고 있다면 가장 격렬히 다투는 영유아를 조용한 곳으로 데려가 얘기하도록 한다.
- -영유아들이 너무 화가 나서 말을 하지 않거나 들으려고 하지 않을 경우 마음이 가라앉을 때까지 옆에서 기다려 준다. 울 경우 울음이 그칠 때까지 기다려 준다.
- -영유아는 교사의 침착한 눈을 보고 교사가 화가 나지 않았으며 자기를 도우려는 것을 알게 되면 갈등전이 기술을 사용하게 된다.

3) 갈등전이 기술
- -영유아가 스스로 갈등상황에 대하여 말하도록 돕는다.
- -꾸짖지 않고 영유아의 말을 수용한다.
- -갈등상대에 대한 감정이입을 조성하여 준다.
- -갈등 상대와의 화해 방법을 모색하도록 한다.

※출처 : 2009평가인증조력프로그램 영역4 상호작용(중앙보육정보센터)

상황 2)
아침에 일찍 등원 한 14개월 된 ○○가 오전자유선택활동 시간에 계속 칭얼대면서 울고 있다. 교사는 다른 아이들의 활동을 진행해야 하는데 당신이 교사라면?

부정적 상호작용 : "그만 울어" "이거 하자, 이거 봐봐"

긍정적 상호작용 : "○○가 졸립구나. 우리 저기 가서 코~~잘까?"
"얘들아. ○○가 졸리운가 보다.
○○가 잘 수 있게 조용한 놀이를 하자"

▲ 휴식시간에 독서영역에서 조용히 책을 보는 유아

▲ 낮잠시간의 영아반 – 블라인드로 채광을 차단하여 낮잠 잘 수 있는 분위기를 조성한다.

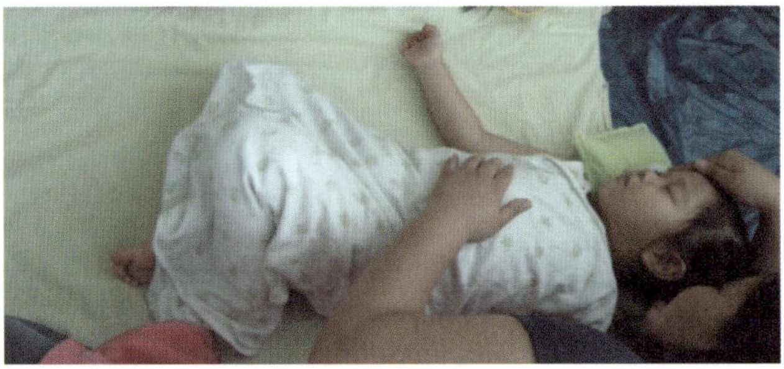

▲ 낮잠시간에 영아를 재워주는 교사의 상호작용

(5) 간식 및 점심

급·간식의 경우 영유아 개개인에 따라 음식에 대한 선호도와 그 양이 다를 수 있으므로 부모와의 상담이나 부모기록지 등을 참고하여 양을 조절한다.

특히 아토피나 특정 음식에 대해 알러지 반응이 있는 원아에 대해서는 급·간식에 유의해야 한다.

식사시간은 즐거운 분위기에서 이루어질 수 있도록 하며 원아들이 음식에 대해서도 충분히 탐구하고 즐길 수 있는 시간이 되어야 한다. "이 자두는 새콤달콤하네", "오늘은 미역국이 맛있네" "바삭바삭 하구나" "오이를 먹으니 아삭 아삭 소리가 나네" "동그란 연근이 꼭 동그란 바퀴같이 생겼네" 등 여러 가지 다양한 음식에 대해서 말로 표현하고 음식에 대한 흥미를 갖게 한다.

혼자 먹기 어려운 영아는 교사가 도와주고 혼자 먹기가 가능한 영아는 혼자 스스로 먹기, 숟가락을 이용해 먹기 등 혼자 할 수 있도록 지켜보는 것도 필요하다.

음식을 섞어버리거나 흘리고 엎지르는 일이 있어도 다른 영유아들에게 피해를 주지 않는 범위내에서는 허용적인 분위기에서 식사를 할 수 있도록 하며 잘못된 행동에 대해서는 수정을 하며 지도한다. 혼자서 해냈을 때도 "○○는 숟가락으로 밥을 잘 먹을 수 있구나" "오늘은 당근도 먹었네. 정말 잘했다" 등 식사시에도 격려를 해준다. 식사가 끝난 후에는 정해진 자리에 식기 정리하기, 손 씻기 등의 활동으로 유도한다.

상황 1)

18개월이 된 ○○가 식사 하는 도중에 숟가락을 가지고 밥을 먹겠다고 고집을 부리더니 밥을 다 흘렸다. 국그릇을 마시려다가 엎어버렸다.
당신이 교사라면?

부정적 상호작용 : "○○야. 안돼!! 이게 뭐야!!"

"또 흘리고 먹잖아!! 국을 엎으면 어떻하니!!"
"가만있어! 선생님이 해줄게"

긍정적 상호작용 : "○○는 숟가락을 잘 잡고 밥을 먹네. 여기 흘린 것은 치워야겠다. 선생님이랑 같이 치워보자"
"국을 엎질렀구나. 괜찮니?
그릇을 잡을 때는 두손으로 잡고 먹는 거야.
국물은 이렇게 숟가락으로 먹어보자"

상황 2)
만 3세인 ○○는 밥과 반찬, 김치는 거의 먹지도 않고 식사시간에 계속 앉아만 있다. 간식도 자기가 좋아하는 것만 먹는다.
당신이 교사라면?

부정적 상호작용 : "다른 친구들은 밥 잘 먹는데 너는 왜 또 안 먹고 있니?"
"밥 다 안 먹으면 놀이터에 나가서 놀 수 없어"
"너는 이제부터 밥 먹지 마"

긍정적 상호작용 : "○○는 오늘 별로 밥이 먹기 싫은가 보구나.
얼만큼 먹을 수 있는지 말해 줄 수 있니?"
(잘 먹고 있는 유아에게 관심을 보이며)
"△△는 밥을 잘 먹고 있구나. 맛있어 보이네"
(○○가 밥을 먹고 있는 모습을 놓치지 말고)
"○○도 밥을 잘 먹고 있구나. 오늘은 밥 다 먹고 **놀이를 해보자 "

상황 3)
만 4세인 ○○가 식사 도중에 계속 옆자리 앞자리 친구들과 떠들면서 제자리에 앉아 있지를 않고 있다.
당신이 교사라면?

부정적 상호작용 : "조용히 먹으라고 했지" "밥 먹는데 누가 떠드니?"
"그렇게 말만 하니까 밥을 제일 늦게 먹지"
"계속 떠들거면 밥 먹지 마"

긍정적 상호작용 : (다른 유아의 행동에 관심을 보이며)
"△△는 바르게 앉아서 잘 먹고 있구나.
옆 친구와도 사이좋게 이야기하면서 먹고 있구나"
"○○도 제자리에 앉아서 잘 먹을 수 있구나."
(잘한 행동에는 칭찬)

▲ 자신의 자리에 앉아서 친구들과 이야기를 나누며 먹는 점심시간

▲ 영아가 혼자서 먹기 힘든 반찬을 덜어주는 교사

▲ 식사시간은 즐거운 시간!

▲ 영아가 국그릇을 잡고 먹는 것을 도와주는 교사

(6) 대·소집단 활동

대·소집단활동은 하루 일과 중 다른 활동으로의 전이가 필요하거나 협동과 사회적으로 상호작용하는 기술을 배워야 할 때 주로 이루어지는 활동이다. 주로 이야기나누기, 신체활동, 동화, 동시, 동극, 게임 등이 대·소집단 활동으로 실행될 수 있다.

이 활동은 대상 연령, 활동의 종류, 집단의 크기에 따라 다르게 나타난다. 연령이 어릴수록 대집단 활동보다는 개별적인 활동의 비중이 크다.

이 활동은 집단 내에서 영유아들의 서로를 인식하고 영유아간, 교사간 상호작용을 경험할 수 있으며 공통된 주제를 가지고 서로의 감정과 의견을 나눌 수 있는 시간이다.

대·소집단 활동을 위해서는 모든 아동이 활동에 참여하는지, 모든 아동에게 골고루 시선을 분배하는지, 영유아들의 흥미나 참여 정도가 어느 정도인지를 관찰해야 한다.

영아반의 경우는 주로 자유선택활동을 중심으로 영아의 개별화가 이루어지고 하루 일과 시작전에 인사하기, 동화, 동시 듣기, 게임, 노래부르기, 생일축하 등과 같은 활동에서는 대집단 활동이 이루어질 수 있다.

연령이 높아짐에 따라 사회성과 협동심이 필요해지는 연령이 되면 대집단 활동과 개별활동이 하루 일과 중에 균형있게 배치되어야 한다.

▶ 조형활동시 만든 우산을 가지고 게임을 하고 있는 유아들

▶ 등원하여 하루 일과를 계획하고 있는 유치반 원아들

▲신문지를 이용한 활동을 즐기는 영아들

▲벽면에 도화지를 붙여 마음대로 그림을 그리고 있는 영아

(7) 실외놀이 및 산책

많은 시간을 어린이집에서 보내는 영유아들에게는 실외놀이 및 산책이 필수이다. 하루 일과 구성 시에는 실내활동과 실외활동을 적절히 구성하고 월간 주제에 맞추어 실외활동 또는 산책을 계획할 수 있다.
영아반은 놀이터나 어린이집 주변의 산책으로 시작하여 유아들의 경우는 놀이터에서의 놀이 활동뿐만 아니라 활동과 연계하여 동네의 여러 기관을 방문하기도 한다.(소방서, 파출소, 은행, 슈퍼, 미용실 등)
이러한 지역사회 연계활동은 영유아들이 자신들의 일상생활과 관련짓는 활동으로 이어지기 때문에 보육계획안 계획시 필수적으로 포함되어야 한다.

▲영아반 산책시에는 위험 요소가 없는지 미리 확인해야 한다. - 안전모를 쓰고 산책하는 영아들

▲여름철 물놀이와 모래놀이를 하고 있는 영아들

▲산책 중 자갈밭에 흥미를 보이는 영아들

▲실외놀이시간에 놀이규칙에 대해 이야기하고 있는 유아들

3. 유아와의 상호작용

교사들의 직무를 살펴보면 각 영역에 따라 교사에게 기대하는 역할이 있음을 보게 된다. 다음 절에서는 유아교육 현장에서 교사에게 기대하는 역할이 무엇인지 살펴보고자 한다.

유치원 및 보육시설에서 하루를 보내는 영유아들에게 교사의 중요한 역할이 바로 상호작용이다. 교사와 영유아, 영유아와 영유아, 영유아와 교구, 교사와 교사 간의 상호작용이 하루일과 안에 포함되어 있다.

프로그램 속에서 교사와 유아의 상호작용은 여러 형태로 이루어질 수 있는데 NAEYC(National Association for the Education of Young Children, 전미유아교육협회)의 발달에 적절한 실제에 대한 지침서는 유아의 놀이를 조장하고 사회·정서발달을 지원할 수 있는 민감하고 수용적인 교사의 상호작용을 강조하고 있다(Bredekamp, 1987 : Bredekamp & Copple, 1997; 이윤경, 2002 재인용).

Bredekamp 와 Rosegrant(1992)는 교사의 상호작용 행동들을 다음의 8가지로 구분하여 정의하고 있다.

(1) 인정해주기(acknowledge)

교사가 유아가 하는 활동에 관심을 기울이고 활동에 지속적으로 참여하도록 격려하는 것을 의미한다. 이 행동은 유아가 활동에 지속적으로 참여하는 효과가 있지만, 과도한 칭찬을 사용하게 되면 과제에 대한 유아의 동기유발이 감소된다. 따라서 적절한 수준의 인정이 필요하다.

(2) 모델링(model)

교사가 행동, 암시, 자극 등을 통해 유아에게 기술이나 바람직한 행동방법을 보여주는 것을 의미하며, 비지시적인 성격을 띄는 암시적인 모델링과 다소 지시적인 성격을 띄는 명시적인 모델링이 있다. 암시적인 모델링은 교실을 깨끗이 쓴다는 것을 알려주기 위해 교사 자신이 항상 떨어진 쓰레기를 줍는 모습을 보여줌으로써 모델 행동을 보여줄 수 있다. 명시적인 모델링은 쓰레기를 주우면서 필요한 정보나 조언 혹은 힌트를 주는 것 등, 꼭 필요한 정보를 제공하거나, 힌트, 조언 또는 코치하면서 모델을 보이는 것을 의미한다.

(3) 촉진하기(facilitate)

유아가 다음 수준을 발달할 수 있도록 일시적인 도움을 제공하는 것이다. 유아가 균형감을 잡을 때까지 평균대에서 손을 잡아주거나 실수할 것을 두려워하지 않고 마음껏 해 보도록 격려하는 것 등을 의미한다.

(4) 지원하기(support)

촉진하기와 비슷하나 교사의 참여도에 차이가 있다. 촉진하기가 자전거에 보조바퀴를 달아주어 완전히 자전거타기에 익숙해지면 보조바퀴를 떼어주는 것처럼 유아가 적극적으로 활동을 하되 교사의 분명한 도움이 필요한 것을 말한다.

(5) 비계설정하기(scaffold)

유아의 현재의 발달수준을 높일 수 있도록 유아에게 적합한 학습방법을 준비해 주거나 도전의 기회를 제공해주는 것이다. 성공적인 비계설정을 위해서 교사는 우선 유아를 관찰하여 유아의 현재 발달 상태나 학습수준을 파악하는 것이 중요하다.

(6) 함께 구성하기(co-construct)

비계 설정하기보다 좀더 지시적인 교수 전략으로 교사와 유아가 함께 활동이나 과제를 계획, 수행하는 것을 말한다. 예를 들어, 역할영역에서 역할을 나누어 맡아 놀이하는 것을 말한다.

(7) 시범보이기(demonstrate)

교사가 직접적으로 활동을 해 보이고 유아는 시범보이는 결과를 관찰하는 것이다. 함께 구성하기보다 좀 더 지시적이고 직접적이다. 시범보이기는 활동이 확실히 잘못된 방향으로 진행되고 있거나 위험한 경우에 적합하다.

(8) 지시하기(direct)

교사가 의도하는 특정한 학습내용이나 활동을 유아가 수행하도록 직접적이며 구체적으로 지시하는 행동이다. "화장실에 들어 갈 때는 줄을 서서 차례차례로 가자"라고 지시하는 것이다.

위의 8가지 상호작용 유형은 하루 일과 안에서 유아와의 상황에 따라 적절하게 이용할 수 있다. 영유아는 교사와 또래 영유아와의 상호작용을 통해 자신을 이해하고 타인을 이해하며 기본생활 습관, 사회생활의 규범, 의사소통의 기술, 인간관계의 기술 등을 습득하게 된다.

영유아의 요구와 질문에 적절히 반응하는 교사

① 영유아기는 세상에 대한 호기심이 왕성하여 질문과 요구가 많은 시기이므로 더 넓은 세상을 탐색할 수 있도록 영유아의 질문에 반응해 준다.

② 영아가 보내는 생리적 요구(젖은 기저귀, 배고픔, 졸음, 아픔 등)에 민감하고 적절히 반응한다. 대부분의 영아는 언어가 불완전하여 신체적인 신호로 자신들의 요구를 표현하게 되는데, 도움을 청하는 영아의 언어적, 신체적 신호를 정확히 알아차리고 반응해 주려면 주의 깊은 관찰을 해야 한다.

- ○○야, 졸립구나, 양치하고 낮잠 자자.
- ○○야, 쉬하고 싶구나, 어서 화장실 가자.
- 왜 이렇게 기운이 없어 보일까? 어디 아프니?

③ 영유아들은 몸이 아프거나 심리적으로 불안할 때, 친구들끼리의 다툼으로 불만스러울 때 울거나 짜증을 내고 화를 내는 등 부정적인 정서로 표현하기도 한다. 이때 따뜻하게 안아주고 부드러운 목소리로 위로하는 교사의 수용적인 태도는 영유아에게 신뢰감을 갖게 한다.

- 오늘 엄마하고 헤어지기 싫었구나. 그래도 '엄마 다녀오세요' 했지? 잘 했어.
- ○○는 왜 우니? 친구 때문에 속상했구나. 괜찮아.

※출처 : 2009평가인증조력프로그램 영역4 상호작용(중앙보육정보센터)

긍정적 상호작용을 위해서는 교사로서의 역할과 양육자로서의 역할이 영유아의 특성에 따라 적절히 조정되어 나타나야 한다. 영아의 경우 양육자로써의 역할이 더욱 강조되고 유아로 연령이 올라갈수록 교육자로써의 역할이 강조된다. 이를 위해서는 영유아의 발달단계에 따른 특성을 이해해야 한다.

일부 교사와 부모들은 유아들의 읽고 쓰고, 셈하는 능력을 우선시 하거나, 시설에서 주제 선택, 진행 및 활동들이 유아의 경험, 관심을 배제한 체 주로 교사의 주도적 선택에 의해서 이루어짐으로써 유아들이 스스로 선택할 수 있는 경험을 빼앗고 있다. 이는 유아기가 상상력, 창의력, 문제해결 능력을 발달시킬 수 있는 특별한 시기임을 간과하고 있기 때문이다.

유아기는 다양한 활동과 수많은 도전을 시도하며 시행착오를 경험하는 시기이므로 하루 일과가 자발적이고 주도적인 활동으로 이어질 수 있도록 구성하는 것이 중요하다.

또한 사회성이 발달하는 시기이므로 또래와의 관계에 따른 감정표현이 원활할 수 있도록 지원해야 한다.

제 8 장

유아교사의 장학

장학은 교육활동의 개선을 위하여 교원을 대상으로 하여 이루어지는 제반 지도·조언활동을 의미한다. 따라서 본장에서는 장학이란, 장학의 유형, 교사발달 단계와 장학, 멘터링과 반성적 사고 등을 살펴보고자 한다.

1. 장학이란

1) 장학의 개념

장학이라는 말은 영어의 'Supervision'을 해석한 것이다. supervision은 'super'와 'vision'의 합성어이다. 여기서 'super'는 '높은 곳' 혹은 '우월한' 이라는 의미를 지닌 접두어이고, 'vision'은 '본다' 또는 '감시한다'는 의미를 갖고 있는 단어이다. 따라서 supervision이라는 말은 '높은 곳에서 본다 혹은 감시한다'라는 뜻으로 해석될 수 있다(정태범, 1996:12).

그러나 오늘날 교육에서 장학은 민주적인 성격을 지닌 교육활동으로 과거의 관료적 성격에서 '상담자', '조언자', '교사조력자' 등 다양한 성격을 지니고 있다.

장학의 개념은 학자들간에 다양하게 나타나고 있는데 주삼환(1997)은 장학의 의미에서 장학의 핵을 수업개선으로 보고, 수업개선을 하려면 교사, 교육과정, 학습환경에 변화를 주어 결국 학생의 학습행위를 변화시켜 학습성취, 학습결과를 높이는 것으로 보았다. 또 허병기(1997)는 장학의 본질은 교사의 수업행위 혹은 교육행위에 근접하여 그 행위를 전문적으로 조력하는 활동으로 규정하였고, 이윤식(1993)은 장학을 수업개선을 포함한 교육활동의 개선을 위한 모든 지도·조언활동으로 보았다.

유아교육법 제2장 제18조에서는 국립유치원은 교육과학기술부장관의 지도·감독을 받으며, 공·사립유치원은 교육감의 지도·감독을 받으며 교육과학기술부장관 및 교육감은 유아교육을 충실히 하기 위하여 유치원에 대하여 교육과정 운영에 대한 장학지도를 실시할 수 있다고 규정하고 있다.

보육시설에서의 장학에 대한 규정은 없지만 영유아보육법 제7장에서 보육시설 모든 종사자, 시설 운영 상황 조사, 모든 문서 등 총체적 관리 및 지도로 규정하고 있다. 보육시설에서는 공식적인 장학은 없었지만 점차 보육교사를 대상으로 하는 장학이 자율적으로 실행되어 왔다.
장학의 목적은 한 마디로 표현하자면 "교사의 발전"이다. 이와 관련하여 조부경 등(2001)은 장학의 목적으로 교사에 대한 평가가 아니라 교사에게 도움을 주기 위한 것, 행정업무 이전에 교수 개선을 위한 것, 그리고 교사 발전을 위하여 장학사가 그 정답을 제공하는 것이 아니라 함께 참여하는 것이라고 그 목적을 제시하고 있다(백혜리, 2009).

교육의 질을 높이기 위해서는 교사의 자질 향상이 중요한 조건일 수밖에 없다. 교사의 자질 향상을 위한 조력 중 하나가 바로 장학이다.

2) 장학의 기능

초기 장학은 교육기관을 방문하여 지도하는 시학(inspection) 또는 감독의 성격이 강하였으나 점차로 전문가에 의한 교육 과정 및 수업 개선을 목적으로 하는 교사들에 대한 전문적·기술적 지도 조언의 성격을 띠는 민주적 장학을 의미하게 되었다.

장학의 기능면에서의 활동을 보면 크게 3가지로 볼 수 있다(김종철, 1994).

첫째, 교사의 전문적 성장을 돕는 제반 활동이다.

교사들의 건전한 교육철학의 수립, 교직에 대한 올바른 태도와 감정, 소속감과 안정감의 확립, 문제해결 능력과 기술의 습득, 특히 학습지도 방법과 생활지도 방법의 개선, 교육문제에 대한 올바른 인식의 확대 등을 통하여 전문적 성장을 이룩하게 하는 것이다.

둘째, 교육운영의 기획과 평가를 돕는 제반활동이다.

교육활동 전반에 걸친 기획, 조사, 연구 및 평가에 있어 교육관계자들의 노력을 도와주고 교육문제에 대한 사회적 인식을 개선하도록 조력한다.

셋째, 학습 환경을 개선하는 활동이다.

환경정화와 학교관리행정의 개선, 교육시설의 정비와 인적 조건의 개선 등 행정관리면의 제반시책의 개선활동이다.

이를 정리하면 장학이란 교사의 전문적 성장, 교육운영의 합리화 및 학생의 학습 환경 개선을 위한 전문적·기술적 보조 활동이라 할 수 있다(김종철·이종재, 1994)

유아교육기관에서 교육활동의 개선의 의미로 실시할 수 있는 원내 자율장학에 대해 이윤식(1999)은 교사의의 전문적 발달(professional development)영역, 교사의 개인적 발달(personal development)영역, 그리고 교육기관의 조직적 발달(organizational development)영역의 3가지로 구분하여 정리하였다. 이 중 학교 교육활동의 핵심인 교수-학습 활동 개선을 포함하는 교사의 전문적 발달 영역을 가장 중요한 영역으로 보고 있다(백혜리, 2009).

(1) 교사의 전문적 발달(professional development)영역

교육과정 운영에 초점을 두어 교육과정 운영에 초점을 두어서, 교사들의 교과지도 등 교육활동 전반에 있어서 안정·숙달·성장을 도모하는 것이다. 즉, 교수활동에 있어서 교사가 영유아와 상호작용함에 있어서 전문적 성장을 할 수 있도록 지원하는 것을 의미한다. 그런데 여기서 의미하는 교사의 교수활동에서의 전문성이란 단순히 교사가 영유아와 상호작용함에 있어서의 기술, 전략을 의미하는 것이 아니라 그들의 교육에 대한 신념, 교육 내용 및 방법에 대한 선택에서의 전문성 등을 강화하는 것을 의미한다.

(2) 교사의 개인적 발달(personal development)영역

교사 개인에 초점을 두어서, 교사들의 심리적, 정서적, 신체적, 사회적 영역에서 인간적인 성장을 하도록 돕는 것을 의미한다. 이 영역에서는 교사의 신체적·정신적 건강, 교사의 가정생활, 교사의 성격 및 취향, 교사의 사회생활, 교사의 취미활동, 교사의 종교활동 등이 관련될 수 있다. 교사는 자신의 직업 수행을 통하여 끊임없이 발전하는 인간 존재이다. 따라서 교사로서의 역할 수행을 통하여 자아를 확립하고 자신의 능력에 대한 효능감에서의 발전을 이루는 등 교사로서의 전문성 이외에 인간으로서의 전인적 성장을 이루도록 지원하는 것을 의미한다.

(3) 교육기관의 조직발달(organizational development)영역

교육 조직의 전체적인 개선에 초점을 맞추고, 교육기관의 조직 풍토와 환경을 궁극적으로 변화시켜 보다 체계적이고 효율적인 운영관리가 가능하도록 돕는 것을 의미한다. 시설의 효율적인 운영관리는 조직의 기능 개선은 물론 구성원들 간의 상호작용을 원활하게 하고 그들의 인간관계를 개선하도록 하는 효과를 제공하게 될 것이다. 이를 위하여 교육기관의 운영계획, 인간관계, 의사소통 및 의사결정과정의 특성, 인사관리 및 재정 등 행정관리 등에 대한 장학이 그 내용으로 포함될 수 있다.

결론적으로 유아교육기관에서의 장학은 교수활동의 개선, 보육 및 교육과정의 이해, 영유아 상호작용의 이해, 학습 실무 운영의 이해 등 교사의 전문성 향상 및 교사의 자아를 확립하고 효능감을 발전시키는 등 개인적 발달을 돕는다고 볼 수 있다. 대체로 장학이라 하면 수업장학을 의미하는 경우가 많고 이때 장학의 궁극적 목적은 수업개선으로 볼 수 있다.

2. 장학의 유형

Sergiovanni와 Starratt(1993:203)는 모든 학교에서 선택할 수 있는 5가지 장학유형으로 임상장학, 동료장학, 자기장학, 비공식장학 및 탐구중심장학을 제시하고 있다. 여기서는 유아교육기관에서 흔히 실행되는 장학으로 수업장학, 임상장학, 동료장학, 자기장학, 자율장학을 다루고자 한다.

1) 수업장학

수업장학은 수업의 개선을 위하여 교사의 수업행동 변화에 초점을 두는 것으로 유아교육현장에서 수업장학의 궁극적인 목적은 유아교사의 수업행동에 대한 변화를 통해서 유아들의 학습을 촉진시키는 것이다. 따라서 수업장학은 교사의 수업행동 향상에 직접적으로 영향을 주기 위한 전문적인 지도 조언을 목적으로 실시하는 장학활동이다.

즉, 수업장학은 교사들의 수업기술과 수업방법의 개선을 위해 제공되는 지도조언 활동으로

· 교사의 수업기술 향상

· 교사와 장학자간에 대면적 상호작용을 중시

· 교실 내 교사의 수업행동에 초점

· 일련의 체계적이고 집중적인 과정이라 할 수 있다.

수업장학은 수업행동 변화에 초점을 둔 장학으로 그 과정이 중요하다. Cogan은 장학의 순환과정을 다음과 같이 제시하였다(박은혜 외, 1999).

① 돕기와 신뢰하기의 관계형성

친숙해지기, 역할과 기대 설정하기, 학습유형 논의하기, 선호하는 의사소통 방법 검토하기, 임상장학이 수행되는 방법 명료화하기 등을 포함한다.

② 교사와 함께 수업과 단원 계획하기

명확한 목표, 학습결과, 예상되는 문제들, 특별한 학습환경, 수업이나 단원을 가르치기 위한 전략들을 포함한다.

③ 관찰 계획하기

수업 중 관찰할 내용과 자료수집의 방법에 대한 논의로 사전협의의 단계로 볼 수 있다.

④ 수업관찰하기

장학담당자는 수업을 관찰하고 교실에서 일어나는 상황을 기록한다.

⑤ 교수 활동과정에서 나타나는 중요한 패턴을 찾기 위해 자료 분석하기

교사와 장학담당자는 각자 독립적으로 수업을 분석한다.

⑥ 협의회 계획하기

교사와 장학담당자는 수업 결과, 교실 운영, 교수-학습 과정을 논의

하기 위한 일반적인 계획을 수립한다.

⑦ 수업 상황을 검토하기 위한 협의회 하기

계획된 협의의 일정에 따라 협의회를 진행한다.

⑧ 재계획하기

교사의 전문적이고 개인적인 발달을 위한 다음 단계를 계획한다.

수업장학의 유형은 교사의 수업기술 향상을 위한 임상장학, 교육기관 조직의 성장을 도모하는 동료장학, 발달단계에 맞는 선택적 발달 장학, 자기 교수력 향상을 위한 자기장학, 다양한 교육정보를 제공하는 약식장학, 기타 자체장학 등으로 분류할 수 있다.

수업장학은 현직 교사들의 수업기술과 수업방법의 개선을 위해 제공되는 지도조언 활동임에도 불구하고 장학담장자의 수업개선에 대한 이해 부족, 과업중심의 전시 효과적인 장학, 장학담당자의 지도성 개발 부족, 교사의 교직 전문성 개발을 등한시 한다는 문제점이 나타난다(강영삼, 1994)고 보고 있다.

이러한 문제해결을 위해서는 ① 수업장학 요원의 전문성이 제고되어야 하며, ② 장학의 기능이 단위 유치원(보육시설) 중심의 장학으로 바뀌어야 하고, ③ 장학활동에 대한 교사들의 인식변화와 적극적인 참여가 있어야 한다.

2) 임상장학

임상장학은 수업장학과 비슷한 개념 또는 동일 개념으로 혼용되어 사용되기도 한다. 변영계(1984)는 임상장학과 수업장학은 그 목적이나 방법에서 동일하기 때문에 구별이 어렵다고 하였으며, 수업장학을 임상장학 보다 포괄적이고 상위 수준에 있는 것으로 보기도 한다.

그러나 임상장학과 수업장학이 교실에서 일어나는 교수·학습의 개선을 위해 교사의 수업 기술을 향상시키는 데 그 초점을 두며 그 방법을 수업관찰, 분석, 협의회의 과정을 택하고 있다는 점에서 동일한 개념으로 볼 수 있다(김주건, 1997).

임상장학(clinical supervision)은 'clinical'이라는 용어처럼 의사가 환자의 관계처럼 장학담당자와 교사가 1:1의 친밀한 관계 속에서 수업계획을 협의하고, 수업을 관찰하고, 관찰결과에 대하여 협의회의 과정을 거치는 체계적인 장학을 의미한다.

임상장학은 과거의 지시적, 관료적 장학과는 반대로 장학자와 교사간 상호작용적이고, 교사 중심적인 장학이다. 임상장학은 여러 학자들에 따라 3단계에서 8단계까지 다양하지만 기본적으로 임상장학의 과정은 ① 계획협의회 ② 수업관찰 ③ 피드백협의회의 단계를 거친다.

첫 번째 계획협의회의 단계에서는 교사와 장학자간의 친밀한 관계를 형성하여 교사, 학급, 수업, 장학의 필요성 등에 대하여 상호 이해를 같이 하고 또 사전 계획을 세우고, 상호 약속을 하여 일종의 계약을 하는 단계이다.

두 번째 수업관찰은 협의회에서 약속한 대로 약속한 도구에 의하여 필요한 객관적인 자료를 수집하기 위하여 교실을 방문하여 실제로 수업을 관찰하는 임상장학의 핵심적인 단계이다.

세 번째 피드백협의회의 단계는 수집된 자료를 놓고 협의하여 수업개선과 수업기술 향상의 전략을 모색하는 단계이다.

각 단계별 목적과 방법을 그림으로 나타내면 위의 〈그림 8-2〉와 같다(주삼환 외, 2000).

1. 계획협의회

<목적>
1. 래포의 형성
2. 수업관찰의 목적과 기능 설정
3. 관찰할 수업측면에 대한 협의
4. 관찰중 사용할 절차 개관
5. 관찰중 장학자와 교수가 수행할 역할 확인
6. 피드백협의회의 목적과 성격을 결정
7. 수업관찰과 피드백협의회에 대한 교사의 질문에 대한 대답

<방법>
1. 수업에 대한 교사의 관심 확인
2. 교사의 관심을 관찰 가능한 행동으로 바꾸기
3. 교사의 수업 개선을 위한 절차 확인
4. 교사로 하여금 자기 개선의 목표를 설정하도록 돕기
5. 수업관찰의 시간 결정
6. 기록할 관찰도구와 관찰행동을 선정하기
7. 자료기록을 위한 수업장면을 명료화하기

2. 수업관찰

<목적>
1. 교사의 장점과 개선 필요영역을 확인 · 진단
2. 학생학습을 손상시키는 상황을 관찰
3. 수업에 관한 객관적 자료의 수집

<방법>
A. 부분적인 정확한 기록방법
1. 교사의 발문
2. 교사의 피드백 방법
3. 교사의 지시와 구조적 진술
B. 좌석표에의 관찰 기록
1. 과업집중
2. 언어흐름
3. 이동양식
C. 전반적인 관찰방법
1. 일화기록
2. 녹음 · 녹화기록
D. 체크리스트
1. 교사 이미지 질문지
2. 학생관찰조사
3. 교사 스타일에 대한 학생의 지각
4. 문답식 수업
5. 강의-설명식 수업
6. 시간선에 따른 기록

3. 피드백협의회

<목적>
1. 수업상황에 대한 지각과 그 이유에 대한 이해
2. 수업문제에 대한 가능한 해결책 탐색
3. 수업개선의 행동계획의 설계화 합의
4. 교사의 수업개선시의 진전상황 검토

<방법>
1. 객관적 관찰자료에 의해 교사에게 피드백
2. 교사의 추측과 의견, 느낌을 끌어내기
3. 대안적 수업목적, 방법, 이유를 고려하도록 교사를 격려하기
4. 교사에게 연습과 비교의 기회를 제공하기

※비지시적 교사중심 장학협의회 방법
1. 많이 경청하고 덜 말하기
2. 교사가 말하는 것을 인정, 의역, 사용하기
3. 명료화하는 질문
4. 교사의 성과와 성장에 대해 구체적 칭찬
5. 직접적 조언을 피하기
6. 언어적 지지를 하기
7. 교사가 느끼고 있는 것을 인정하고 사용하기

※출처 : 주삼환 외(2000), 『교육행정 및 교육경영』. 서울:학지사, p. 300.

〈그림 8-2〉 임상장학의 단계별 목적과 방법

유아교육기관에서 임상장학은 교사가 실제 교실 상황에서 당면한 문제가 있어 이를 개선하고자 할 때 장학 담당자가 수업을 참관하고 관

찰하는 과정을 거치는 장학이다. 대부분의 유아교육기관에서는 동료교사, 주임교사, 원감, 원장 등의 교사가 주기적으로 임상장학을 실시하고 있다. 한 달에 한번 연구수업을 실시하여 직접 수업을 관찰하거나, VCR · CCTV 촬영 등을 통해 임상장학을 실시한다. 조부경(2001) 등은 유아교육기관에서의 장학을 **1단계 관찰 전 협의회, 2단계 관찰, 3단계 관찰 후 협의**의 단계로 설명하고 있다.

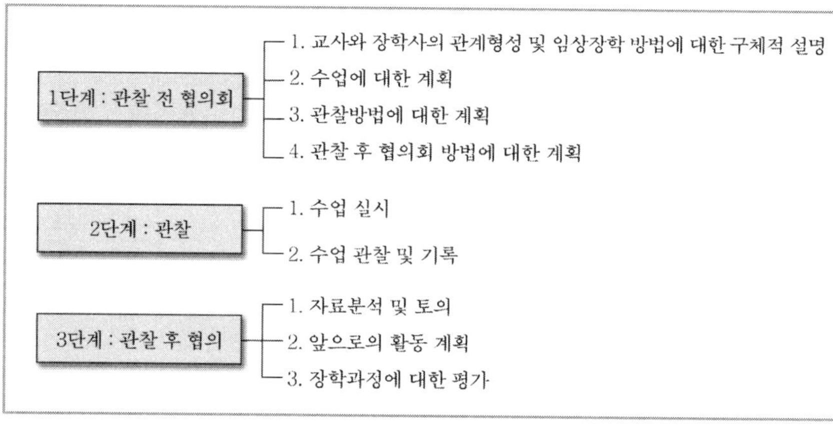

※ 출처: 조부경 · 백은주 · 서소영(2001). 『유아교사의 발달을 돕는 장학』. 서울:양서원.

임상장학은 장학 담당자가 수업을 직접 참관하고 관찰하는 과정에서 잘못하면 교사의 교수방법이나 내용에 대한 평가로 전락되기 쉽다. 성공적인 임상장학이 되려면 장학 담당자와 교사는 신뢰감을 형성하고 이를 바탕으로 장학과정에 교사와 함께 협력하여 계획을 세우고 협의하여 활동해야 한다.

1단계에서는 교사와 장학담당자와의 협의회를 구성한다. 서로간의 협력 관계를 형성하고 장학의 목적, 즉 개선하고자 하는 것이 무엇인지에 대한 토의, 관찰은 어떻게 이루어질 것인지 등에 대해 협의가 이루어져야 한다. 2단계에서는 계획된 내용에 따라 수업을 관찰하고 일화기록, 캠코더 등을 이용하여 기록한다. 3단계에서는 관찰된 자료와 기록을 토대로 이를 분석하고 토의가 이루어진다.

협의시에는 민주적인 분위기에서 비지시적 교사중심의 협의회가 될 수 있도록 장학담당자는 많이 경청하고 덜 말하고, 적절한 질문을 하며, 교사의 성과와 성장에 대해서는 구체적으로 칭찬을 하는 것이 좋다.

임상장학은 특히 실습생들의 연구수업시 수업을 계획하고, 실행 및 관찰을 하고 평가하는 단계로 진행할 수 있다.

3) 동료장학

동료장학(collegial supervision)이란 둘 이상의 교사가 상호간의 교실수업을 관찰하고 관찰 후 서로 피드백을 주고받음으로써 상호 전문적 성장과 발전을 위해 협동하는 장학의 한 유형이다. 교사들은 외부의 장학담장자나 원장, 원감보다 동료교사를 더 선호한다.

이 동료장학은 동료 교사 간에 이루어지는 장학으로 임상장학의 방법을 사용하기도 하고 공동연구수업, 공동 교재 연구, 정보의 교환, 조언 등의 방법을 이용하기도 한다. 공통 관심사를 가진 교사들이 모임을 이루거나, 경력교사와 초임교사가 짝을 이루어 상호간에 수업을 공개하여 관찰하고, 이에 대한 의견을 교환함으로써 수업연구과제의 해결이나 수업방법의 개선을 도모하거나, 또는 공동 관심사나 공동과제 문제의 해결과 개선을 위해 협의할 수 있다(이윤식, 1994).

Joyce & Showe(1995)는 개별교사의 요구를 토대로 하여 동료교사 간에 지원과 피드백을 주고받는 과정인 동료장학의 목적을 다음과 같이 기술하였다(조부경, 2005).

첫째, 교사 자신의 교수기술 향상을 위해 끊임없이 노력하는 교사 공동체를 형성하기 위한 것이다.

둘째, 새로운 지식과 기술에 대해 함께 연구하기 위하여 공동의 언어를 찾고 이해를 추구하기위한 것이다.

셋째, 새로운 교수기술과 전략을 배울 수 있는 장을 마련하기 위한 것이다.

넷째, 문제가 되는 교수 상황을 해결하고 지속적으로 나타나는 문제를 해결하기 위한 것이다.

동료장학은 이미 형성된 동료 간의 친밀감과 신뢰감을 바탕으로 개인적인 발달 영역까지의 장학이 가능하다는 점과, 지속적인 격려와 지원을 통하여 장기간동안 장학의 효과를 강화, 유지 혹은 확장시킬 수 있다는 점, 교사의 전문성 발달은 물론, 개인적 발달과 함께 기관의 조직적 발달에도 유용한 방법이다(백혜리, 2009).

그러나 장학에 대한 전문적인 지식이 부족하기 때문에 고도의 전문성이 요구되는 장학을 수행하는 데 어려움이 있을 수 있으며, 과중한 업무와 동료와의 부적적한 상호작용은 오히려 장학을 방해한다. 특히 장학은 동료간의 협력을 조성할 수도 있지만, 부정적인 관계를 낳을 수도 있어 오히려 동료장학을 통해 동료관계가 나빠질 수도 있고 부정적인 조직문화를 조성할 수도 있다.

따라서 동료장학은 친밀한 동료의식 속에서 협동적으로 이루어질 때 교사의 교수능력을 향상시키는 장학이 될 수 있을 것이다(고미경, 2007).

4) 자기장학

경험이 많은 경력교사나 동기유발이 잘된 유능한 교사들은 자기 혼자서도 스스로 교수 방법 및 교수 기술의 향상을 위해 노력하여 장학의 기능을 발휘할 수 있다. 즉 자기장학이란 자기 스스로 발전을 위한 내적 동기가 유발되어 자신을 개발하고자 노력하는 것으로 자기 스스로 자신의 수업을 녹화, 녹음하였다가 분석하기도 하고, 자격연수, 대학원 진학, 세미나 및 워크숍 참여, 전문 교육 참여, 문헌 연구 등의 방법을 이용할 수 있다.

자기장학은 스스로 장학의 행위를 수행하는 것이기 때문에 장학에 대한 계획을 수립하여 체계적으로 실행할 필요가 있다. 그렇지 않다면 자칫 자유방임으로 빠져 장학의 과정을 완수하지 못할 수 있다.
스스로 자신에 대한 자기평가에 의하여 반성하고 새로운 교수기술을 습득하고자 하는 적극적인 태도를 가지고 계획을 수립하여 자신의 목적을 위해 지속적인 노력이 필요하다.

5) 자율장학

자율장학은 외부의 지시나 통제 없이 유아교육기관 내에서 원장, 원감, 교사들이 상호 협조와 이해 아래 자율적으로 교사의 전문성 신장과 교수-학습 방법 및 환경 개선을 위해 노력하는 과정이다. 자율장학은 원내에서 협의회를 구성하여 교사의 교수 행위 및 자질 향상을 위해, 교수-학습 방법의 개선을 위해 수시로 이루어지며, 자체 연수 등을 통해서도 이루어진다. 또한 협력기관이나 상호협약아래 다른 유아교육기관과 연계하여 자율장학반을 편성하여 서로의 교육활동에 참관하여 정보를 교환하기도 한다.

유치원 자율장학에 대한 유아교사들의 인식 및 요구를 조사한 박은혜와 김명순(2002)의 연구에서는 유치원에서의 주요 장학 기능으로 바람직한 교수-학습 방법의 습득과 제공을 꼽았으며 자율장학을 가장 선호하는 것으로 나타났으며 원내 자율장학의 효과로 교수기술의 향상과 교사로서의 자신감 향상으로 나타났다.

3. 교사발달 단계와 장학

교사발달에 관한 연구에서 Fuller(1969)는 주요 관심사를 중심으로 교사발달 단계를 ① 교직이전단계(pre-teaching phase) - 특별한 관심사가 없는 단계(non-cencern), ② 초기교직단계(early-teaching phase)- 자기 자신에 대해 관심을 기울이는 단계(concern wiht self), ③ 후기교직단계(late-teaching phase) - 아동에 관심을 기울이는 단계(concern whit pupils)의 3단계로 구분하였다.

이 후 이를 수정하여 Fuller와 Brown(1975)은 ① 교직이전 관심단계(stage of pre-teaching concerns), ② 생존관심단계(stage of survival concerns), ③ 교수상황관심단계(stage of teaching situation concerns), ④ 아동관심단계(stage of pupil concerns)의 4단계를 제시하였다.

Katz(1972)는 Fuller의 개념화에 기초하여 유치원 교사들의 발달단계를 4단계로 구분하여 각 단계별로 두드러진 현직연수 욕구를 제시하였다.

(1) 생존단계(survival stage)

최조 교직생활에 1년 미만의 시기에 해당하는 초임교사의 단계로 현장에서 부딪치는 여러 문제를 어떻게 원할히 처리할 수 있을까에 대한 커다란 관심과 우려를 갖는 시기이다. 이 시기는 자신이 교사직을 계속할 수 있을지 고민하는 단계로 이 시기의 큰 관심사는 일상적인 교직활동에 익숙해지고 교사로서 생존하고자 노력하는 것이다.

이 때에는 교사들에 대한 지원과 격려, 이해와 수업현장에서 겪게 되는 문제에 대처할 수 있는 기술적인 도움이 필요하다.

(2) 보강단계(consolidation stage)

교직생활 1년에서 3년 정도의 경력 시기로 교사는 이전에 획득한 경험과 지식 등을 보완하고 교사로서의 자기 자신에 대하여 안정감과 자신감을 가지게 되고 이제까지 배운 것들을 확고한 신념을 가지고 업무를 시행해 나갈 수 있게 되는 단계이다.

이때는 학급내에서 발생하는 개별적인 문제 아동과 상황에 초점을 두고 관심을 두게 되며, 새로운 교수자료, 방법, 전략 등에 관심이 많으며, 새로운 이론이나 방법 등을 제시하는 워크숍이나 연수회 등에 참여하고자 하는 욕구가 많아지는 단계이다.

(3) 갱신단계(renewal stage)

이 단계는 교직을 시작한지 3년에서 5년 정도의 경력이 되는 시기로 이제까지 반복적으로 진행되어 오던 교사의 역할, 일과에서 벗어나 더 발전하기 위하여 새로운 것을 시도해 보고자 노력하는 단계이다. 따라서 다양한 프로그램에 관한 정보와 도움을 얻고자 하게 되며, 보다 전문적인 학술회의, 전문학술단체, 학술지 또는 서적, 시범 프로그램의 참여 등을 원하는 경향이 있다.

(4) 성숙단계(maturity stage)

마지막 성숙단계는 교사로서의 완전한 자신감과 경험을 갖추게 되는 시기이다. 교사로서의 철학, 성장과 학습의 본질 등에 대해 자신만의 안목과 관점을 갖게 된다.

Burden(1980)에 의하면 이 시기의 교사는 교수 활동과 환경과 관련된 업무를 매우 능숙하게 처리하게 되며 보다 아동중심적이고 전문적인 통찰력과 전문가로써 만족감을 가지게 된다. 또한 자신의 능숙함에 기초하여 자신의 복지에 대하여 관심이 증가하게 된다.

Katz의 연구에 의하면 교사들은 교직경험이 많아짐에 따라 그들의 연수욕구가 달라짐을 보여 주고 있기 때문에 교사들의 발달단계에 따라서 서로 다른 연수의 내용 및 연수의 방법을 사용해야 한다고 보았다(이윤식, 1999).

Burden(1979)도 ① 생존단계(survival stage), ② 조정단계(adjustment), ③ 성숙단계(mature stage)의 3단계로 구분하였는데 생존단계는 교직 1년차로 교사들이 학습분위기를 유지하고 교과목을 가르치며 교수기술을 향사시키는 것과 가르칠 내용을 잘 아는 것 등에 많은 관심을 갖는다고 보았다. 조정단계는 2년에서 4년에 해당하는 시기로 가르치는 일에 익숙해짐과 동시에 심리적으로 안정감과 자신감을 얻게 되는 시기로 보았다. 마지막 성숙단계는 5년 이후의 시기로 교사들은 가르치는 일에 편안함을 느끼고 새로운 교수방법을 시도하고 학생들의 필요를 충족시키는데 관심을 갖는 시기로 보았으며 이러한 교사들의 발달단계에 따라서 각 단계별로 맞는 장학방법을 적용한다면 효율적이라고 제안하였다.

즉 경력에 따라 교사들로 하여금 자신에게 맞는 장학방법을 선택하게 하는 것으로 실행 가능한 몇 개의 장학대안을 마련하고 교사들로 하여금 자신에게 맞는 장학방법을 선택하게 하는 선택적 장학을 실시하는 것이다.

4. 멘터링(mentoring)과 반성적 사고(reflective thinking)

1) 멘터링(mentoring)

(1) 멘터링(mentoring)의 개념

교사 교육 및 교사 준비 단계에서 교사의 전문성 향상에 대한 관심이 집중되면서 1980년대 이후 교육 실습, 초임교사를 위한 입문교육에서 현장의 지도 교사가 교사교육자의 역할을 담당하는 멘터링(mentoring)프로그램이 광범위하게 논의되고 실행되기 시작했다.

mentor는 B.C 1250년 유명한 Homor의 서사시 오딧세이(Odyssey)에 나오는 오디세우스(Odysseus)의 친구의 이름이었다. 이타카의 왕 오디세우스가 트로이전쟁에 출정하게 되자 어린 왕자인 텔레마코스를 멘터(Mentor)에게 맡겼고, Mentor는 텔레마코스를 20년간 지혜롭고 현명한 왕으로 성장시켰다는 데서 그 유래를 찾을 수 있다.

일반적으로 'mentor'는 '스승'이나 '교사'라는 포괄적인 뜻으로 사용되고 있으며, 양육과 교육, 지도자역할과 동일한 의미로 연계되어 사용되고 있다.

mentor의 정의는 학자마다 다르지만 "mentor는 조직 내에 있는 사람들에게 그들의 경력 계획과 대인관계 개발에 대한 지원, 후원, 지시, 피드백을 제공해 주는 경험이 풍부한 연장자로서 경력기회의 가능성을 부여해 주는 사람"으로 볼 수 있다(Noe,1988). 또한 멘티(mentee)는 멘터(mentor)가 그 영향을 미치는 대상이 되는 사람이며, 멘터링은 '앞선 지식과 경험을 가진 영향력 있는 사람(mentor)이 후배(mentee)의 경력 발전을 지원해 주는 과정'(Rogins&Collins, 1991)으로 정의된다(조형숙, 김현주, 2005).

즉, 멘토란 다른 사람을 돕는 조언자, 상담자, 후원자이며, 도움을 받는 사람은 멘티, 멘터의 활동을 멘터링(mentoring)이라고 할 수 있다.

멘터링은 도움을 주는 멘터(mentor)와 도움을 받는 멘티(mentee)가 일대일 관계를 맺어 활동을 하는 인간관계이며, 멘터와 멘티는 수평적인 관계에서 멘티의 성장을 위한 비전을 제시하고 상호간 잠재력이 개발됨으로 유익을 얻게 되며, 일회성이 아닌 장기간에 걸쳐 지속적으로 이루어지는 관계라고 할 수 있다.

영유아를 위한 보육 및 교육에서 멘터링에 대한 관심이 높아지는 이유는 영유아의 발달적 특성상, 발달이 빠르고 개인차가 심하기 때문에 특별히 전문성이 요구되고 있으나 교사 양성과정에서 완전하게 준비되지 않은 상태로 교사로 배출되거나 보육 및 교육의 중요성이 부각됨에 따라 교사의 전문성이 요구되는 상황이기 때문이다.

초임교사들을 위한 멘터링은 경력자인 멘터가 초임 교사에게 안내와 지원을 제공하고, 초임교사의 전문적 발달을 촉진하여 초임교사를 교직에 계속 머무르게 하기 위한 것이다. 멘터와 초임교사는 교수 협의회, 협동적인 문제 해결, 지도 교사에 의한 수업의 관찰과 같은 것을 포함하는 성장 계획을 발달시킨다(Whitebook&Bellm, 1996). 이러한 멘터링의 기능은 멘터와 실습생 및 초임교사 사이의 지속적으로 돌보아 주는 관계에서 실행된다(배진옥, 2008).

멘터링의 내용은 전문적 교수활동을 실행하는 데 필요한 것을 지원하는 전문적 지원과 교사를 격려하고 보호하는 것들을 지원하는 정서적 지원으로 나누어 볼 수 있다. 전문적 지원과 정서적 지원의 구체적 내용은 다음과 같다.

멘터링의 전문적 지원 내용	멘터링의 정서적 지원 내용
-효과적인 학급 운영 및 교수 전략 방법들 • 영유아를 동기유발하는 방법 • 환경을 구성하고 자료를 이용하는 방법 • 아동을 지도, 평가하는 방법	- 학급 운영 및 교수 수행에 긍정적인 영향을 미치는 간접적인 요소의 지원들 • 자아개념 증진 • 직업적 갈등, 스트레스 해소 등

※ 출처 : Stroot(1999), 백혜리(2008)의 내용 재구성.

(2) 멘터링(mentoring)의 효과

mentoring 프로그램은 현직 교사 연수가 갖고 있는 한계점, 즉 교육행정 기관 중심의 연수, 교수 요구 반영 미흡, 교직 발달 주기에 부적절한 교육내용, 연수시기의 부당함, 연수 방법과 평가 방법의 획일성, 시설 미비, 연수 기회의 부족, 강사 인력의 부족 등의 문제점을 극복할 수 있는 대안으로 주목을 받고 있다.

멘터링의 체제로 이루어지는 초임교사를 위한 교육은 ① 교육 현장에서 교수학습 모델을 어떻게 운영하는지를 알고, ② 교육적 지식 및 교육 철학을 적용하고, ③ 반성적 사고 능력을 가지고 있는 멘터가 초임교사를 지원하는 것이다. 멘터링은 멘터가 전문적인 기술이 부족한 초임교사의 전문적인 성장을 촉진하고 지도하며, 격려하여 전문적인 능력을 갖춘 교사로의 전환을 도와준다. 또한 경력교사에게는 자신만의 교수신념과 실제를 재평가하고 그들의 전문성을 나누기 위해 필요한 능력을 발달시키는 계기를 제공한다(배진옥, 2008).

멘터링의 긍정적 효과는 전문분야에 입문하는 교사들에게 전문지식 전달의 효과뿐만 아니라 정서적인 지지가 제공됨으로써 입문초기의 어려움을 쉽게 극복할 수 있게 하고, 전문성 발달을 촉진시켜 조직 내에서 자신의 역할을 효율적으로 수행하도록 돕고, 전문적 성장의 밑거름이 되는 자신감과 심리적 안정감 획득을 돕는다.

교사 입문교육에 참여한 초임교사들은 학습에서의 실행, 교수 기술, 자기 신뢰, 교사로서의 신념, 일에 대한 안정감, 학급 운영 지식 및 기술 등에서 향상이 나타났으며, 멘터들은 멘터링에 참여함으로써 교수 능력이 증진되었고, 교수 실천에서 전문적 지식과 반성의 기회가 증가하는 등 새로운 확신과 전문성이 신장되었다. 이러한 전문적인 향상 결과 개인적 만족감이 증진되었고, 가치있는 교사로 인식하게 되었으며, 교직에 대한 견해가 긍정적으로 전화되었다. 초임교사에 대한 민감성이 증가되었고, 초임교사를 지원하는 역할 능력이 증진되었다(Hersh, 1993; Macisaac & Brookhart, 1994, 배진옥, 2008 재인용).

2) 반성적 사고(reflective thinking)

Dewey(1933)는 지식과 경험을 획득하고 확대하는 가장 효율적인 방법으로 반성적 사고를 제시하고 있다. 반성적 사고는 사실과 관념, 귀납적 추리와 연역적 추리, 사고와 행동, 과거와 현재와 미래 등을 기능적으로 조화하고 통합하는 방법으로, 자신의 신념이나 실천행위에 대해 그것의 원인이나 궁극적인 결과를 적극적으로 끈기있게 그리고 주의깊게 고려하는 것이다.

듀이는 지식을 획득하는 과정인 학습에 근거하여 교육을 경험의 재구성 또는 재조직으로 정의하였고, 그러한 경험의 재구성 또는 재조직을 통제하는 최선의 방법, 따라서 가장 교육적 의의를 가지는 방법을 반성적 사고방법이라고 제시하였다(노진호, 1996).

유아교사의 반성적 사고란 교사가 매일의 문제 상황에서 직면한 문제와 의심을 과거의 경험이나 현상에 비추어 추론하고 그 결과를 미래 행위의 기초로 검증하는 것을 의미한다. 또한 교사가 중요한 의사결정을 한 후, 자신의 의사결정 과정과 결과에 대해 객관적, 비판적인 시각에서 재평가해 보는 과정이기도 하다. 다시 말하면, 교사가 교실 상황에서 행한 자신의 교수행위를 되돌아 생각해 보고 행위의 이유를 진술하고 평가하며, 보다 나은 의사결정을 모색하는 일련의 자기성찰과 향상의 과정이라고 할 수 있다.

반성적 사고의 과정은 ① 교육적 문제나 딜레마를 인지하고, ② 다른 상황의 공통점과 차이점을 인지하는 것으로 문제에 대해 반응하고, ③ 분석된 상황에 비추어 문제를 다시 정의하고, ④ 여러 가지 문제의 해결책을 시도해 보고, ⑤ 나타난 결과를 검토해 보는 것이다(Ross, 1989 ; 박은혜, 2009 재인용).

유아교사들은 다른 발달단계를 가진 영유아들과의 끊임없는 상호작용 속에서 직면하는 모든 문제에 대해서 가능한 한 필요한 기술을 많이 다양하게 배우고, 직면한 문제를 최선의 방향으로 판단, 결정, 해결할 수 있는 태도와 능력을 길러주는 것이 중요하다. 이를 위해 반성적 사고는 중요하다고 할 수 있다. 교사의 반성적 사고를 촉진시키는 방법들은 다음과 같다(이영석 · 이세나, 2004).

첫째, 기록을 통한 방법으로 저널쓰기, 사례쓰기, 그리고 자서전 쓰기 등 다양한 이야기와 사례, 일화 등을 기록하는 방법이다. 말로 표현하기 어려운 것을 글로 표현함으로써 비판적으로 사고하여 자기 평가의 기회를 제공하는 것이다.

둘째, 자신의 교수행동을 확인할 수 있는 방법으로 비디오로 수업을 녹화하여, 수업중의 자신의 행동, 언어사용, 학생과의 상호작용 등의 과정을 관찰하고 확인함으로써 자신의 교수행위의 문제, 장 · 단점, 그에 대한 이유와 원인을 밝힐 수 있다. 이런 행동을 통해 교사는 자신의 반성적 사고를 촉진하기도 한다.

셋째, 전문가와의 대화와 면담은 교사교육자와 현직교사와의 면담 또는 경력교사와 초보교사가 수업에 대한 협의, 동료장학 등을 통하여 반성적 사고의 질적 향상을 꾀하는 방법이다. 이런 방법들은 동료장학, 토론회, 상호수업 일지 기록 등의 off-line뿐 아니라 on-line을 활용하는 경우도 많다.

교사들의 반성적 사고를 도와주기 위해서는 자신들의 생각을 공유하고 나눌 수 있고 신뢰할 수 있는 학습 공동체가 필요하다. Dewey(1933)는 반성적 사고를 하는 사람은 그 탐색의 과정을 익히기 전에 열린 마음, 책임감 그리고 성심성의를 다하는 태도를 먼저 가져야 한다고 하였다.

제 9 장

유아교사와 인간관계

현대를 살아가는 인간에게 가장 어려운 점의 하나는 사람과 사람사이를 원만하게 맺어가는 '인간관계'라고 말을 한다. 인간관계란 광의의 의미로 대인관계를 뜻하며, 협의의 의미로는, 인간과 연관된 모든 문제를 의미한다고 볼 수 있다.

어떤 구성원 내에서도 올바르고 긍정적인 인간관계의 형성은 심리적으로나 경제적으로 만족스러운 결과를 가지고 온다. 또한, 공동의 목표를 성취하는 데도 많은 도움을 준다.

이와 같이 인간관계는 한 개인에게 있어서나 조직, 학교, 사회에 있어서 중요한 요인으로 작용할 수 있다. 사람들은 서로 상호작용을 하면서 인간관계가 형성된다. 그리고 개인은 상호간의 인간관계에서 서로 수용하며 성숙·발전해 나간다.

유치원도 원장, 교사, 유아, 학부모, 지역사회가 관련된 하나의 사회이다. 유치원 내에서도 다양한 상호작용이 이루어지며 인간관계가 이루어진다. 유아 교사는 유아와의 관계, 교사간의 관계, 원장과의 관계, 학부모와의 관계를 가질 수 있다. 교사가 유치원 내에서 가지는 올바른 인간관계는 곧 유아에게 긍정적인 영향을 준다. 따라서 본장에서는 유치원 및 보육시설내에서 유아 교사들이 교직생활을 통해 이루어지는 유아교사의 인간관계, 유아교사의 정신건강, 유아교사의 스트레스를 중심으로 살펴보고자 한다.

1. 유아교사의 인간관계

유아교사의 인간관계에 대해 알아보기 위해 학습자와의 관계, 교직관들과의 관계, 원장과의 관계, 학부모들과의 관계를 살펴보고자 한다.

1) 유아교사와 학습자(유아)와의 인간관계

교사는 유아에게 효과적인 교육을 제공해야 한다. 교사와 유아 사이에 좋은 인간관계가 형성되어지면 양질의 교육효과를 가지고 올 수 있다. 좋은 인간관계란 서로 호감을 가지고 친근감을 느끼며 신뢰감이 있는 관계를 말한다.

교사는 유아를 대할 때 똑똑하거나 유순한 유아만 좋아하거나 칭찬하지 말고 모든 유아를 하나의 인격체로 보고 공평하게 대해야 한다. 이와 같은 교사의 태도는 유아들에게 신뢰감을 주며 서로 상호작용을 할 수 있는 관계를 형성할 수 있게 한다. 그러나 유아가 교사를 무서워하고 거리감을 느낀다면 교육의 효과는 기대하기 어려울 것이다.

교사와 유아들이 좋은 인간관계를 형성하기 위해서는 다음과 같은 사항을 유의하도록 한다. 첫째, 교사는 유아에 대한 충분한 이해를 가진다. 둘째, 교사는 유아들의 발달 특성을 이해한다. 셋째, 교사는 유아를 사랑으로 대하며 너그러운 모습을 보인다. 넷째, 교사는 유아들을 공정하게 대한다(김옥경 외, 2005).

2) 유아교사 상호간의 인간관계

교사 상호간의 인간관계는 유치원 업무에 많은 영향을 미친다. 교사 상호간의 인간관계가 긍정적일 경우 그 결과는 인화협동이 잘된다는 말이다. 교사들은 성격이 원만하고 협동심과 봉사심이 있으며 근면·성실한 교사를 선호한다. 또한 교사 상호간의 인간관계를 원만하게 하는 것은 이기심을 버리고 서로 양보하고 협동하는 태도, 그리고 타인을 이해하려는 마음에 있다고 할 수 있다.

반대로 교사 상호간의 인간관계를 저해하는 요인으로는 연령·학력·경력의 차이에서 오는 우열감, 원장에게 잘 보이려는 경쟁의식이 문제가 될 수 있다. 또한 각자의 성격이 다르기 때문에 성격차로 인한 어려움을 겪게 된다. 유치원의 과중한 업무로 인해 서로간에 접촉기회가 부족하고 상대 성격이 배타적일 경우 교사 상호간의 인간관계는 원만하게 이루어지지 않는다.

교사 집단은 어떤 집단보다도 인간다운 인간이 모여서 학습자들에게 모범을 보여 줄 수 있어야 한다. 교사는 직업인이기 전에 조화로운 인격을 갖춘 인간이어야 한다(김정규, 1997).

3) 유아교사와 원장과의 인간관계

유치원에서 교사와 원장의 관계는 상하관계이므로 잘못하면 많은 갈등을 야기시킬 수 있다. 교사는 원장이 교사의 의견이나 인격을 무시할 때, 형식과 규칙을 강요할 때, 상호 의사교환의 기회를 주지 않을 때 갈등을 가지며 사기가 저하된다.

원장은 교사가 이해력이 부족하고, 성실하지 않고, 협동적이지 못하고, 이기적이며 자기 주장만을 고집하고 교사로서의 소양이나 자질이 부족할 때 갈등을 가지게 된다.

그러므로 원장과 교사는 갈등 없이 좋은 관계를 유지하기 위해 서로가 이해해 주고 노력하여야 한다. 원장과 교사의 좋은 인간관계는 유치원 경영과 유아들에게 있어 긍정적인 영향을 미칠 것이다.

원장은 언제나 교사를 믿고 의사 교환의 기회를 갖도록 노력하여야 한다. 또한, 교사는 원장을 상사이기 전에 현장에서 선배로서 원장에게 의논하고 서로 이해하며 예절을 지켜나가야 할 것이다.

4) 유아교사와 학부모와의 인간관계

유아교육기관의 교육은 기관과 가정 그리고 지역사회가 긴밀한 유대관계를 갖고 협조해 나갈 때 효과적이다. 또한, 학구 내 주민들은 비록 학부모는 아니지만 언젠가는 학부모였거나 장차 학부모가 될 사람들이며 직접 또는 간접적으로 교육기관과 관계를 맺고 있는 사람들이다. 그러므로 주민들에게 관심을 가지며 교육에 임할 필요가 있다(윤기영, 2001).

특히 유아교육기관과 가정관의 관계에서 교사와 학부모와의 인간관계가 좋을 때 학부모들이 교육에 대한 이해가 높아지고 유아들의 문제를 해결하는 데 도움을 주어 효과적인 교육 운영을 가능하게 한다. 교사와 학부모가 자주 만나면 유아에 대한 보다 많은 이해를 가질 수 있다. 그러므로 교사와 학부모가 자주 만날 수 있는 기회를 제공해 주어야 한다.

2. 유아교사의 정신건강

세계보건기구(WHO)에서는 건강의 개념을 '신체적으로, 정신적으로, 사회적으로 양호한 상태('physical, mental and social wellbeing)라고 규정하고 있다.

정신건강이란 일상생활을 독립적·자주적으로 영위할 수 있고 원만한 사회생활을 할 수 있는 상태이다. 다시 말하면, 정신건강은 정신장애가 없는 상태 그 이상으로, 최대한으로 능률적으로 일하고 만족감을 가지며 현실을 용납하고 사회적으로 행동이 신중하며, 자기 자신이나 환경에 잘 적응하는 것이라 할 수 있다(장원동, 2008).

유치원 및 어린이집 내에서 가장 큰 영향을 주는 사람은 교사이므로, 교사의 정신건강은 매우 중요하다. 교사의 정신건강은 교직에의 적응뿐만 아니라 일상생활에의 적응에 중대한 영향을 미친다. 다시 말하면, 정신이 건강하지 못한 교사는 교직뿐만 아니라 일상생활에서도 제대로 적응해 나가지 못한다. 교직에서 교사와 가장 많은 접촉을 하는 대상은 원아들일 것이며 다음으로 교직원일 것이다. 만일에 교사가 심한 부적응 상태, 즉 너무 불안하거나, 욕구좌절이 되었거나 정신질환에 걸려 있다고 한다면 그것은 자신을 위해서 뿐만 아니라 원아들을 위해서도 불행일 것이다. 특히 교사와 원아들 간의 관계는 원아들이 교사가 싫다고 교사를 배척할 수도 없는 입장이어서 만일에 교사가 정신적으로 건강하지 못할 때 교육적으로 보아 심각한 문제가 아닐 수 없다.

아무리 실력이 있고 가르치는 기술이 뛰어나고 교직관이 투철하더라도 가끔 이상한 행동을 한다면 교사로서의 자격이 없는 것이다. 즉 교사는 교사로서의 실력이나, 수업기술, 교직관을 갖추기 이전에 건강한 신체, 건강한 정신을 갖는 것이 우선되어야 한다. 따라서 여기서는 교사의 정신건강 저해요인과 교사의 정신건강 증진방법에 대하여 살펴보기도 한다(권건일 외, 2006).

1) 교사의 정신건강 저해요인

교사의 정신건강 저해요인은 피로도, 소화불량, 과중한 근무량, 저임금, 신분보장의 불안정, 상관의 전제적 감독, 성직자적 기대, 자기 비하

등을 들 수 있다. 그 밖에 교사의 정신건강을 해치는 요인으로 다음과 같다. ① 사회·경제적인 대우가 나쁘다는 것이다. 사회·경제적인 대우가 충분하면 그 밖의 대개의 불만이나 불평을 참을 수 있으나 과중한 업무량과 물가고에 따르는 보수가 여기에 미치지 못하는데서 많은 문제점을 갖고 있다. ② 근무조건을 들 수 있다. 학급당 학생 수가 너무 많고, 가르쳐야 될 내용보다 사무적인 업무량이 많으며 보고서 작성 등 너무 많은 직무에 시달리고 있다는 점을 들 수 있다. ③ 교사가 자기 역할에 대하여 투철한 사명감을 가지고 있지 않다는 점이다. 즉 우리나라 교사들의 사기가 낮은 것은 교육관이 확고하지 않기 때문이라고 밝히고 있다. ④ 심적 유대감이 교사의 정신건강을 압박하고 있다는 점이다. 유치원에서는 유치원행정가와 교사, 교육행정기관의 장학진과 교사, 학부모와 교사, 원아들과 교사 등 여러 측면에서 인간관계를 맺고 있으나 여기에서 불화가 싹틀 때 교사의 사기는 저하되며 심적 부담감이 커져 교직의 불만을 품게 된다는 점이다. 교육행정 관서의 지나친 명령이나 지시는 교사에게 심한 갈등을 느끼게 하며 교육에 대한 막대한 지장을 초래한다고 비판되고 있다.

2) 교사의 정신건강 증진방법

교사의 정신건강을 증진시키기 위한 방안으로 다음과 같은 사항을 들 수 있다. ① 교사의 처우문제이다. 생활의 안정을 가져올 수 있는 경제적 안정을 도모해 주어야 할 것이다. 이것은 사회적 지위 향상을 위해서도 당연히 이루어져야 할 과제임에 틀림없다. 교사들이 경제적 문제 때문에 직무에 전념할 수 없어서는 안 되며 전문직으로서의 공정한 대우를 해줌으로써 교사의 사기는 훨씬 향상되리라 본다. ② 근무조건을 개선하는 일이다. 교재 및 교구시설의 개선은 물론 학급당 학생수를 감소시켜야 한다. 업무량도 대폭 축소시켜 주어서 학생을 지도하는 데만 전념할 수 있는 충분한 시간을 마련해 주어야 한다. 주당 수업시간수를 줄여야 할 것이며, 불필요한 사무 및 잡무를 줄여 교사의 업무량을 줄여 주는 방안도 필요할 것이다. ③ 행정관서의 지나친 간섭이나 명령·지시 등은 될 수 있는 한 줄여야 되며, 행정관서의 지나친 간섭과 공문서의 작성 및 보고 등은 심각한 부담감을 주고 있다. 자율적으로 일을 처리해 갈 수 있도록 책임을 지워주는 것이 오히려 교사의 정신건강을 유지시킬 수 있을 것이다. ④ 원장과의 대화가 원만히 이루어져야 되며 교직원회의는 민주적으로 서로 협의하고 건의하는 대화의 장이 되어야 한다. 원장, 원감의 일방적 지시나 방침의 전달만으로는 원아지도에 관한 교사의 의견을 충분히 들을 수 없으며 유치원 운영의 효율화를 기하기는 어려울 것이다(강봉규, 1988).

이제 정신건강을 위해 준수해야 될 제 문제를 제시하면 다음과 같다. ① 교육적인 제 조건을 개선하여 교사의 욕구좌절의 제 요인을 제거한다. ② 교사에게 정신위생에 대한 이해를 보급시킨다. ③ 유치원의 분위기를 민주적으로 이끌어주어 상호 협력하도록 한다. ④ 교사는 스스로의 정신건강을 위해 노력한다.

이러한 요인들을 해결하기 위하여 교사가 노력하여야 할 방법을 제시하면 다음과 같다(조은숙, 1988). ① 신체건강을 유지하고 결함이 발견되면 곧 치료한다. ② 생활에 있어서 오락을 찾아 이용한다. ③ 교사단체에 입회한다. ④ 일신상에 문제가 생기면 서로 조언할 수 있는 친구를 갖는다. ⑤ 마음에 막힌 감정을 털어 버리고 정화한다. ⑥ 무엇인가 계획을 세워 실행하여 그것을 완수한다. ⑦ 자기 고민을 전문가에게 상담할 기회를 갖는다.

3. 유아교사의 스트레스

스트레스를 이해하고 관리하는 것은 유치원 조직구성원의 복리와 조직 자체의 효율성을 향상하는 데 매우 중요하다. 여기에서 스트레스의 개념 및 본질, 직무 스트레스의 원인, 직무스트레스 관리 등에 대하여 살펴보기로 한다.

1) 스트레스(stress)의 개념

현대 산업사회가 점점 복잡해져 감에 따라 우리는 이 시대를 '스트레스의 시대'라고 부른다. 일상대화에서 또는 신문, 방송, 잡지 등 매스컴에서 현대인의 스트레스는 정신건강과 관련된 대표적 용어로 등장되고 있다. 한편 학문적으로는 정신의학을 비롯하여 병리학, 생리학 등의 일부 분야에서, 심리 · 사회 · 경영 등의 행동과학 분야에서 12만여 개의 논문과 저서가 출판되었으며, 최근에는 '스트레스학(Stressology)'이라는 학문의 한 영역으로 등장하게까지 되었다(최해림, 1986).

이와 같이 스트레스가 무엇인지를 정의하기란 어렵다. 왜냐하면 학자마다 스트레스에 대한 견해가 일치하지 않고 너무나 광범위하고 또한 일반화되어 있기 때문이다.

스트레스는 원래 라틴어에서 유래된 말로, 영어권에서는 15세기경부터 압력(pressure), 또는 물리적 압력(physical strain)의 의미로 쓰여지다가 17세기에는 어려움, 곤란, 역경 또는 고생으로 받아들여지기 시작했으며, 20세기에는 질병이나 정신질환의 원인으로 간주되기 시작했다(백기청, 1991). 1930년대 후반과 1940년대 전반에 셀리에(Selye)는 과학적 영역에서 최초로 스트레스의 개념을 제시하였다. 그는 스트레스를 일으키는 외부적인 자극을 스트레스 요인(Stressor)이라 하고, 이러한 스트레스 요인에 의한 유기체의 비특이반응을 스트레스라고 칭하였다. 그는 이러한 반응은 부신피질 호르몬과 관계가 있고 신체적 불균형 상태에 의해 초래된다고 보았으며, 긍정적 스트레스는 'enstress', 부정적 스트레스는 'distress'라고 부르기도 했다. 또한 그는 심리적 사건들도 물리적 스트레스 요인과 동일한 스트레스 반응을 일으킬 수 있으며, 스트레스는 항상 정도의 문제로서 너무 오래 지속되거나 혹은 그 강도가 높을 때 질병의 원인이 될 수 있다고 하였다. 따라서 의학과 생리학 영역에서 최초로 스트레스 개념이 제시되었을 뿐만 아니라 과학적 용어로서 스트레스가 제시된 것도 셀리에의 영향이라 하겠다(양병환, 1991).

2) 스트레스의 본질

(1) 스트레스는 예측할 수 없는 자극이다

스트레스는 결과를 예측할 수 없는 자극이다. 우리가 스트레스를 받으면 심한 권태감과 피로를 느낀다. 그러므로 스트레스는 독소적이며 불쾌한 자극이라고 보아도 크게 틀림이 없다. 스트레스의 원인은 사회적 고립, 실직, 배우자와의 사별, 급격한 사회적 변동에서 찾을 수도 있고, 심리적 갈등, 신체적 손상, 감정기능 상실, 욕구좌절 그리고 목적달성의 실패가 원인이 될 수도 있다. 어떤 형태이든 스트레스가 신체적 질병을 유발한다는 것은 널리 알려져 있다. 이와 같은 주장을 바탕으로 체계화된 것이 한 때 우리의 관심을 모은 적이 있었는데, 그것인 정신신체의학이다.

우리가 심리적 갈등을 하게 되면 스트레스를 받게 되고 그 스트레스는 천식과 궤양과 같은 신체적 질병은 물론 여러 가지 전염병에 쉽게 감염되기도 한다. 이것을 보면 스트레스는 곧 개체의 면역기능까지도 크게 손상시킨다는 사실을 알 수 있다. 생활의 변화는 개인의 적응상태를 크게 좌우한다. 여기서 생활변화 그 자체가 곧 외상적 원인으로 작용하는 것이 아니다.

변화된 환경에의 적응과정이 개체에게는 스트레스로 작용한다. 이러한 환경에 적응하기 위해서는 개체의 노력이 무엇보다도 큰 비중을 차지한다. 이 적응과정에서 실패하게 되면 개체는 비정상적인 생리적 반응을 하게 된다. 이것이 손상된 건강상태, 즉 질병의 상태이다. 자극으로서의 생활변화가 크면 클수록 개체의 발병위험은 점차적으로 높아진다. 그러면 환자는 건강한 사람에 비해 보다 많은 스트레스를 받은 결과라고 단정지을 수 있느냐, 아니면 그러한 생리적 특성을 타고난 결과라고 단정할 수 있느냐 이러한 물음에 대해서는 이렇게 말할 수 있다. 즉, 보다 효과적인 적응을 위한 잘못된 노력이 장기간 지속되었기 때문에 질병에 대한 저항력이 크게 떨어져 결과적으로 발병가능성이 높아졌거나 혹은 환자가 된 것이다.

생활변화가 건강을 해치는 것은 틀림없으나 두 변인 간의 관계는 보다 조심스럽게 해석되어야 한다. 생활변화를 경험한 본인이 그 변화를 어떻게 극복하였으며 어떤 결과를 기대하였느냐에 따라 결과는 크게 달라진다. 즉, 보다 좋은 결과를 기대하고 낙관적으로 극복을 시도하는 사람은 보다 좋은 건강을 유지할 수 있고 그가 병에 걸렸다 하더라도 건강회복이 빠르다. 실제 생활변화에서 오는 개인의 질병은 그의 신체적 적응능력, 생활변화의 사회학적 의미 그리고 극복능력과 사회문화적 배경에 따라 크게 다르게 나타난다. 생활변화 그 자체는 하나의 심리학적·생리학적 도전이다. 개체는 유아기에서 청년기로 변화하면서 새로운 사회적 기대감이나 자아에 대한 실상을 획득한다. 이 과정에서 개체가 지나친 긴장감이나 스트레스를 경험하게 되면 그것은 정신적 질병이나 기질적 질병을 유발하는 원인으로 작용한다. 이렇게 보면 생활변화 그 자체는 자극과 스트레스로서 충분한 의미를 갖는 것이 틀림없다. 스트레스를 개체의 적응실패 결과로 보는 사람도 많이 있다.

(2) 스트레스는 반응이다

우리가 스트레스를 받고 느낀다는 것은 스트레스원에 대한 반응이다. 스트레스는 반응하는 사람의 기분이나 예기했던 태도에 따라 크게 달라질 수 있기 때문에 단순히 외적 상태만 가지고는 스트레스의 본질을 확실하게 알 수는 없다.

부모가 세상을 떠났다는 사실을 두고 생각해 보자. 일반적으로 그것은 우리에게 큰 스트레스로 자각될 것 같지만 반드시 그렇지만 않는다. 그것이 어떤 사람에게는 매우 큰 심리적 타격을 주지만 어떤 사람에게는 대수롭지 않은 일로 여겨질 수도 있다.

매우 극단적인 사건은 예외이지만 우리가 경험하는 스트레스는 그 원인이 밝혀지지 않는 경우가 많이 있다. 자극 그 자체는 어떤 손상의 원인으로 작용한 것이 틀림이 없으나 그 반응은 반응자의 여러 가지 속성에 따라 크게 달라진다. 스트레스원을 지각하는 특성에 따라 그 반응특징도 크게 다르게 나타난다. 스트레스가 하나의 반응현상이라면 그것은 적응반응에 필요한 객관적 조건과 개인의 능력이 균형을 이루지 못할 때 느끼는 심리적 반응이다. 즉, 사태에 대한 기대가 적절하지 못하다든지, 사태가 요구하는 조건과 그것을 충족시킬 개인의 능력간에 큰 차이가 있다든지, 혹은 그 사태를 극복하기가 너무 힘들다고 생각될 때 스트레스를 느낀다. 그러나 아무리 큰 위험이 따르고 극복하기 힘든 사태일지라도 자기자신의 능력으로 충분히 통제가 가능하고 쉽게 극복할 수 있다고 생각될 때에는 스트레스를 느끼지 않는다.

지금까지 스트레스의 두 가지 측면, 즉 자극으로서의 스트레스와 반응으로서의 스트레스에 대하여 살펴보았다. 사실상 스트레스는 어느 것이나 두 가지 속성을 다 가지고 있다. 개체가 스트레스를 받게되면 생리적 변화는 물론 행동상에 뚜렷한 변화가 나타난다. 이를 바탕으로 연구자나 치료자는 개체가 어떤 스트레스를 받고 있다는 것을 비교적 정확하게 판단할 수 있다. 스트레스에 수반되는 주요 변화는 〈표 9-1〉과 같다(이현수, 1996).

〈표 9-1〉 스트레스의 생리적 · 심리적 · 행동반응

생리적 반응	심리적 반응	행동반응
동통, 변비, 설사, 입마름, 과다한 발한, 과도한 기감, 극도의 피로, 졸도, 두통, 가슴앓이, 불면증, 근육경련, 육지기, 식욕부진, 심장칙, 단순, 손떨림, 위장장애	분노, 불안, 무관심, 싫증, 우울증, 피로, 죽음공포, 욕구좌절, 죄의식, 무기력감, 적개심, 초조, 주의집중곤란, 안절부절, 거부, 안정감 상실	혀를 깨물다, 발을 동동구른다, 이를 간다, 충동적으로 행동한다, 긴장성 경련을 일으킨다, 과잉반응한다, 머리 · 귀 · 코를 쥐어 뜯는다.

(3) 스트레스의 종류

스트레스는 생활의 일부이며 언제나 어느 곳에서나 있기 마련이고 그런 것들은 역기능적일 수 있고 또 기능적인 것이 될 수도 있다.

그것은 우리 주위에서 일어나는 모든 사건들이 우리에게 스트레스를 일으키는 사람에 따라 긍정적으로 또는 부정적으로 작용한다는 말이 된다. 다시 말하면 우리가 사랑하고 결혼하며 자녀가 명문대학에 들어가고 재산이 늘어나는 일, 휴가를 받는 일도 스트레스를 야기하고, 때로는 그것들이 인간사에서 기쁘고 유쾌한 사건이면서도 역기능적으로 작용할 수 있다는 말이 된다.

〈표 9-2〉 사회적응 평가지수

등 위	생활사	평균치
1	배우자의 사망	100
2	이 혼	73
3	부부간의 별거	65
4	수형기간	63
5	가족간의 사망	63
6	자신의 부상 또는 사망질환	53
7	결 혼	50
8	해 고	47
9	부부화해	45
10	퇴 직	45

11	가족간의 건강상의 변동	44
12	임 신	40
13	성장애	39
14	가족(수)의 증가	39
15	사업의 재적응	39
16	재산의 증감	38
17	친한 친구의 사망	37
18	부서이동	36
19	배우자와의 언쟁 회수의 변화	35
20	만 달러 이상의 저당	31
21	저당 또는 회수금의 회수불능 대부금	30
22	직장에서의 책임변화	29
23	자녀와의 별거	29
24	처가나 시집식구와의 문제발생	29
25	자신의 뛰어난 업적	28
26	남편이나 아내의 취직이나 이혼, 퇴직	26
27	입학 또는 졸업	26
28	생활조건의 변화	25
29	자신의 습관교정	24
30	상사와의 문제 야기	23
31	노동시간 또는 작업조건의 변화	20
32	거주 이전	20
33	전 학	20
34	오락의 변화	19
35	교회활동의 변화	19
36	사회활동의 변화	18
37	만 달러 이하의 저당 또는 대부	17
38	수면습관의 변화	16
39	종친회원수의 변화	15
40	식성의 변화	15
41	휴 가	13
42	크리스마스	12
43	경미한 법률위반	11

홈스(Holmes)와 라헤(Rahe)는 여러 가지 생활상에 잠재적인 스트레스를 야기하는 생활사들을 중심으로 사회적 적응 평가지수표를 작성한 바 있는데 그들의 주장에 의하면 그것은 문화적 배경이나 연령, 성별, 인종적 측면에서 스트레스 순위 결정에서 대체적인 일치를 보았다고 하는데 그들이 만든 사회적응 평가지수표 〈표 9-2〉에 의하면 우리들의 일상생활사에서 어떤 스트레스를 얼마나 경험하는지를 쉽게 알 수 있

을 것이다.

그들에 의하면 〈표 9-2〉에 예시된 여러 가지 생활변화단위(life change unit)에 의해서는 총점이 150~199 정도는 경미한 생의 위기로, 200~299 정도는 견딜 만한 위기로, 또 300 이상이면 심각한 위기로 보았으며 수치가 높을수록 병에 걸릴 가능성과 위험성이 높은 것으로 지적하였다. 홈스와 마스다(Masuda)는 이것을 가시고 미해국 순양함 3척에 승선하고 있는 2,500여 명의 장교와 사병을 대상으로 조사하고 이를 질병과 관련시켜 본 바 있다. 즉, 그들이 밝힌 것을 보면 생활변화단위 점수가 300점 이상의 집단과 150~190점의 집단을 비교한 결과 300점 이상의 위기집단에서는 2개월 이내에 발병률이 90%였고, 그들은 다른 집단보다 새로운 질병이 더 많이 발병하였던 바 심장마비, 호흡기 질환, 피부 및 결장의 질환, 정신분열증 및 암과 같은 질병은 물론이려니와 축구경기에서의 부상률도 보다 높은 것으로 밝히고 있다.

이러한 사실들은 어떤 생활사이건 간에 그것이 우리에게 스트레스를 야기하며, 그것은 또한 정신적·신체적으로 위해를 주는 것이어서 어떤 형태로든지 그 효과를 줄여야 함을 말해 주는 것이라 하겠다(임승권, 1988).

(4) 스트레스와 질병

스트레스를 받으면 병이 생긴다. 그러나 스트레스 그 자체가 병을 유별하는 직접적 원인을 될 수 없다. 직면한 스트레스를 극복하기 위해 적절하지 못한 극복책략을 사용할 때 그것이 곧 질병을 유발하는 직접적인 원인이 된다.

첫째, 개체가 강한 스트레스를 받게 되면 자신의 건강유지에 필요한 조치를 취한다. 일상적으로 스트레스가 계속된다든지 또 스트레스를 받는 생활사건에 직면하면 개인은 자신을 돌보는 시간을 가질 수 없게 되고 음식을 적절하게 섭취할 수 없게 되며, 또 충분한 수면을 취할 수 없게 된다. 사태가 더욱 악화되면 술을 마시고, 담배를 피우며, 그리고 지방분이 많은 음식 섭취에 빠지는 경향이 있다. 지금까지 발표된 자료를 보면, 사람이 스트레스를 받게 되면 보다 많은 술을 마시게 되고, 담배를 피우게 되며, 그리고 보다 많은 커피를 마시는 경향이 있다고 한다. 또 심한 스트레스를 받게 되면 운전할 때 안전벨트를 사용하는 것까지도 망각하는 경향이 있다고 한다.

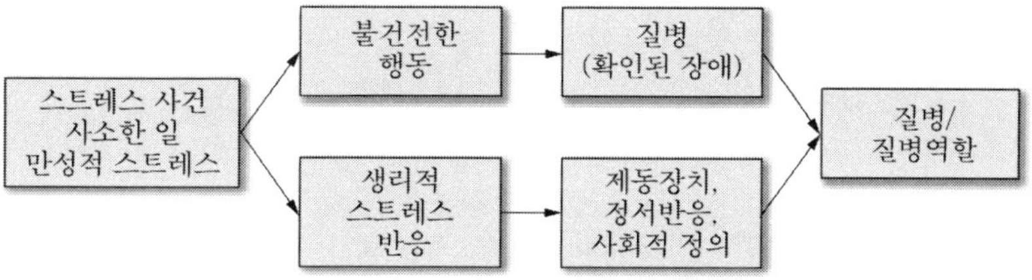

〈그림 9-3〉 스트레스 → 질병통로

둘째, 심한 스트레스를 받게 되면 질병역할을 하게 되고, 불필요한 건강전문가의 도움을 받으려고 하는 경향이 있다. 그렇게 되면 정상적인 활동은 할 수 없게 된다. 그렇지만 우리는 건전한 자아개념을 유지하고 있다. 그 이유는 매우 간단하다. 즉, 자신의 모든 잘못이 사회적으로 용납되고 있기 때문이다. 질병역할을 통해서 자기는 이차적 소득을 얻게 되는 한편 위험가능성이 높은 일은 공공연하게 면제받을 수 있다.

셋째, 스트레스는 직접적으로 개체의 생리적 과정에 영향을 준다. 이미 기존의 생리적 장애는 더욱 악화되고 새로운 질병이 발병된다.

3) 직무 스트레스의 원인

교사들의 스트레스를 유발하는 요인은 물리적 환경 요인, 개인적 요인, 조직 풍토적 요인 등 매우 다양한데 김정휘와 고흥화(1994)는 이를 다음의 〈표 9-4〉와 같이 정리하였다.

유치원 교사의 직무와 관련된 스트레스를 연구한 결과(민선우, 2004; 송유진, 1993; 정향림, 2005) 교사들이 가장 많은 스트레스를 받은 요인은 업무와 관련된 것이었다. 특히 수업에 필요한 교재의 부족, 수업 준비 시간의 부족, 많은 행사와 잡무 등은 교사들에게 상당한 스트레스 유발 요인으로 작용한다. 보육교사 역시 시간 부족에서 오는 업무관련 요인이 가장 큰 스트레스 유발 요인인 것으로 보고되었다. 업무에 이어 교사들의 스트레스를 유발하는 요인으로 원아 관련 요인과 과밀학급, 부적당한 급료 혹은 근무조건 등이 있다. 직무 만족도와 마찬가지로 연령이 높고, 경력이 많고, 학력이 높을수록 직무 스트레스도 낮은 경향을 보였다.

〈표 9-4〉 대표적 연구자들의 스트레스 유발 요인

연구자	주요 스트레스 유발요인	세부 스트레스 유발요인	
Beer와 Gupta (1978)	환경 요인	· 직무 요건 및 과제 특성 · 역할 요건 또는 기대 · 조직의 특성 및 조건 · 조직 외적 요건 및 조건	
	개인 요인	· 심리적 조건(성격 및 행동 특성) · 신체적 조건 · 생활 단계 조건 · 인구통계학적 특성	
	과정 요인	· 심리적 과정	· 신체적 과정
Ivancevich 와 Matteson (1980)	물리적 환경 요인	· 조명 · 온도 · 공기오염	· 소음 · 진동
	개인 수준 요인	· 역할 갈등 · 작업 과정 · 직업 발달 요인	· 역할 모호성 · 책임성
	집단 요인	· 집단 응집력 부족 · 부적절한 집단 지원 · 집단내 및 집단간 갈등	
	조직 요인	· 조직 풍토 · 조직 영역 · 기술	· 조직 구조 · 과제 특성
	조직 외적 요인	· 가족 · 경제력	· 이사
Brief와 Schuler	조직 특성 및 과정	· 조직의 정책 · 조직의 과정	· 조직의 구조

(1980)	직무 요건 및 역할 특성	· 작업 조건 · 직무 요건	· 대인관계 · 역할 특성
	개인 특성 및 기대	· 경력 관계	· 개인적 특성
Quick과 Quick (1984)	과업 요건	· 직업 범주 · 경력 발달 · 작업 과정	· 관리 직무 · 일상 직무 · 직무 불안정
	물리적 요건	· 온도 · 음파 및 진동	· 조명 · 사무실 설계
	역할 요건	· 역할 갈등	· 역할 모호성
	대인 관계 요건	· 지위 부조화 · 조급한 성격 · 집단 압력	· 사회적 밀도 · 지도 유형
Baron (1986)	조직 요인	· 직업 요건 · 역할 모호성 · 책임 과다 · 사회적 지원 부족 · 의사결정에의 참여 부족 · 불공평한 업적 평가	· 역할 갈등 · 작업 과적
	개인적 요인	· 생활 사건	· 태도
Beech, Burns와 Scheffield (1982)	업무 부하의 문제	· 업무 과부하	· 업무 과소부하
	직무상의 욕구 좌절상의 문제	· 역할 모호성 · 역할 갈등 · 고도의 전문화 · 불만스러운 경력 개발 제도 · 불만스러운 의사소통 · 관료 사회의 문제	
	직업 변화	· 과학 발달 · 재배치 · 수요, 공급 과잉	· 승진 · 조직 개편 · 은퇴

4) 직무 스트레스 관리

스트레스는 적절하게만 유지된다면 삶의 활력을 유지할 수 있으나 지나치게 되면 다양한 질병을 야기하게 된다. 사람이 살면서 스트레스를 전혀 피할 수 없다면 이를 적절하게 관리하고 대처할 필요가 있다.

직장에서 생긴 스트레스는 개인적인 차원과 조직적인 차원에서 해소할 수 있다.

(1) 개인적인 차원

- 교육적 전략 : 유아에 대해 전인적 성장 기대, 실현 가능한 교육목표 설정
- 신체적 전략 : 다양한 종류의 운동이나, 악기 다루기, 취미 생활하기 등
- 사회적 전략 : 동료 교사로 구성된 사회적인 지원집단 만들기, 동료와의 대화, 정확한 정보수집 등
- 정서적 전략 : 영화감상, 음악감상 등
- 환상적 전략 : 시간관리, 갈등해결 등
- 정신적 전략 : 명상이나 기도하기, 낙천적인 인생관 가지기 등

(2) 조직적 차원

- 모든 구성원을 인격적으로 존중하고 우호적으로 대하는 관계 조성
- 개방적이고 양방향으로 이루어지는 의사소통
- 지지적이고 긍정적인 조직 풍토 조성
- 교육과정 운영에서 교사의 자율성 인정
- 학습 공동체 형성

이상의 스트레스 관리 전략을 원인에 맞추어 구체적으로 제시하면 다음의 〈표 9-5〉와 같다.

〈표 9-5〉 스트레스 유형 요인 및 조절 전략

<table>
<tr><th colspan="2">스트레스 원인</th><th>스트레스 조절 전략</th></tr>
<tr><td colspan="2">시간 부족 및
과다한 업무</td><td>· 모든 업무를 기록한다.
· 반드시 해야 할 업무와 아닌 업무를 분류한다.
· 업무의 우선 순위를 매긴다.
· 업무의 마감 날짜를 정한다.
· 수행한 업무를 확인 표시를 한다.</td></tr>
<tr><td colspan="2">수업 계획
및 실행</td><td>· 자신이 할 수 있는 범위에서 계획을 세운다.
· 수업 계획서를 구체적으로 작성한다.
· 동기 유발 및 수업 진행 과정을 기록, 암기한다.
· 유아들의 다양한 반응을 예상한다.
· 동료 교사들과 의논한다.</td></tr>
<tr><td colspan="2">자료부족 및
환경의 문제</td><td>· 기관에 있는 자료 중 활용 가능한 자료를 파악한다.
· 자료가 부족할 경우, 유아들의 가정에 있는 자료를 활용한다.
· 자료를 제작할 경우 제작이 용이하고 효율적인 방법으로 제작한다.</td></tr>
<tr><td rowspan="3">인간관계</td><td>선배 교사나
원감과의 관계</td><td>· 선입견을 갖지 않고 개방적인 자세를 갖는다.
· 모든 일은 일차적으로 선배 교사나 원감과 의논한다.
· 대화를 위해서 노력하고 대화시간을 많이 갖는다.</td></tr>
<tr><td>동료
교사들과의
관계</td><td>· 가장 자신있고 서로 도울 수 있는 점에 대해서 논의한다.
· 어려운 점을 서로 의논하고 돕는다.
· 서로 협동해서 할 수 있는 일을 찾아보고 제안한다.</td></tr>
<tr><td>유아와의 관계</td><td>· 유아들과 대화할 수 있는 시간을 갖는다.
· 다양한 문제 해결 방안을 생각하고 적용해 본다.</td></tr>
<tr><td colspan="2">평가</td><td>· 동료 교사의 평가를 긍정적으로 수용한다.
· 자기 스스로 반성하고 평가하도록 노력한다.</td></tr>
</table>

출처: 박은혜 · 조윤주(2006), p. 14에서 재구성

(3) 조직몰입

조직몰입이란 개인이 특정 조직과 동일시하고 공헌하는 것에 대한 상대적 강도를 의미하는 것으로 조직과의 심리적 애착을 느끼면서 조직과의 상호작용을 지속하려는 의지 때문에 개인적 요인보다 사회적 관계라는 환경 요인에 더 영향을 받는다. 즉 자신이 속해 있는 직장에 몰입을 하게 되면 그 안에서 일을 할 때 만족도가 높아지고, 직무 스트레스가 낮아지며 그 직장을 떠나려는 시도가 줄어들게 된다. 그런데 이 조직몰입은 동료 교사나 학부모 혹은 행정 관리자로부터 정서적, 심리

적으로 사회적 지지를 많이 받을 때 높게 나타난다. 교사는 유아교육기관에서 동료나 학부모, 원장이나 원감으로부터 전문성을 인정받고, 인격적으로 존중받으며, 정서적으로 친밀감이 형성되었을 때 만족감을 가지고 헌신할 가능성이 높아진다. 이러한 사회적 지지는 개인이 가지고 있는 자아효능감보다 더욱 중요한 의미를 가진다. 교사가 개인적으로 잘 가르칠 수 있다고 믿어도 조직 안에서 지속적인 지원을 받지 못하면 근무 수행 능력을 높이기 어렵다. 반면에 교사의 개인적인 능력이 부족하더라도 지속적으로 주변에서 정서적 지지와 심리적지지 등의 사회적 지지가 있다면 얼마든지 조직에 머무를 수 있게 된다(박은혜, 2009).

〈활 동〉

나는 요즘 스트레스를 얼마나 받고 있나?

구분	항 목	전혀 그렇지 않다 (0점)	약간 그렇다 (1점)	대체로 그렇다 (2점)	매우 그렇다 (3점)
1	쉽게 자증이 나고 기분의 변동이 심하다.				
2	피부가 거칠고 각종 피부 질환이 심해졌다.				
3	온몸의 근육이 긴장되고 여기저기 쑤신다.				
4	잠을 잘못 들거나 깊은 잠을 못 자고 자주 잠에서 깬다.				
5	매사에 자신감이 없고 자기 비하를 많이 한다.				
6	별다른 이유 없이 불안 초조하다.				
7	쉽게 피로감을 느낀다.				
8	매사에 집중이 잘 안되고 일의 능률이 떨어진다.				
9	식욕이 없어 잘 안 먹거나 갑자기 폭식을 한다.				
10	기억력이 나빠져 잘 잊어버린다.				

- 평　　가 : 총 30점을 기준으로
- · 0 ~ 5점 : 거의 스트레스를 받고 있지 않음
- · 6 ~10점 : 약간 스트레스를 받고 있음
- · 11~15점 : 비교적 스트레스가 심한 편이므로 스트레스를 줄이기 위한 대책이 필요함
- · 16~20점 : 심한 스트레스를 받고 있으므로 신체 상태에 대한 정기적인 검진과 더불어 스트레스를 줄이기 위한 적극적인 대책이 필요함
- · 21점 이상: 매우 심한 스트레스를 받고 있으므로 당장 전문의를 찾아가야 함

제 10 장

교원과 교원단체

교육이 인간의 성장과 가능성을 최대한으로 실현하도록 가치를 전수하는 일이라 하면 이와 같은 일을 이루기 위한 교육사회는 다른 사회와 달리 자율적 구조가 되어야 하며, 이를 장려하고 지향하도록 하기 위한 제도적 장치가 국가적인 차원에서 마련되어야 한다. 이와 같이 국민들의 교육에 관련된 사항으로 국민들이 지켜야 할 행위의 준칙으로 국가에 의해서 강제되는 사회 규범을 교육법이라 할 수 있다.

따라서 교육법은 국민의 교육을 위한 제반 조건을 정비, 확립하기 위한 교육의 내적 사항인 교육목표를 설정하고, 교육의 외적 사항인 교육행정의 조직과 작용, 모든 교육기관의 운영, 교육 주체인 학습자와 학부모, 교원의 역할 등을 명시하여, 이것을 위반하는 행위에 대해서는 외부로부터 일종의 제재가 주어지는 강제력을 가진 법규라고 할 수 있다. 따라서 본장에서는 교육법의 개념 및 성격, 유아 교사의 권리, 교직단체 등을 살펴보고자 한다.

1. 교육법의 개념 및 성격

1) 교육법의 개념

교육법은 교육과 법의 두 개념이 합쳐진 복합적인 성격을 내포하고 있으며, 법이 사회적 · 공공적 · 조직적 생활관계를 규율하는 데 대하여, 교육법은 교육에 관계되는 여러 가지 기본적인 법률뿐만 아니라 교육에 관한, 모든 교육목적을 달성하기 위한 교육활동을 규율하는 것이다.

교육법의 개념은 크게 협의의 측면과 광의의 측면으로 나누어 볼 수 있다. 협의의 측면에서 바라본 교육법이란 1949년 법률 제86호로 제정된 '교육법' 그 자체만을 의미하지만, 광의의 측면에서의 교육법은 협의의 교육법 이외의 교육관계법령 모두를 포괄하는 개념으로, 일반적으로 헌법에 보장된 교육에 관한 기본원리를 구체화시키기 위한 제반 교육관계법령, 그리고 교육제도 및 운영에 관한 교육관계법령이다.

이와 같이 살펴보면 결국 교육법이란 교육에 관한 사항을 규정하고 있는 모든 법령을 의미하고 있으며, 그 체계는 헌법과 국가법령인 법률, 명령(대통령령, 총리령, 부령), 자치법규인 조례, 교육규칙의 체계로 구성되어 있으며, 사안에 따라서는 학칙, 학교법인정관, 행정규칙도 법규성을 지니게 되었다.

특히 학칙은 교육기본법, 초 · 중등교육법 및 고등교육법의 제정으로 학칙의 제정근거를 법률로 명시하고(초 · 중등교육법 제8조, 고등교육법 제6조), 학교운영에 관한 중요사항을 학칙으로 정하도록 함으로써 학칙의 법규성이 강화되었다. 또한 학교법인정관 역시 사립학교법 제10조에 근거한 것으로서 사립학교운영 및 교직원의 신분 등과 관련하여 법규성을 지니게 되었다.

행정규칙 역시 상급행정기관이 그 하급기관이나 소속 직원에 대하여 일정한 사항을 지시하기 위하여 발령하는 행정명령으로, 그 종류로는 훈령, 예규, 지시, 고시 등이 있다.

2) 교육법의 성격

교육법은 교육 또는 교육정책이나, 교육제도 및 그 운영에 관한 사항을 규정한 법규로 법률적인 성격과 일반적인 성격으로 나누어 그 특징을 규명할 수 있다. 먼저 교육법의 법률적 성격으로는 첫째, 교육행정의 주체인 국가 또는 지방공공단체의 행정작용에 대한 규율이므로 사법이 아닌 공법이라고 볼 수 있다. 둘째, 국내에서만 그 법률적 효과가 발생하므로 국제법이 아닌 국내법이라고 말할 수 있다. 셋째, 교육에 관한 규범이므로 일반법이 아닌 특별법의 성격을 가지고 있다. 넷째, 일반국민에 대하여 강제적·구속적 성질이 있으므로 당연히 강제법이라 할 수 있다. 다섯째, 교육법은 사회공공의 복지를 증진함을 직접적인 목적으로 하는 비권력적 행정에 관한 법이므로 보육법 또는 조장법의 성질을 가지고 있다. 여섯째, 교육에 관한 종합적인 기본법의 성질을 가지고 있다.

반면에 교육법의 일반적인 성격은 비권력적이고 지도·육성의 성격이 강하며, 점차로 전문성·기술성이 강조되고 있다. 따라서 공권력을 행사하는 지휘·복종의 관계보다는 교육의 자주성과 전문성을 보장하기 위하여 교육활동을 지도·조언·육성·이해하는 조장적·봉사적 성격을 가지고 있다. 또한 교육목표를 달성하기 위한 인적·물리적 여러 조건을 정비·확립하는 데 필요한 합리적 수단을 제시하는 수단적·기술적 성격과 교육이념, 교원의 책무 등에 관한 교육기본법의 규정같이 국가와 민족에 대한 의무와 책임이 다른 법률에 비하여 현저하게 강조되는 윤리적인 성격으로 크게 나누어 볼 수 있다(류동훈, 2004).

2. 유아교사의 권리

유아교사의 권리는 교원이 전문직으로 직무를 원만히 수행할 수 있도록 법이 인정하는 힘을 의미한다(권건일 외, 2006). 모든 교원은 법에 명시된 권리와 의무를 가지며 유치원 교사가 법적으로 보장받는 지위와 그에 따른 의무는 다음과 같다(박은혜, 2009).

1) 유치원 교사의 법적 지위

유치원은 유아교육법 제2조에 규정된 '학교'이며 유치원 교사는 법령이 정하는 바(유아교육법 제20조)에 따라 원아를 교육하는 임무를 수행한다. 따라서 유치원 교사는 초·중등교사와 마찬가지로 법에 의거하여 다음과 같은 경제적·사회적 지위가 우대되고 그 신분 역시 보장되어야 한다.

(1) 교육기본법

第14조 (교원)
학교교육에서 교원의 전문성은 존중되며, 교원의 경제적·사회적 지위는 우대되고 그 신분은 보장된다.

(2) 유아교육법

제20조 (교직원의 구분)
유치원에는 교원으로 원장·원감 및 교사를 두되 대통령령으로 정하는 일정 규모 이하의 유치원에는 원감을 두지 아니할 수 있다.

(3) 교육공무원법

제43조 (교원의 존중과 신분보장)

교원은 존중되어야 하며, 교원은 그 전문적 지위나 신분에 영향을 미치는 부당한 간섭을 받지 아니한다. 교육공무원은 형의 선고·징계처분 또는 이 법에서 정하는 사유에 의하지 아니하고는 그 사상에 반하여 휴직·강임 또는 면직을 당하지 아니한다. 교육공무원은 권고에 의하여 사직을 당하지 아니한다.

(4) 교원지위향상을 위한 특별법

제2조 (교원에 대한 예우)

국가 지방자치단체 기타 공공단체는 교원이 사회적으로 존경받고 높은 긍지와 사명감을 가지고 교육활동을 할 수 있는 여건이 조성되도록 노력하여야 한다. 국가 지방자치단체 기타 공공단체는 교원이 학생에 대한 교육과 지도를 함에 있어서 그 권위가 존중되도록 특별히 배려해야 한다.

국가 지방자치단체 기타 공공단체는 그가 주관하는 행사 등에 있어서 교원을 우대하여야 하며 교원이 교육활동을 원활하게 수행할 수 있도록 적극 협조하여야 한다.

2) 교권의 개념

교권은 교원의 교육권 또는 권위를 줄인 말로 학생을 교육할 법적인 권리와 스승 또는 윤리적·사회적 의미에 따른 전문적·기술적인 권위의 복합적 의미를 가진다(강인수, 2002). 백명희(1944)는 이를 교직의 본질인 전문성, 공공성, 그리고 근로자성에 비추어 다음과 같이 정리하였다.

〈표 10-1〉 교권의 개념

교직의 본질	교직의 특성	권리	의무
전문성	• 인간 가치의 실현 • 사회 개혁과 발전 • 학습자의 능력과 소질을 최대한으로 개발	• 교육과정의 자율성 -교육과정 결정 및 편성권 -교재의 선택 및 결정권 -교육내용 및 방법결정권 -성적의 평가권 -학생지도 및 징계권	• 엄격한 표준 유지 • 연수 의무 • 자율적 윤리강령 제정
공공성	• 교육받을 기회 • 교육의 기회 균등 • 종교적, 정치적, 행정적 중립	• 신분상의 보장 -신분 및 직위보유권 -직무집행권 -재심청구 및 행정쟁송권 -의사에 반한 신분조치를 당하지 아니할 권리 -권고사직을 당하지 않을 권리 -불체포 특권 -처분 사유설명서 교부권 및 후임자 보충발령 유예 -여교원의 동등신분 보장권 -교원의 단체 결성과 교섭협의권 및 노동조합결성권 -교원의 정치활동 • 재산상의 보장 -보수청구권 -연금청구권 -실비변상청구권	• 성실의 의무 • 직무상의 의무 -법령준수 의무 -복종 의무 -전념 의무 -친절, 공정 의무 • 신분상의 의무 -비밀보유 의무 -품위유지 의무 -청렴의무 -집단행위 금지 의무 -정치운동 제한 의무
근로자성	• 개인으로서의 지위 • 집단을 통한 지위	• 시민의 기본권 • 근로할 권리 • 집단 행위권	• 시민적 기본 의무 • 근로 의무 • 근로 조건 준수 의무

위의 표에서 언급된 교사의 권리와 의무를 보장하고 있는 법률적인 근거에는 다음과 같은 것들이 있다.

〈표 10-2〉 법률적 근거에 의한 교사의 권리와 의무

법의 종류	법조항의 내용
헌법	[제31조 제6항] 교원지위의 법률주의 학교교육 및 평생교육을 포함한 교육제도와 그 운영, 교육재정 및 교원 지위에 관한 기본적인 사항을 법률로 정한다.
교육법	[제13조] 교원의 경제적·사회적 지위는 적정하게 우대되어야 하며, 그 신분은 반드시 보장되어야 한다. [74조] 교원은 항상 사표가 될 품성과 자질의 향상에 힘쓰며, 학문의 연찬과 교육의 원리와 방법을 탐구연마하며 국민교육에 전심전력하여야 한다.
	[제29조 제6항] 교원의 임용, 복무, 보수, 연금 기타에 관한 사항은 따로 법률(교육공무원법)로 정한다. [제80조]
유아 교육법	[제21조] 교직원의 임무
교원 지위 향상을 위한 특별법	[제2조] 교원에 대한 예우 [제3조 제2항] 사립학교법 제2조의 규정에 학교법인 및 사립학교 경영자는 그가 설치, 경영하는 학교 교원의 보수를 공무원인 교원의 보수수준으로 유지하여야 한다. [제7조] 교원징계재심위원회 설치 [제11조] 교원의 지위향상을 위한 교섭, 협의 [제12조] 교원의 처우개선, 근무조건 및 복지후생과 전문성 신장에 관한 사항을 교섭, 협의
교육 공무원 법	[제10조 제2항] 능력에 다라 균등한 임용의 기회보장 [제34조] 보수결정의 원칙 교육공무원의 보수는 우대되어야 한다. [제37조] (연수의 기회균등) 교육공무원에게는 연구기관에서 재교육을 받거나 연수할 기회가 균등히 부여되어야 한다. [제38조] ① 교육공무원은 그 직책을 수행하기 위하여 부단히 연구와 수양에 노력하여야 한다. [제43조] 교권의 존중과 신분보장 ① 교원은 종중되어야 하며, 교원은 그 전문적 지위나 신분에 영향을 미치는 부당한 간섭을 받지 아니한다.

	② 형의 선고, 징계처분 또는 이 법에서 정하는 사유에 의하지 아니하고 그 사상에 반하여 휴직, 강임, 또는 면직당하지 아니한다. ③ 권고에 의해 사직을 당하지 아니한다. [제44조] 교육공무원이 다음 각호의 1에 해당하는 사유로 휴직을 원하는 경우에는 임용권자는 휴직을 면할 수 있다(신체, 정신장애, 병역, 직무이탈, 해외유학, 외국의 임시고용, 자녀양육, 임신, 출산, 병 간호 등). [제49조] 고충처리 ① 교육공무원은 인사, 조직, 처우 등 각종 직무조건과 기타 신상문제에 대하여 인사 상담이나 고충에 심사를 청구할 수 있으며 이를 이유로 불이익한 처분이나 대우를 받지 아니한다.
사립학교법	[제52조] 사립학교 교원의 자격에 관하여서는 국·공립학교의 교원의 자격에 관한 규정에 의한다. [제55조] 사립학교의 교원의 복무에 관하여서는 국·공립학교의 교원에 관한 규정을 준용한다. [제56조] 형의 선고나 징계처분 등에 의하지 않고서는 본인의 의사에 반하여 휴직 또는 면직 등 불리한 처분을 받지 않으며, 권고에 의해 사직당하지 않는다. [제60조] ① 교원의 불체포 특권

3. 교직단체

우리나라의 교직단체는 현재 교원단체로서의 '한국교원단체총연합회(한국교총)'와 교원노조로서의 '전국교직원노동조합(전교조)'과 '한국교원노동조합(한교조)' 그리고 '자유교육조합(자교조)'이 설립되어 있다. 또한 2008년 11월 28일 대한민국교원조합(대한교조)이 공식 출범하였다.

여기에서는 교직단체의 일반적 개요와 교직단체의 활동권 그리고 각 단체별 설립근거 및 성격을 살펴본다(이칭찬 외, 2009).

1) 교직단체의 개요

우리나라의 교원단체는 전문적 교원단체와 교원노조로 나누고 있다. 즉 전문적 교원단체의 한국교원단체총연합회(한국교총)와 교원노동조합단체의 전국교직원노동조합(전교조), 한국교원노동조합(한교조), 자유교육조합(자교조), 대한민국교원조합(대한교조)이 설립되어 다섯 단체가 활동하고 있다.

한국교원단체총연합회(한국교총)는 '교육기본법'에 의하여 설립되었고, 전국교직원노동조합(전교조), 한국교원노동조합(한교조), 자유교육조합(자교조), 대한민국교원조합(대한교조)은 '교원의 노동조합설립 및 운영에 관한 법률'에 의해 설립되었다.

여기에서 특히 한국교원단체총연합회(한국교총)의 가입회원은 법에 의해 유·초·중등·대학교원을 대상으로 하며 전국교직원노동조합(전교조)과 한국교원노동조합(한교조), 자유교육조합(자교조), 대한민국교원조합(대한교조)은 교장과 교감, 대학교원을 제외한 유·초·중등 교사만 가입 대상으로 하고 있다. 전국교직원노동조합(전교조)과 한국교원노동조합(한교조) 그리고 자유교육조합(자교조), 대한민국교원조합(대한교조)의 법리 성격상 교장과 교감은 사측으로 보고 있기 때문에 가입이 불가능하다.

2) 교직단체 활동권

교직단체 활동권은 교사가 교사로서의 권리를 확보하고 교사로서의 직업을 효과적으로 수행하기 위한 단체활동을 할 수 있음을 뜻한다. 그런데, 이 단체활동권은 정치적 활동을 목적으로 하는 것은 허용되지 않으며 극단적인 쟁의 수단도 허용되지 않는다. 교사들이 단체를 조직하고 적극적인 운영을 통하여 회원들 간의 상호 유대를 강화하고, 복지를 향상시키며 자질을 향상 시키는 것을 공동목표로 추구하는 것이다.

교원단체와 관련하여 정부는 1998년 12월 교원노조 결성과 활동을 위한 법안을 마련하였고 이 법안은 1999년 1월6일 국회 본회의를 통과하였다. 그 동안 교원들이 상호 협동하여 교육의 진흥과 문화의 창건에 진력하며 경제적 · 사회적 지위를 향상시키기 위해 각 지방자치단체 및 중앙에 교육단체를 조직할 수 있도록 규정한 '교육기본법'에 의해 조직된 한국교원단체총연합회와 '교원노조법'의 입법에 기초한 교직원노동조합과는 활동범위와 성격이 다소 차이가 있을 것으로 보인다.

교직단체활동권은 교육의 발전과 교원의 사회 경제적 지위 향상을 위하여 교직원 단체들은 교원정책 형성에 있어서 상호 협력하고 노력하는 자세가 필요하다(안창선 · 남경현 · 이욱범, 2001).

3) 각 단체별 설립근거 및 성격

법에 기초한 한국교원단체총연합회와 전국교직원노동조합 그리고 한국교원노동조합, 자유교원조합의 설립근거와 성격은 다음과 같다.

(1) 한국교원단체총연합회(한국교총)

한국교원단체총연합회(한국교총)는 '교육기본법(교원단체)'과 '민법(비영리법인의 설립과 허가)', '교원지위향상을 위한 특별법(교원지위향상을 위한 교섭 · 협의)'에 의해 설립된 사단법인체이다.

설립목적은 '회원 상호간의 강력한 단결을 통하여 교원의 사회적 · 경제적 지위 향상과 교직의 전문성 확립을 기함으로써 교육의 진흥과 문화의 창달에 기여함'을 목적으로 하고 있다고 정관에 명시하고 있다. 그리고 교원들이 교원단체를 조직하는 목적으로는 ① 교원전문가로서의 자질과 능력을 향상하고 전문성을 신장시키고자 하며, ② 교원의 사회 · 경제적 지위의 향상과 복지증진을 위하여 단결하는 것으로서 교원 입장에서 보면 이것이 단체결성의 가장 중요한 목적이라고 할 수 있다.

③ 교원의 주된 관심과 활동영역인 교육의 발전과 쇄신을 위한 교육정책에 참여하기 위해 교원단체를 조직하고 교원들의 대변단체로서 활용하고자 하는 데 있다. 이것은 곧 교원의 전문단체, 이익단체, 대변단체라는 것을 의미하며 이를 위한 기능과 역할수행을 다하겠다는 뜻이기도 하다.

주요 활동으로는 회원의 상호 간 협동 · 단결, 교권의 옹호 확대, 교원의 처우 및 복지 증진과 근무조건의 개선에 관한 일, 교직의 전문성 확립과 민주적 발전, 교육정책에의 참여, 국제교원단체와의 협력 및 교류, 정기간행물의 발간과 보급 등이다.

(2) 전국교직원노동조합(전교조)

전국교직원노동조합(전교조)은 '교원의 노동조합설립 및 운영에 관한 법률'에 근거하여 1999년 7월 1일 전국교직원노동조합 설립을 전국단위로 신고하였다.

설립의 목적은 '교육노동자로서의 기본권익을 적극 옹호하고 민주교육발전에 기여한다'라고 전교조 규약에 명시하고 있다. 그리고 목적을 달성하기 위한 주요 사업으로 근로 조건의 개선 및 조직강화, 교직원의 사회 · 경제적 지위 향상, 교육환경 및 교육제도 개선을 위한 사업, 조합원 교육 및 교원옹호, 후생복지, 문화 선전홍보사업 등을 실천하고 있다.

조직으로 중앙집행위원회, 시 · 도 본부, 상설위원회, 특별위원회, 전문산하기구 등을 두고 있다.

(3) 한국교원노동조합(한교조)

한국교원노동조합(한교조)은 '교원의 노동조합설립 및 운영 등에 관한 법률'에 근거하여 1999년 7월 1일 한국교원노동조합 설립을 전국단위로 신고하였다.

설립목적은 '푸른 교육을 구현하고 교원으로서 존엄성을 유지하며 교직의 전문성 확립을 기함으로써 창조적이고 민주적인 교육문화 창달에 기여한다'라고 규정하고 있다.

주요 사업으로는 '푸른교육'운동 구현, 교원의 노동기본권 신장, 조합원의 복지 등 교원의 경제적·사회적 지위향상, 학교운영의 민주화와 교육제도 개선에 관한 사항, 교원의 전문성 제고 및 교육발전에 관한 사항 등을 실천하고 있다.

조직으로 중앙집행위원회, 시·도 본부, 상설위원회, 특별위원회, 전문산하기구 등을 두고 있다.

(4) 자유교육조합(자교조)

자유교육조합(자교조)은 '교원의 노동조합설립 및 운영 등에 관한 법률'에 근거하여 2006년 3월 31일 자유교육조합 설립을 전국단위로 신고하였다.

설립의 목적은 '자유민주주의의 이념을 교육운동으로 실천하고 교원의 사회·경제적 지위향상 및 제 권리를 획득하며 합리적, 평화적인 상생의 노동조합운동을 한다'라고 밝혔다.

주요 사업으로는 학교선택권과 학생선발권 회복을 추진하며 학교별 특성화된 교원평가의 실시를 추진한다. 그리고 학업성취도 평가 및 기초학력 진단평가의 전국 확대 실시와 교육정보를 공개 추진한다.

조직으로는 중앙집행부, 지역조합, 대의원대회, 운영위원회를 두고 있다.

(5) 대한민국교원조합(대한교조)

대한교조는 '이념 중심의 교육탈피와 진정한 교육개혁 실현'을 내세우며 출범하였다. 창립대회에서 '자유민주적 가치를 부정하는 이념적 교단세력을 해체하고 책임교육의 지평을 열어야 한다'고 하였다. 2006년 출범한 시민단체 성격의 '뉴라이트교사연합'이 자유민주적 교원운동을 벌이기 위해 교원노조로 탈바꿈한 것이라고 명시하고 있다(조선일

보, 2008. 11. 6).

교직단체의 설립근거, 가입대상, 교섭·협의구조, 교섭·협의대상 및 시기, 협의사항의 법적 성격은 다음 〈표 10-3〉과 같다(서울특별시교육연구정보원, 2006).

〈표 10-3〉 교직단체 비교

구분	한국교원단체연합회 (한국교총)	전국교직원노동조합(전교조) 한국교원노동조합(한교조) 자유교육조합(자교조
설립근거	·교직기본법	·교원의 노동조합 설립 및 운영 등에 관한 법률(교원노조법)
가입대상	·전교원 대상 (대학교수, 교감, 교장 포함)	·초·중등교육법에서 규정하고 있는 교원 (대학교수, 교감, 교장 제외)
교섭·협의 당사자	·교육과학기술부장관 및 교육감	·교육과학기술부장관, 교육감, 사립학교를 설립·경영하는 자
교섭·협의 구조	·중앙단위: 교육과학기술부장관 ·시·도 단위: 교육감 ※ 국·공립·사립 구분 없음	·국·공립의 경우 -전국 교섭: 교육과학기술부장관 - 시·도 교섭: 교육감 ·사립의 경우 - 설립·경영자가 전국 또는 시·단위로 연합하여 교섭
교섭·협의 대상	·처우개선, 근무조건 및 복지후생과전문성 신장에 관한 사항 ※ 교원 지위향상을 위한 특별법 (교섭·협의 사항) 참조	·임금·근무조건·후생복지 등 경제적·사회적 지위향상과 관련된 사항 ※ 노동법 해석상의 단체교섭 대상이 적용됨 (의무적, 임의적, 교섭 제외사항)
교섭·협의 시기	·연2회 및 특별히 필요하다고 판단된 때 당사자 협의해 의해	·최소 2년에 1회
합의사항(규범적 부분)의 법적성격	·노사 간 계약으로서의 성격보다는 정부와 교원단체가 교원의 지위향상을 위한 방안을 강구하고 공동의 목표를 도출하는 협의과정으로서의 성격이 강함	·단체협약으로서 규범적 효력이 미침, 다만, 법령·조례 및 예산에 의하여 규정되는 내용과 법령 또는 조례에 의한 위임을 받아 규정되는 내용은 단체협약으로서의 효력을 가지지 아니함.

참고문헌

강봉규(1998). 『교육심리학』. 서울: 형설출판사.

강인수(2002). "대학원교육의 이념과 기능", 『대학교육통권』. 제120호, 서울: 한국대학교육협의회.

경기대학교(1987). 경기대학교 40년사(1947~1987). 서울 : 경기대학교.

고미경(2007). 『전문성 향상을 위한 유아교사론』. 서울: 창지사.

고후순 외 2인(2000). 『유아교육사상가』. 서울: 문음사

곽노의 외(2000). 『유아교육사상』. 서울: 문음사

교원자격검정시행규칙(1999).

교육부(1998). 교육50년사. 서울 : 교육부.

교육인적자원부(2001). 유치원 교사 프로그램.

교육인적자원부(2004). 교원자격 검정 실무 편람.

권건일 외(2006). 『유아교사론』. 서울: 양지원

기순신(2001). 『교사론』. 서울: 학지사

김신영(2005). "교육실습에서 나타난 예비교사의 문제 분석". 『미래유아교육학회지』. Vol. 12, No 4, 1~23.

김옥경 외(2005). 『21세기 교사를 위한 유아교육개론』. 서울: 태영

김윤태 · 서정화 · 노동희(1984). 『교사와 교직사회』. 서울: 배영사

김은영 · 박은혜(2007). "유치원 교사의 직무수행시간에 대한 인식분석" 『미래유아교육학회지』. 14(4), 539-560.

김재우(1996). 『교직교육론』. 서울: 양서원

김정규 · 이광자(1997). 『유아교육실습』. 서울: 동문사.

김정미 외 11인(2004). 『유능한 유아교사 되기』. 서울: 창지사.

김종철(1985). 『교육행정의 이론과 실제』. 서울: 교육과학사.

김종철 · 이종재(1994). 『교육행정의 이론과 실천』. 서울: 교육과학사.

김주건(1997). 『유아교육기관의 경영관리』. 서울: 창지사

김지은 · 김진숙(2007). 『유아관찰 및 평가』. 서울: 양서원.

김형관 · 오영재 · 신현석(2000). 『신장학론』. 서울: 학지사.

남궁용권(1995). 『교육의 역사 철학적 기초』. 서울: 학문사

노진호(1996). 『존듀이의 교육이론: 반성적사고와 교육』. 서울: 문음사.

류동훈(2004). 『교사론』. 서울: 창지사

류재석(2006). 『멘토링원리와 현장적용방법』. 서울: 한국학술정보.

류진희(1999). 『교육실습과 교육활동』. 서울: 양서원.

문혁준 · 백혜리 · 김정희 · 김혜연 · 김민희(2008). 『보육실습』. 서울: 창지사.

박근주 · 송원호 · 김연진 · 이화영(2009). 『영유아교사론』. 서울: 양서원.
박은혜(1996). "반성적 사고와 유아교사교육". 『유아교육연구』. 16(1).
박은혜(2009). 『유아교사론』. 서울: 창지사.
박은혜 · 조운주(2009). 『반성적 실천을 위한 유아교육실습』. 서울: 창지사.
박은혜 · 조은주(2006). 『유아교육실습』. 서울: 창지사
박찬옥 · 강순미(2008). "멘토링(mentoring)에 의한 교사-유아의 언어적 상호작용 변화 탐구". 『유아교육학논집』. 제12권 제2호, 2008. pp.213~231.
방송통신대학교(1994). 『방송통신대학교 요람』. 서울 : 방송통신대학교. 140.
배진옥(2008). "초임교사를 위한 입문교육과 멘토링", 『동아대학교 동아논집』 제44권 2009.1. pp. 135~154.
백혜리(2008). 『보육교사론』. 서울: 동문사.
백혜리(2009). 서울형 어린이집 자율장학에 대비한 사업설명회, 서울시국공립보육시설연합회.
변영계(1984). "수업 장학의 절차 모형 구안", 『한국 교육』 제11권 1호, 한국 교육 개발원, 1984, pp. 91~103.
보건복지가족부(2009). 『2009 보육사업안내』. 보건복지가족부.
서영숙 · 김경혜(2003). 『영유아보육론』. 서울: 양서원.
숭의 90년사(1993). 『숭의 90년사』. 서울: 숭의학원
안경식(1999). 『소파 방정환의 아동교육운동과 사상』
안창선 · 남경현 · 이욱범(2004). 『교사론』. 서울: 교육과학사
양병환(1991). "스트레스의 개념", 『정신건강연구』 제10집, 서울: 한양대학교 정신건강연구소
유홍옥(2005). "반성적 사고에 기초한 유치원 교육실습과 예비교사의 발달적 변화". 『유아교육학논집』 제9권 제1호. 259~279.
윤정일 외 3인(1994). 『교육행정학원론』. ?????출판사.
이기숙 외 3인(2002). 『유아교육개론』. 서울 : 양서원.
이기숙 · 이연섭 · 이영자(1984). "유아교사 양성대학모형 교육과정연구", 문교부 학술조성 연구비에 의한 연구(미간행)
이병례, 김선영(2007). "대학교육과정에서의 유치원교사와 보육교사 양성을 위한 통합교육과정 구성". 『유아교육연구』. 제27권 제5호.
이상금(1987). 『한국근대유치원 교육사』. 서울:이화여자대학교 출판부
이석순(2003). "유아교사 양성기관의 변화 모색". 『유아교육 · 보육행정연구』. 7(2). 수원 : 한국유아교육 · 보육행정학회.
이석순(2003). "유아교사 양성기관의 변화모색", 『유아교육 · 보육행정연구』. 7(2)(2003.12) 수원한국유아교육 · 보육행정학회, 161-177.
이순례(1996). "교육실습현황에 관한 연구". 『인문과학논집강남대학교』 제2집.
이순자(2007), 유치원 교육실습의 교수효율성과 실습만족도의 상관성연구, 대구보건대학 논문집 제27집(2007년12월). pp. 260-271.
이영석 · 이세나(2004). "유아교사의 전문성 개발을 위한 소고 : 반성적 사고를 중심으로",

『미래유아교육학회지』. Vol. 11, No. 4, pp. 229~254.
이원영(1981).『취학전 교육(상권)』. 서울 : 서울시 교육위원회, pp. 309~364.
이원영(1985).『부모교육론』. 서울: 교문사
이원영(2004). "유아교육법 제정가정과 그 의의".『유아교육학논집』. 8(4), 5-32.
이윤경(2002). "교사의 상호작용 유형과 영·유아 발달과의 관계",『교육발전』 제21권 1호. 2002.2.
이윤식 외 13인(2007).『교직과 교사』. 서울: 학지사
이윤식(1993).『장학론 논고 : 교내 자율장학론』. 대전: 과학과 예술.
이은화·배소연·조부경(1995).『유아교사론』. 서울: 양서원
이칭찬 외(2009).『교직실무이론』. 서울: 동문사
이현수(1996).『생활습관이 건강을 좌우한다』. 서울: 학지사
이현중(2002). "유아교육 예비교사가 교육실습과정에서 느끼는 갈등연구", 한국교원대학교 교육대학원 석사학위논문.
이형행(1989).『신교육행정론』. 서울: 문음사
이화여자대학교(1994).『이화여자대학교요람』. 서울: 이화여자대학교
이희승(1992).『국어대사전』. 서울: 민중서림
임갑빈·신재흡(2005). 평생학습국가 건설과 유아교육·보육시스템의 기능 강화 방안에 대한 연구. 유아교육·보육행정연구. 9(2). 한국유아보육·보육행정학회.
임승렬(2005). "유아교육전공 교육대학원 교육에 대한 학생과 교수의 인식과 욕구".『유아교육연구』. 25(4). 서울 : 한국유아교육학회.
장원동(2004).『교육인사행정론』. 서울: 상조사
장원동(2007).『외솔최현배의 교육사상』. 서울:상조사
장원동(2008).『교육사 및 교육철학』. 서울: 태영
장원동(2008).『교육의 이해』. 서울: 동문사
장원동(2008).『현대인의 건강교육』. 서울: 교문사
장원동(2008).『현대인의 부모교육』. 서울: 교문사
전경원·황혜성(2008).『유아교육실습의 이론과 실제』. 서울:교문사.
정영근(2001).『영화로 만나는 교육학』. 서울: 문음사
정영수(1995). "전문성 신장을 위한 교원정책",『교육행정연구』. 13(1)
정우현(1983).『현대교사론』. 서울: 배영사
정태범(1996).『장학론』. 서울 : 교육과학사.
조부경(2005).『교사의 전문성 신장을 위한 동료장학자료』. 교육인적자원부.
조부경·김정화(2005).『유아교육실습』. 서울:학지사.
조부경·백은주·서소영(2001).『유아교사의 발달을 돕는 장학』. 서울:양서원.
조성일·신재흡(2004).『21C 지식 및 정보기반사회에서의 장학행정이론과 실제』. 서울: 학이당
조운주(2002). "유아교육 실습지도교사 교육방향".『한독교육학연구』 제7권 제1호. pp.

101-119.

조은숙(1988). 『정신위생』. 서울: 교학연구사

주삼환(1997). 『변화하는 시대의 장학』. 서울: 원미사.

주삼환 · 천세영 · 명제창 · 신붕섭 · 이석열 · 이명주(2000). 『교육행정 및 교육경영』. 서울: 학지사.

중앙보육정보센터(2009). 2009평가인증조력프로그램 영역1 보육환경 40인이상. 서울: 중앙보육정보센터.

최해림(1986). "한국 대학생의 스트레스의 현황과 인지 행동적 상담의 효과", 이화여자대학교 박사학위논문

최현배(1926). 『조선민족갱생의 도』. 서울: 정음사

표준보육과정(2009) 서울특별시보육정보센터 홈페이지(http://children.seoul.go.kr)

한국교원단체 총연합회편(1997). 『예비교원을 위한 교사론』. 서울: 과학교육사

한국교원대학교(1994). 『교원대학교유아교육과 교육과정』.

허병기(1997). "장학의 본질 이탈 : 개념적 혼란과 실천적 오류". 『교육학연구』. 3(3), pp. 181-212.

Alison(2005). *What we know about children.* Harvard University Press.

Bredekamp, S. & Rosegrant, T.(1995). Reaching potential through transforming Curriculum and assessment and teaching. In Sue Bredekamp & Teresa Rosegrant(Eds.), *Reaching Potentials: Transforming early childhood curriculum and assessment*(vol. 2). Washington, D.C. : NAEYC.

Dewey, J., (1988). "Freedom and Culture" in Boydston, J. A. (ed), Dewey, *The Later Works*, Vol. 13, Carbondale and Edwardville : Southern Illinois University Press.

Jensen, U. (1971). *Educational values perceptions and the student teaching experience.* NE : University of Nebraska Press.

Katz, L.G.(1970). Developmental stages of professional teachers, *Elementary School Journal*, 73, 50-54.

McIntyre, D. J. (1984). Aresponse to the crities of field experience supervision. *Journal of Teacher Education*, 35(3), 43-45.

O'Neal, S. (1983). An analysis of student teaching cooperation teacher conferences as related to the self-concept, flexibility, and teaching concerns of each participant. (ERIC Document Reproduction Service No. ED 234030).

Sergiovanni, T. J & Starratt, R. J.(1993). *Supervision : A redefinition*(5th ed.). New York : McGrew-Hill, Inc.

Shen, J. (1995). Student teaching in the context of a school-university partnership: An ethnography of a student teacher. (ERIC Document Reproduction Service NO. ED 390824).

Whitebook, M & Bellm, D. (1996). Mentoring for early childhood teachers and provider: Building upon and extending tradition. *Young Children*, 52(1), 59-64.

찾아보기

[ㄱ]

[ㄴ], [ㄷ]

[ㄹ], [ㅁ]

[ㅂ]

[ㅅ]

[저자 소개]

• 장원동

연세대학교 교육대학원에서 석사학위를 받고, 미국 샌디에이고의 USIU에서 교육학 박사를 취득했다. 상지대학교 조교수와 원주 외솔회 부회장, 국회정책연구위원을 지냈고, 1997년에는 대통령표창 효행상을 수상하였다. 현재는 한국국민윤리학회 이사 및 외솔회 이사로 있으며, 서경대학교 아동학과 교수로 재직 중이다.

〈저서〉

『교육원리』(문음사, 1979), 『교육실습의 이론과 실제』(상조사, 1994), 『교육학개론』(상조사, 1996), 『현대인의 건강과 교육』(상조사, 1997), 『평생교육과 평생학습』(상조사, 1998), 『대학교수를 위한 교수법』(상조사, 1999), 『부모교육』(상조사, 2000), 『현대사회와 교육』(상조사, 2001), 『교육인사행정론』(상조사, 2004), 『교육행정 및 교육경영』(상조사, 2004), 『부모교육을 위한 아동발달의 이해』(상조사, 2006), 『외솔 최현배의 교육사상』(상조사, 2007), 『교육의 이해』(동문사, 2008), 『평생교육의 이해』(동문사, 2008, 문화관광부 우수학술도서), 『현대사회와 교육』(동문사, 2008), 『현대인의 건강교육』(교문사, 2008), 『현대인의 부모교육』(교문사, 2008), 『교육행정 및 교육경영』(청목출판사, 2009) 등의 저서와 다수의 논문이 있다.

• 홍인혜

성신여자대학교 대학원 교육학박사
세명대, 성신여대, 숭실대 강사 역임
현재는 도화어린이집 원감 및 서경대 강사

유아교사론

2009년 8월 20일 초판인쇄
2009년 8월 25일 초판발행

저 자 장원동 · 홍인혜
발행인 유 성 렬
발행처 **청목출판사**
서울특별시 영등포구 신길동 233-96
전화 (02) 849-6157(代) · 2820
FAX (02) 849-0817
등록 제318-1994-000090호

파본은 바꾸어 드립니다. 값 17,000원

http : //www.chongmok.co.kr

ISBN 978-89-5565-314-4